Dr Walter Fiedler

Sagen aus Niedersachsen

Sagen aus Niedersachsen

Gesammelt und herausgegeben
von Ulf Diederichs und Christa Hinze

Bechtermünz Verlag

Genehmigte Lizenzausgabe für
Weltbild Verlag GmbH, Augsburg 1998

Einbandgestaltung: Zembsch' Werkstatt, München
Satz: Fotosatz Tutte, Salzweg-Passau
Druck und Bindung: Wiener Verlag, Himberg bei Wien
Printed in Austria
ISBN 3-86047-193-7

Inhalt

Vorwort

Was können uns Sagen erzählen, heute, in einer Zeit des Umbruchs und des steten Wandels unserer Lebensverhältnisse? Sie können von anderen Umbruchzeiten berichten, von dem was früher geschehen und längst Geschichte geworden ist; von den Wechselfällen des Krieges, der Not und Teuerung, aber auch von den damaligen Festen und Bräuchen. An Sagen zeigt sich in vielfacher Brechung die Wirkung der hohen Politik auf den Alltag: die Leute erzählen gerad so, wie sie die Welt verstehen. Diese Sagenwelt umschließt Tatsächliches und Phantastisches, Erlebtes und Geglaubtes.

Wie vertrackt das mit dem Wahrheitsgehalt der alten Geschichten ist, davon gibt der »Rattenfänger von Hameln« ein Beispiel. Schon 1655 widmet Samuel Erich, seines Zeichens »Diener am Wort Gottes zu Wallensen«, der weithin bekannten Sage eine kritische Abhandlung. Er gibt sich mit der Version der Bünting'schen Chronik nicht zufrieden und stellt fest: das ganze Unglück sei von der Mäuse- und Rattenplage her gekommen, von der sich die Einwohner Hamelns befreien wollten; so hätten sie mit dem Rattenfänger »einen Verding gemacht und nach verrichtetem Handel ihm den Lohn vorenthalten«. Er folgert psychologisch, daß die Kunst des Fängers, nämlich die Mäuse zusammenzupfeifen und ins Wasser zu lokken, die Leute damals so entsetzt habe, daß sie mit diesem »Teufelszauberer« nichts mehr zu tun haben wollten und den Kontrakt deshalb nicht einhielten. So sei es zur Rache des um seinen Lohn betrogenen Rattenfängers und zum Exodus der Kinder gekommen (und eben von diesem Unglückstag her pflegten die Hamelner Bürger ihre Briefe zu datieren). Alles in allem, schließt Erich, sei dies »vor eine warhafftige Historia zu halten«. Die Brüder Grimm haben diese Auslegung dann später in ihre Version (siehe S. 106f.) übernommen. Wie denn überhaupt die forschende Sammeltätigkeit von Jacob und Wilhelm Grimm für alle späteren Regionalsammlungen, hier insbesondere die niedersächsischen, das Maß gesetzt hat.

1840 gibt Hermann Harrys die ersten »Volkssagen, Märchen und Legenden Niedersachsens« heraus und schreibt in seiner Einleitung: »Gelänge es auch hie und da, ein nacktes geschichtliches Ereigniß in dem Wundergewebe einer Sage aufzuspüren, so würde doch auch hier die schwere

Frage zu lösen übrig bleiben, wie es gekommen, daß sich das Wunder mit dem geschichtlichen Factum vermählte und in dieser Gestalt, wo Kern und Hülle kaum mehr zu sondern waren, nicht blos von einzelnen bethörten Menschen sondern von den Bewohnern einer ganzen Gegend in treuem Glauben festgehalten und durch Jahrhunderte bewahrt wurde.«
Der Geist und die Sprache dieser frühen Sagenbücher – zu denen die norddeutsche Sammlung von Kuhn/Schwartz (1848) und die niedersächsische von Schambach/Müller (1854) zählen – ist um vieles wohltuender als der so mancher späteren, die man, mit einem Worte Peuckerts, besser wieder »entblümen« sollte. Bis zu den Jahren der deutschen Reichsgründung, so will es scheinen, wird der Begriff des *Volkes* intensiv erlebt, und die Erzähler geben sich alles andere als *tümlich*. Sie wollen genau vorgehen und finden die schönste Genugtuung darin, »alles aus dem Munde des Volkes niedergeschrieben« zu haben (August Ey in der Vorrede zum »Harzmärchenbuch«, 1862). Sie wenden sich an den »lieben Leser« als ein festes Gegenüber, wollen ihm Geschichten »steinalt und nagelneu« zu lesen geben; eben das macht ihre Bücher so lebendig.
Neben August Ey, dessen erzählerische Sicherheit wir nur bewundern können, ist ein zweiter hervorzuheben: Ludwig Strackerjan, der dem »Aberglaube und Sagen aus dem Herzogthum Oldenburg« nachspürte und seine Sammlung – mit ihren Märchen, Schwänken, Bräuchen, Rätseln eine wahre Fundgrube für die Volkskunde – 1867 in zwei Bänden herausgab. Eine lakonische, bis zum Witz verknappte Form, aus der viel Menschenkenntnis spricht, zeichnet ihn aus.
An diesen beiden Sammlungen von Ey und Strackerjan zeigt sich nun die ganze Spannweite dessen, was unter »Sagen aus Niedersachsen« gefaßt werden kann. Anders als bei den nördlichen Bundesländern (Schleswig-Holstein, Hamburg, Bremen) gibt es hier nicht den einen unverwechselbaren Menschenschlag und auch nicht das Widerspiel von Stadt und Land. Die Leute vom Harz sind, jedenfalls in ihren Sagen, grundverschieden von denen im Emsland, und die Lüneburger sind von anderen Traditionen geprägt als die Oldenburger.
Es ergibt sich, daß jede dieser historisch gewachsenen Regionen, ob Königreich Hannover, Herzogtum Braunschweig oder Grafschaft Schaumburg-Lippe, ihr eigenes Völkchen und damit auch sehr verschiedene Erzählweisen hervorgebracht hat. Stärker landschaftsgebunden erscheinen die Bergmannssagen des Harzes, in denen die Venetianer, der Bergmönch und der Jäger Hackelberg umtreiben; dann die Hünensagen der Heide oder die Moor- und Marschenlandschaft mit ihren charakteristischen

Spuk- und Gespenstersagen. Diese Verschiedenheit drückt sich auch im sprachlichen Gestus,in der Dialektfärbung aus.
Wenn mit dem vorliegenden Sammelband versucht wird, dennoch ein übergreifendes Ganzes zu zeigen, so knüpft dies an einen alten Plan Paul Zaunerts an, der innerhalb seines »Deutschen Sagenschatzes« auch eine Gruppe »Sagen aus Niedersachsen« vorsah; die Wirtschaftskrise der späten Zwanziger Jahre hatte diesen Plan zunichte gemacht. Zaunert dachte freilich in stammeskundlichen Dimensionen; das Westfälische war bei ihm ebenso unter »Niedersachsen« aufgehoben wie das Oldenburgisch–Ostfriesische und das Althannover–Braunschweig'sche.
Die Zusammenfassung in einen Band nun ergibt sich eher aus dem Grenzverlauf des heutigen Landes Niedersachsen, das wiederum durch Verordnung der britischen Militärregierung zustande kam: seit dem 1. November 1946 bilden die ehemalige preußische Provinz Hannover und die Länder Braunschweig, Oldenburg und Lippe zusammen mit Teilen des Landgebietes Bremen eine Verwaltungseinheit. Aber das Niedersächsische ist nicht allein definiert durch die äußeren Landesgrenzen; Will-Erich Peukkert bezeichnet es als »so etwas wie eine kulturelle Gemeinschaft«. Er dokumentiert dies mit seiner großangelegten wissenschaftlichen Sammlung »Niedersächsische Sagen«, die er nach zentralen Themen gliedert; fünf Bände hat er ediert, zum abschließenden sechsten, der die historischen Sagen und umfangreiche Register enthalten sollte, ist er – der 1969 starb – nicht mehr gekommen.
Die Absicht unseres Buches ist, angesichts der Fülle der Erzählstoffe, die Peuckert ausbreitet, eine bescheidene: sie will anregen, wieder Sagen zu lesen – und ein bißchen hinter den Sagen zu lesen.
Sie ist auch bewußt nicht nach Motiven oder Themengruppen aufgebaut, sondern nach Landschaften. So kommen die regionalen Besonderheiten mehr zur Geltung, und der Leser kann die ihn interessierenden lokalen Sagen leichter ausfindig machen.
Für die Auswahl war die Echtheit der Quelle (auch ihre erzählerische) maßgeblich. Der Begriff der Sage wurde dabei, im Sinne Samuel Erichs als der einer »wahrhaften Historie«, weiter gefaßt. So findet auch die Geschichte vom Räuber Hanebuth – gezogen aus alten Kriminalakten – darin ihren Platz, ist diese Gestalt den Hannoveranern doch ebenso geläufig wie jene berühmte »Prinzessin von Ahlden«.
Weil zu den Orten und Landschaften nun einmal Bilder gehören, wenigstens wenn es zeitgenössische und den Geist der Sage veranschaulichende sind, wurden die historisch reizvollsten hier aufgenommen.

Der Harz

Hans Kühnburg

Zu der Zeit, als noch die Wölfe und Bären hier am Harz allein Herren gewesen sind und alles dicker Urwald war, bringt ein Mann, Hans Kühn hat er geheißen und in Herzberg gewohnt, seine beiden Pferde nach dem Bruchberg in die Weide. Da es damals noch viel Wildpret hier gegeben hat, so haben jene Fresser sich daran was zugute getan und selten andere Tiere und noch weniger Menschen angefallen. Deshalb hat Hans Kühn sich und seine Pferde für gesichert gehalten und ist dreist darauf in den Harz hinaufgeritten. Dort angekommen, wo jetzt noch der Felsen steht, der die Hans Kühnburg heißt, kommt aber eine Schar Wölfe aus dem Dickicht mit furchtbarem Geheul, mit schrecklicher Eile auf ihn zugestürzt, daß er in seiner Herzensangst vom Pferde herunterspringt und so schnell als möglich auf die Spitze des Felsens klettert. Er ist auch so glücklich, hinaufzukommen. Von dort oben aus sieht er aber nun dem Kampf der Wölfe mit den Pferden zu. Die Pferde stellen sich mit den Köpfen zusammen, schlagen kräftig hinten aus und suchen sich ihrer Haut so gut als möglich zu wehren. Die Menge der Feinde ist aber zu groß, und die Bestien sind zu flink. An Entlaufen ist nicht zu denken gewesen; die Ungeheuer kreisen die armen Tiere enger und enger ein, bis sie sie zuletzt zerfleischt und getötet haben. Darüber kommt der Abend heran, und die Sonne geht herrlich unter, da oben aber sitzt von großer Angst und Bangigkeit gequält unser Hans Kühn und darf seine Burg nicht verlassen, die ihn schützt; denn die Wölfe umkreisen noch immer den Felsen und bewachen ihn dort ohne abzulassen. Es wird vollkommen Nacht, und die Bestien verlassen den Felsen nicht. Der Morgen kommt, der Abend bricht wieder herein, immer sind sie noch da. Der dritte Morgen beginnt zu leuchten, und die Wölfe gehen nicht weg, desto schlimmer wird aber der arme Mensch von Durst und Hunger, von Angst und Not gequält. Alles Rufen, alles Schreien, Fluchen und Beten hat nicht geholfen und er nimmt sich vor, lieber hier oben zu verhungern, als von den Tieren sich zerreißen zu lassen. In der dritten Nacht endlich, da er es nicht mehr aushalten kann, da er fast ohnmächtig zur Erde sinkt, fängt er nochmals an, recht herzhaft um Hülfe zu beten und siehe da, eine große Ohreule kommt auf den Felsen zugeflogen, setzt sich bei ihm nieder und hat eine Rute im Schnabel, welche sie vor sich auf die Erde legt. Nachdem sie sich zurechtgeschüttelt und ihre Federn in Ordnung gebracht hat, fängt sie an in einem tiefen Baßton zu reden: Du unvorsichtiger Mensch, warum bist du so dummdreist gewesen und hast dich ohne Waffen in diese unsichere und gefährliche Gegend gewagt. Eigentlich müßtest du hier verhungern und die Raben dein Fleisch verzehren; doch dein und deiner Frau und Kinder Gebet ist zu herzlich und innig gewesen, darum bin ich da, dir zu helfen. Sieh, diese Rute, die ich dir mitgebracht habe, bringt dich durch die Gefahren hindurch. – Er greift gleich danach und er fühlt neue Kraft in seine matten Glieder dringen, er fühlt neuen Mut und eine Belebung, wie er sie zuvor nie gekannt hat. Nimm das Kleinod in Acht, ruft ihm die Eule im Wegfliegen zu und ist verschwunden. Er hat aber die verhängnisvolle Rute in der Hand und traut sich selbst kaum und dem, was er gehört und gesehen hat. Mit dem Zauberstab bewaffnet, steigt er von seinem Felsen herunter und geht dreist seinen Weg entlang, und die Wölfe gehen ihm, ihrem Feind, aus dem Wege. (1)

Venetianer im Harz

Im ganzen Harz weiß man viel von den Leuten aus Venedig zu erzählen, die alljährlich von dorther gekommen sind und sich dann immer nach bestimmten Punkten, die sie vorher genau angegeben, haben bringen lassen. Die Berge haben sich vor ihnen aufgetan und sie sind hineingegangen und reich beladen zurückgekehrt. Denen, welche ihnen als Führer gedient, haben sie meistens reichlich gelohnt und ihnen oft gesagt, die Leute hierzulande wüßten gar nicht, was noch alles in den Bergen steckt, und der Stein, mit dem sie nach der Kuh würfen, sei mehr wert als die Kuh selber.

Bei einem Mann in Grund sind auch alljährlich Leute aus Venedigen eingekehrt, die haben sich von ihm in die Berge führen lassen und hatten einen Spiegel mit sich, wenn sie in den schauten, konnten sie alles sehen, was im Berge war. Das wußte der Mann und nahm ihnen einmal in der Nacht heimlich ihren Spiegel fort, und da sah er denn, daß der Iberg bei Grund einen eisernen Kopf, einen silbernen Leib und einen goldenen Fuß hatte

Herzberg. Stahlstich nach Ludwig Richter, aus: Wilhelm Blumenhagen, Wanderung durch den Harz. Leipzig 1838

und der schwamm auf dem Wasser. Frühmorgens als die Venediger aufstanden, wußten sie schon, daß ihr Wirt ihnen den Spiegel fortgenommen hatte, und zwangen ihn sogleich, ihn wieder herauszugeben. Da sind sie denn fortgegangen und nie wiedergekommen und der Mann hat wieder arbeiten müssen, um sich sein kärgliches Brot zu verdienen, während er früher von den Venedigern soviel bekam, daß er vollauf zu leben hatte.

Mal kamen Venediger zu einem Mann und fragten ihn, ob er die und die Klippe am Brocken wisse, und als er es bejahte, hießen sie ihn, sie dorthin zu führen. Als sie nun auf der Klippe waren, schlug der eine mit einer eisernen Rute auf den Stein, da tat sich die Klippe auf und nun nahmen sie von dem Lehm, der darunter lag, und füllten ihre Ränzel damit und fragten den Mann, ob er auch etwas davon haben wolle; er aber sagte, davon hätte er zu Hause genug. Darauf zog der eine seine Flöte heraus und fing an zu blasen und da kamen aus allen Ecken der Klippe Schlangen hervor, und immer mehr kamen und immer mehr, sie aber sagten, es sei immer die rechte noch nicht. Endlich ganz zuletzt kam eine, die hatte eine Krone auf dem Kopf, und das, sagten sie, sei die rechte. Da fingen sie diese und schlugen ihr den Kopf ab und einer von ihnen holte eine Pfanne heraus und darin wurde sie gebraten. Danach verzehrten sie die Schlange und fragten den Mann, ob er auch etwas davon wolle, er aber schlug es aus. Darauf pflückten sie ein paar gelbe Blumen, die umherstanden, und gaben sie ihm und nun schlug der eine mit der eisernen Rute wieder auf die Klippe und da tat sie sich wieder zu. Als der Mann nach Hause kam, waren die Blumen eitel Gold und da hat er denn gemerkt, daß das wohl auch kein gewöhnlicher Lehm gewesen sein mochte, der unter der Klippe lag, und es hat ihn doch gereut, daß er nichts davon genommen. (2)

Der fremde Steiger

Es ist einmal ein Venediger gewesen, der wurde auf Clausthal zum Steiger gemacht. Wenn die Leute nach Haus zu gehen wünschten, ließ er sie sogleich gehen, weil er alle Arbeit für sie tat. Wegen seiner Nachsichtigkeit mit den Bergleuten erhielt er viele Strafe und wollte deshalb nach Venedigen zurück. Er entließ alle seine Leute, behielt nur den Anschläger und fragte, ob er mit ihm wolle. Der sagte ja. Da machten sie miteinander ins Gesenk hinein, wo die Tonnen hineingehen, und der Steiger besetzte die ganzen Löcher so weit, daß sie losgehen mußten, um den Stollen zunichte zu machen. Sein Zorn war so groß, daß er mit dem Stollen auch noch einen Bergmann, der da arbeitete, in die Luft sprengte, wiewohl der Anschläger um dessen Leben bat. Da frühstückten sie miteinander und dann ging's immer im Felsen entlang und überall war der schönste Weg. Als sie lange genug gegangen waren, kamen sie ins Venedigenland, in einen großen schönen Garten bei des Steigers Haus. Dem Anschläger gefiel es da sehr gut, als er aber eine Zeit lang da gewesen war, fragte ihn der Steiger: ob er einmal wieder nach dem Harz wolle. Er sagte: das wolle er gern, nahm sein Grubenlicht, und sie gingen immer in dem Felsen entlang. Weil in den Bergen alles eingestürzt war, konnte er auch von da an nicht mehr finden, wo sie gefrühstückt hatten, und der Steiger brachte ihn ganz aus der Erde heraus und ging dann zurück nach Venedigenland. Als der Anschläger aber nach Clausthal kam, kannte ihn da niemand mehr und seine Frau und Kinder waren auch nicht mehr dort. Da wurden die alten Chroniken aufgeschlagen und darin stand, daß dieser Bergmann vor einigen hundert Jahren verschwunden war. Er hatte aber geglaubt, nur einige Jahre in Venedigenland gewesen zu sein. (3)

Der Bergmönch

Der Bergmönch ist früher ein Bergmeister gewesen. Der hat solche Freude am Bergbau gehabt, daß er im Tode den lieben Gott gebeten hat, er möge ihm statt der seligen Ruhe im Himmel lieber die Erlaubnis geben, bis auf den jüngsten Tag in Berg und Tal und Gruben und Schachten umherzufahren und den Bergbau zu beaufsichtigen. Diese Bitte ist ihm gewährt. Der Bergmönch erscheint den Menschen in der Kleidung eines Bergmeisters mit einem silbernen Grubenlicht. Seine Beschäftigung ist diese: Er durchfährt alle Stollen, durchspürt jeden Bau, geht auch am Tage (das heißt auf der Oberfläche der Erde) an solchen Stellen, unter denen Erzgänge liegen, hin und her, und zwar bald langsam, bald schnell wie der Blitz. Bisweilen setzt er sich auf die Kunstgestänge, oder er hält sie auf, oder er drillt auch die Wasserräder, je nachdem seine Laune ist, oder je nachdem er den Schützer leiden mag oder nicht. Er tritt manchmal plötzlich aus dem festen Gestein heraus in den Gruben, und das feste Gestein tut sich vor ihm auf, und ist er hineingetreten, schließt es sich hinter ihm so

Das Brockenhaus. Stahlstich nach Ludwig Richter, aus: Wilhelm Blumenhagen, Wanderung durch den Harz. Leipzig 1838

fest, daß keine Spur bleibt. Man hat ihn des Nachts oft aus alten Stollenmundlöchern und aus alten Pingen, auch aus den engsten Räumen der Radstuben herauskommen und in denselben verschwinden sehen. Wem er gut ist, dem tut er manchen Gefallen, macht ihm Geschenke und erscheint ihm in Menschengestalt und in Menschengröße. Wem er böse ist, oder wo er unbeachtet sich glaubt, oder sich um das Auge der Menschen nicht kümmert, erscheint er in seiner wahren Gestalt. Dann ist er riesengroß, gekleidet wie ein Geschworener. Seine Augen sprühen Flammen und sind wie Kutschenräder, sein silbernes Grubenlicht ist so groß wie ein Scheffel, und die Flamme ist von entsprechender Größe und Helle, seine Beine sind wie Spinnengewebe. Wenn ein Bergmann seine Pflicht nicht tut, gibt er ihm den Rest. (4)

Der Jäger Hackelberg

An vielen Stellen des Harzes und weit darüber hinaus wird der wilde Jäger der Hackelberg genannt. Hans Hackelberg soll im Braunschweiger Land ein Jägermeister gewesen sein, welcher zum Weidwerk und Jagen unbändig große Lust trug. Er hat stets einen Schimmel geritten und immer das wildeste Tier, das irgend aufzutreiben war. So geht er auch einmal zu einer großen Jagd nach Harzburg, da träumt ihm in der Nacht, ein gewaltiger Keiler komme auf ihn los und gehe ihm so grausam mit seinen Hauern zu Leibe, daß er zu Tode komme. Andern Tages, als seine Jagdgenossen ankommen, erzählt er ihnen den Traum und sie raten ihm, nicht mitzujagen; er folgt auch ihrem Rat und bleibt zu Haus. Wie sie nun abends heimkommen, haben sie einen gewaltigen Keiler erlegt, den führen sie auf einem Karren heim; der Hackelberg kommt heraus und besieht das Tier, das grade wie das im Traum gesehene anzuschauen ist; er will es recht genau besehen, faßt es bei den Ohren und zieht den Kopf in die Höhe, aber er mag ihn wohl nicht fest genug gepackt haben, er entgleitet ihm und dabei fährt ihm der große Hauer ins Bein und verwundet ihn. Hackelberg achtet der Wunde aber nicht und sagt: wenn ich durch solche Schramme zu Tode kommen sollte, so wollte ich ja lieber ewig jagen. Allein die Wunde wurde bald schlimmer und er eilte nun zurück nach Braunschweig, kam aber nur bis zum Klipperkrug, der im Steinfeld bei Wülperode liegt, da legte er sich hin und starb. Seine Sturmhaube sowie die eiserne Kopfbedeckung seines Maultiers werden dort noch gezeigt. Im Garten des Wirtshauses, der ehe-

Die Harzburg. Stahlstich nach Ludwig Richter, aus: Wilhelm Blumenhagen, Wanderung durch den Harz. Leipzig 1838

dem ein Kirchhof gewesen ist, liegt sein Grabstein, auf dem ein Ritter auf einem Maultier, mit fliegendem kurzem Mantel und hohem Halskragen, eine Reitgerte in der Hand, abgebildet ist; neben ihm her laufen zwei kleine Hunde. Auf dem Rand des länglich viereckigen Steins ist eine nur teilweis noch lesbare Inschrift, welche lautet – domini 1581 den 13. Martii. – Seit der Zeit nun jagt Hackelberg, gefolgt von vielen kleinen Hunden, den Harz hinauf und hinunter. Andre sagen, besonders mit zwei großen Leithunden, die er an langen Riemen führe, sehe man ihn zu Roß dahinbrausen, und man erzählt auch, da er so große Lust an der Jagd gehabt, habe er gebeten, für sein Teil Seligkeit ewig jagen zu dürfen.

Mal hat einer dem Hackelberg, als er ihn so mit hoho! durch die Luft ziehen hört, nachgeschrien, da hat er ihn verfolgt bis zu seinem Hause und selbst dahin ist er ihm nachgekommen, endlich sogar ist er ihm noch auf den Heuboden, wohin er sich flüchtete, nachgebraust. Da hat er ihm denn eine Pferdekeule hingeworfen; andern Morgens aber ist der Mann tot gewesen.

Ein andermal liegen Pferdejungen in der Nachtkoppel und schreien ihm nach, da kommt er mit seinen Hunden herangebraust, zerreißt ein Pferd, nimmt sich ein Teil davon, ein andres gibt er den Hunden und auch der Knechte jeder erhält ein Stück, wobei er sagt:

hast du helfen jagen,
sollst auch helfen knagen!

und darauf zieht er wieder ab. Die Knechte aber, die von dem Braten gegessen, sind am Leben geblieben, die's nicht getan, sind bald danach gestorben.

Andre liegen auch einmal auf dem Felde beim Feuer, da kommt der Hakkelberg an, und wie er so über sie fort zieht, rufen sie »halb Part!« Da wirft er ihnen eine Pferdekeule herunter grade ins Feuer; sie aber rufen ihm zu, nun solle er ihnen auch Salz bringen und das hat er nicht gekonnt; da ist denn die Pferdekeule auch wieder verschwunden. (5)

Werwolfsgürtel

Früher hat es Leute gegeben, die konnten sich durch Umlegen eines bestimmten Gürtels in Wölfe verwandeln. So hatte auch einmal ein Mann in der Gegend von Steina einen solchen, und vergaß einst, als er fortging, ihn zu verschließen, wie er es sonst zu tun pflegte. Da kam nun sein kleiner Sohn darüber und schnallte sich das Ding um, und im Augenblick wurde er zu einem solchen Tier; das war anzusehen wie ein Haufen Erbsstroh und kullerte sich schwerfällig fort wie ein Bär; als das die Leute sahen, die im Zimmer waren, liefen sie eilig fort und holten den Vater, der grade noch zu rechter Zeit kam, um dem Jungen, ehe er Schaden angerichtet, den Riemen abzuschnallen. Der Kleine hat aber nachher immer gesagt, er hätte, als er den Gürtel umgeschnallt, so fürchterlichen Hunger bekommen, daß er alles, was ihm in den Weg gekommen, hätte zerreißen mögen. (6)

Romar und Ruma

Wie die Teufelsmauer am Nordrand des Harzes vom Teufel als Grenzscheide seines Reiches errichtet wurde, so an der Südseite der Römerstein. Von fruchtbaren Äckern und Wiesen umgeben, auf einer Seite mit frischem Laubholz bekränzt, steigt der kegelförmige nackte Berg empor, auf dessen Rücken zackige Felsen wie Ruinen einer Burg sich heben. Nach der Volkssage wohnten sonst gewaltige Riesen hier; drüben im blanken Alabaster des Sachsensteins gegenüber mächtige Zwerge mit ihrem König; vor diesen kleinen Zwergen schwebten die talpigen Riesen in solcher Furcht, daß sie diese Felsburg auftürmten, um vor dem Zwergkönig drüben sicher zu sein. Sein Haupthaar und Bart waren weiß, wie das Gestein hier umher; vom Scheitel war ihm eine helle Kristallkrone emporgeschossen.

Einst durchschweifte ein Jüngling, Romar geheißen, den Wald und fand unter einem Baum schlafend die Ruma, eine wunderschöne Jungfrau; die Herzen fanden sich, aber beide erschraken, als sie entdeckten, daß er ein Hünenkind, sie die Tochter des Zwergkönigs war, daß sie also zwei feindlichen Mächten angehörten; jedoch die Liebe verscheuchte jegliches Bedenken, jahrelang lebten beide in glücklicher aber heimlicher Ehe. Da überraschte sie einst bei ihrer Umarmung der Zwergkönig; zornentbrannt schleppte er seine Tochter in die tiefsten Berghöhlen, zerschmetterte sie an dem zackigen Felsen, den Jüngling aber packten zahllose Zwergscharen und trieben ihn blutend von dannen.

Die unglückliche Ruma, von boshaften Kobolden bewacht, versuchte auf jede Art ihre Rettung; sie verwandelte sich in eine Wassernixe und suchte als Quelle einen Ausweg, um an das Tageslicht und zu ihrem Gatten zu kommen; aber immer drängte sie der grausame Vater in die Erdtiefe zurück. Endlich nach vielen Jahren gelang es ihr, als vollendeter Strom hervorzubrechen.

Die Höhle, worin die trauernde Frau so lange eingekerkert geweint hatte, heißt der Garten des Weinens, Weingartenloch, und in ihr bezeichnen tiefe Erdfälle und das schauerliche Rauschen unterirdischer Bäche den Weg der Nixe, bis an der Grenze des Gipsfelsens ein Strom hervorbricht, die Rhume, zum Andenken der Verbannten also geheißen; die Stelle, wo Romar die Nixe Ruma zuerst sah, heißt jetzt noch Nixei, und der Fels, auf welchem Romar einsam sein Leben vertrauern mußte, wurde Römerstein genannt. (7)

Osterode. Stahlstich nach Ludwig Richter, aus: Wilhelm Blumenhagen, Wanderung durch den Harz. Leipzig 1838

Das untergegangene Schloß

Bei Herzberg liegt ein Teich, der heißt der Güß, in dem ist vor langen Jahren ein Schloß untergegangen und das ist schon so lange her, daß es die Herzberger gar nicht mehr recht glauben wollten, drum haben sie einmal einem Taucher viel Geld geboten, er solle doch hinuntersteigen und zusehen, ob es wahr sei. Der hat's auch getan und als er unten ankommt, steht da ein prächtiges Schloß mit einer großen Tür, das ist gar herrlich anzuschauen; da ist er denn wieder heraufgestiegen und hat alles erzählt, und da haben sie ihn gebeten, er möge doch noch einmal hinuntersteigen und in das Schloß hineingehn, damit er ihnen erzählen könne, wie es darin aussehe. Auch das hat er getan, ist wieder hinabgesprungen, ins Schloß gegangen und hat eine wunderschöne Prinzessin mit einem großen Schlüsselbund an der Seite darin sitzen sehn. Als er darauf wieder heraufgekommen und alles erzählt, hat man gar sehr in ihn gedrungen, er solle noch zum drittenmal hinuntersteigen und ein Wahrzeichen mit heraufbringen, aber das hat er nicht gewollt; endlich jedoch haben sie ihm viel viel Geld geboten, wenn er es täte, und da hat er sich doch betören lassen und ist zum drittenmal hinabgestiegen. Aber er ist nicht wieder heraufgekommen, sondern statt seiner ist an der Stelle, wo er hinabgetaucht, ein großer Blutstrahl emporgequollen. (8)

Die Lutterberger Jungfer und Frau Holle

Nahe bei der alten Burgstelle oben auf dem Hausberg ist der Eselsborn, von dem soll früher das Wasser auf Eseln nach der Burg geschafft worden sein. Zu ihm hat die Lutterberger Jungfer oder die Lutterjungfer die Schlüssel, wie man den Kindern sagt, und wenn sie aufschließt, so gehen die Leute hin und holen sich mit der Brunnenstange, woran eine Semmel gebunden wird, einen kleinen Jungen oder ein kleines Mädchen heraus. Die Mädchen gehen deshalb auch dorthin und rufen: Schlüsseljungfer, bring uns einen kleinen Jungen oder ein kleines Mädchen.
Wenn die Kinder unartig sind, so sagt man ihnen: Sei still oder wir bringen dich wieder hin nach dem Eselsbrunnen. Ein ganz kleiner Knabe erzählte: Wenn die Kinder vor den Eselsbrunnen hinträten und sprächen »Duck, duck, duck«, so kämen Esel heraus und holten sie hinein.
Es soll auch ein Brunnen in dem alten Lutterberger Schloßkeller sein. An jedem ersten Ostermorgen steigt die Jungfer vom Hausberg herunter und wäscht sich dort in der Lutter. Dabei hat sie einmal jemand gesehen, dem hat sie eine Maulschelle gegeben, weil er sie angeredet hat. Hätte er es nicht getan, so hätte er sie erlösen können. Im Burgkeller bewacht sie große Schätze und manche sagen, wer sie erlösen wolle, müsse sich lange Zeit dort neben dem Brunnen verstecken.

Auch die Frau Holle sitzt oben auf dem Hausberg und wird von einigen die Kammerfrau der Lutterjungfer genannt. Oft wäscht sie ihren Schleier drunten in der Lutter, und wenn's auch die ganze Woche regnet, hofft man doch in Lauterberg den Freitag und Sonnabend noch auf gutes Wetter und sagt: Die Frau Holle muß doch zum Sonntag ihren Schleier wieder trokken haben. (9)

Das Bleigießen am Andreastag

Am Andreasabend, d. h. am Abend vor Andreastag, wird im Harz Blei gegossen, das ist eine bekannte Geschichte. Es versammelt sich das junge Mädchen- und Mannsvolk bei diesem und jenem, essen Honigkuchenkalteschale, tanzen, singen, spielen, werfen den Schuh, schütteln den Erbzaum, führen sich dabei an und verkürzen sich den Abend, bis die Elf herankommt; zuletzt wird Blei gegossen. Dabei ist Regel, niemand darf sprechen, sonst gilt's nicht, und der Guß gelingt nicht. Ist aber jedes stille, so erfährt's aus der Gestalt, die das Blei beim Guß angenommen hat, ob das Mädchen einen Berg- oder Forstmann, oder was es für einen Mann kriegt. Und umgekehrt, wessen Tochter der Junggesell einmal heiratet; es soll schon oft eingetroffen sein und deshalb glaubt man's und gießt Blei. Also am Andreasabend sind einmal eine ganze Menge Mädchen allein in der Küche und wollen Blei gießen. Das eine hat schon gegossen und hat hübsche Tannenbäume gekriegt; sie heiratet also einmal einen Förster. Die zweite setzt eben das Blei in den Löffel, da fällt ein Menschenbein im Schornstein herunter und bleibt stehen, dann noch eins und bleibt dabei stehen. Nun kriegen sie es alle mit der Angst und wollen ausreißen, aber die Tür und die Fenster sind fest zu und sie können nicht weg. Danach fällt ein Rumpf und bleibt darauf sitzen. Dann fallen auch noch ein paar tüchtige Arme im Schornstein herunter und bleiben an dem Rumpf sitzen und so steht da ein langer, hämischer Kerl. Zuletzt kommt auch noch ein tüchtiger Prügel zum Schornstein herein und fällt dem Kerl in die Hand. Und nun hätte man sehen sollen, wie erbärmlich der Kerl mit dem Knüppel auf die armen Mädchen losschlug, ja es war zum Gotterbarmen.

Als sie nun alle windelweich geschlagen waren und halb tot auf der Erde lagen und schrecklich winselten und jammerten, da flog mit einemmal der Knüppel, dann die Arme, dann der Kopf, der Rumpf und zuletzt die Beine wieder zum Schornstein hinaus. Die Leute kamen aus dem Hause alle in die Küche, fanden die Mädchen im Blute liegen, ließen sich die Geschichte von einem Mädchen erzählen, das am wenigsten geschlagen war und mit dem Bleigießen war's für diesmal verpfuscht; zwei von den Mädchen sind am folgenden Morgen gestorben. Daran hatte aber eine beianwohnende Hexe schuld; die Mädchen hatten ihre Tochter nicht mit beim Bleigießen haben wollen. Das hatte sie ihnen zum Possen getan. (10)

Der Schatz aus dem Bocksberg

Vor langen Jahren wohnten drei Bergleute in Hahnenklee, dort kehrten von Zeit zu Zeit Venetianer ein, die die Schätze im Bocksberg aufsuchten und in der Regel auch so viel fanden, daß sie zufrieden zurückgingen. Aus ihrer Heimat brachten sie dagegen allerlei Medizinsachen mit, die gegen viele Krankheiten gut waren. An diesem Handel verdienten sie auch reichlich. Die Bergleute merkten aber bald, daß es dieser Handel nicht allein war, der sie herzog, sondern, daß ihr Hauptaugenmerk auf den Bocksberg gerichtet war, und jedesmal, wenn sie kamen, erst Erkundigung einzogen,

Bergwerksfest. Aus: Das Festliche Jahr, von O. Frhr. von Reinsberg-Düringsfeld. Leipzig 1863

ob schon vor ihnen Landsleute von ihnen hier gewesen wären und den Bocksberg besucht hätten. War das zufällig geschehen, so wurden sie jedesmal recht verdrießlich; waren aber keine vor ihnen da gewesen, dann sahen sie stillvergnügt aus. Es mußte der Bocksberg also für sie wichtig sein.
Als sie einst wieder da waren, sich so wie früher erkundigt hatten und in mondheller Nacht nach dem Bocksberg machten, stach ihnen einer von den drei Bergleuten, die beiläufig gesagt, Kameraden waren, nach und sah, daß sie am Bocksweg an einer abgelegenen Stelle den Boden aufgruben und aus dem Loch Erde in ihre Beutel füllten. Der Nachstecher hatte genug gesehen und sich genau die Stelle bezeichnet, wo das geschehen war; er eilte, daß er früher nach Haus kam als die Venetier. Am folgenden Tage reisten diese ab, und die Bergleute verabredeten gleich, denselben Abend den Ort aufzusuchen und nachzusehen, was es da zu holen gäbe und sprachen schon von dem Reichtum, der sich da finden würde; der dritte aber sagte: ich gehe nicht mit, denn:

> Was mir Gott hat zugedacht,
> das wird mir ins Haus gebracht.

Die beiden andern Bergleute gehen deshalb allein hin, suchen an dem Platz, finden aber nichts. Sie wollen am Ende aufhören und sind eben im Begriff, das Gezäh verdrießlich zusammenzunehmen. In dem Augenblick aber tut der eine noch einen derben Hieb in die Erde und ruft voll großer Freude, hier steckt etwas. Nochmals fangen sie an zu graben und bringen zuletzt ein Gerippe heraus, sie sind nicht gewiß, ob es von einem Reh oder von einer Ziege ist. Sind sie vorher schon verdrießlich, so sind sie es jetzt noch mehr. Trotz des Ärgers lacht aber doch der eine über den andern, nämlich von wegen der Täuschung. »I«, sagt der eine, »unser Kamerad muß aber auch seinen Teil davon haben, wir wollen ihm das Gerippe ins Haus bringen, er ist angefahren, seine Frau liegt diesen Abend im Bett, die Türen sind offen; deshalb können wir es ihm ungesehen in die Stube bringen.« Als es Nacht ist, bringen sie richtig das Gerippe in die Stube ihres Kameraden und fahren von da weg an. Ihren Kameraden finden sie noch auf dem Gedinge, er hat sich redlich gequält und seine Löcher haben tüchtig gehoben. Als sie ankommen, fragt er gleich: na, habt ihr eure Scheuern voll, ich glaubte, ihr brauchtet nicht wieder ein Fäustel in die Hand zu nehmen. Ach, antworteten diese, laß dein Spotten, wir hätten besser getan, wenn wir angefahren wären; darauf arbeiten sie bis um zwölf, dann machen sie Schicht, gehen miteinander nach Haus, und jeder sucht sein Quartier.

Als der dritte mit brennendem Licht in seine Stube tritt, so ist er ganz erstaunt; denn ringsum im Zimmer stehen auf Tischen, in den Fensterbänken, auf den Kannelbrettern lauter prächtige Nippfiguren aus purem Gold und Silber: Hirsche, Rehe, Schweine, Kühe, Kälber, Ziegen, Vögel usw. Er kann sich nicht satt sehen, nimmt eine Figur nach der andern, wiegt sie in der Hand und wundert sich über die Schwere und Schönheit des Dinges. Nachdem er alles durchgemustert hat, legt er sich zu Bett und denkt, deine Frau kann sich morgen auch erst darüber wundern, wo das hergekommen ist. Von dem Gerippe ist aber nichts zu sehen gewesen.

Am anderen Morgen, als die Frau aufsteht, in die Stube tritt und den Gold- und Silberreichtum gewahr wird, läuft sie gleich zurück in die Kammer, weckt ihren Mann und fragt, Mann, wo hast du die schönen Sachen her? Der aber antwortet, das hat mir mein lieber Gott ins Haus gebracht, dreht sich gemächlich um und schläft fort. Die Frau verschließt und verriegelt alles und besorgt ihre häuslichen Geschäfte. Kaum ist es Frühstückszeit, der Mann aufgestanden und hinausgegangen, um sich Waschwasser zu holen, so kommen die andern beiden Kameraden und wollen sich bloß das Bündel voll Schelte holen von wegen des Schabernacks. Anstatt daß aber ihr Kamerad ärgerlich aussieht, geht er ihnen freundlich entgegen und spricht: Kameraden, was ich euch gesagt habe, so ist es gekommen. Mein Gott hat mir großen Reichtum ins Haus gebracht. Kommt herein, ihr sollt euern Teil davon haben. Darauf führt er sie in die Stube, sie werden stumm und starr, dann sagt er: Du Kamerad nimmst diese, du die Seite; ich behalte diese hier, dann hat ein jeder soviel, daß er ferner nicht den Bohrer zu gerben braucht. Beide danken ihrem Kameraden für das große Geschenk und fragen zuletzt, was er mit dem Gerippe angefangen habe. Er aber weiß nichts davon. Da sagen sie es ihm, was sie getan haben; er aber hört gar nicht danach, antwortet bloß: Tut nichts. Jeder packt seinen Reichtum zusammen und trägt ihn nach Haus, er ist schwer gewesen, so schwer, daß er's kaum fortbringen kann.

Später haben die drei ihre Goldtiere nach Goslar verkauft, auch der Herzog von Braunschweig hat einige bekommen, und sie haben so viel Geld dafür erhalten, daß sie reiche Leute geworden und auch geblieben sind. Von der Zeit an hat keiner einen Venetier wieder auf dem Bocksberg gesehen; die Schätze im Bocksberg sind aber auch so lange verschlossen, bis hundert Jahre lang kein vierbeiniges Tier den Bocksberg betritt. Das ist aber noch lange hin. (11)

Der Pochknabe und der Teufel

Jeder Pochknabe kriegt von seinem Lohn 7 Pfennige, damit kann er machen, was er will. Das ist so Mode. Sonst haben aber auch die Pochjungen in der Lösestunde gewürfelt und um Pfennige oder sonst um etwas gespielt, und am besten ist es am Freitag gegangen, wenn sie ihren Lohn bekommen haben und ihre 7 Pfennige. Einst hat nun ein Pocher seine 7 Pfennige verspielt; er hat sie aber wiedergewinnen wollen, und packt seinen Lohn an, den er mit nach Haus bringen muß. Als er nichts mehr hat, muß er doch aufhören. Nun sieht er erst ein, was er gemacht hat und wie's ihm geht, wenn er mit leerer Hand nach Haus kommt und bringt keinen Lohn mit; denn sein Vater und seine Mutter sind brav schlimm gewesen und haben gleich erbärmlich auf ihn losgeprügelt mit dem Heftstrick, wenn er etwas verbockt hat. Als der Pochjunge des Abends Schicht hat und nach Haus geht, ist er der allerletzte; er fürchtet sich vor der Strafe, deshalb geht er ganz langsam und weint immer fort vor sich hin.

Auf einmal kommt ihm ein fremder Herr entgegen, der hat einen schönen feurigen Rock an, einen etwas dicken Fuß und dann eine hohe Mütze auf, der fragt ihn, was ihm fehle. Der Junge sagt's. Darauf spricht der Mann recht freundlich, ob er (der Junge) morgen früh, wenn das Beten anging, aus dem Pochwerk kommen wolle und ihm dann gehören, so solle er jetzt sein Geld wieder haben, und noch viel mehr, als er gehabt hätte. Der Junge ist froh, daß er sein Geld wieder haben soll und hat gar nichts Arges daraus und spricht: ja. Darauf gibt ihm der Mann so viel Geld, daß dem Jungen sein Brotbeutel voll wird, und ist verschwunden.

Nun ist der Pochjunge froh und geht nach Haus. Kaum tritt er in die Stube, so schüttet er voll Freude das ganze Geld auf den Tisch. Die Alten verwundern sich und fragen gleich: Junge, wo hast du das viele Geld her? Da sagt's der Junge ganz ohne Arg. Das behalten wir nicht, spricht der Vater, das ist Teufelsgeld, das hat dir der Teufel gegeben, der ist es gewesen, der hat dich verführt, und will dich morgen holen. Das soll ihm aber nicht schlaunen. Du packst gleich das Geld zusammen, wir müssen nach dem Superintendenten, der weiß gewiß Rat dagegen. Der Junge packt den Kram zusammen, wäscht sich und muß gleich in seinem Anfahrzeug mit nach dem Superintendenten. Alles wird erzählt. Darauf sagt der Prediger, er wolle morgen früh mit dem Pochknaben anfahren; morgen früh solle aber der Junge, ehe er anführe, eine Nadel nehmen, sich in die Hand stechen, daß drei Blutstropfen herauskämen, und die Blutstropfen solle er in den Brotbeutel laufen lassen und den Beutel wieder mitnehmen. Dann soll der Teufel seinen Willen nicht haben. Wir wollen ihm bei dieser Gelegenheit den Brei recht versalzen. Das Geld könne aber der Vater behalten. Nein, sagt der Vater, den verfluchten Kram behalte ich keine Stunde im Haus, das macht uns unglücklich; lieber ist es mir, wenn's die Armen kriegen, die wissen doch nicht, woher es ist, und denen tut's gut. Damit ist auch der Superintendent zufrieden und behält's.

Bergleute beim Schmelzen der Metalle. Holzschnitt aus: Lazarus Ercker, Beschreibung der Erz- und Bergwerksarten. Frankfurt 1629

Wie es Vier läutet am andern Morgen, da sappt der Superintendent mit dem Pochknaben zum Zellerfeld hinaus, hinunter nach dem Tal nach dem Nonnenklosterpochwerk, das ist es gewesen, wo der Pocher gearbeitet hat. Alle wundern sich, daß der Mann mit nach dem Pochwerk kommt, allein man denkt, er will einmal mit das Beten anhören, und damit ist es gut. Das Beten geht an, der Superintendent hat den Brotbeutel mit den drei Blutstropfen in der Rocktasche, alle sind andächtig, bis daß das Vaterunser gebetet wird. Der letzte Vers wird noch gesungen, da klopft wer draußen ans Fenster. Der Superintendent macht das Fenster auf und reicht den Brotbeutel mit den drei Blutstropfen hinaus. Da entsteht ein gefährlicher Prellerts und ein ekeliger Schwefelgeruch kommt zum Fenster hinein. Alle erschrecken sich und wissen nicht, was das ist. Der Superintendent weiß es aber und der Pochjunge auch. Als es Tag wird, da liegt der Brotbeutel in Fetzen zerrissen vor dem Pochwerk. Von der Zeit an ist dem Pochknaben so was nicht wieder passiert. Das Geld haben aber denselben Tag noch viele Arme bekommen und sich recht gefreut. Der Pochknabe ist aber um seinen Lohn herum gewesen. (12)

Der Mädchenrathausplatz

In Hahnenklee bei Clausthal, wie überhaupt auf den Bergwerken des Harzes, fehlte es in früheren Zeiten gar sehr an Männern, und die Frauen mußten einen großen Teil der Arbeit mit versehen helfen, waren deshalb auch gewaltig hinter den jungen Männern her und so kam es denn einmal, daß zwölf Mädchen zu gleicher Zeit einen jungen Burschen haben wollten und darüber auf einem Berge oberhalb Hahnenklee in einen Streit gerieten, wobei sie so heftig wurden, daß sie in jähem Zorn einander erschlugen; darum hat man die Stelle zum ewigen Andenken den Mädchenrathausplatz genannt. (13)

Wildemann

Nicht so zwerghaft und zahm wie die Moosmännchen und -weibchen, aber doch mit ihnen gleichen Stammes, sind die wilden Leute. Praetorius berichtet aus den Aufzeichnungen eines Goslarschen Geschichtsschreibers: »Im Jahre Christi 1240 / Haben sich auf dem Hartze zween Satyri oder wilde Menschen fangen lassen mit langen Schwäntzen / das Weiblein ward unter der Jagd gestochen / daß es starb. Das Männlein aber blieb lebendig / ward zahm gemacht / ging aufgerichtet / lernet reden / schrie aber offt wie eine Rehe oder Ziege / hatte keine Vernunfft / schämete sich auch nicht / in Brunst riß es offte Frauen nieder. Dahero ohn Zweiffel das Bergstädtlein Wildmann / woselbst es vielleicht gefangen: Item die Wildenmänner Thaler / ihre Namen bekommen haben vor vierhundert Jahren.«

Eine andere Überlieferung erzählt: Als die ersten Bergleute in den Harz kamen und von Zellerfeld aus in die Umgegend gingen und Erz suchten, kamen sie auch in das Innerstetal, da, wo jetzt die Bergstadt Wildemann ist. Die Innerste war gerade angeschwollen gewesen und hatte einige Gänge aufgewaschen; die fanden die Bergleute. Dabei gerieten sie aber auch auf eine Menschenspur, die im Innersteschlamm zu sehen war. Die Bergleute wußten, daß keine Menschen weiter im Harz waren als sie; deshalb suchten sie weiter und sahen bald darauf einen Menschen in der Nähe der Gänge, der lief nackend und sein Weib auch, beide hatten Mooskappen auf dem Kopf und einen Laubgürtel um den Leib. Wenn ihnen die Bergleute nahe kamen, so rannten sie fort, so scheu und wild waren sie, und verstanden auch nicht, wenn sie gerufen wurden. Oft hatten die Bergleute Jagd darauf gemacht, sie aber niemals erwischt. Deshalb gaben sie ihrem Herrn, dem Herzog von Braunschweig, Nachricht davon und der ließ sagen, sie möchten die wilden Menschen fangen, mit Schlingen oder mit Bogen und Pfeil, sie aber ja am Leben lassen und dann nach Braunschweig schicken. Die Bergleute gaben sich alle mögliche Mühe, die Menschen zu fassen, es mißlang aber immer.

Endlich verwundete man den Mann so, daß er nicht fort konnte und fing ihn dadurch. Er war groß und stark, hatte einen langen dicken Bart und lebte mit seinem Weibe, das ihm ähnlich war, in dieser Einsamkeit des Waldes. Sie nährten sich von Beeren und Wildfleisch, und der Mann hatte einen ziemlich starken Tannenbaum in der Hand, den er auch als Waffe gebrauchte. Dabei konnten sie furchtbar schnell laufen, waren gelenk wie die Eidechsen, und stark wie Riesen. Es war daher keine Kleinigkeit, den Mann zu fangen. Was das für ein Kampf war, kann man gar nicht erzählen. Als die den wilden Mann gefangen hatten, sollte er arbeiten, er tat's aber nicht. Man fragte ihn, woher er wäre, und was er getan hätte, er antwortete aber nicht. Man reichte ihm Essen und Trinken, er berührte nichts. Dabei sah er immer nach der Gegend hin, wo die Gänge waren, als könne er sich nicht davon trennen. Bis dahin hatte man zwar Ganggestein gefunden, es war aber kein Erz darin.

Da nun der Mann durchaus stumm war und blieb und auch kein Wort verstehen wollte oder konnte, so schickte man ihn nach Braunschweig zum Herzog. Der Herzog bekam ihn aber nicht zu sehen, denn auf dem Wege dahin war er gestorben. An dem Tage, an dem die Nachricht zurückkam, daß der wilde Mann unterwegs gestorben wäre, gruben die Bergleute an der Innerste das erste Erz auf, das war sehr reich an Silber, und die erste Grube dort wurde der alte Wildemann, jetzt Ernst August, genannt. Zum

Andenken an den wilden Mann, der wahrscheinlich die Gänge so lange taub gemacht, so lange er lebte, pflanzte man auf die Stelle, wo er gefangen war, eine Linde, baute sich da an, nannte den Ort Wildemann und nahm das Bild des Wildenmanns in das Stadtsiegel auf, daher der Name und das Wappen der Bergstadt Wildemann. Die Linde steht jetzt noch vor dem Rathaus, ist aber ganz hohl, darin sind aber drei junge Linden emporgewachsen, die stützen und erneuern die alte. (14)

Kaiser Heinrichs Vogelherd und der wilde Mann

Beim Schulenberg an der Oker liegt eine Anhöhe, auf der jetzt eine Schmiede steht, die heißt Kaiser Heinrich; hier soll Kaiser Heinrich seinen Vogelherd gehabt haben, und als die Boten kamen, um ihm zu melden, daß er zum Kaiser gewählt sei, grade mit seinen Netzen beschäftigt gewesen sein und ihnen gewinkt haben, so lange zu warten, bis er noch einen Zug getan.

Die Staufenburg. Stahlstich nach Ludwig Richter, aus: Wilhelm Blumenhagen, Wanderung durch den Harz. Leipzig 1838

Zu diesem Vogelherd ist er immer vom Staufenberg, über Grund und Wildemann, herübergekommen; damals ist nun der Harz noch zum großen Teil wüst und unbewohnt gewesen und die der Gegend kundigen Jäger haben ihn dann den Weg durch Schluchten und Täler führen müssen; da hat er denn auch einmal an der Stelle, wo jetzt das Städtchen Wildemann steht, den wilden Mann getroffen, der hier früher am Harz gehaust hat, und davon hat der Ort nachher seinen Namen bekommen; und ebenso wie ihm der mit einer Tanne in der Hand entgegengetreten, hat man denn auch den wilden Mann mit einer Tanne in der einen und einer Axt in der andern Hand zum Wahrzeichen der Stadt genommen; und so ist er auch auf den Wildemannsgulden zu sehn. Ein solcher wilder Mann tritt auch noch alljährlich am Freischießen, das man um Johannis hält, auf und ist ganz in Moos eingekleidet. (15)

Kaiser Heinrich und Eva von Trott

Kaiser Heinrich hat eine Geliebte gehabt, die hat Eva von Trott geheißen und auf der alten Staufenburg in einem Turm gewohnt, wo sie in einer Hängematte ihre Stätte gehabt, so lange die Kaiserin auf der Burg gewesen. Mit ihr hat der Kaiser drei Söhne gezeugt, die Dank, Teuerdank und Immerdank geheißen und in Kirchberg begraben liegen. Endlich ist es der Kaiserin aber doch verraten worden und da hat er seine Geliebte nach Gandersheim gebracht, wo sie auch begraben liegt. (16)

Bau der Zellerfelder Kirche

Wie die Zellerfelder Kirche abgebrannt ist und wieder hat aufgebaut werden sollen, da hat jeder gegeben, wie er's gekonnt und gehabt hat. Da ist aber ein armer Schelm gewesen, der hat nichts gehabt und hätte doch auch gern seinen Pfennig gegeben. Wie er so darüber nachdenkt, was er wohl macht, da fällt's ihm ein: I! wenn du einen Korb Schwämme holtest! Gibt's nicht viel, gibt's wenig und es gibt einer wohl einen Groschen mehr, wenn du sagst, was du mit dem Gelde machen willst.
Also geht er stante pede in den Wald und verirrt sich, bis er auf einen freien Platz kommt, wo er sich umsieht und nachrechnet, wo er wohl sein mag.

Wie er sich so umsieht, auf einmal haben ihn drei maskierte Männer gepackt. Die halten ihn fest und verbinden ihm die Augen und führen ihn mit sich weiter und er merkt endlich, daß es eine Treppe hinab geht. Endlich wird stillgehalten und es wird ihm die Binde von den Augen genommen. Da ist er in einem großen Saal, der ganz köstlich ausstaffiert ist und viele Lichter brennen, so hell wie der Tag. Er hat sich nicht lange besinnen können. Denn da sitzen viele Männer, alle maskiert, und einer verhört ihn. Da erzählt er aufrichtig, wie's ihm gegangen ist, und sagt, sie sollten ihm doch nun auch wieder seine Freiheit geben. Seine Frau und Kinder warteten gewiß mit Schmerzen auf ihn. Aber er wird nicht entlassen, sondern in ein anderes Zimmer geführt, wo man ihm Speise und Trank gibt und sagt, er solle sich nur erst erquicken und sich dann ruhig schlafen legen, morgen wolle man mehr mit ihm reden. Das Zimmer ist auch ganz prächtig gewesen und das Essen und der Wein und das Bett ist eben nicht gewesen, als ob's Spitzbuben gehörte. Nachdem er sich erquickt hat, legt er sich zu Bett und denkt: Na! das ist eine schöne Geschichte! Wo bist du denn nun eigentlich? Spitzbuben sind's gewiß nicht; die wären nicht so manierlich mit dir umgegangen. Bist wohl gar unter die Venediger geraten. Hm! Da wärst du ja gerade recht gekommen.
Am andern Morgen, das heißt, wie er geweckt wird, bekommt er erst wieder einen Trunk Wein und Backwerk dazu, und darauf wird er wieder vor die Herren geführt. Die sind da nicht mehr maskiert und sind ganz ansehnliche Leute gewesen. Die fragen ihn, ob er nicht Lust hätte, die Welt zu sehen; wenn er ehrlich wäre, könnte er ein reicher Mann werden. Ja, sagt er, das ginge so nicht, er wisse ja auch nicht, wer die Herren wären, aber er dächte, sie müßten wohl Venediger sein, und da müßte er ja Frau und Kind verlassen und das wäre doch unrecht. Nun, sagt da einer, wir sehen, daß du eine ehrliche Haut bist, und wenn du dir etwas wünschst, nun so sag's. Ja, sagt er, wenn sie ihm ein paar Groschen geben wollten, es wäre ihm doch so verdrießlich, daß er gar nichts geben könnte für die Kirche. Die Sammler kommen heute und am Ende könnte man denken, er sei nur so lange ausgeblieben, um nichts geben zu dürfen. Die Herren wären ja so reich, könnten wohl auch etwas tun für den Aufbau der Kirche. Da gibt's ein lautes Gelächter. »Na, so suche dir etwas aus.« Da führt ihn ein Mann in ein anderes Zimmer und zeigt ihm ganze Fässer voll Pistoletten. »Nun, willst du nicht zugreifen?« – »O ja! werde mich hüten; hieße am Ende gar, ich hätt' es gestohlen!« – »Nun, des Menschen Wille ist sein Himmelreich. Da, weiter haben wir nichts für dich.« Er gibt ihm eine blecherne Henne. Auch gut, denkt mein Bergmann, und bedankt sich.

Darauf werden ihm wieder die Augen verbunden und so wird er wieder abgeführt. Wie ihm die Binde abgenommen wird, befindet er sich auf einem Weg. Er kennt ihn, es ist der Weg nach Zellerfeld gewesen. Er nach Haus. »Na, Gottlob!«, ruft seine Frau, »aber wo hast du denn so lange gesteckt?« – »Na, nur stille! Mir ist's wunderlich gegangen.« Und da erzählt er. »Aber was sollen wir denn nun mit dem Ding machen?« heißt es. Und während sie das Ding so um und um betrachten und betasten, da auf einmal öffnet sich unter dem Bauch der Henne ein Kläppchen und es fallen lauter Goldstücke heraus, alle wie kleine Küchlein gestaltet. Da ist's Freude gewesen im Hause, und der arme Schelm ist auf einmal reich geworden und hat die Zellerfelder Kirche gebaut. Und zum Wahrzeichen hat er die Glucke mit den Küchlein über den Kirchtüren in Stein abbilden lassen. (17)

Die Clausthaler Münze

Die Clausthaler Münze hat in alten Zeiten einmal lange stille gestanden und ist kein Geld darin geschlagen, weil's nicht richtig darin war. Da haben denn die Andreasberger und Wildemänner Münzen desto mehr tun müssen und davon rühren noch immer die Wildemänner Münzen und Andreasberger feinen halben und ganzen Gulden, Sechsgroschenstücke, Mariengroschen und Pfennige her. Jetzt werden sie seltener. Nur bisweilen sieht man noch das feine Silbergeld in Sparbüchsen und als Rarität. Wildemänner und Andreasberger Pfennige werden aber noch oft in großen Mengen bei Kartenspielern gefunden. Es wird nicht um einzelne gespielt, nein um Dutzende, um zu sehen, wie viel einer gewonnen oder verloren hat. Wenn das Spiel vorbei ist, so wandern sämtliche Pfennige entweder in einen Beutel oder in eine Probenbüchse bis zum nächsten Spieltag. Gut das.
Na, die Clausthaler Münze mußte lange Zeit eingestellt werden, weil keiner darin bleiben konnte; alle Nacht kam einer darin ums Leben. Da war's denn natürlich, daß am Ende keiner mehr darin wohnen blieb, und ohne Wache konnte doch die Münze auch nicht bestehen. Lange Zeit war hingegangen, und kein Geld mehr darin gemünzt. Da kam einmal ein vornehmer Herr zum Besuch beim Berghauptmann. In der Unterhaltung kam die Rede auch auf die eingestellte Münze, daß keiner sich unterstünde, darin zu bleiben, und sie deswegen eingestellt wäre. Da sprach der

vornehme Herr, er wolle es einmal versuchen. Der Berghauptmann wollte seinen Freund erst nicht hinlassen, nachher gab er's aber doch zu. Am folgenden Morgen fand man den armen Menschen tot in der Münze, auf dem Hof lagen aber seine Beine, die ihm ausgerissen waren. Kurze Zeit darauf kommt ein Soldat hier nach Clausthal, hört die Geschichte von der verwünschten Münze und will sie erlösen. Aber auch er wird tot herausgebracht. Sein Kopf lag am andern Morgen beim Rumpf. Zuletzt kommt ein fremder Bergmann zugereist, der ist klein und buckelig, aber höllisch dreist und pfiffig gewesen. Der läßt sich des Abends in die Münze schließen. Vorher hat er sich aber zwei Lichte, zwei Degen und zwei geladene Pistolen und die Bibel hinbringen lassen.

Des Abends steckt er seine Lichte an und setzt sich oben auf die Justierstube, legt seine Waffen zurecht und liest in der Bibel. So nach elf Uhr kommt eine Gestalt zur Tür herein, die ist länger gewesen wie die Stube hoch; bleibt dann erst stehen, wie sich aber der Bergmann in seinem Lesen nicht stören läßt, setzt sie sich neben ihn auf den andern Stuhl, hört und sieht ihm zu. Dem Bergmann wird aber doch bei der Gesellschaft grün und gelb vor den Augen. Zur Vorsicht hat er die Hand an der Pistole, damit, denkt er, ist er geschützt. Die Gestalt regt sich nicht, bis es zwölf schlägt, dann geht sie ruhig zur Tür hinaus. Die Nacht vergeht still.

Die zweite Nacht geht ebenso hin; als es aber in die dritte kommt, da denkt der Bergmann, diese Nacht geht's dir ans Leben. Die Nächte hindurch hat dich die Gestalt nur sicher machen wollen. Du sollst deshalb gleich von vornherein laut in der Bibel lesen, damit die Gestalt das Gotteswort hört, so läßt sie sich dadurch wohl zwingen. Richtig. Elf Uhr kommt die Gestalt wieder; ihr ganzes Wesen ist aber sehr gefährlich. Da liest der Bergmann eben die Worte: Tut Buße usw. Da fängt die Gestalt an zu reden und spricht: O du glücklicher Mensch, der du ausersehen bist, einen unglücklichen Geist zu erretten. Ich sage dir, die Engel werden sich über dich und mich freuen; denn du hast mich zur Buße geführt, du hast mich aus den Krallen des Teufels erlöst. Wisse, ich bin der vorige Münzmeister, der so viel betrogen und so viel Silber über die Seite geschafft hat, und der sich selbst das Leben nahm. Komm mit, ich will dich reich machen dafür, daß du mich zum Geständnis gebracht hast. Er geht mit ihm hinab in den Pferdegaipel und zeigt ihm in der Ecke einen Stein, den möge er in die Höhe heben, so würde er unendliche Schätze finden. Er aber (die Gestalt) würde sich nie wieder sehen lassen und nun könne wieder gemünzt werden. Von da an hat der Bergmann genug gehabt, und die Münze ist wieder in Gang gekommen, bis daß sie nach Hannover verlegt wurde. (18)

Clausthal. Stahlstich nach Ludwig Richter, aus: Wilhelm Blumenhagen, Wanderung durch den Harz. Leipzig 1838

Das Dreigroschenstück vom Bergmönch

Vor langer Zeit, es mögen an sechzig bis siebzig Jahre sein, wohnte eine Witwe unten in Zellerfeld, die ging aufs Land, kaufte dort Butter, Eier, Schinken, Flachs und dgl. und verkaufte es hier wieder. Mit dem Handel ernährte sie sich und ihre Kinder. Einmal, es war im Herbst, geht sie schon früh um drei Uhr mit der Laterne fort und will nach Mönchhoff. Kurz vor Grund kommt ihr ein Wagen entgegen, darin sitzt ein Geschworner; denn er hat solch Zeug angehabt und hält ein großes flackerndes Unschlittlicht in der Hand. Die Frau bietet ihm freundlich einen Guten Morgen. Der Geschworne dankt auch freundlich wieder und fragt, wohin sie so früh schon wolle. Sie sagt, nach Mönchhoff, sie müsse für ihre Kinder sorgen, ihr Mann wäre voriges Jahr in Stücken nach Haus gebracht; nun müsse sie ihre sechs Kinder ernähren und da dürfe sie keinen Augenblick versäumen, müsse des Morgens früh und des Abends spät auf den Strümpfen sein, und keine Arbeit scheuen.

Da greift der Geschworne in die Tasche, gibt ihr ein Dreigroschenstück und spricht: »Kauft euren Kindern dafür Brot.« Die Frau bedankt sich und sagt Adieu, und der Geschworne fährt weiter. Als es Tag wird, besieht sie das Geldstück, es ist neu, blank und steht Schlägel und Eisen darauf, und ein merkwürdiges Wappen, wie ein Mönch. Sie hat nichts Arges daraus, geht nach Mönchhoff, kauft ein und gibt auch das Dreigroschenstück mit aus. Danach geht sie wieder zurück. Unterwegs wird sie hungrig und wünscht sich, hätte sie nur noch ein paar Pfennige, so würde sie sich dafür etwas Brot kaufen. Von ungefähr greift sie in die Tasche und findet ihr Dreigroschenstück darin, das ihr der Geschworne gegeben hat. Sie freut sich darüber, hat nichts Arges daraus, kauft sich in Grund etwas Brot und Wurst und gibt das Geld dafür hin, bekommt auch noch etwas davon zurück; dazumal ist noch alles sehr wohlfeil gewesen. Als sie zu Hause ist, muß sie Öl kaufen, greift in die Tasche und siehe, da hat sie das neue Dreigroschenstück mit dem Schlägel und Eisen wieder in der Hand. Da fällt's ihr auf und sie weiß nicht, wie das zugeht; sie meint, sie hat's in Grund ausgegeben und doch ist's wieder da. Endlich denkt sie, du kannst dich doch geirrt haben und gibst es nun für Öl aus; bekommt wieder etwas zurück. So geht's noch ein-, zwei-, drei- und viermal, immer ist das Dreigroschenstück wieder in ihrer Tasche. Da sie sich nun nicht daraus zu finden weiß, erzählt sie's ihrer Nachbarin und die meint, das Geld hätte ihr wahrscheinlich der Bergmönch gegeben. Das sollte sie ja in Ehren halten, dadurch könnte sie aus aller Not kommen und sogar reich werden, denn solch ein Geschenk wär' selten. Nein, sagt die Witwe, wenn das wäre, so würde sie es um keinen Preis der Welt behalten, mit solcher Hexerei wolle sie nichts zu tun haben. Darauf hängt sie ihren runden Mantel um, geht nach dem Mühlenteich und wirft das Dreigroschenstück hinein. Wer's nun haben will, kann sich's in dem Schlamm suchen, wird aber lange zu klauben haben. (19)

Der Zank im Grabe

Zwei Junggesellen kommen des Sonnabends abends von der Freit. Es ist so gegen elf. Beide sind auch am Sonntag während der Predigt geboren, also Sonntagskinder, die Geister sehen und hören können. Einer hat das aber dem andern nicht gesagt und weiß es also keiner von dem andern. Sie gehen miteinander über den Clausthaler Gottesacker, weil sie am Zellbach gewohnt haben. Zwischen dem Spittel und der Gottesackerkirche, wo der große Baum steht, hören sie Stimmen. Der eine stößt den andern an und spricht: »Härschte dos, Carel?« – »Freilich«, sagt der andere, »do zanken sich ä paar in Grob im fünf Mateer.« – »Horch, sie schalten sich ju ah!« sagte der eine und der andre spricht: »Dos sollte mer doch kaum gläm, daß se ah im Grob noch net ämol Fried hahn könne.« – »Su giehts«, sagt der andere, »dar äne hat dam annern im fünf Mateer betruhng. Nu muß har sich ah im Grob noch än Betrieger schalten loßen. Ja, ja, mein Vater sahte immer: Ein gut Gewissen ist ein gutes Ruhekissen.« In solchem Gespräch kamen sie vor ihrem Haus an und sagten einander gute Nacht. Ob die sich im Grabe vielleicht noch geschlagen haben, oder was noch daraus geworden, wer weiß es? (20)

St. Andreasberg

Die Bergstadt St. Andreasberg ist benannt nach der ersten dortigen Grube: Andreaskreuz, die noch jetzt in Betrieb ist. Diese Grube aber soll daher den Namen haben, daß die ersten Bergleute hier zwei übereinander setzende Gänge antrafen, wovon es nach uralter christlicher Bergmannssprache heißen soll: Die Gänge machen ein Andreaskreuz. Nach dem Bergmannsglauben verspricht ein solches Kreuz edle Anbrüche. (21)

Die Ratskatze

Im Jahre 1314 hat sich ein Planet gezeigt, der gar selten kommt und lange Jahre nicht zu finden gewesen ist. Da lebten die Leute auf Andreasberg in großen Ängsten, was dieser Schweifstern, der hinten wie ein Besen geformt war, ihnen wohl bringen möchte. Auch kamen sie jeden Abend zusammen und wollten den Schweifstern sehen. Zwei Abende saßen sie in ihrem Rathaus beieinander und warteten auf den Stern, aber er zeigte sich erst am dritten, und wie! In dem Rathaus waren nämlich soviel Mäuse gewesen, daß es auf Andreasberg nicht Katzen genug gab, um sie wegzufangen. Da kamen die Andreasberger durch ein Schreiben aus Paris an eine gute Katze, die ließen sie sich mit Extrapost kommen und die Herren von Andreasberg räumten ihr das schönste Rathauszimmer ein, darin wurde sie in einer Stunde so groß und so dick, daß sie nicht mehr zur Stubentür hinauskonnte. Als nun die Andreasberger zwei Abende vergeblich auf den Kometen gewartet hatten, da brachte sie am dritten Abend dreihundert Junge zur Welt. Nun hatte das Rathaus zu St. Andreasberg dreihundert Fenster, und da saß in jedem von den dreihundert Fenstern des Rathauses eine junge Katze. Zuletzt brachte die alte Katze noch einen Ziegenbock zur Welt, und der hatte den erwarteten Kometen hinter sich. Da kamen die Leute aus ihrem Traum, was der Komet bedeutete. Aber er hatte doch noch mehr zu bedeuten als dies. Denn um dieselbe Zeit kamen viele Schneider nach Andreasberg, die hatten in Holland eine Rebellion gemacht und waren darum dort vertrieben. Weil aber auf dem Rathaus kein Platz war, so wurden sie zu dem Ziegenbock in den Stall gesperrt. Da hatte aber am andern Morgen schon der Ziegenbock die vielen Schneider aufgefressen.

Seit dem großen Kometen essen die Leute auf Andreasberg das Fleisch vor der Suppe. Die Katze aber ist alt geworden 52 Jahr, 52 Wochen und 52 Tage und von den dreihundert jungen Rathauskatzen stammen noch jetzt die Andreasberger Katzen ab. (22)

Die Nonne auf dem Andreasberg

An einem heißen Sommertage fuhr ein Mann aus Hasserode mit einer Schiebekarre nach dem Andreasberg, um sich zu seinem Bedarf Holz zu holen. Kaum hatte er sich einen Baum niedergehauen, so trat eine weiße Gestalt vor ihn und er erschrak so sehr, daß er sein Beil aus der Hand fallen ließ. Die weiße Gestalt war wie eine Nonne. Erschrecke dich nicht – redete sie ihn an – du kannst von mir viel Neues erfahren, und was für dich sehr nützlich ist, wenn du tust, was ich dir sagen werde. Ich will alles tun, was du mir sagen wirst, antwortete er. Die Nonne sagte, komm und geh mit mir. Er folgte der Nonne, sie gingen beide bis auf den sogenannten Brücknerstieg, der etwa eine halbe Stunde vom Andreasberg liegt. Beide gingen an eine Klippe, worüber ein alter Baum lag; sie sagte: rücke den Baum zur Seite, da liegt ein Kind, das nimm mit dir, was dann weiter geschieht, wirst du bald erfahren.

Da hob er das Kind auf und nahm es mit nach seiner Schiebkarre, die er auf dem Andreasberg hatte stehn lassen. Kaum war er da angekommen und hatte das Kind auf weiches Moos niedergelegt, da kam ein kleines graues

Männchen, das sprach: du Erdwurm, ich sage dir, geh mit und tue, was ich dir sage. Sie gingen beide miteinander fort und kamen in ein Tal, das das Schliekstal genannt wird. Da war ein kleines Loch, da ging das Männchen hinein und winkte ihm, er solle mitkommen; er ging mit hinein, es war ganz hell in diesem Gemach und es war wie eine Stube. Als er um sich blickte, sah er dieselbe Nonne, die ihn auf dem Brücknerstieg nach dem alten Baum geführt hatte; als sie den Mann ansah, fing sie an zu lachen, schwieg aber ganz still. Das Männchen sagte: nimm diesen Stein mit nach Hause und verkaufe ihn, merke dir diese Stelle und suche weiter nach den Steinen. Wenn du zu deiner Schiebkarre kommst, dann wird ein großer schwarzer Ziegenbock vor dem Kind liegen; greif aber zuerst nach dem Ziegenbock und binde ihn an deine Schiebkarre, so wird das Kind verschwinden; erschrecke dich aber ja nicht und sprich kein Wort. Dann fahre nach Hause, der Ziegenbock wird auch sobald verschwinden, du darfst aber kein Wort sagen, ehe du nicht nach Hause kommst. Wenn du gar kein Wort sprichst, dann sind wir beide erlöst; sprichst du ein Wort, so muß die Nonne ewig wandeln; sprichst du zwei Worte, so müssen wir beide ewig wandeln.

Kaum war der Mann fortgefahren, da verschwand der Ziegenbock wie das Kind; auf einmal kam ein Hase auf drei Beinen Halt! rief er. Da fiel es ihm ein, was ihm der Mönch gesagt hatte; er schwieg, bis er nach Hause kam. Hiervon soll es herrühren, daß die Nonne noch jetzt vom Andreasberg bis zum Brücknerstieg wandelt. Durch diesen Mann soll nach kurzer Zeit ein Bergwerk im Schliekstal erfunden und soll da 136 Jahre Berg-Betrieb gewesen sein. Die Stelle, wo die Kunst gestanden hat, ist noch bis heutigen Tages zu sehen, wie auch die wandelnde Nonne auf dem Andreasberg und Brücknerstieg. (23)

Die Osterjungfrau

Vor dem Johannis- oder Harztor von Osterode liegt auf einer die Stadt beherrschenden Höhe die Ruine der Burg Osterode. Schon 1130 vorhanden, verfiel sie nach dem Tode der Herzogin Elisabeth, der sie um 1500 als Witwendienst diente. Jetzt ist von ihr außer einem Stück der Umfassungsmauer fast nichts mehr als ein zur Hälfte eingestürzter, mächtiger runder Turm mit $3^1/_3$ m starken Mauern vorhanden. An diese Ruine knüpfen sich die Sagen von der Osterjungfrau.

Zur Zeit, als die Stadt Osterode noch nicht vorhanden war, sondern nur erst die Burg dieses Namens, sah der Jäger des Grafen, der hier wohnte, regelmäßig, wenn er von der Jagd heimritt, an der Stelle, wo nun die Marktkirche steht, ein betendes Männlein auf einem Stein sitzen. Er machte davon seinem Herrn Mitteilung, und als dieser ihn nun eines Tages dahin begleitete, sah auch er den kleinen Mann. Da sprach er: »An diesen Platz will ich ein Bethaus bauen!« So entstand hier mitten im Wald die heutige Marktkirche. Bald aber siedelten sich in ihrer Nähe Nachbarn an, und die Petersilienstraße war die erste der neuen Stadt Osterode.
Jener »Graf Osterode« hatte nur eine Tochter. Vor seinem Tode befahl er sie der Obhut und dem Schutz eines alten, treuen Knappen. Bald danach führte ein Krieg viele Ritter in diese Gegend, und einer von ihnen bewarb sich um die reiche Grafentochter, wurde aber abgewiesen. Da kam er noch einmal in Begleitung vieler Ritter, erhielt aber dieselbe Antwort. Nun fiel er mit großem Volk in ihr Gebiet ein und verwüstete alles. Der alte Knappe hatte auch seine Mannschaft gesammelt, doch konnte er gegen die Übermacht des frechen Ritters nichts ausrichten. So gewann dieser auch die Burg. Aber die Grafentochter blieb seiner Bewerbung gegenüber auch diesmal standhaft, auch als er ihr drohte, sie zu verwünschen, daß sie im Keller bei ihren Schätzen sitzen müßte.
Er führte seine Drohung aus und bewachte sie als Kettenhund in dem mit allen Schätzen angefüllten Schloßkeller. Nur einmal im Jahre, am heiligen Ostermorgen, erlaubt er ihr, von der Burg am Bärengraben hinunter an das Lerbacher Wasser zu gehen, um sich hier zu waschen.
Einige sagen, die Jungfrau habe Astarod geheißen, und ihr Vater habe in der Fehde mit einem Ritter, der auf der benachbarten Staufenburg gewohnt habe, seinen Tod gefunden. (24)

Die verwünschten Offiziere

In Osterode geht ein Hauptmann von den Soldaten, die früher in Osterode gelegen haben, in Hundegestalt spuken. Alle Abend um elf kommt er bei der Obern Mühle an dem Teil der Stadtmauer, welche die Schildwache genannt wird, zum Vorschein, geht langsam durch die Schildwache hindurch bis ins Johannistor und dann wendet er sich bei der Johannisbrücke und geht am Magazin hinunter, wo er dann bei Kreit's Steg verschwindet. Wenn ihm wer auf seinem Wege vorkommt, den verfolgt er bis dahin, wo

Marktplatz in Osterode. Gezeichnet von A. Hornemann, in Stahl gestochen von E. Höfer. Aus: Das Königreich Hannover in malerischen Original-Ansichten. Darmstadt 1850

der hin will. Er tut aber niemand etwas zu Leide, nur den, der ihn neckt oder gar schlägt, beißt er. Als noch Militär in Osterode gewesen ist, hat dieser Hund immer die Posten aufgeweckt, wenn die geschlafen haben, und nicht eher mit Scharren, Klopfen und Bellen angehalten, bis sie wieder wach gewesen sind. Es soll aber ein sehr großer Hund sein, von der Gestalt der Fleischerhunde.

Auch wird in Osterode noch folgendes von einem Offizier erzählt. Es ist einmal ein Mann gewesen, dem hat das Haus über dem Kopf verkauft werden sollen, weil er mehr Schulden als Haare auf dem Kopf gehabt hat. Da hat er angegeben, das Haus könnten seine Gläubiger bekommen, aber es könnte sich keiner vor Spuken drin bergen. Ach, sagt die Obrigkeit, das wollen wir dann schon abbringen. Sie schickt also einen Mann Wache hin und sagt diesem, welcher mit Säbel und Pistolen bewaffnet gewesen ist, er solle nur gleich losschießen, wenn das Gespenst kommen sollte. Wie es nun zwölf geschlagen hat, kommt ein Gerassel zur Treppe herunter, macht die Stubentür auf und tritt herein. Es war eine Wanduhr, die einen furchtbaren Lärm verursachte und die Wache fast taub machte. Die Wache legt an, kann aber augenblicklich nicht schießen wegen eines Schadens, den das Gewehr bekommen hatte. Die zweite Nacht wird ein anderer Posten hingeschickt, welchem eine runde Summe Geld geboten wurde, wenn er das Gespenst erlegen würde. Die Wache ist beherzt bis auf die letzte Stunde. Wie nun die große Uhr sich um zwölf der Wache nähert, legt die an und schießt durch Zufall das eine Gewichtstück ab und die Uhr fällt auseinander und ein Offizier steht da, welcher verwünscht lange Zeit in diesem Hause gewaltet hat. Die Wache bekam den versprochenen Lohn von der Obrigkeit, und auch der Offizier zeigte sich dankbar für die Errettung. (25)

Engelglöcklein

Geht man von Osterode nach Herzberg, so liegt hinter der Aschenhütte ein Berg, dessen Fuß die Sieber bespült, und der der Hausberg genannt wird. Auf diesem Berg soll vor langen Jahren ein Nonnenkloster gestanden haben, das recht fest gebaut war, so daß es nicht leicht gewesen ist, es zu überrumpeln. Einst kommt eine wilde Kriegerschar da durch und will in diesem Kloster ordentlich einhüten. Die rohen Soldaten haben nicht allein das Kloster plündern, sondern auch die Nonnen mißhandeln wol-

len. Die Speise ist ihnen aber garstig versalzen; denn, als sie vor das Tor kommen und hineinwollen, ist es zu, und keine Gewalt imstande, das Kloster zu nehmen, und hineinzukommen. Die Krieger legen sich auf die Lauer, umzingeln das Kloster und wollen die Nonnen durch Hunger und Durst zwingen, die Tore zu öffnen. In der großen Not eilen die Nonnen mitsamt ihrer Äbtissin in die Kapelle, werfen sich vor dem Altar auf ihre Knie nieder und bitten Gott, er möge sie vor Schimpf und Schande bewahren und von ihren Peinigern erretten, er möge ihnen Mittel und Wege zeigen, wie sie dem Unglück entrinnen könnten.
Als sie so in Tränen gebadet beten, kommt eine Taube zum Fenster herein, fliegt auf den Altar, setzt ein kleines Körbchen darauf und fliegt wieder fort. Das sehen alle Nonnen, die Äbtissin tritt vor den Altar, öffnet das Körbchen und siehe, es liegen zwei Glöcklein darin, ein goldenes und ein silbernes. Nun nimmt die Äbtissin das goldene Glöcklein und läutet, es hat einen wunderbar schönen Ton gehabt, und augenblicklich tritt ein Engel zu ihr und fragt, was sie von ihm wünsche. Voll Schreck und Freude sagt die Äbtissin: Sie wünsche Schutz gegen ihre Peiniger, die vor dem Kloster lägen. Der Engel hat ein goldnes Zepter in der Hand, damit berührt er den Boden, der tut sich auf, er geht hinein und sagt, sie sollen ihm alle folgen; das tun sie auch. Der Engel führt sie in eine weite Grotte, die ist mit Hunderten von brennenden Wachskerzen erleuchtet. Auf der einen Seite steht ein Altar, vor dem werfen sich die Nonnen nieder und danken voll Inbrunst Gott für ihre augenblickliche Rettung. Da ist der Engel verschwunden; dann stehen sie auf und sehen sich in ihrer neuen Behausung um.
Da stehen auf der andern Seite der Grotte mehrere gedeckte Tische; das Essen fehlt aber darauf. Auch stehen viele Betten da herum und es fehlt nichts weiter, was sie bedürfen, als Essen und Trinken: da nimmt die Äbtissin so zufällig das Körbchen mit den Glöcklein vor sich und läutet mit dem silbernen Glöckchen. In dem Augenblick sind wieder zwei Engel da, und fragen, was die Frau Äbtissin wünsche; die wünscht Essen und Trinken für sich und ihre Nonnen; da trägt der eine Engel die schönsten Speisen und der andere die feinsten Getränke auf den Tisch, dann sind die Engel wieder verschwunden. So geht's sieben Tage, und die Soldaten vor dem Kloster warten vergebens, daß die Tore geöffnet werden. Aus Ärger und Verdruß werfen sie Feuerbrände in die Klostergebäude, die Engel löschen sie aus; sie laufen Sturm, müssen aber immer unverrichteter Sache wieder zurück. Kurz, sie sind gezwungen, trocken abzuziehen; denn sie haben eingestehen müssen, die Nonnen schützt Gott. Als nun die rohen Horden

wieder abgezogen sind, kommen die Nonnen wieder aus ihrem Versteck hervor und danken Gott alle Tage in der Kapelle. Später sind die Nonnen da weggegangen, und das Kloster ist zerfallen; der Hausberg steht aber jetzt noch. (26)

Der Weg allen Fleisches

Wenn man ein Vieh beim Schlachten bedauert, so hat es langes Leben, gibt wenig Blut und sein Fleisch ist den Menschen schädlich, so daß sie dann auch daran sterben müssen. Einmal war ein Mann und eine Frau, die hatten so eine ganz große Kuh, und das liebe Tier war so schön bunt und hatte auch einen ordentlichen Stern vor ihrem Kopf und eine so schöne große Zitze, und da saß so viele süße Milch darin. Nun ging die Kuh einmal über einen schmalen Steg, da fiel sie herab und brach ein Bein. Mit vieler Mühe wurde sie wieder zu den Leuten ins Haus gebracht, denen sie gehörte, und da sollte sie geschlachtet werden. Als der Schlächter kam, bedauerte nun der Mann die Kuh so sehr, daß sie erst vom hundertsten Schlage vor den Kopf in die Knie sank. Der Mann aber heulte immerzu, und als der Kuh schon das Fell abgezogen war, stand sie noch einmal auf und ging auf der Diele umher. Jetzt sagte der Hirt, das Fleisch sei nicht zu genießen, es würde dem den Tod bringen, der es äße. Da mußte zum Schinder geschickt werden, und als der die Kuh auf den Schindanger hinausschleifte, heulte und jammerte der Mann erst recht. Da tröstete ihn die Frau, wie sie dem Schinderkarren nachsah, und weil sie auch nicht mit Verstand zu sehr gesegnet war, sagte sie: »Sei doch nur ruhig, den Weg, den unsere Kuh jetzt geht, müssen wir ja alle einmal gehen!« (27)

Senkrecht begraben

Die Ortschaften Kamschlacken und Riefensbeek standen früher an der Stieglitzecke oben auf dem Bruchberg, und auf der Hanskühnenburg wohnten früher Riesen, die wurden aufrechtstehend begraben. Wie nun Riefensbeek von einer großen Wasserflut den Bruchberg heruntergeflossen ist, stieß es die Riesen immer an den Kopf. Die stiegen aus den Gräbern, da kam oben Kamschlacken auch noch angeschwommen. Das hielten sie dort auf, darum liegt es nun dicht unter der Begräbnisstätte der Riesen, die noch jetzt der »Kerkhof« heißt und früher der »Riesenkerkhof« geheißen haben soll. (28)

Der Hübichenstein

Bei Grund am Winterberg steht der Hübichenstein, eine Gipsklippe, deren eine Spitze, der große Hübichenstein, ehedem noch viel höher war, aber vor mehreren Jahren schon zum Teil herabgestürzt ist; dieser Hübichenstein soll, wie einige sagen, schon zur Zeit der Sintflut hierher geflutet sein, andere aber sagen, es sei ein großer Knorpel, den ein Riese im Schuh gehabt und da er ihn drückte, hier herausgeworfen hat. – Rings um den Felsen befinden sich zahlreiche Erdfälle und dicht unter dem großen Hübichenstein befindet sich eine tiefe Höhle, in die geht's fast senkrecht hin-

Hübichenstein. Stahlstich nach Ludwig Richter, aus: Wilhelm Blumenhagen, Wanderung durch den Harz. Leipzig 1838

unter; sie ist so tief, daß noch keiner gewagt, ganz hinabzusteigen. In diesem Stein nun haben vor alter Zeit die Zwerge gewohnt und in der großen Höhle unter demselben hat der Hübich seine Wohnung gehabt, von dem der Felsen seinen Namen bekommen. Der hat sich vor langen Jahren noch oft da sehen lassen, als aber die Jagd dort stärker getrieben worden, da hat er sich immer mehr zurückgezogen, und als gar einmal einer nach ihm geschossen, ist er ganz fortgezogen, niemand aber weiß, wo er geblieben ist. In der Höhle soll aber noch zum Andenken das Bild eines Zwerges in Stein gehauen zu sehen sein, aber nicht jeder kann es finden.

Mal war ein Förster in Grund, der hatte einen einzigen Sohn, das war ein gar frischer Bursche und kein Baum war ihm zu hoch, daß er nicht hinaufgeklettert wäre. Der ist auch mal auf den großen Hübichenstein geklettert, aber wie er oben gewesen, hat er nicht wieder heruntergekonnt. Drei Tage hat er da oben gestanden und sein Vater hat alles mögliche versucht, um ihm herunterzuhelfen, aber es ist alles vergeblich gewesen und keine Fahrt, die er angelegt, hat fest liegen wollen, daß er hätte sicher drauf treten können. Als nun endlich die dritte Nacht kam, da hat es der Vater nicht länger mit ansehen können und hat seine Flinte genommen und seinen Sohn herunterschießen wollen. Wie er aber an den Berg kommt, tritt ein Zwerg aus der Klippe heraus, der fragt ihn, was er da wolle. Da erzählt ihm der Vater sein bittres Leid, daß das sein Sohn sei, der da oben stehe und es nun schon die dritte Nacht sei und er nicht wieder herunterkönne; da wolle er ihn nun lieber herunterschießen, daß er nicht hinabstürze und den Hals breche. Wie das der Zwerg hört, geht er zurück in den Berg, kommt aber sogleich mit noch vielen andern heraus, die tragen kleine Fahrten und Grubenlichter, und der, mit dem der Förster gesprochen, hat auch ein großes in der Hand, das ist ganz von Silber. Nun steigen sie den Hübichenstein hinan und sagen dem Förstersohn, er solle nur mitkommen, sie würden ihn schon glücklich hinunterbringen. Da will er erst nicht, denn die Angst hatte ihn ganz seiner Sinne beraubt, aber endlich folgt er ihnen doch und kommt glücklich hinunter. Da haben sie ihn denn mit in ihre Höhle genommen, wo er mit ihnen hat essen und trinken müssen und dann haben sie ihn reich beschenkt nach Hause entlassen. Nachher aber hat er von dem Gold und Silber, das er von ihnen bekommen, die Kirche in Grund gebaut. (29)

Ein erschröcklicht Geschicht, so zu Derneburg in der Grafschaft Reinstein, am Harz gelegen, von drei Zauberinnen und zwei Mannen ergangen ist. Holzschnitt 1555

Hexen in Gittelde

In Gittelde gab's früher viel Hexen und die Häuser, in denen sie wohnten, konnte man daran erkennen, daß öfter Feuer über dem Schornstein brannte, dann saß nämlich das Uriänchen oben drauf und brachte ihnen, was sie haben wollten.

War auch mal eine solche Hexe dort, die hatte einen Knecht, der hieß Hans; der mußte immer viel, viel Holz fahren und doch sah er nie, daß etwas verbrannt wurde, und Essen war auch immer genug vorhanden. Da wollte er wissen, wie das zuging, und als die andern in die Kirche gingen, tat er auch, als ginge er mit, kam aber wieder zurück und ging zur Hintertür ins Haus hinein, wo er sich unter einem Faß in der Küche versteckte. Es dauerte auch nicht lange, so kam es an und rief: »Hei kucket, hei kukket.« – »Sind ja alle in der Kirche!« sagte die Bauerfrau, aber wieder rief es: »Hei kucket, hei kucket, soll ich ihm den Hals umdrehn?« – »Ach, was willst du denn«, sagte die Frau, »sie sind ja alle in der Kirche!« Nun fragte es: »Was willst du essen?« – »Bratbirnen«, sagte die Frau und sogleich kekt es in die Schüssel, die sie hinhielt; dann verlangte sie Klümpe, dann Sauerkohl und auch das bekam sie beides sogleich. Hans aber sah alles mit an, hielt sich ganz still und schlich sich nachher davon. Als es nun zu Tisch ging, sagte er: »Mi is so övel, mi is so övel« und wollte nicht mitessen, aber endlich mußte er doch etwas davon genießen. Als sie nun gegessen hatten, nahm ihn die Frau beiseite und fragte ihn, warum er nicht habe mitessen wollen, und da sagte er ihr denn, er habe alles mit angesehen und wolle jetzt gehen und es anzeigen. Sie aber bat ihn, er möge es nicht tun, sie wolle ihm auch viel Geld geben und ihm obendrein das Hexen lehren. Da nahm er denn das Geld und ließ sich überreden und die Frau sagte ihm jetzt, er solle hingehen und einen neuen Topf kaufen. Das tat er und als er wiederkam, sagte die Frau, er solle sich darauf setzen und sagen: »Ik löv an diesen Pot un schêt innen lêven Gott!« Hans aber setzte sich drauf und sagte: »Ik löve an Gott un schêt in diesen Pot«. Da sprang der Topf auseinander und ein großer Lork (Frosch) saß darunter, und sogleich ging Hans hin und zeigte die Frau an. Da wurde ein großer Scheiterhaufen erbaut, um die alte Hexe zu verbrennen, und als sie nun darauf saß, rief sie Hansen zu, »Hast Mäuse gegessen statt Bratbirnen, hast Spinnen gegessen statt Klümpe, hast Würmer gegessen statt Sauerkohl!« und da schlugen die Flammen über ihr zusammen. (30)

Die Entstehung der Bergwerke auf dem Rammelsberg

Auf dem Brocken regierte in alter Zeit die Zauberjette und hatte noch elf junge Frauenzimmer in ihrer Gewalt. Nun hatten sich zwei Ritter am Brocken verirrt, von denen hieß der eine Otto, der andere Ramme. Sie hatten schon mehrere Tage am Brocken zugebracht und konnten sich nicht aus der Wildnis finden. Plötzlich sahen die beiden, daß mehrere Männer in der Wildnis auf sie zukamen. Das war eine Räuberbande, die in der Schweiz verstört war und sich nach dem Brocken durchgeschlagen hatte. An diese Bande mußten die Ritter sich anschließen, um ihr Leben zu retten, und versprachen, ihr auf jede Weise zu helfen. Nun suchten sie sich die beste Stelle am Brocken aus, um eine Höhle aus Steinen zu bauen. Was sie aber am ersten Tag gearbeitet hatten, war den andern Tag wieder auseinander. Da wunderten sie sich, wie das geschehen sein könnte, daß der Kram auseinandergekommen wäre. Sie faßten aber Mut und arbeiteten den zweiten Tag wieder an der Höhle. In dieser zweiten Nacht mußten zwei Räuber vor der Höhle wachen und der Kram war am nächsten Morgen wieder auseinander. In der dritten Nacht wachen die beiden Ritter und der Räuberhauptmann. Wie es um die Mitternachtsstunde hinkommt, sieht zuerst der älteste der beiden Ritter, Ramme, elf Frauenzimmer kommen, die haben einen kleinen Hammer und klopfen an den Pfeiler, den die Räuber hingebaut haben, da fließt er auseinander wie Wasser. Ritter Ramme aber zieht sein Schwert, ergreift die, welche den kleinen Hammer trägt und fragt, warum sie ihre Arbeit wieder vernichte. Es antwortet ihm aber niemand und am Brocken entsteht ein ungeheures Krachen. Die andern Räuber kommen zu Hilfe, da fragt der Ritter zum zweiten und dann zum dritten Male, warum sie ihre Arbeit vernichteten. Da antwortet die, die den kleinen Hammer in der Hand trägt: sie kann ihm den Grund nicht sagen, doch soll er und der andere Ritter mit zu ihrer Befehlshaberin gehen, da würden sie erfahren, warum sie die Ordre erhalten hätten, ihre Arbeit wieder zu vernichten.

Nun gehen die beiden Ritter mit und kommen in eine große steinerne Höhle, die nordwestlich am Brocken liegt. Als sie hinein sind, ist da die Zauberjette und die Höhle ist so schön inwendig, wie ein Schloß nur sein kann. Die Ritter fragen, warum sie den Befehl ausgäbe, ihre Arbeit zu vernichten. Da antwortet sie, sie wolle allein hier am Brocken herrschen und habe deswegen noch elf Personen unter ihrem Joch, sie sei die Zauberjette. Gefiele es den Rittern, so möchten sie bei ihr bleiben und mit ihr leben, dann wolle sie auch die Bande am Brocken dulden. Wenn die Ritter aber nicht bei ihr bleiben wollten, so möchten sie nur ihren Bau einstellen, denn es würde doch alles wieder zerstört werden. Die Ritter entschlossen sich endlich, bei der Zauberjette zu bleiben. Wie sie aber einige Zeit bei ihr gewesen sind, wird ihr Zauber sehr schwach, weil sie in dieser Zeit nicht nach ihrer sonstigen Gewohnheit gelebt hat, denn sie ist sonst alle Nacht nach dem Wolfsbrunnen unten am Brocken gegangen, daraus hat sie in jeder Mitternachtsstunde drei Gepschen (hohle Hände) voll Wasser nehmen und trinken müssen. Davon hat sie ihren Zauber gehabt und das hat sie um der Gesellschaft der Ritter willen versäumt. Nun wird sie zuletzt so schwach, daß sie an zwei Stöcken gehen muß. Endlich fühlt sie, daß es mit ihr zu Ende geht, bekennt gegen die Ritter alle ihre Missetaten, und zeigt ihnen all ihr Vermögen und ihre Schätze. Von den Dienerinnen, die sie unter ihrem Zauberjoch hat, macht sie fünf frei und geht dann mit den beiden Rittern unten am Brocken nach einer Höhle und zeigt dort alle Schätze, die darin sind. Darunter stand auch das Marktbecken, welches jetzt auf dem Markt zu Goslar steht. Vor der Höhle lag ein schwarzer Hund.

Die Klause und der Rammelsberg bei Goslar. Stahlstich nach Ludwig Richter, aus: Wilhelm Blumenhagen, Wanderung durch den Harz. Leipzig 1838

Als sie den Rittern alles gezeigt hat, greift sie in die Wand und zieht eine Flasche und einen goldenen Becher hervor, schenkt ein und will noch einmal auf die Gesundheit der beiden Ritter mit diesen trinken. In dem Augenblick aber, wo sie eingegossen hat, kommt der Vater des Ritters Ramme hinten aus der Höhle und sagt: »O du alte Zauberjette, jetzt sind die zwölf Jahre um, für die du mich in den Schlaf gezaubert hast.« Da staunten die Ritter und der Sohn, der den Kelch in der Hand hatte, ließ ihn vor Schrecken zu Boden fallen. Alsbald aber erkannte er seinen Vater, der vor ihm stand, und der Alte sagte: er sei ihr Retter, das sei das ärgste Gift, das sie hätten trinken sollen. Da zog der Sohn des alten Ritters sein Schwert und hackte der Zauberjette den Kopf ab. Da entstand wieder ein furchtbares Krachen und ein Gewinsel des Hundes, der noch in der Höhle gewesen ist. Die Räuber, welche die Ritter oft bei der Zauberjette besucht hatten, waren ihnen auch jetzt auf dem Gang mit der Zauberjette zu ihrem Schutz aus der Ferne gefolgt. Als die das Krachen hörten, drangen sie in die Höhle ein. Wie sie nun in der Höhle waren, da verwandelte sich der schwarze Hund in einen alten Mann und sprach: Alles, was sie sähen, gehöre ihnen, sie hätten's erlöst; er sei froh, daß er nun nichts mehr zu verwahren brauche. Alles dies aber ist am Rammelsberg geschehen und sind noch immer die Goslar'schen Bergwerke beschäftigt, die Schätze der Zauberjette zu heben. (31)

Eine andere Geschichte vom Jäger Ramm

Kaiser Otto hatte im Jahre 792 auf dem Schlosse Harzburg sein Hoflager genommen.

Kaiser Otto hatte einen Jäger, der hieß Ramm, der ritt im Winter auf die Jagd aus. Wie er an den Berg kam, der jetzt der Rammelsberg heißt, stieg er von seinem Pferd und band es an einen Baum, um seinen Weg über den steilen Berg zu Fuß besser fortzusetzen. Das Pferd stampfte ungeduldig und scharrte mit den Füßen den Rasen des Berges weg. Wie nun der Jäger Ramm zurückkam, sah er verwundert, wo sein Gaul die Erde aufgescharrt hatte, reiche blinkende Erzstufen.

Da berichtete er dem Kaiser seine Entdeckung, und Otto ließ geschickte Bergleute aus dem Frankenland nach Goslar berufen, die mußten am Rammelsberg Schächte bauen und den Bergbau hier einrichten. Nach und nach sammelten sich immer mehr Bergleute aus dem Frankenland um Goslar und die Stadt vergrößerte sich seitdem sehr. Dem Jäger Ramm zu Ehren ließ Kaiser Otto den Berg, wo er seine Entdeckung gemacht, den Rammelsberg nennen.

Nach seinem Tode wurde Ramm in der Augustiner-Kapelle zu Goslar begraben, welche die Franken dem heiligen Augustin zu Ehren dort angelegt hatten (daher auch noch jetzt der Name: der Frankenberg). Seine Frau, die neben ihm begraben liegt, hieß Gosa und zu ihrem Gedächtnis führt das durch Goslar fließende Wasser wie auch das daraus bereitete Getränk bis auf den heutigen Tag den Namen Gose.

Als man vor Zeiten den Goslar'schen Bürgermeister Carstenbalder in der St. Augustin-Kirche begraben wollte, fand man sechs Schuh tief in der Erde einen großen Leichenstein, worauf des Jägers und seiner Frau Bildnisse in Lebensgröße eingehauen waren. Ramm trägt ein Schwert in der Rechten und Gosa eine Art Krone auf dem Haupte. Das Grabmal wurde zum Gedächtnis auf dem Frankenbergischen Kirchhof errichtet. (32)

Die Kaiserstochter zu Goslar

Wie noch der Dom in Goslar gestanden hat, und es ist ein Fremder gekommen und hat ihn sich ansehen wollen, so ist gewöhnlich ein Geistlicher mitgegangen, und hat einem die Merkwürdigkeiten gezeigt, und da hat er denn den Leuten einen Sarg gewiesen, darin hat ein Frauenbild gelegen und ihr zu Füßen ein kleines Hündlein, und dabei hat er diese Geschichte erzählt. Es ist einmal ein Kaiser (Heinrich der Dritte) in Goslar gewesen, der hat eine Tochter gehabt, die ist so schön gewesen, daß sich ihr eigener Vater in sie verliebt hat, und er hat sich gar nicht bezwingen können und hat sie zu seiner Gemahlin haben wollen. Die Prinzessin ist dazu zu gottesfürchtig gewesen und hat's nicht tun wollen. Aber der Kaiser hat sich es nicht ausreden lassen, sie sollte seine Gemahlin werden, es möchte daraus werden was da wolle, und es ist schon der Tag zur Hochzeit angeordnet.

Die Nacht vor der Hochzeit, wie sich das Mädchen gar nicht mehr zu helfen wußte und in ihrem Schlafzimmer war, warf sie sich auf die Knie und rief die Mutter Maria an, sie möchte ihr doch helfen. Da erschien ihr die Mutter Maria und fragte, was sie wolle. Sie erzählte ihr ihre Not und bat sie, wenn's nicht anders geschehen könne, so möchte sie ihr doch lieber ihre Schönheit nehmen, ehe sie diese Sünde tun müßte. Da sagte ihr die Mutter Maria, ihr Wunsch sollte erfüllt sein. Den andern Morgen, wie die Prinzessin aufstand und sich im Spiegel besah, kannte sie sich fast gar nicht mehr, so häßlich war sie geworden, und wie sie der Kaiser zu sehen bekam, wollte er anfangs gar nicht glauben, daß sie seine Tochter sei, aber endlich hat er sie doch erkannt, und sie hat ihm alles gesagt, wie sie's gemacht hat. Da wird er ganz wütend und will sie hinrichten lassen. Aber seine Minister legten sich ins Mittel und alles, was zugegen war, bat ihn, er möchte ihr doch Gnade widerfahren lassen. Da sagte er endlich: nun ja, wenn sie in acht Tagen ein Altartuch für den Dom fertig schaffen könnte, so wollte er sie wieder zu Gnaden annehmen.

Nun hat aber die Prinzessin über alle Maßen schön weben und stricken können, und darum hat er alles gesagt, wie das Altartuch sein soll, und er machte es so schwer, daß einer wohl Jahr und Tag daran zu tun gehabt hätte. Aber die Prinzessin dachte: wer dir einmal geholfen hat, der kann dir auch wieder helfen. Wie sie des Abends in ihrem Schlafzimmer war, rief sie wieder die Mutter Maria an, aber wer auch nicht kam, das war die Mutter Maria. Da ward ihr aber so angst, und sie wußte nicht wohin und woher. Und die andere Nacht, wie sie wieder die Mutter Maria anrief, kam sie auch nicht und die dritte Nacht auch nicht. Da kam sie ganz von Sinnen vor Angst und sie rief den Bösen an. Der kam auch richtig und fragte, was sie wolle. Da sagte sie's ihm und bat ihn, er solle ihr helfen. Er sagte ja, das wolle er tun, wenn sie ihm ihre Seele verschreiben wolle. Nein, sagte sie, lieber wolle sie sterben, als ihre arme Seele ins höllische Feuer schicken. Er antwortete, sie möchte sich besinnen, morgen Nacht wolle er wiederkommen. Die vierte Nacht kam richtig der Böse wieder: ob sie sich besonnen hätte? Sie sagte nein, ihre Seele wollte sie ihm nicht verschreiben. Er antwortete: nun so wolle er doch das Altartuch machen, das heißt, wenn er in der letzten Nacht käme, zwischen elf und zwölf Uhr, und sie wachte, so wolle er ihre Seele nicht haben, schliefe sie aber, so müßte sie sein werden. Ja, antwortete sie, damit wäre sie zufrieden. Die andere Nacht wuchs das Altartuch zusehends und ward ganz wunderschön, wie's gar nicht zu erdenken ist, und sie ward auch gar nicht müde. So ging alles recht gut, bis in die letzte Nacht, wie das Altartuch beinahe fertig war. Da konnte sie sich gar nicht halten vor Müdigkeit und schlief ein. Nun hat

Die alte Domkapelle und die neue Kaserne in Goslar. Gezeichnet von L. Rohbock, in Stahl gestochen von W. Lang. Aus: Das Königreich Hannover in malerischen Original-Ansichten. Darmstadt 1850

aber die Kaiserstochter ein kleines Hündchen gehabt zu ihrem Vergnügen, das hat Quedel geheißen. Das Hündchen ist niemals von ihr gewichen, weder Tag noch Nacht. Das lag auf ihrem Schoße und war munter, wie sie schlief. Wie's zwischen elf und zwölf war und der Böse trappte über den Saal, wie er eben auf die Tür zukam, hörte es das Hündlein und fing laut zu bellen an. Da erschrickt die Prinzessin und wird auch munter, und wie der Böse sah, daß sie wachte, ward er wütend und griff nach dem Hündlein und schmetterte es gegen den Boden, daß es auf der Stelle den Geist aufgab, und darauf verschwand der Böse.
Aber zum ewigen Gedächtnis an die Begebenheit hat die Kaiserstochter das Kloster Quedlinburg bauen und das Hündlein einbalsamieren lassen, und ehe sie starb, hat sie befohlen, daß es mit ihr in einem Sarg liegen soll. Und das ist das Hündlein und das Frauenbild, das man im Dom zu Goslar gezeigt hat und das in dem kleinen Teil des Doms, der noch steht, noch heute gezeigt wird. Das Altartuch hat man zu jener Zeit auch noch sehen können. (33)

Das Teufelsbecken

Auf dem Markt in Goslar steht ein großes ehernes doppeltes Becken, welches durch Röhren stets mit Wasser gefüllt ist. Wenn Feuer in der Stadt entsteht, so wird das Becken einige Mal angeschlagen, welches einen so starken Ton von sich geben soll, daß man es eine halbe Meile weit hören kann. Niemand weiß, seit wann dies Becken da steht, daher glaubt der gemeine Mann, der Teufel habe es einst zur Nachtzeit an die Stelle gesetzt. (34)

Der Kinderbrunnen

Kinderlose Frauen trinken in Goslar aus dem Kinderbrunnen und werden davon fruchtbar. Er hilft jetzt mit seinem Ausfluß den Herzberger Teich nähren, dessen Wasser die Kunst des Rammelsberges treiben. Der kaiserliche Jäger Ramme, dessen Roß auch nach manchen Sagen Gold aus dem Rammelsberg hervorgescharrt und so das Entstehen der Bergwerke am Rammelsberge veranlaßt haben soll, kam einst mit seiner Gemahlin Gosa vom Rammelsberg her und diese wurde am Kinderbrunnen von Geburtswehen überfallen. Daher soll der Kinderbrunnen den Namen haben und das Flüßchen Gose daher, weil in ihm das Kind der Gosa gereinigt sei. Andere erzählen, Sophie, die Gemahlin Gundel Karls, welcher nach der Pest die toten Gruben des Rammelsberges wieder ins Leben rief, wollte seiner Gemahlin den neuerwachten Bergbau zeigen; auf dem Rückweg vom Rammelsberg gebar sie Zwillinge. Noch vor nicht langer Zeit war am Kinderbrunnen ein Stein zu sehen, an dem mehrere Kinder ausgehauen waren.

Von Augenzeugen wird auch in Goslar erzählt, es lasse sich zuweilen abends zwischen acht und zehn Uhr auf dem Rammelsberg eine Laterne mit drei Flämmchen sehen. In demselben Augenblick, in welchem sie oben auf dem Berge sei, erscheine sie auch wohl eine Viertelstunde von jenem Punkt entfernt; sie sei bald hier, bald da, doch nehme sie gewöhnlich ihre Richtung nach dem eine halbe Stunde entfernt dem Rammelsberg gegenüberliegenden Sudmerberge. Die Laterne sei sogar dicht an den Augenzeugen vorbeigeschwebt und sie hätten jeden Augenblick ihren Angriff erwartet, auch die Besinnung verloren und kleine körperliche Verletzungen davongetragen. Man erzählt auch in Goslar, daß vor alten Zeiten eine Frau ihre drei Kinder in einem Brunnen vor Goslar, wohl dem Kinderbrunnen, ertränkt habe, daß darum ihre Seele noch keine Ruhe finden könne und daher gewöhnlich am Abend in der Gestalt einer Laterne mit drei Flämmchen in der Nähe des Brunnens herumwandern müsse. (35)

Die verwiesene Papiermüllerin

Hinter Goslar lag eine Papiermühle, darin wohnten alte Leute, die hatten nur einen Sohn. Als der heranwuchs, schaffte er sich eine Liebste an, und das wollten die alten Eltern nicht leiden. Er ließ sich aber nicht davon abbringen und freite sie. Einige Zeit nach der Hochzeit starb die Alte und der Papiermüller übergab dem Sohn die Meisterstätte und den ganzen Kram, zog selbst nach Goslar und nahm da Quartier. Die Zeit lief hin und die junge Frau gebar einen Sohn. Die beiden Dienstmädchen mußten bei der Wöchnerin wachen. Als es gegen Mitternacht war, wurden die Mädchen gleich der Wöchnerin müde und alle schliefen ein. Als sie am Morgen aufwachten, lag der Knabe tot neben der Wöchnerin und niemand wußte, auf welche Weise er zu Tode gekommen war.

Die Zeit ging wieder hin und die junge Papiermüllerin gebar ein kleines Mädchen. Dabei ereignete sich alles wie zuvor. Eine Zeit lang nach dem Tode der Tochter gebar die Frau wieder einen Knaben. Da war unter den beiden Dienstmägden eine neue, die erzählte der andern in der ersten Nacht etwas und dadurch blieben beide wach. Es war aber eine wundervolle Nacht, der Mond schien hell und als es so gegen elf war, sprach das neue Mädchen, sie wollten gar ein bißchen ausgucken. Nun lag der Papiermühle gegenüber ein großes Angebäude, da entstand plötzlich ein Geräusch und dann ging dort ein Fenster auf und guckte eine weiße Gestalt heraus. Als die Glocke zwölf schlug, schloß die weiße Gestalt das Fenster, holschte wieder über den Boden herüber und ging fort.
Wie am Morgen der Herr der Mägde aufstand, erzählten sie ihm das. Er wollte ihnen anfangs nicht glauben und beschloß in der folgenden Nacht selbst mit aufzubleiben. Sobald die Glocke nun elf schlug, kam die Gestalt wieder und der junge Papiermüller erkannte seine Mutter. Schlag zwölf warf die Gestalt wieder das Fenster zu und verschwand. Am andern Tage wurde der alte Papiermüller herbeigeholt, auch der blieb die Nacht auf und überzeugte sich, daß die ersten beiden Kinder von niemand anderem als von seiner Frau getötet sein konnten. Er bestellte also sogleich zwei Barfüßer herbei, welche den Geist verweisen sollten. Auch der Arzt und die Hebamme wurden herbeigeholt, für den Fall, daß der Wöchnerin etwas geschähe, weil der Geist auf der Kammer, wo sie lag, verwiesen werden sollte. Die Barfüßer befahlen dem Müller, daß er während der Verweisung alles im Hause offen lassen sollte, und das geschah auch; doch machte der Wächter, als er vorbeikam, die Haustür und das Dielfenster zu. Die beiden Barfüßer beschrieben zuerst drei Ringe auf dem Fußboden der Stube. Es waren aber die beiden ein junger Mensch und ein alter. Der Junge setzte sich unten ans Bett an einen kleinen Tisch, nahm sein dickes Buch, legte es verkehrt und fing an, so darin zu lesen; der Alte stellte sich neben ihn. Nun kam auf den Glockenschlag elf die Alte ans Fenster im Angebäude. Als sie ein Schäuerchen (Weilchen) ausgeguckt hatte, schob sie das Fenster zu und kam herein. An dem vordersten Ring blieb sie stehen. Da sprach der junge Barfüßer: »Geist, bist du ein guter Geist oder ein böser Geist? So gebiete ich dir zu reden.« Sie antwortete nicht und er fragte zum zweiten Male. Sie antwortete aber wieder nicht und als er zum dritten Male fragte, hielt sie ihm vor, daß er seiner Mutter einmal einen Pfennig weggenommen hätte. Er sagte zwar, daß er sich dafür Papier gekauft hätte, aber dennoch mußte er aufstehen, und der Alte setzte sich an seine Stelle. Als der sie auch so anredete, begann sie sich zu schütteln und

Gildenhaus »Kaiserworth« und Rathaus in Goslar. Gezeichnet von A. Hornemann, in Stahl gestochen von E. Höfer. Aus: Das Königreich Hannover in malerischen Original-Ansichten. Darmstadt 1850

gestand, sie könne nicht ruhen, weil sie nicht gewollt, daß ihr Sohn seine Frau freien sollte, auch daß sie am Tod der beiden Kinder schuldig wäre. Und wenn das Mädchen diesmal nicht munter geblieben wäre, so wäre es dem dritten Kind ebenso ergangen. Da verwies der Barfüßer sie ins Rote Meer, sie aber fing an zu betteln: sie möchten ihr doch einen Winkel im Hause lassen, und wenn es nur ein Loch wäre, wo sie hineinkriechen könnte. Da fragte dieser Barfüßer ihren Sohn und ihren Mann, ob sie haben wollten, daß sie im Hause bleiben solle. Die wollten es nicht leiden und sprachen: nein, sie soll ins Rote Meer. Sobald die Glocke zwölf schlug, wendete sie sich um und war verschwunden und ließ einen furchtbaren Gestank zurück. Als sie herunterkamen auf die Diele, wo der Wächter alles zugemacht hatte, hatte sie das eine Fach von den Fensterruten mit herausgenommen. Von der Zeit an aber ist sie nicht wiedergekommen. (36)

Der wilde Jäger und der Bergmönch

Auf dem Goslarschen Weg ist schon manches erzählt, auch diese Geschichte. Vor vielen Jahren, wie hier noch die Wege schlecht gewesen sind, hat eine Frau alle Woche irdenes Geschirr von Goslar geholt und verkauft. Des Morgens früh ist sie denn fortgegangen und oft erst in der Nacht wiedergekommen. Einmal hat sie sich lange in Goslar aufgehalten, und geht dort weg, als es schon halb dunkel ist. Sie kennt aber jeden Schritt und Tritt, nimmt ihre Kiepe mit dem Geschirr auf den Rücken und trampt lustig ihren Weg nach Clausthal. Die Berge hinauf geht's zwar langsam, doch aber immer fort und so kommt sie oben an, da wo das Zipollenbeet ist. Von der schweren Tracht und den langen steilen Bergen mürbe gemacht, hat sie sich vorgenommen, erst ordentlich zu ruhen. Da sieht sie mit einemmale nicht weit von sich ein großes Feuer und um dasselbe wird sie Leute gewahr. Sie denkt, es sind Köhler, oder Holzhauer, und da sie recht durstig ist, geht sie darauf zu und will sich ein wenig Wasser zum trinken geben lassen. Als sie aber näher und näher kommt, sieht sie zu ihrem großen Schrecken, daß ein riesiger Jäger mit seinen Gesellen, furchtbare Gesichter, um das Feuer herum sitzen, und ein gewaltig großer Hirsch am Spieße gebraten wird; und was das schlimmste dabei ist, schrecklich große Hunde laufen da herum, kommen auf sie zugejagt, springen an ihr in die Höhe, daß sie ihren glühenden Atem fühlt, fassen an ihren Mantel, als wollten sie sie umreißen, und die Kerle bleiben ruhig sitzen und kümmern sich gar nicht um die geängstigte Frau. Alles geht so unheimlich, so still zu. Sie läuft, was sie laufen kann, um den Bestien aus den Klauen zu kommen, ja sie rennt mit gräßlicher Angst so lange, bis sie vor Mattigkeit hinstürzt und ohne Besinnung unter ihrer Kiepe liegen bleibt.

Als sie wieder aufwacht, steht ein Mann bei ihr, der hat einen grünen Schachthut auf, eine schwarze Puffjacke an und ein mächtig großes Licht in der Hand, der hilft ihr auf und fragt sie, was ihr fehle. Sie erzählt ihm unter Tränen, wie es ihr gegangen sei und daß nun wahrscheinlich all ihr irdenes Geschirr von dem Laufen und zuletzt durch den Fall entzweigegangen wäre. Sie sei blutarm, hätte ihr bißchen Armut ganz in diesen Handel gesteckt und heute gerade alles in der Kiepe gehabt. Nun läge die Geschichte in Scherben, sie wisse gar nicht, was sie anfangen solle. Der Geschworne, denn das meint die Frau, müsse er gewesen sein, bedauert sie, macht ihr den Mantel von der Kiepe zurück und leuchtet mit seinem Licht in die Kiepe und spricht: Sie solle sich nur zufriedengeben, alles wäre noch nicht verloren, dann sagt er: Glückauf und geht nach Goslar, und die Frau wie geprügelt und voll Traurigkeit nach Clausthal zu. Als sie nach Haus kommt, ist es schon bereits Tag geworden. Sie geht in ihre kleine Stube, setzt ihre Kiepe auf den Tisch und fällt vor Mattigkeit auf die Bank hin. Dabei kann sie es doch nicht lassen, nach der Kiepe zu sehen, und daran zu denken, wie es wohl mit ihrem Geschirr stände, ob wohl noch etwas ganz geblieben wäre, oder alles in Scherben in der Kiepe läge. Wie erstaunt sie aber, als sie den Mantel zurückschlägt und statt Scherben lauter blitterblanke feine Gulden, aber keinen Napf oder Topf darin findet. Sie läuft gleich herum vorn in die Stube zu ihrer Wirtin, das ist eine kluge alte Frau gewesen, die kommt und sieht die Geschichte und sagt: die Gestalten bei dem Feuer, das wäre der wilde Jäger mit seiner Sippschaft und seinen Hunden, der Geschworne aber der Bergmönch gewesen. Sie sollte froh sein, daß sie mit heiler Haut davongekommen wäre. Die Frau kaufte sich für das Geld ein kleines Haus, schaffte sich ein paar Kühe an und brauchte von da an kein Geschirr mehr von Goslar zu holen. (37)

Der beste Schuß

Es war einmal ein Bergmann, der schoß gern und konnte auch gut schießen. Nun war Freischießen in Goslar und da wollte er auch einmal sein Heil versuchen, ob er den reichen Goslarschen einige Taler dabei abnehmen könne. Vor allem lag ihm daran, den besten Schuß zu tun und dann die Ehre davon zu haben; denn den besten Gewinn konnte er als Fremder nicht kriegen nach den Schützenregeln. Er nimmt also sein Gewehr vom Nagel, es ist erst hübsch geputzt und reingemacht, es blittert und blänkert und damit fort. Als er auf die hohle Kehle kommt, damals ist der Weg noch schrecklich schlecht gewesen, so sitzt da ein alter, schwacher Mann und schwitzt und ruht sich aus, dabei ist er ganz zerlumpt, und die bloße Haut guckt hie und da durch sein dünnes Zeug; die greisen Haare hängen unter seinem alten Hut vor, und die Hand und das Gesicht sind ganz abgezehrt und abgehagert. Ach, sagt dieser Alte: lieber Mann, gebt mir doch, um Gotteswillen, ein Almosen. Der Bergmann hatte ein gutes Herz, er griff in die Tasche und gab ihm die Hälfte von seinem ganzen Geld, wofür er zwei Sätze schießen wollte. Der arme Mann schien vor Freude stumm zu werden und dankte recht herzlich für das große Geschenk, dabei sagte er: Ihr seid ein Schütze und wollt hinunter nach Goslar zum Schützenhof und mit schießen. Ich weiß es. Hier nehmt dies Gläschen und wenn Ihr schießen wollt, so gießt daraus 3 Tropfen auf das Visier. Dann ging er fort und der Bergmann nach Goslar.

Als er nach Goslar kam und eben schießen wollte, holte er erst sein Gläschen hervor und goß 3 Tropfen aufs Visier, legte dann an, und o Wunder, er hatte nun die weite Scheibe ganz dicht vor sich, so daß er nur auf den Nagel zu halten brauchte. Als es knallte, tanzte der Scheibenweiser und wollte gar nicht fertig werden. Der Bergmann hatte mitten auf den Nagel getroffen und den besten Schuß. So gings mit jedem Schuß und er nahm ein ungeheures Geld mit nach Haus und hatte auch die Ehre, den besten Schuß getan zu haben; so hatte er mehr auf den einen Satz, als er sonst auf zwei gehabt hätte. Danach nahm er sein Gewehr auf die Schulter und ging mit vollen Taschen wieder in den Harz. Als er auf die Stelle kam, wo der Alte gesessen hatte, da saß er wieder und fragte: Na, wie ist es gegangen? Recht gut, sagte der Bergmann. Jetzt müßt ihr mir aber mein Fläschchen wiedergeben. Ja wohl, sagte der Bergmann, holte es aus der Tasche und reichte es gleich dem Alten hin. Auch bedankte er sich dabei und sagte, so etwas hätte er in seinem ganzen Leben noch nicht gesehen und erlebt. Das wäre ein köstliches Wasser. Wenn er das immer hätte, so sollte es nicht lange dauern und er wollte sich bald so viel zusammenschießen, daß er der reichste Mann würde. Darauf sagte der Alte: Weil du das Glas gleich so gutwillig mir wiedergeben willst, da du doch weißt, was es für einen großen Wert für dich hat, so sollst du es ganz behalten. Damit du aber weißt, wozu es noch gut ist, so habe ich dir noch nicht alles gezeigt und gesagt, was man damit erzielen kann. Sieh, hier nahm er einen breiten Schieferstein auf, goß drei Tropfen aus dem Glas darauf und in dem Augenblick war der Stein in ein ebenso großes Stück Silber verwandelt, das er dem Bergmann hinreichte. So kann man es auch gebrauchen. Das nimm zur Belohnung für deine Mildtätigkeit und gebrauche es ordentlich, aber mißbrauche es nicht, sonst ist es dir unter den Händen weg. Der Bergmann drückte dem Alten die Hand und in dem Augenblick war dieser verschwunden. Ganz überglücklich ging der Bergmann nach Haus, brauchte das Glas nach der Vorschrift und ist so nach und nach zum reichen Mann und zum berühmtesten Schützen im ganzen Harz geworden. (38)

Der Blocksberg

An manchen Tagen des Jahres, zumal aber am 1. Mai, dem Walpurgistag, kommen die Hexen zu wilden Festen und Tänzen zusammen. Auf Kreuzwegen geschieht das oder auf alten Thingstätten, an einsamen Bäumen oder auf entlegenen Heiden, besonders jedoch auf Hügeln und Bergen, die Blocksberge oder Brockelsberge heißen und deren es in ganz Norddeutschland eine große Zahl gibt.
Der berühmteste Blocksberg aber ist der Brocken im Harz geworden, zu ihm machen ihre Maifahrten die Hexen aus ganz Deutschland. Schon in einem Nachtsegen aus der Zeit um 1300 wird um Schutz gebetet »vor den bosen nachvarn (Nachtfahrern), dy zu dem brockelsberge sin gerant«, und ein Beichtbuch des 15. Jahrhunderts erzählt von den »zauberinnen, die uf den Brockesberg waren«. So recht in der Leute Mund gebracht hat den Brocken als Blocksberg aber erst Johann Praetorius mit seinem schnell berühmt gewordenen Buch »Blockes Berges Verrichtung« (1668), und viele andere Gelehrte sind seinen Erzählungen gefolgt. Praetorius beschreibt ihn wortspielerisch (d.h. volksetymologisch) so:
Hat mit seinem rechten Namen vor alters geheissen Bocksberg. Denn daß die Hexen vormahlen auff Böcke reitende / zum Berge gefahren seyn / so erhellet solches auß dem Nahmen der Bructerorum, welches nicht etwan

so viel ist als Brüder oder Brüteri, wie Aegidius Tschudus Glaronensis in einer Epistel an B. Rhenanum fälschlich vorgiebet: sondern es seynd Bructeri so viel als Bucteri eben vom Bocke / (welchen sie nach ihrer Mundahrt Buck genennet haben) / darauff sie den Berg hinan gefahren / benahmet. Doch ist zu mercken / wie nicht alle Teutschen auff Böcken zum Hexen-Feste gefahren; sondern auch etliche auff Katzen / so damahln sind Katten (wie sie noch Combrice oder Niedersächsisch so heissen) / pronunciret worden / daher die Catti sind gekommen. Also kömpt der Nahme Schweden / vor diesem Suiones, von Suin / so auff Niedersächsisch heisset ein Schwein / darauff sie nach ihres Endes Hexenbergen geritten. (39)

Die Walpurgisnacht auf dem Brocken

In der Walpurgisnacht ziehen von allen Seiten, aus dem Göttingenschen und Grubenhagenschen, aus der Altmark und der Gegend von Rinteln, ja aus Schleswig-Holstein die Hexen nach dem Brocken oder vielmehr nach dem Blocksberg, denn so heißt jener als Hexenberg. Sie reiten auf Besen und Ofengabeln, auf Haspeln, Butterfässern und Bäumen, auf Gänsen und Puterhähnen, Ziegen und Ziegenböcken, Hähnen und Katzenschwänzen, Eseln, Pferden und andern Tieren, manche auch auf Menschen, die sie unterwegs antreffen. Einige streichen vorher die Besenstiele mit Hexensalbe an, andre reiben sich selbst damit ein; die einen sprechen:

»Fahre hin,
nach dem Blocksberg steht mein Sinn!«

andre gebrauchen plattdeutsche Zaubersprüche; die meisten setzen sich rücklings auf ihr Reittier; alle aber fliegen im hui durch den Schornstein dem Blocksberg zu.

Ihre Reittiere nehmen sie oft, wo sie diese gerade finden, doch dürfen sie keinen Stall betreten, der durch drei Kreuze geschützt ist. Wer die Hexen vorüberreiten sehen will, muß sich unter zwei aneinander gelehnte Eggen setzen; doch sieht auch nur ein Rockzipfel vor, so reißen sie den unbequemen Lauscher darunter weg. Hat man gerade keine Egge zur Hand, so kann man sich allenfalls durch einen Strick schützen, den man zunächst

Hexenzusammenkunft auf dem Blocksberg. Kupferstich aus: S. J. Praetorius, Blockes Berges Verrichtung. Leipzig 1668

wie einen Gürtel um den Leib schlingt und dann über Brust und Rücken kreuzweise und durch Kreuzknoten damit verbindet.
In der großen Hexenversammlung auf dem Blocksberg hält der Teufel von der Teufelskanzel herab eine Rede. Auf dem Felsen aber, den man Hexenaltar nennt, wird das Mahl bereitet. Das Wasser dazu liefert der Hexenbrunnen. Den Schluß des Festes bildet ein großer Ball, bei dem der Teufel so lange mit jeder Hexe tanzt, bis sie vor Erschöpfung zusammenbricht.
Oft läßt man auch unberufene Zuschauer zu, die sich indes nur dadurch einschleichen können, daß sie einer Hexe den Zauberspruch ablauschen, der sie durch die Lüfte entführt. Man treibt aber allerlei Schabernack mit ihnen. So gab man einem Musiker eine Klarinette, auf der er auch kräftig zum Tanz aufspielte. Als er aber nach Hause zurückkam, hielt er statt ihrer einen toten Kater in der Hand, auf dessen Schwanzspitze er geblasen hatte. Einem andern Manne wies man ein schönes Bett an, als er müde wurde; am andern Morgen lag er aber in einem Pferdegerippe. (40)

Der Hexenritt

Ein Bergmann hat immer darüber gespottet, wenn die Leute gesagt haben, die Hexen reiten nach dem Brocken in der Walpurgisnacht. Öfter hat er dann gesagt, wenn mir nur einmal solch ein altes Tier in die Quere käme, ich wollte sie schmeißen, sie sollte die Beine aufkehren! Was will denn solch ein Gerippe von altem Weib, das nur aus Haut und Knochen zusammengesetzt ist, gegen unsereinen. Na, na, sagt oft die alte Nachbarin, die nebenan gewohnt hat: »Napper, Napper, su wos lächtes iss es doch net, sune Reiterin obzeschmeisen, nammt ich an Wulperschehand in Acht.« Possen, nichts als Possen, hat er dann gesagt. Ich will ihr's schon geben, daß ihr das Reiten vergehen soll. Darauf hat die Alte geschwiegen.
Nun kommt der Walpurgisabend, den Abend wird knollig geschossen, es ist gewesen, als wenn der Feind angekommen ist. Mit Katzenköpfen, Flinten, Büchsen und Pistolen. Jedes hat sein Knalleisen an dem Abend tüchtig gebraucht, und je stärker daß es geknallt hat, desto mehr hat man sich darüber gefreut. Den Abend, es ist so gegen neun gewesen, muß der Bergmann anfahren, er hat Ordre gekriegt, im Schacht hat's gebrochen, er soll dem Ausrichter helfen. Wie er nun auf die Bremerhöhe kommt, da kommt denn ein Schwarm alte Weiber angesaust durch die Luft; das ist ein

Geschrei und Gejöhl gewesen, als wenn alle Teufel los sind. Eine kommt herunter, stülpt den Bergmann um, er mag wollen oder nicht, und gleich auf ihn, und da geht's durch die Luft fort hinter den andern her nach dem Brocken. Er kann kaum atmen, dabei ist das alte Weib so schwer, daß es ihm die Knochen fast eindrückt. Um elf kommen sie auf dem Brocken an, da wird er erlöst, sie steigt ab, und der Bergmann fällt halb tot auf die Erde.

Hexensabbat auf dem Blocksberg (Brocken). Kupferstich aus: Caspar Schneider, Beschreibung des alten Sachsen. Halle 1727

Da umzingeln ihn nun die andern Hexen und tanzen um ihn, und der Teufel ist auch dazwischen; dann richten sie ihn auf und fragen ihn, ob er nun schweigen könnte, oder ob er in Öl gebraten werden wollte. Wer will sich aber gern in Öl braten lassen; er sagt, er wolle nichts wieder sagen von den Hexen. Da spricht der Teufel, wenn er sich aber je ein Wort verlauten ließe, so wäre er ein Kind des Todes. Da oben haben die Hexen denn aber eine Schande getrieben, das darf man gar nicht sagen. Wie's nun so gegen zwölf hinkömmt, da macht sich der ganze Schwarm wieder auf und die eine Hexe kriegt unsern Bergmann wieder her, setzt sich darauf und nun geht's wie unsinnig durch die Luft und zurück bis nach der Bremerhöhe bei Clausthal. Auf der Stelle, wo ihn das Hexenweib gefaßt hat, da geht's wieder nieder, und er ist frei. Ein paar Stunden hat er erst gelegen und hat sich erholen müssen, dann kriecht er langsam nach Haus. Seine Frau ist schon wieder aufgestanden und will eben fort in den Wald und eine Tracht Holz holen, als er nach Haus kommt. Ach Frau, sagt er, bleib da. Ich hab' eine schlechte Nacht gehabt. Geh hinaus in die Küche und leg ein bißchen Holz in den Ofen, ich habe geschwitzt, daß ich mich umziehen kann. Sie geht hinaus und tut's. Da erzählt er dem Ofen sein Schicksal; seine Frau steht am Ofen beim Einheizen und hört's. Kommt herein, sagt aber nichts. Eine halbe Stunde danach kommt auch das alte Weib, die Nachbarin, und spricht: es wär' sein Glück, daß er's dem Ofen und keinem Menschen erzählt hätte, sonst sollte er sehen, wie's ihm ginge. Da wissen sie, daß das eine Hexe gewesen ist. Die Frau geht hin und sieh, die infame Hexe wird verbrannt, da ist ihr gerade recht geschehen. (41)

Mainacht

In der Wolpersnacht (Walpurgisnacht) stellen die jungen Burschen den Mädchen Besen vor die Tür und necken sie dann am Morgen mit dem Hexenritt. Man reitet aber auch auf Bäumen und Buttertrampeln (Butterfässern) in der Mainacht nach dem Brocken. Die Hexen tanzen in der Walpurgisnacht den Schnee auf dem Brocken weg. (42)

Der große Mann am Brocken

Als im Juli des Jahres 1845 die große Hitze war, daß Menschen und Tiere fast verschmachteten und alle Quellen versiegten, haben mehrere Kuhhirten, die mit ihren Herden oben am Brocken weideten, einen riesengroßen Mann über den Berg schreiten sehen, und wo er hingetreten, ist das Gras wie fortgesengt gewesen. (43)

Die Roßtrappe

Hoch auf der Roßtrappe über der Bode erblickt man die gewaltige Spur eines Roßhufs im Stein, den hat das Pferd der Prinzessin Brunhilde eingedrückt, als sie, von einem Ritter verfolgt, vom Teufelstanzplatz auf diesen Felsen hinübersprang. Bei dem mächtigen Sprung aber ist ihre goldene

Aussicht von der Roßtrappe in den Kessel. Stahlstich nach Ludwig Richter, aus: Wilhelm Blumenhagen, Wanderung durch den Harz. Leipzig 1838

Krone in den Bodekessel, der Kresool genannt, hinabgestürzt, und da liegt sie noch heute. In der Walpurgisnacht aber kommt sie hervor an die Oberfläche des Wassers und schwimmt bis zum Morgen oben, und jeder kann ihr gewaltiges Blinken sehen. (44)

Der Graf von Reinstein

In Steckelnberg ist früher ein Burggraf gewesen, der hat wild in der ganzen Gegend gehaust, und man hat sich viel gemüht, ihn zu fangen, aber es hat nie gelingen wollen; denn er hatte seinen Rossen die Hufe verkehrt aufgeschlagen, und wenn man nun meinte, er sei in der Burg, so war er draußen, und wiesen die Spuren der Pferde nach dem Lande, so war er drinnen. So wild und grausam war er aber, daß er sich oft an einem Tag eine gewisse Zahl setzte, der er die Köpfe abschlagen wollte, und dann ruhte er nicht eher, als bis er sie erfüllt hatte. Aber mit dem Alter hat er doch Mitleid ge-

Die Teufelsmauer. Stahlstich nach Ludwig Richter, aus: Wilhelm Blumenhagen, Wanderung durch den Harz. Leipzig 1838

habt und als einmal ein steinalter Mann noch spät abends die Straße kam, fragte er ihn, wie alt er sei, und als der es ihm nun gesagt, da ließ er ihn ziehen, obgleich er noch der letzte war, der ihm an seiner Zahl fehlte. So hat er es lange ungestraft getrieben, aber zuletzt haben ihn die Quedlinburger auf dem Regenstein, der ihm auch gehörte, gefangen und haben ihn mit sich nach Quedlinburg geführt. Da hat er ihnen dann, als sie auf den Markt kamen, gute Worte gegeben, hat seine Lanze in die Erde gesteckt und gesagt, so weit sie hervorsähe, wolle er den ganzen Markt mit Gold anfüllen, wenn sie ihn frei ließen; aber sie haben sein Sündengeld nicht gemocht und ihn, wie er's verdiente, vom Leben zum Tode gebracht.
Andre erzählen, der Graf sei im Hackelndeich bei Gernrode, wo er sich auf der Flucht versteckt, gefangen worden und darauf habe man ihn in einen hölzernen Käfig gesetzt und in Quedlinburg auf offnem Markte dem Hohn der Buben preisgegeben. Sein Bruder hätte endlich das geforderte Lösegeld aufgebracht und außerdem hätte er noch 7000 Morgen Wald auf dem Ramberg abtreten und sämtliche Türme der Stadtmauer bauen müssen (45)

Die Teufelsmauer

Der Teufel wollte einmal die Welt mit unserm Herrn Christus teilen und sagte, dieser solle den Harz bekommen, aber er wolle das Flachland nehmen, und um die Grenze besser kenntlich zu machen, wolle er eine Mauer dahin bauen. Unser Herr Christus war das auch zufrieden, sagte aber, vor dem Hahnenschrei müsse alles fertig sein. Da arbeitete der Teufel rüstig, und als es gegen Morgen kam, fehlte nur noch ein Stein, den er eben herbeitrug, um ihn einzusetzen; da krähte der Hahn. Nun warf der Teufel unmutig die Quadern umher, wie sie noch liegen, und so ist die Mauer bis diesen Tag unvollendet geblieben. Sie geht übrigens durchweg in schnurgerader Linie, und erstreckt sich nicht allein vor dem Harz, sondern man kann sie in grader Richtung von Leipzig bis zum Rhein verfolgen. (46)

Prinzessin Ilse

Auf dem Ilsenstein lebte vor langen Jahren ein Ritter, der hatte eine wunderschöne Tochter namens Ilse, die liebte den Ritter, der in der Burg auf dem gegenüberliegenden Westerberg wohnte. Damals aber waren die beiden Berge noch nicht durch das jetzt dazwischenliegende Tal getrennt. Der Vater der Prinzessin Ilse wollte nun aber eine Heirat zwischen den beiden nicht zugeben, und da sie sich dessen ungeachtet beide fast täglich sahen, schlug er, der ein gewaltiger Riese war, die Felsen mitten durch, daß das Tal entstand. Da stürzte sich Ilse verzweiflungsvoll hinab in den unten brausenden Fluß und gab ihm den Namen, und seitdem erscheint sie nun oft in langem weißen Gewand mit breitem schwarzen Hut und man heißt sie nur schlechthin die Junfer. In früherer Zeit sah man sie jeden Morgen zu einem Stein bei der zweiten Ilsebrücke hinabsteigen, in dem war eine große Vertiefung, in welcher auch beim trockensten Wetter Wasser stand, und darin wusch sie sich. Jetzt ist der Stein aber fortgeschafft und da erscheint sie denn auch nicht mehr im Tal. Zum letztenmal soll sie sich vor dreihundert Jahren, und zwar an einem Himmelfahrtstag, haben sehen lassen, darum hat man auch lange Zeit an diesem Tag dort ein Fest gefeiert, zu dem die Leute weit und breit aus der ganzen Umgegend zusammengekommen sind, wobei denn zugleich ein Markt gehalten wurde. Es sind auch dabei zwei Musikchöre auf den Ilsenstein und auf den Westerberg, in dem der verzauberte Prinz sitzt, gezogen, die haben dort schöne Musik gemacht; jetzt aber ist das Fest mehr und mehr in Abnahme gekommen, und man musiziert nur noch an diesem Tag im Gasthof zu den Forellen. Allgemein aber glaubt man, daß die Prinzessin an einem Himmelfahrtstag gen Himmel fahren werde, und noch vor wenigen Jahren haben die Bauern von Stunde zu Stunde darauf geharrt. (47)

Göttinger Land

Der Brand des Göttinger Rathauses

Ehe (vor 1515) Aufruhr und Empörung geschah allhier zu Göttingen, do ward von etzlichen Burgern zuvorn das ganz Rathaus in eitel Feuer gesehen, sonderlich von Cort von Jesa und andren, so um den Mark her woneten, und dies Feuer, so man sahe, lief darnach, wie ihnen deuchte, in alle Casse alse Hunde, als in die Roten, Grüner, Weender, S. Johannes Straten. Daranach geschah ein Bürgeraufruhr. (48)

Das Siebenläuten in Göttingen

In Göttingen bestand früher das sogenannte Siebenläuten. Seit einer Reihe von Jahren ist es aber abgeschafft. Es wurde nämlich während des Winters an jedem Abend um 7 Uhr mit einer Glocke auf dem Turm der Johanniskirche geläutet. Diese Glocke führte davon den Namen die Siebenglocke. Der Ursprung dieser Sitte wird so erzählt: Eine adelige Dame hatte sich im Walde verirrt und vermochte nicht wieder auf den rechten Weg zu kommen. Da hörte sie mit einem Male von Göttingen herüber die Glocken sieben schlagen; sie folgte der Richtung des Schalles und kam so glücklich nach Göttingen. Zum Dank dafür vermachte sie der Johanniskirche eine Summe Geldes mit der Bestimmung, daß dafür an den kurzen Tagen abends um sieben Uhr mit einer Glocke geläutet würde. (49)

Fausts Höllenzwang

Öfters ist vom Höllenzwang die Rede, der von Dr. Faust selbst geschrieben sein soll; das Original soll in der Göttinger Bibliothek oder auch in der Zellerfelder Kirche an einer Kette liegen. Manche wollen ihn von einem

Der Göttinger Marktplatz mit schlittenfahrenden Studenten. Links das Rathaus, im Hintergrund die Weender Straße mit Jacobi-Kirche. Kupferstich von G. D. Heumann 1747, aus: Wahre Abbildung der Königl. Groß Britan. und Churfürstl. Braunschw. Lüneb. Stadt Göttingen. Göttingen 1747

Juden gekauft haben. Wer das Zauberbuch besitzt, de kann alles maken, er bekommt Macht über die Natur. Wehe aber, wenn ein Unbefugter es liest! Dann kamt dor so Duwelsderde an – Kreihen un swatte Katten! Sobald man es aber rückwärts liest, ist der Spuk verschwunden. (50)

Die unverweste Leiche im Museum von Göttingen

In Herzberg wohnte ein Kaufmann, namens Schachtrup, der mit Stahl handelte. Einst bekam er aus London aus Versehen eine Tonne Gold statt einer Tonne Stahl zugeschickt. Als später Nachfrage gehalten wurde, verschwor er sich, daß er nicht verwesen wollte, wenn in der Tonne Gold gewesen wäre. Nach seinem Tode ist er wirklich nicht verwest. Nachdem er zwanzig bis dreißig Jahre in der Erde gelegen hatte und sein Sarg schon ganz zerfallen war, wurde er ausgegraben und in das Haus gebracht, worin die Totenbahren stehen. Da wurde er mehrmals den Leuten, um sie zu erschrecken, vor das Haus gestellt und so viel Unfug mit ihm getrieben, daß man beschloß, der Sache ein Ende zu machen, und ihn an das Museum zu Göttingen schickte. Da steht er nun, wenn man die Museumstreppe heraufkommt, gleich am Eingang. (51)

Wie sich Hexen in Katzen verwandeln

Vor vielen Jahren stand einmal ein Soldat in Göttingen auf Posten und wurde jede Nacht von vielen Katzen durch Geschrei so in Angst und Schrecken gesetzt, daß er es endlich nicht mehr aushalten konnte. Er klagte daher seine Not einem alten Unteroffizier. Der riet ihm: »Wenn du wieder von dem Katzenvieh erschreckt wirst, so haue tüchtig um dich und siehe zu, daß du einer Katze ein Glied abhaust und behalte es dann in deiner Gewalt!« – Als in der folgenden Nacht wie sonst wieder viele Katzen zu ihm kamen und um ihn hersprangen, nahm er sein Seitengewehr, hieb tüchtig um sich und schlug dabei einer großen Katze eine Vorderpfote ab, die er sogleich aufnahm und in der Tasche seines Mantels verbarg. Nun versuchten die Katzen vergeblich, ihm die Pfote zu entreißen, aber der

Die Allee in Göttingen, durchflossen von der Leine: die Promenade der Professoren. Kupferstich von G. D. Heumann 1747

Soldat wehrte sie alle ab. Da entflohen endlich alle unter fürchterlichem Geheul. Am andern Morgen verwunderte sich der Soldat nicht wenig, als er aus seiner Tasche eine Menschenhand hervorzog. Nun wurde in der Nachbarschaft nachgesucht, und man entdeckte ein altes Weib, dem die eine Hand abgehauen war. So wurde das Weib als Hexe erkannt und dann schwer bestraft. (52)

Der feurige Wagen

Einst träumte einem Mann in Göttingen dreimal hintereinander, ein goldener Wagen fahre an seinem Hause vorbei, er rühre ihn an und werde dadurch unermeßlich reich. In der folgenden Nacht ging er vor sein Haus und wartete bis zur Geisterstunde. Als die Turmuhr 12 schlug, kam die Straße herauf ein goldener Wagen, der von vier Schimmeln gezogen ward. Der Mann erschrak, denn auf dem Bock saß ein Kutscher ohne Kopf, dem schwarzes Blut aus dem Halse spritzte, im Wagen hockte ein schwarzer Hund, dem ein Feuerstrahl aus der weit geöffneten Schnauze schoß; an dem Wagen hingen viele schwarze Hunde, die ihre feurigen Zungen armlang aus dem Maule hängen ließen. Aus Gier nach dem Geld sprang er auf den Wagen zu und rührte ihn mit dem kleinen Finger an. Da verspürte er einen furchtbaren Schlag und fiel alsbald in eine tiefe Ohnmacht, aus der er erst am anderen Morgen erwachte. Da erzählte er, was er gesehen und getan hatte. Nun erkrankte er schwer und starb noch selbigen Tages. (53)

Diebsdaumen im Faß

Vor vielen, langen Jahren wohnte ein Wirt in Göttingen, welcher seinen Gästen stets ganz vorzügliches Bier lieferte und dadurch seinen Mitwirten viel Abbruch in der Kundschaft und großen Schaden tat. Auch war er immer reichlich mit Bier versehen, ohne daß man ihn große Einkäufe machen sah. Kluge Leute munkelten wohl unter sich, daß der Wirt mit bösen Dingen umgehen müsse, doch wagte man wegen seiner großen Kundschaft nichts gegen ihn zu unternehmen. Nachdem aber Tilly eingerückt war, und die Soldaten sich plündernd in der Stadt, besonders in den Wirtshäusern herumtrieben, sollte die Sache an den Tag kommen. Soldaten waren in den Keller des Wirts gedrungen und schlugen, da ihnen das Abzapfen zu langweilig war, trotz alles Jammerns und Bittens des Wirtes, das einzige im Keller befindliche Bierfaß auf. Da fanden sie denn in dem Fasse einen Diebsdaumen aufgehängt, und nun war es klar genug, warum der Wirt immer das beste Bier gehabt hatte. Er wurde gehenkt, der Diebsdaumen und die Trümmer des Bierfasses aber wurden auf der Richtstätte vor der alten Linde verbrannt. (54)

Die Dransfelder Hasenmelker und die Göttinger Eselfresser

Im Mittelalter war einmal ein Welfen-Herzog mit seiner Streitmacht von Münden ausgezogen und dachte die Göttinger zu strafen, weil sie ihm den Zoll verweigert hatten. Die Göttinger aber überwanden den Herzog in offener Feldschlacht und verfolgten ihn bis vor Dransfeld. Da machten die dem Herzog treu ergebenen Dransfelder einen Ausfall, bald war unter Führung des Herzogs die Schlacht wieder hergestellt, und aus den Siegern wurden Besiegte. Die Göttinger mußten sich um das Hasenbanner scharen und wurden mit großen Verlusten bis zu den Toren ihrer Stadt zurückgeworfen.

Der Herzog verlieh nun den Dransfeldern mancherlei Freiheiten, darunter auch das Jagdrecht. Über dies Jagdrecht freuten sich die Dransfelder am meisten und stellten bald eine große Jagd auf dem Hohen Hagen an. Da aber die guten Leute nichts von der Jagd verstanden und in ihrem Leben noch kein Stück Wild, ja nicht einmal – so behaupteten wenigstens die Göttinger – einen Hasen gesehen hatten, so hielten sie eine weidende Eselin für einen Hasen und legten hocherfreut ihre Flitzbogen an. Als sich aber das Wild sehr zahm zeigte, dachten sie es lebendig zu fangen, was auch ohne Widerstand von seiten des »Hasen« gelang. Die Jäger lagerten sich jetzt um den eingefangenen Langohr und als einer bemerkte, der Hase habe ein volles Euter, machten sie sich daran ihn zu melken und taten sich gütlich an der zuvor nie gekosteten Hasenmilch. Kaum war indes das Geschichtchen den Göttingern hinterbracht, als die Dransfelder auch ihren Spitznamen weghatten und noch bis auf den heutigen Tag die »Hasenmelker« heißen.

Die Dransfelder bleiben's ihnen aber nicht schuldig und nennen die Göttinger die »Eselfresser«, und zwar deshalb, weil die Göttinger die Dransfelder Jäger bei ihrem vermeintlichen Hasen überrascht und ihnen die

Beute abgenommen hätten, welche dann von den Göttingern ebenfalls für einen Hasen angesehen und von ihnen geschlachtet und verzehrt worden wäre. Der Spitzname »Eselfresser« ist aber, da die Göttinger als jagdberechtigte und jagdkundige Leute genannt werden, ohne Zweifel eine Erfindung späterer Zeit, welcher die Sage vom »Drakenberg« ganz abhanden gekommen sein muß, die ich so glücklich war aus dem Munde eines alten Einwohners von Herberhausen zu hören.

Das Dorf Herberhausen liegt eine halbe Stunde von Göttingen und etwas entfernt von der nach Gieboldehausen führenden Chaussee am Fuße eines steilen, kahlen Berges, welcher Drakenberg heißt. Dort oben lag vor vielen hundert Jahren das Raubschloß der gewalttätigen und grausamen Herren von der Drakenburg. Ihr letzter Besitzer war ein alter, eigensinniger Junggesell; keine adelige Jungfer in der Nachbarschaft hatte ihm ihre Hand geben wollen und so saß er unbeweibt und griesgrämig auf seiner Burg, bis ihm das Haar schneeweiß wurde. Da war einmal auf dem Junkern-Hause in Göttingen ein großes Fest, zu welchem viel vornehme Herren, Frauen und Jungfern geladen waren; auch der Herr von der Drakenburg erhielt, obgleich ihn eigentlich niemand leiden mochte, eine Einladung, und das war ihm sehr lieb. Der alte Geck schloß Kisten und Kasten auf, suchte seine besten Kleider hervor und putzte sich als ob er ein zwanzigjähriger Prinz wäre. Das Kostbarste aber, was er anlegte, waren seine weißen seidenen Strümpfe, ein Putz, welchen damals in dortiger Gegend die vornehmsten Leute noch nicht kannten.

Als nun der Herr von der Drakenburg beim Junkern-Hause vorfuhr und in seinen kostbaren Strümpfen aus dem Wagen stieg, lachten die umstehenden Göttinger laut auf und verspotteten den eitlen Mann. Da wurde der Verspottete bitter und böse, schrie die Spötter an: »Geduld, ihr Idioten, ich werde zuletzt lachen!« und fuhr im vollen Galopp wieder zum Albaner-Tor hinaus. Als er wieder in die Burg einfuhr, lief ihm einer seiner Esel zwischen die Pferde und mußte dafür sein Leben lassen, denn der zornige Herr stach ihn auf der Stelle tot. Wie das Tier nun alle Viere von sich streckend dalag, wurde es dem Drakenburger plötzlich klar, auf welche Weise er sich an den Göttingern rächen könne.

Der nächste Tag war ein Markttag, und nach damaliger Sitte pflegten die umliegenden Gutsbesitzer Fleisch an den Göttinger Markt zu schicken. »Toif« (Warte!), sagte der Herr von der Drakenburg, zog dem Esel die Haut ab, schlachtete ihn kunstgerecht aus und packte am andern Morgen seiner Magd den Tragkorb voll Eselfleisch; auf den Grund des Korbes aber legte er die Eselshaut nebst einem Brief und schickte alles an den

Marktplatz in Göttingen. Gezeichnet von R. Batty, in Stahl gestochen von W. R. Smith. London 1828

Markt. Hier bot nun die Magd das Fleisch des unreinen Tiers für Kalbfleisch aus und die Göttinger kauften so fleißig, daß der Korb bald bis auf den Grund geleert war. Nun machte sich das Mädchen aus dem Staub, und die zuletzt kommenden Kauflustigen fanden in dem geleerten Korb die Eselshaut samt dem Briefe. Sie brachten beides sogleich zum Magistrat. Hier öffnete der Bürgermeister den Brief und las:
»Damit man für alle Zeiten weiß, daß ihr euresgleichen freßt, so schreibt auf diese Eselshaut, was ihr heute von mir gekauft und gegessen habt. Herr von der Drakenburg.«
Da lief den Herren vom Rat die Galle über; sofort ließen sie die Sturmglocke schlagen und trugen den sich mit Wehr und Waffen sammelnden Bürgern den Schimpf vor, den der Drakenburger der ganzen Stadt angetan hatte. Da verschworen sich die Bürger, nicht eher Wehr und Waffen abzulegen, bis die Drakenburg der Erde gleich gemacht sei, zogen in hellen Haufen über den Hainberg und eroberten beim ersten Anlauf die Drakenburg. Alles was Leben in der Burg hatte, mußte über die Klinge springen, und der Burgherr ward von der Zinne des Hauptturms in die Spieße der unten stehenden Eroberer gestürzt. – Mehrere Wochen lagerten die Göt-

tinger in Herberhausen, Rohringen und am Klausberg und zerstörten die Burg bis auf den Grund; erst als der Pflug über die Stelle der Zerstörung hinweggegangen, zogen sie zur Stadt zurück, und heute findet man nicht einmal mehr die Grundmauern der Burg vor. (55)

Der Göttinger Wald

Die Waaker erzählen, der Göttinger Wald habe ursprünglich bis an den Twêschweg ihnen gehört und sei erst auf folgende Weise an die Göttinger gekommen. Die Waaker hatten sich um den Wald wenig bekümmert, und so war es zugegangen, daß die Göttinger sich einen Teil davon anmaßten. Darüber entstand nun ein Prozeß zwischen beiden. Da nun niemand die Grenze genau zu bestimmen vermochte, trat ein alter Hirt aus Herberhausen auf und sagte, er wisse sie genau anzugeben; denn er habe in dem Wald viele Jahre lang das Vieh gehütet. Darauf mußte er sich zu einem Göttinger Ratsherrn in den Wagen setzen, und dieser fuhr mit ihm an Ort und Stelle. Der Hirt aber dachte, etwas müßten die Waaker doch wohl behalten, und ging dann so dicht an dem Feldrain hin, daß nur der schmale Streifen Waldes Neu-Waake gegenüber, welcher der Streitforst heißt, liegen blieb und den Waakern zugesprochen wurde. Als die Waaker nun sahen, wie er so die Grenzen abging und fast den ganzen Wald den Göttingern zuwandte, riefen sie ihm laut zu, sie wollten, daß er Hals und Beine bräche. Der Wunsch ging auch schnell in Erfüllung; denn als der Hirt wieder in den Wagen steigen wollte, fiel er und brach das Genick. (56)

Wallfahrt nach den Schweckhäuserbergen

Es ist alte Sitte, daß die Einwohner aus den Dörfern Waake, Landolfshausen und Mackenrode am ersten Ostertag nach den Schweckhäuserbergen ausziehen. Sie wissen darüber folgende Sage. Die ersten Herren auf den Schweckhäuserbergen hatten ihre eignen Pfaffen und Tempel. Es ist aber damals noch im Heidentum, ihr Gottesdienst also ein Götzendienst gewesen. Im Tempel hat ein großes Bild gestanden wie ein riesiger Mann, das ist inwendig hohl gewesen. Durch einen verborgenen Gang unter der Erde hat der Pfaffe in dieses Bild steigen können und daraus geredet. Er hat

Das Rathaus und die Johanniskirche in Göttingen. Gezeichnet von A. Hornemann, in Stahl gestochen von F. Foltz. Aus: Das Königreich Hannover in malerischen Original-Ansichten. Darmstadt 1850

auch in dem Bild machen können, daß es mit der Zunge, auch mit dem Munde und den Händen sich bewegt hat, so daß die Leute geglaubt haben, das Bild bewege sich von selber und täte auch das Reden. Da sind denn immer am ersten Tage in Ostern viel Menschen von der Umgegend nach den Schweckhäuserbergen gepilgert, um den Abgott zu hören. Und aus alter Gewohnheit wallt das Volk noch immer am ersten Ostertag nach den Schweckhäuserbergen. (57)

Graf Isang

Unfern Göttingen, zwischen den Dörfern Seeburg und Berenshausen, liegt der Seeburger See. Einst war er groß und weit, nun wird er jährlich kleiner, aber wie die Fischer sagen, ist seine Tiefe an manchen Stellen noch immer nicht zu ergründen.

Vordem stand an seiner Stelle die stolze Burg der Grafen von Isang. Der letzte des Geschlechts, der führte ein wildes gottloses Leben, daß er der Schrecken der ganzen Gegend wurde. Einst ritt er um Mitternacht zum Kloster Lindau hinab, stahl sich heimlich in die heiligen Mauern. Da sah er ein süßes Mägdlein knien vor dem Muttergottesbild, indes die andern Schwestern schliefen, hob sie auf sein Roß und entführte sie nach seiner Burg. Wie er seinen Willen an ihr vollführt hatte, entdeckte sich, daß die Nonne seine ihm unbekannte Schwester war. Da erschrak sein Gewissen heftig, er sandte die Nonne mit Gold zum Kloster zurück, schenkte dem Kloster reiche Gaben, ließ den Altar kleiden und täglich viel Messen lesen; aber sein Herz bekehrte sich doch nicht zu Gott und bald hob er von neuem an, seinen wilden Lüsten zu frönen.

Wie er nun eines Tages in träger Lässigkeit sich auf seinem Lager wälzte, geschah es, daß sein Koch ihm einen silberweißen Aal brachte; der Graf meinte, es könne wohl eine Schlange sein, ließ ihn bereiten, speiste davon, verbot aber dem Diener bei seinem Leben, nichts von dem Gericht zu genießen. Alsbald nach der Mahlzeit fielen dem Grafen all seine begangenen Frevel schwer aufs Herz. Ihm ward so heiß und eng, daß er nicht Rast hatte im Schlosse, nach Luft schrie und in den Garten hinab eilte. Da trat ihm ein Bote aus dem Kloster entgegen, und sprach: Zu dieser Stunde ist Eure tugendhafte Schwester im Kloster verschieden; Euer Frevel hat sie zu Tode gebracht, ihr letzt Gebet sprach sie für Euch. Ach! seufzte Graf Isang, wer nimmt mir mein elend Leben. Als er wieder in sein Schloß zurückgehen wollte, da hörte er auf dem Schloßhof ein seltsames Murmeln und Rauschen wie Menschenstimmen, und es war ihm, als wenn die Blumen und Blätter sprächen und alles Getier redete: Enten, Hühner und Gänse im Hofe, Sperlinge und Tauben auf den Dächern. Das kam, weil der Graf von der Schlange gegessen hatte, und nun mußte er die Sprache der Tiere verstehen. Sprach der Hahn: Es ist ein Sünder im Haus, wehe Graf Isang! Riefen die Hennen: Eil, eil dich, Graf Isang! ehe die Sonne untergeht, werden die Türme deines Schlosses fallen, wird deine prächtige Burg versunken sein. Bete, Graf Isang!

Ergeben in sein Geschick, schritt Graf Isang zum Schloßhof hinaus und setzte sich auf einen Stein vor der Tür seines Hauses. Da trat der Hahn zu ihm heran, schlug mit dem Fittich und sprach mitleidig: Herr, kannst dich noch retten, fliehe schnell, doch zieh allein. Soll ich allein fliehen, antwortete Graf Isang, und meine treuen Diener nicht retten? Eil eile! zieh allein! kreischte der treue Hahn.

Der Graf sattelte sein bestes Roß und wollte hinaus; da kam der Diener atemlos herzu, fiel ihm in die Zügel und wollte den Grafen nicht allein ziehen lassen, sondern bat, daß er ihn mitnehme auf seinem Roß. Der Graf aber fragte: Was ruft der Hahn? und der Diener, der trotz des Herrn Verbot von der Schlange gegessen hatte, vergaß sich in der Angst und sprach: Willst du dein Leben retten, so eil' zur Stunde von hier, doch zieh allein. Verräter, schrie der Graf, hast du mir doch dein Wort gebrochen? Nun geh zur Ruh! In diesem Augenblick krähte der Hahn wieder gewaltig: Eil, eil, die Sonne sinkt. Und wie der Graf aufschaute und sah, daß die Sonne schon ihre letzte Glut auf die Spitzen der Berge goß, da zog er sein Schwert, spaltete dem Diener, der leichenblaß sich an seines Rosses Mähne klammerte, das Haupt, und sprengte über die Zugbrücke zum Schloßtor hinaus.

Auf einer Anhöhe nahe beim Städtchen Gieboldehausen ruhte er aus, sein Roß war tot. Da liegt mein schönes Schloß, sprach er mit weinenden Blikken, bin hier so ganz allein und mein Herz ist todesmatt. Was trieb mich denn hinaus? War alles wohl nur ein wüster Traum. Und wie er noch sprach, wankte plötzlich der Hügel und die Erde bebte unter seinen Füßen. Glühend rot war der Himmel und der Donner rollte. Erschrocken floh Graf Isang weiter, und wie er dann noch einmal nach seiner Burg zurückschaute, da war sie mit Wall und Mauern und Türmen in die Tiefe gesunken, und an der Stelle, wo sie gestanden hatte, zeigte sich ein großer See.

Nach dieser wundersamen Begebenheit bekehrte sich Graf Isang und trug

Buße seiner Sünden im Kloster zu Gieboldehausen, dem er verschrieb, was ihm von Erdengütern noch geblieben war. Noch heute werden nach seiner Verordnung reuigen Sündern an einem gewissen Tag Seelmessen gelesen. Die Fischer haben zuweilen Silbergeräte, Töpfe von altertümlicher Form und andre Gegenstände aus der Tiefe des Sees herausgebracht. (58)

Die Burgen der Gleichen (bei Göttingen). Kupferstich aus: Daniel Meisner, Politisches Schatzkästlein. 1. Buch, 8. Teil. Frankfurt 1626

Die Burgen der Gleichen

Nicht weit von Göttingen liegen auf einer Berghöhe zwei Burgruinen, Altengleichen und Neuengleichen genannt. Die Sage geht, daß in sehr frühen Zeiten zwei Grafen aus dem Sachsenland sie erbaut, die dann von diesen Burgsitzen aus das Land bedrückt und beraubt hätten. Da seien sie unter der Regierung Kaiser Ottos IV. befehdet, von den Bewohnern des Landes vertrieben und ihre Burgen zerstört worden, worauf sie sich nach Thüringen gewendet und dort die unter dem Namen die drei Gleichen bekannten Bergschlösser erbaut hätten.
Die Ritter, welche auf den Gleichen wohnten, sind Raubritter gewesen; die auf Burg Teistungen bei Heiligenstadt waren es ebenfalls und standen

mit ihnen im Bunde. Wollten sie nun gemeinschaftlich etwas unternehmen, oder drohte einem von ihnen Gefahr, so gaben sie sich mit einer ausgesteckten Laterne ein Zeichen.
Auf den beiden Gleichen haben einmal zwei feindliche Brüder gelebt, die stets miteinander in Fehde lagen. Man erzählt auch, ihr Haß habe seinen Grund darin gehabt, daß der eine Altengleichen mit drei Vierteln der Herrschaft innehatte, indes der andere Neuengleichen bewohnte und nur das letzte Viertel der Gleichenschen Herrschaft besaß. Auf dem Platz unter den Gleichen, welcher Kriegplatz oder Kriegholz heißt und jetzt den Reinhäusern gehört, haben sie miteinander gekämpft. Wollte der eine Bruder seinen Freund auf der Niedeck besuchen, so ließ er seinem Pferd die Hufeisen verkehrt unterschlagen, damit der andere nicht wissen sollte, ob er weggeritten oder wieder zu Hause angekommen sei. Einst wollte der Ritter, welcher auf der nach Gelliehausen hin gelegenen Burg wohnte, ausreiten; weil er aber etwas vergessen hatte, kehrte er wieder um es zu holen. Sein Bruder, der ihn bemerkt hatte, stand schon auf der Lauer und schoß nach ihm mit einer Pistole, traf ihn aber nicht. Zuletzt forderten sich die Brüder zu einem Zweikampf heraus. Zu dem Ende stellte sich jeder in das Tor seiner Burg und beide schossen gleichzeitig aufeinander. Beide wurden getroffen und blieben tot auf dem Platze. (59)

Die Burg Plesse

Als die Burg Plesse erbaut werden sollte, glaubten die Leute allgemein, die Burg könne nicht erobert werden, in deren Fundamente ein lebendiges Kind eingemauert würde. So sollte nun auch in dem Fundament der Plesse ein Kind lebendig eingemauert werden. Deshalb wurde in allen Gemeinden bekanntgemacht, wer ein Kind hierzu hergeben wolle, der solle eine Summe Geldes dafür erhalten. Lange wollte sich niemand finden, der dazu bereit gewesen wäre: endlich aber verkaufte eine Frau aus Reiershausen ihr taubstummes, dreijähriges Kind für 300 Dreier. Als nun das Kind eingemauert werden sollte, erhielt es mit einem Male die Sprache und sagte: Mutter-Brust war weicher als ein Küßchen, aber Mutter-Herz war härter als ein Stein. Und so wurde das Kind eingemauert.
Um die Tiefe des Brunnens auf der Plesse zu bezeichnen, erzählt die Sage folgendes: der Eimer sei an einer Kette festgeschmiedet und diese selbst so lang gewesen, daß der Eimer, wenn er einer Ausbesserung bedurfte, nicht

abgenommen wurde, sondern an der Kette bleibend nach Bovenden geschafft und in der dem Amthaus gegenüberliegenden Schmiede ausgebessert wurde.

Zu der Zeit, in der die Plesse noch bewohnt war, ging einst das Fräulein Adelheid von Plesse spazieren. Sie kam auf ihrem Spaziergang nach dem Arenstein in der Nähe von Mariaspring, welches damals noch nicht existierte. Der Platz gefiel ihr so sehr, daß sie ihre Dienerin zurückschickte ihre Laute zu holen. Sie spielte und sang dazu auf das lieblichste. Dies hörten zwei vorüberreitende Herren von Hardenberg – die Hardenberger waren damals gerade mit den Plessern in Feindschaft –, raubten sie und brachten sie samt der Dienerin nach dem Hardenberg. Bald wurde das Fräulein vermißt, überall gesucht, aber nirgends gefunden; endlich erfuhr man, daß sie geraubt und auf dem Hardenberg sei. Jetzt wurde ein Knappe nach dem Hardenberg geschickt um die Entführte zurückzufordern, aber vergebens; auch der Knappe wurde zurückbehalten. Die Plesser sannen nun auf Rache und lauerten den Hardenbergern überall auf, bis es ihnen gelang, einen Herrn von Hardenberg gefangenzunehmen. Diesen befestigten sie mit Stricken an dem kleinen Turm, daß er mit dem Gesicht immer nach dem Hardenberg hinüberschauen mußte, und ließen ihn da verhungern.

Die Gleichen bei Göttingen. Kupferstich um 1840

Der Vater Adolfs des Kühnen, Raugraf von Dassel, hatte die Plesse an das Kloster in Northeim versetzt. Als nun Adolf sie wieder einlösen wollte, waren die Mönche wenig geneigt diese Besitzungen wieder herauszugeben und erklärten, die Plesse wäre ihnen verkauft. Zum Beweis machten vier von ihnen einen falschen Kaufbrief und, um ihm das Ansehen des Alters zu geben, räucherten sie ihn tüchtig. Einer der Mönche erklärte sich gegen diesen Betrug und meinte, es wäre doch Unrecht, aber die anderen erklärten, dies ginge ihn nichts an, sie hätten es einmal angefangen und sie wollten es auch vollenden. Nun diente in dem Kloster ein Koch, der wußte um diesen Betrug und hatte es selbst gesehen, wie die Mönche den Kaufbrief geräuchert hatten. Der Koch hatte aber seinem Bruder, der Diener des Grafen Adolf von Dassel war, alles erzählt. Als nun eines Tages der Graf tief betrübt über die Betrügerei der Mönche und ganz schwermütig im Garten spazierenging, begegnete ihm der Diener und fragte ihn, weshalb er so traurig sei. Der Graf antwortete: das könne er ihm nicht sagen. Doch der Diener meinte, er glaube es schon zu wissen und könne ihm vielleicht helfen. Da erzählte der Graf: er könne die Plesse nicht wieder einlösen, und wenn er das nicht könne, so könne er auch die Adelheid von Plesse nicht zur Gemahlin bekommen. Darauf erzählte der Diener alles, was ihm sein Bruder von dem falschen Kaufbrief mitgeteilt hatte. Bald nachher kam einer der Mönche aus dem Kloster zu Northeim, der eine Wallfahrt nach Jerusalem machen wollte, hin zum Grafen, um mit ihm im Auftrag des Klosters zu verhandeln. Diesen ließ der Graf gefangennehmen und in den Keller sperren. Alsdann zog er mit seinen Knappen vor Northeim und steckte es an; die Adelheid von Plesse aber, welche im Kloster war, nahm er vor sich auf das Pferd und brachte sie so bis Fredelsloh. Von hier an trug er sie, die noch lebte, auf seinen Armen bis auf den Ohrenberg bei Lauenberg; hier wollte er ihr einen Kuß geben, aber sie war tot. (60)

Riesen backen gemeinschaftlich

Zwei Riesenbrüder wohnten voneinander getrennt, der eine auf der Bramburg, der andere auf der Plesse. Da sie nur einen Backofen hatten, der auf der Plesse stand, so buken sie immer miteinander. Einst wollten sie wieder gemeinschaftlich backen und es war unter ihnen verabredet, sobald alles bereit und der Ofen gehörig geheizt sei, so sollte der auf der Plesse seinem Bruder dadurch ein Zeichen geben, daß er im Backtrog einige Male kratze, dann wollte der andere mit seinem Teig herüberkommen. Auf einmal hört der auf der Bramburg ein Kratzen, denkt dies sei das Zeichen, daß er jetzt kommen und einschieben solle, nimmt also seinen Teig und geht nach der Plesse. Doch hier ist noch nichts zum Backen bereit und der auf der Plesse sagt, als jener ihm darüber Vorwürfe macht, daß er ihm zu früh das verabredete Zeichen gegeben habe, er habe sich ja nur ein wenig auf den Rippen geschabt. Darüber geraten die beiden miteinander in einen heftigen Streit; der Bramburger, welcher schwächer ist, muß flüchten, der auf der Plesse wirft ihm aber noch einen großen Stein nach, der ihn jedoch nicht trifft. Noch jetzt liegt dieser Stein in dem Feld zwischen Lödingsen und Asche, die fünf Finger von der Hand des Riesen sind deutlich darin abgedrückt. (61)

Schloß Hardenberg

Eine Viertelstunde von Nörten an der Leine liegen die schönen Ruinen des Schlosses Hardenberg, auf dem in alter Zeit die Grafen des Namens gewohnt haben. Der erste von ihnen führte aber noch nicht diesen Namen, sondern hieß Hildebrand; dieser hatte nun einmal einen blutigen Streit mit den Herren, die auf der nahen Plesse wohnten, und konnte erst nach langer, hartnäckiger Gegenwehr besiegt werden; da sollen die Herren von der Plesse gesagt haben: »Wir sind wohl zum Siege gelangt, aber haben erst ôber en harden barch gemußt«, und darum ist der Ritter Hildebrand von da an der Ritter vom Hardenberg genannt worden. (62)

Weshalb die Herren von Hardenberg einen Schweinskopf im Wappen führen

Einst belagerten die von der Plesse die Burg Hardenberg. Weil man aber damals noch keine Kanonen hatte, konnten die Belagerer nur mit Pfeilen gegen die Burg schießen, wodurch die Belagerten wenig Schaden litten, und die Belagerung zog sich in die Länge. Deshalb beschlossen die von der Plesse den Hardenberg im Sturm zu nehmen. Mit der größten Heimlichkeit hatten sie alles zum Sturm vorbereitet, und fast hatten sie die Burg schon erstiegen, ohne daß die Belagerten, welche alle im tiefsten Schlaf la-

Ruine Plesse bei Göttingen. Gezeichnet von A. Hornemann, in Stahl gestochen von E. Höfer. Aus: Das Königreich Hannover in malerischen Original-Ansichten. Darmstadt 1850

gen, etwas gemerkt hätten. Da prustete auf einmal ein altes Mutterschwein in der Burg und weckte so die Schlafenden. Alsbald eilten sie auf die Mauern und der Sturm wurde glücklich abgeschlagen. Zur Erinnerung an diese Rettung der Burg durch ein Schwein haben dann die Herren von Hardenberg einen Schweinskopf in ihr Wappen genommen. (63)

Der Glockensee

Im Dorfe Moringen im Göttingenschen findet sich in einem Garten ein Teich, der Opferteich genannt. In frühern Zeiten wurde in seiner Nähe unter großen Eichen Gericht gehalten; von den Opfern, die ihm gebracht wurden, soll er auch den Namen erhalten haben. Der Teich ist sehr tief, hat gar keinen sichtbaren Zufluß, aber reichliche unterirdische Quellen. Man erzählt, daß es alljährlich in der Weihnacht von zwölf bis ein Uhr in seiner Tiefe läute.

Die Mönche des Tempelherren-Klosters, das vor Zeiten dort gestanden, hatten nämlich einmal eine neue Glocke gießen lassen und in dem noch stehenden Kirchturm aufgehängt. Sie vergaßen aber, nach alter Sitte sie vor dem Gebrauch zum Gottesdienste einzusegnen und zu taufen. Nun wollten sie die Glocke zuerst in der heiligen Weihnacht zur Christmesse gebrauchen. Aber kaum hatte sie den ersten Klang getan, wurde sie wie durch eine wunderbare Kraft losgerissen, stürzte zum Schalloch des Turmes hinaus und in den Opferteich.

Da liegt sie bis auf den heutigen Tag. In jeder Weihnacht aber hebt sie sich in die Höhe, läutet und versinkt wieder. Seit der Zeit ist auch der Gottesdienst in der Kirche in Verfall geraten und das Tempelherren-Kloster aufgehoben. Auch kann ihretwegen kein Fisch in dem Teich leben.

Bei hellem Wetter haben einige die Glocke in der Tiefe des Wassers liegen sehen; auch kann man noch an der Seite des Schallochs die Spuren ihres heftigen Durchflugs wahrnehmen. (64)

Ruine Hardenberg bei Nörten (von der Südseite). Gezeichnet von A. Hornemann, in Stahl gestochen von F. Foltz. Aus: Das Königreich Hannover in malerischen Original-Ansichten. Darmstadt 1850

Burg Adelebsen

Ein Fräulein namens Adelheid war Hoffräulein der Gemahlin Heinrichs des Vogelstellers und bei dem König sehr beliebt. Sie war mit einem Ritter Dietmar verlobt, und als die Hochzeit bevorstand, versprach ihr der König so viel Land als Brautgabe zu schenken, wie sie in einem Tag umreiten könne. Der König verweilte aber gerade auf seiner Burg bei Göttingen (Burg Grona). Adelheid umritt nun in einem Tag ein großes Stück Land und gewann dieses so zum Eigentum. Dietmar und Adelheid erbauten sich dann nach ihrer Vermählung, etwa eine Stunde von dem jetzigen Schlosse, eine Burg, welche sie Adelheidshusen nannten, woraus der Name Adelebsen geworden ist. Späterhin, zur Zeit des schwarzen Todes, wurde die alte Burg von ihren Bewohnern verlassen und das heute noch bestehende Schloß gebaut. Auch die Bewohner der Ortschaft, welche am Fuße der alten Burg entstanden war, baten um die Erlaubnis sich am Fuße der neuen Burg anzubauen und erhielten sie. So entstand der Flecken Adelebsen. (65)

Bekenntnis einer Hexe

Die bekannte Hexe Hobein in Wulften hatte es den Bauern doch zu arg gemacht und diese beschlosssen endlich sie zu verbrennen. Als ihr das angekündigt wurde, schrieb sie sofort an ihren Sohn, der zu der Zeit unter den Soldaten war, um von ihm, wo möglich, Hülfe zu bekommen. Dieser bestieg auch nach Empfang des Briefes sogleich sein Pferd und eilte nach Wulften. Die Bauern aber zögerten nicht lange und brachten die Hobein auf den Anger zum Scheiterhaufen. Gerade in dem Augenblick als der angezündet wurde, kam der Sohn an. Man erzählte ihm, weshalb seine Mutter verbrannt werden solle; da war er sofort wieder zur Abreise bereit, und sprach zu seiner Mutter: »Wie hätte ich geglaubt, daß ich eine so schlechte Mutter hätte, welche des Teufels Künste treibt.« Diese antwortete ihm, als sie kaum noch sprechen konnte: »Eine brave Mutter hattest du, welche dich das Hexen nicht lehren wollte und deshalb jeden Mittag zwischen 11 und 12 unter einer Brücke von dem Teufel mit eisernen Drahtruten gepeitscht wurde. Als alles das mich nicht bewegen konnte, deine Seele dem Teufel zu verschreiben, verließ er mich und so bin ich den Bauern in die Hände gefallen.« (66)

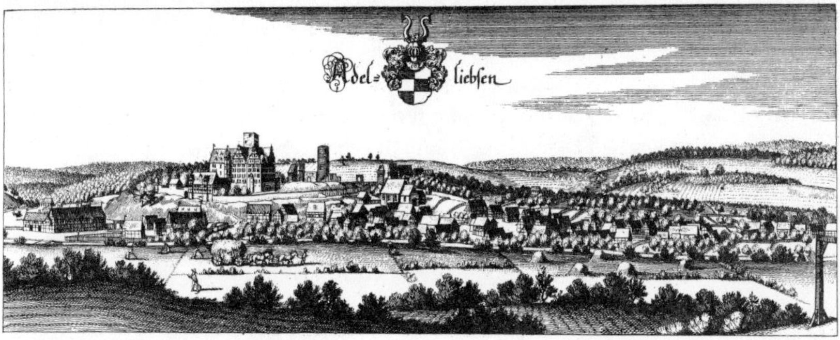

Adelebsen. Kupferstich von Matthaeus Merian, aus: Topographia und Eigentliche Beschreibung der vornembsten Stäte, Schlösser ... in denen Hertzogthümern Braunschweig und Lüneburg. Frankfurt 1654

Wechselbalg entdeckt

Auf der obern Straße in Wulften wohnte ein Leinweber namens Mönch. Einst ging dessen Frau nach Osterode und nahm ihren anderthalbjährigen Sohn mit, den sie auf dem Rücken trug. Als sie in die Nähe von Schwiegershausen gekommen war, erblickte sie in einiger Entfernung etwas, das wie ein Nebel aussah. Als sie näher gekommen war, stand mit einem Male ein kleines Männchen vor ihr, welches kein Wort sprach, ihr aber, ohne daß sie etwas gemerkt hätte, ihren Sohn vom Rücken nahm und dafür einen Zwerg darauf setzte. Mit diesem ging sie weiter, merkte jedoch bald, daß die Last auf ihrem Rücken viel schwerer geworden war. Unterwegs redete sie das vermeintliche Kind auf ihrem Rücken mehrmals an, bekam aber keine Antwort; da nun ihr Sohn bereits sprechen konnte, so erkannte sie daraus, daß ihr Kind mit einem Wechselbalg vertauscht sei, und als sie sich umsah und den ungewöhnlichen dicken Kopf des Zwerges erblickte, da wurde ihre Vermutung zur Gewißheit. Voll Betrübnis ging sie ihres Weges weiter nach Osterode, wo ein Arzt, den sie befragte, es ihr bestätigte, daß dies ein Zwerg, ihr rechtes Kind somit vertauscht sei. So ging sie denn mit dem fremden Kind nach Wulften zurück und weinte bitterlich. Schon hatte sie den Zwerg mehrere Jahre bei sich gehabt, ohne jemals Freude davon zu haben (denn dieser zeigte zwar recht guten Appetit, wurde aber trotzdem um nichts größer und sprach auch nie ein Wort), als sie sich endlich Hülfe suchend an ihren Nachbar Hesse wandte, der in dem

Ruf stand, ein kluger Mann zu sein. Dieser erteilte ihr den Rat, den Wechselbalg auf den Herd zu setzen und dann in zwei Eierschalen das Wasser zum Brauen zusammenzutragen: dann werde der Wechselbalg schon den Mund auftun, und die Zwerge würden ihn wieder holen und das rechte Kind zurückbringen. Die Frau tat, wie der Nachbar ihr geraten hatte. Der Wechselbalg auf dem Herde sah ihrem Beginnen anfangs in stummer Verwunderung zu, endlich aber brach er sein langes Schweigen und sprach die Worte: »So bin ich doch so alt wie der Thüringer Wald und habe noch nie gesehen, daß in Eierschalen das Wasser zum Brau getragen ist.« Da hatte die Frau ihren Zweck erreicht, hob den Zwerg vom Herd und brachte ihn in die Stube zurück.

Als nun der Jahrstag wieder kam, an welchem die Zwerge ihr das Kind vertauscht hatten, nahm sie den Wechselbalg auf den Rücken und ging mit ihm denselben Weg nach Osterode, den sie damals gegangen war. Mit einem Male sah sie auf derselben Stelle den Zwerg wieder vor sich stehen, der ihr früher hier begegnet war. Dieser redete das Kind auf ihrem Rücken sogleich mit den Worten an: »Hast du denn geschwatzt?« – »Ja, das habe ich getan; sie machte so närrisches Zeug, daß ich wohl schwatzen mußte.« Nun wurde der Frau der Wechselbalg von dem Rücken gehoben, und ihr das rechte Kind darauf gesetzt, jedoch so, daß sie nichts davon merkte. Sie aber ging, wie ihr der Nachbar gleichfalls geboten hatte, ohne sich umzusehen und ohne ein Wort zu sprechen, erst wieder ganz hin nach Osterode und kehrte von dort aus nach Wulften zurück, wo sie dann auch wirklich ihr rechtes Kind vom Rücken hob.

Nun erst fragte die glückliche Mutter ihren Sohn, wie es ihm bei den Zwergen ergangen wäre, und der Knabe erzählte: ein kleines Männchen habe ihn auf den Rücken genommen und sei so mit ihm davongelaufen; endlich wären sie vor einen Berg gekommen, da habe der Zwerg eine Blume gepflückt, worauf der Berg sich alsbald aufgetan habe und sie hineingegangen wären. In dem Berg wären noch viele andere Zwerge gewesen; so oft einer hineingekommen sei, habe er die Blume in der Hand gehabt; sei aber einer herausgegangen, habe er die Blume weggeworfen und der Berg habe sich wieder geschlossen; er selbst sei nicht wieder aus dem Berg herausgekommen. Wäre einer der Zwerge nach Hause gekommen, so habe er auch immer Geld mitgebracht. In dem Berg selbst sei alles niedlich und sauber gewesen, und ihn hätten die Zwerge recht gut behandelt. Eines Mittags aber wären sie alle recht verdrießlich geworden und als er nach der Ursache gefragt habe, hätten sie geantwortet, er käme nun wieder in seine Heimat zurück. Darüber habe er sich gefreut und geäußert, das sei ja recht gut; die Zwerge aber hätten gesagt, für sie sei es ein großes Unglück. Als nun der Jahrstag der Vertauschung wiedergekehrt sei, da habe ihn der Zwerg wieder auf den Rücken genommen und sei mit ihm zu der Stelle gegangen, wo ihn die Mutter wieder bekommen hatte. (67)

Das Gesicht der Magd

Es ist in Hattorf gewesen und am Andreasabend, da war eine Frau, die lag schon längere Zeit krank und weil das Dienstmädchen sie gut verpflegte, war sie heute recht zutraulich mit ihr und sagte: sie solle sich den Abend splitternackt ausziehen und in den Schornstein sehen, da könne sie ihren Zukünftigen erblicken. Wenn er nicht im Schornstein wäre, so würde er im Ofenloch sitzen. Trüge sie aber schon einen im Herzen und hätte sich heimlich mit ihm versprochen, so könnte sie sehen, ob etwas daraus würde, wenn er da säße; aber dann wollte sie ihr nur wünschen, daß sie keine Leiche im Schornstein erblicke, sonst müßte ihr Bräutigam sterben.
Sie trüge keinen im Herzen, sagt das Mädchen, zieht sich den Abend splitternackt aus, blickt im Schornstein hinauf, sieht aber niemand. Da leuchtet sie auch mit ihrem Licht ins Ofenloch, da sitzt der Herr vom Hause darin und betrachtet sie. Da läuft das Mädchen zur Frau und klagt ihr, was der Herr für einer sei. Die Frau fragt sie immer wieder, ob es denn wohl wahr sei, daß sie den Herrn im Ofenloch gesehen habe. Es will aber niemand mit dem Herrn darüber sprechen, die Magd nicht aus Scham und Verdruß, die Frau nicht, weil sie in der Sache tiefer sieht als die Magd. Endlich sagt die Frau weinend zur Magd, wenn sie wirklich den Herrn im Ofenloch hätte sitzen sehen, so müßte sie, die Frau, noch in diesem Jahr sterben; die Magd aber würde die Frau im Hause werden, und damit wollte sie ihr ihre Kinder empfohlen haben. Ein halbes Jahr darauf war die Frau tot. Nun sagt der Herr zu der Magd: »Ich muß wieder eine Mutter für meine Kinder haben«, heiratet sie, und sie wird die Frau im Hause. (68)

Der Name von Duderstadt

Drei Brüder haben Duderstadt gebaut und als sie damit fertig gewesen sind, haben sie der Stadt auch einen Namen geben wollen, haben sich aber nicht darüber einig werden können, wer von ihnen einen solchen geben sollte, und der erste hat zum zweiten gesagt: »Gib du der Stadt den Namen«, und der hat zum ersten gesagt: »Gib du der Stadt den Namen«, und ebenso hat der's wieder zum dritten gesagt, und der hat's ihm mit denselben Worten zurückgegeben und da haben sie sich kurz entschlossen und die Stadt Duderstadt geheißen. (69)

Die Geisterkirche

In einem Dorf des Nieder-Eichsfeldes glaubte eine Frau am frühen Morgen das Läuten zur Frühmesse zu hören. Sie kleidete sich rasch an und ging in die Kirche. Hier nahm sie ihren gewöhnlichen Platz ein, sah aber, als der vor dem Altar stehende Geistliche sich umdrehte und der Gemeinde das Gesicht zuwandte, daß sie nicht den jetzigen Geistlichen des Orts, sondern einen vor vielen Jahren verstorbenen vor sich hatte. Nun schaute sie auch zur Seite und sah zu ihrem Schrecken ihre längst verstorbene Nachbarin neben sich. Diese berührte sie mit dem Ellenbogen und gab ihr einen Wink die Kirche zu verlassen. Sie beeilte sich nun das zu tun, ward aber von den Geistern ergriffen und ihr das weiße Laken, welches sie als Mantel umgetan hatte, vom Leibe gerissen. Doch gelang es ihr aus der Kirche herauszukommen, das Laken aber war zerfetzt. (70)

Die Teufelskanzel bei Burg Hanstein

Am äußersten Rande des Eichsfeldes liegt die Burg Hanstein, eine gut erhaltene Ruine mit Türmen und Erkern. Eine halbe Stunde davon entfernt liegt die Teufelskanzel, ein gewaltiger, hoher Felsvorsprung. Als das Christentum eingeführt war, ärgerte sich der Teufel, daß er nun nicht mehr soviel Menschen in die Hölle holen konnte, und um die Leute zu verführen, daß sie das Christentum wieder ablegten, verkleidete er sich als Priester und predigte von dem Felsvorsprung herab. Als er eines Tages wieder einmal im Priesterkleid dort oben stand und anfing, das Böse zu predigen, rief ein Bauer, der in der Nähe frühstückte, hinauf: »Herr Pfarrer, Sie haben etwas vergessen! Eine richtige Predigt bei uns zu Hause fängt immer mit den Worten an: Im Namen des Vaters und des Sohnes und des Heiligen Geistes.« Als der Teufel die heiligen Namen hörte, war er so entsetzt, daß er in die unten vorbeifließende Werra sprang; da drückte sich sein Pferdehuf so tief ein, daß der Fluß an dieser Stelle heute noch die Form eines Hufeisens hat. (71)

Weserbergland/Mittelweser

Mün und Dün

Zwei Ritter passierten einmal, und das ist schon weit über tausend Jahre her, die schönen Täler der Werra und Fulda. Sie kamen endlich auch an den Ort, wo beide Flüsse sich vereinigen, um die Weser zu bilden; dort gefiel es ihnen so gut, daß sie sich nicht mehr von dem Ort trennen mochten und beschlossen, für immer Aufenthalt daselbst zu nehmen. Sie bauten nun in brüderlicher Einigkeit eine Stadt und nannten sie »Mün und Dün«, woraus später das geläufigere (Hannoversch) Münden entstand. (72)

Werra und Fulda münden in die Weser (Hannoversch Münden). Gezeichnet von G. Osterwald, in Stahl gestochen von J. Umbach. Aus: Das Königreich Hannover in malerischen Original-Ansichten. Darmstadt 1850

Das Catharinenläuten in Hannoversch Münden

Vom Kloster Hilwartshausen aus hatte sich eine herzogliche Prinzessin nach dem Reinhartswald auf die Jagd begeben. Sie verirrte sich dort, und schon war der Abend angebrochen und sie hatte alle Hoffnung aufgegeben, noch an diesem Tag aus dem Wald wieder herauszukommen, als sie von Münden herüber abends 9 Uhr läuten hörte. Sie folgte nun dem Schall und kam so in der Nähe von Münden aus dem Walde heraus. Aus Dankbarkeit verehrte sie dann der Kirche St. Blasii eine Glocke mit der Bestimmung, daß vom Catharinentage (25. Nov.) an vier Wochen hindurch diese Glocke abends 9 Uhr eine Viertelstunde lang geläutet würde. Dies geschieht noch jetzt und der Küster erhält dafür vom Amt Münden ein fettes Schwein. (73)

Die Bramburg

Auf der etwa anderthalb Stunden von Münden entfernten Bramburg wohnte vor Zeiten ein Herr von Stockhausen, der als Raubritter in der ganzen Gegend gefürchtet war. Um die auf der Weser an der Burg vorüberfahrenden Schiffe leichter anhalten und ausplündern zu können, hatte er unter dem Wasser des Stromes her eine Kette ziehen lassen, woran eine Klingel befestigt war, die durch ihren Ton den Leuten in der Burg von dem vorüberfahrenden Schiff selbst bei Nacht Kunde gab. Nun begab es sich, daß von Münden aus, wo damals der Herzog residierte, eine Prinzessin eine Wallfahrt nach Corvey unternehmen wollte und zu diesem Zweck die Weser hinunterfuhr. Der Ritter erhielt von ihrer Fahrt Kunde und beraubte sie. Darüber ergrimmte der Herzog, sammelte Truppen und belagerte die Burg; doch diese ward tapfer verteidigt und er verlor viele Leute. Dadurch noch mehr erbittert, schwor er, es solle kein männliches Wesen lebendig aus der Burg kommen. Zuletzt konnte sich die Besatzung nicht länger halten und mußte sich ergeben. Die Burgfrau bat um Gnade und es ward ihr gewährt mit dem frei abzuziehen, was sie in ihrer Schürze forttragen könnte, und sich am Fuße des Berges wieder ein Haus zu bauen, das aber nicht mit einer Mauer, sondern nur mit einem Hagen (einer Hecke) umgeben sein dürfe. Da nahm sie ihr einziges Söhnlein in die Schürze und zog damit aus der Burg ab. Als sie an dem Herzog vorüberging, schlug dieser ihr die Schürze zurück, um zu sehen was sie mitgenommen habe.

Hannoversch-Münden. Kupferstich aus: Daniel Meisner, Politisches Schatzkästlein. 1. Buch, 5. Teil. Frankfurt 1625

Wie er den kleinen Knaben erblickte, ward er tief gerührt und fing an zu weinen. Darauf schenkte er auch dem Ritter das Leben, hielt ihn aber in Münden gefangen. Die Burgfrau mit ihrem Sohn baute sich nun einen Hof und umgab diesen mit einem Hagen. Als der Bau fertig war, sagte sie: »Dat sal mek en lewe hagen sin«. Daher hat das Dorf Lewenhagen, jetzt gewöhnlich Löwenhagen geschrieben, seinen Namen erhalten. (74)

Die drei Rehe

Aus dem Wald, an dessen Ende die Trümmer der Bramburg hart an der Weser liegen, sahen schon viele um Mitternacht drei herrliche Rehe herauskommen, dem Strom zuschreiten, eins nach dem andern in die Fluten tauchen und schnurgerade durchschwimmen. Dann verschwanden sie dem folgenden Auge in der Richtung nach der Sababurg. – Einst hatte ein Forstgehilfe aus einem benachbarten Ort sich vorgenommen, wo möglich, eins von den drei Rehen zu erlegen. Er begab sich also in der Nacht in die Nähe der Bramburg, wo auch die Rehe zur gewohnten Zeit erschienen. Aber in dem Augenblick, wo er schießen wollte, stand der Hahn der Flinte unbeweglich fest, er konnte den Finger nicht krümmen und versank in eine Art Betäubung. Er sah noch die Rehe dicht bei sich vorbeikommen und es war ihm, als ob ihre Gestalten in einen lichten Dunst über ihnen verschwämmen und als ob dieser drei Fräulein von wunderbarer Schönheit einhüllte, in deren Anblick er sich ganz verlor. Am andern Mittag fand man ihn nahe bei der alten Burg an eine Eiche gelehnt, das Gewehr im Anschlag, unbeweglich und wie von einem Starrkrampf befallen. Erst nach langem Rufen und Rütteln erwachte er wie aus einem Schlafe. Später hat er nie wieder Lust gezeigt, nach den drei Rehen zu schießen und diese gehen nach wie vor ihres Weges nach der Sababurg. (75)

Die Knüppelbuche auf dem Ochsenberg

Wenige Stunden von Göttingen liegt am Solling der Ochsenberg und auf dem steht eine große Buche, die ist weit und breit unter dem Namen der Knüppelbuche bekannt. Von der erzählt man, der Teufel habe einmal hier einen Koporal wacker abgeprügelt, der, wie einige behaupten, aus Büren an der Wahle, wie andere wissen wollen, aus Vahrlosen war. Er hatte nämlich dort einem Mädchen die Ehe versprochen und sich dabei verschworen, wenn er ihr nicht die Treue hielte, so solle ihn der Teufel nach der Knüppelbuche auf dem Ochsenberg werfen und ihn dort auf jede Telge führen. Aber dennoch hielt er sein Wort nicht, sondern hing sich an eine andere und freite sie. Wie er nun mit ihr vor den Altar tritt, da sieht er seine erste Geliebte auf dem Männerchor stehen, die bedräut ihn. Da hat ihn ein gewaltiger Schauder überfallen und wie er hinauskommt, packt ihn der Teufel und fährt mit ihm übers Dransfeldsche Feld nach dem Ochsenberg zur Knüppelbuche und prügelt ihn dort wacker ab. Da ist der Korporal eilig davongelaufen und ist hinabgekommen nach Ochsenfeld, ganz nackt und mit dem großen Knüppel in der Hand, mit dem ihm der Teufel aufgespielt. So ist er dort in die Wirtsstube getreten und hat jammernd nichts weiter gesprochen als: »Heute ist mein Hochzeitstag, heute ist mein Hochzeitstag!« Da hat sich denn der Wirt seiner erbarmt und hat ihn heimgebracht nach dem Ort, wo er her war, den Knüppel aber, den der Korporal mitgebracht, hat er zum ewigen Andenken behalten und der jetzige Wirt hat ihn noch oft in seiner Jugend gesehen; bei einem Neubau des Hauses ist er aber fortgekommen. (76)

Der bessoische Meerpfuhl

Die alten Bauern in Dassel sagen von einem in der Nähe gelegenen, unergründlichen Meerpfuhl, welcher der bessoische genannt wird, daß der leibhaftige Teufel darin wohne. Ein achtzigjähriger Mann erzählte, daß einstmals ein Bauer von Leuthorst an einem Sonnabend, länger als der Brauch gewesen und nachdem man schon zur Vesper geläutet, neben diesem Pfuhl gepflügt und nicht eher davon habe ablassen wollen, bis der ganze Acker ausgepflügt sei. Er habe auch wohl nach gottloser Bauern Art mehr des Teufels als Gottes Hülfe angerufen, und als die Pferde, matt und müde, nicht mehr fortgekonnt, sie mit dem Teufel bedroht und beides, Pferde und Jungen, mit unchristlichem Fluchen und Schlägen über die Maßen genötigt. Da sei ganz unversehens ein großer schwarzer und starker Gaul aus dem Meerpfuhl gestiegen, und der gottlose Bauer habe sofort dem Jungen beim Pflug mit ganz ungestümen Worten befohlen, den schwarzen Gaul in aller Teufel Namen vorzuspannen, der Meinung, also den Acker, eh' er Feierabend mache, herumzupflügen. Sobald nun der Junge, der kläglich geweint und viel lieber nach Haus gezogen wäre, den schwarzen Gaul angespannt, ist dieser frisch und gewaltig fortgegangen und hat die Pferde mitsamt Pflug, Bauern und Jungen in das grundlose Meer hinabgezogen und niemand hat sagen können, wohin das alles gekommen sei.

Auch erzählen die Alten, wie sie das von ihren Voreltern gehört, daß der böse Feind von dem Kirchturm zum Portenhagen eine Glocke, die man vor andern heilig und kräftig gehalten, in diesen unergründlichen Pfuhl soll geführt haben. Sie ist von lauterm Gold und der Teufel entwendete sie, damit sich die Menschen ihrer nicht mehr bedienen könnten. Einst erbot sich ein Taucher, sich ins Meer hinabzulassen und die versenkte Glocke mit Stricken zu fassen; alsdann sollten die Leute ziehen und so der Glocke wieder mächtig werden. Als er aber nach einer Weile wieder herauskam, berichtete er: unten in der Tiefe sei eine grüne Wiese gewesen, woselbst er die verlorene Glocke auf einem Tische stehend gesehen; ein böser schwarzer Hund habe dabei gelegen, sie zu bewachen. Auch hätte sich daneben ein Meerweib erschrecklich sehen und hören lassen und gesagt: es sei noch viel zu früh, die Glocke von dannen abzuholen. (77)

Der Spenneweih zu Uslar

In der Stadt Uslar findet alljährlich am Sonntag Judica das Verteilen der sogenannten »Spenneweih« (Spendewecke) unter die Kinder statt, und noch gegenwärtig bekommt jedes Stadtkind, welches am Sonntag Judica auf das Rathaus geht, der Stiftung gemäß ein Weizenbrot. Von zwei Bäkkern werden gegen neunhundert Wecken gebacken, Milchwecken von ungefähr einem Fuß Länge. Früh am Sonntag Judica eilen nun alle Kinder Uslars, arm und reich, nach dem Rathaus, um ja die »Spenneweih« nicht zu versäumen, und von morgens früh an bis um fünf Uhr hört man schon in verschiedenen Tonarten das Lied »Spenneweih« vom Rathaus.
Einst haben die Uslarer Ratsherren diesen »Spenneweih« zu halten vergessen oder wollten ihn in Wegfall bringen. Da erschien eine weiße Taube in der Stadt, welche beständig rief: »Spenne, Spenne!« Von dieser Himmelsbotschaft erschreckt, führten die Ratsherren den Spenneweih wieder ein. Nach einer anderen Darstellung kam eine Henne mit ihren Küchlein auf den Rathaussaal und lief den Ratsherren beständig zwischen den Beinen umher, ohne daß es diesen möglich gewesen wäre, sie zu vertreiben. Kein Küchlein wurde beschädigt. Dies war die Aufforderung, den Spenneweih wieder herzustellen. (78)

Die Kirche in Fredelsloh

Ein Mönch des Klosters Fredelsloh war wegen eines schweren Verbrechens zum Tode verurteilt. Er bekam jedoch die Botschaft, er solle begnadigt werden, wenn er den Grundriß einer Kirche in menschenähnlicher Gestalt liefere. Da hat er sich nun immer besonnen, doch er konnte zu keinem Ergebnis kommen. In der letzten Nacht, bevor er am andern Tage den Entwurf liefern mußte, ging er voller Gedanken auf dem Platz umher, auf dem die Kirche errichtet werden sollte.
Es war aber mitten im Sommer, als es auf einmal zu schneien anfing. Es schneite freilich nur auf der Stelle, die als Bauplatz der Kirche ausersehen war. Der Schnee fiel, o welch ein Wunder! zudem so, daß die Gestalt eines liegenden Menschen darin erkennbar wurde. Der Mönch erblickte hierin eine Offenbarung des Himmels. Schnell holte er Pfähle herbei und schlug auf sämtliche Ecken einen Pfahl. Dann zog er ringsherum mit einer Hacke eine Rille von einem Pfahl zum anderen. Als er dieses getan hatte, war der Schnee wieder vergangen.

Er zeichnete noch in derselben Nacht den Grundriß des Gotteshauses. Als er am anderen Tag denselben überreichte, wurde er begnadigt. Der Grundriß zeigte zwei Türme: die Füße, ein Längsschiff: den Rumpf, zwei seitliche Anbauten: die Hände, am oberen Ende die Altarnische: den Kopf. Nach diesem Grundriß wurde die Klosterkirche zu Fredelsloh dann auch erbaut. (79)

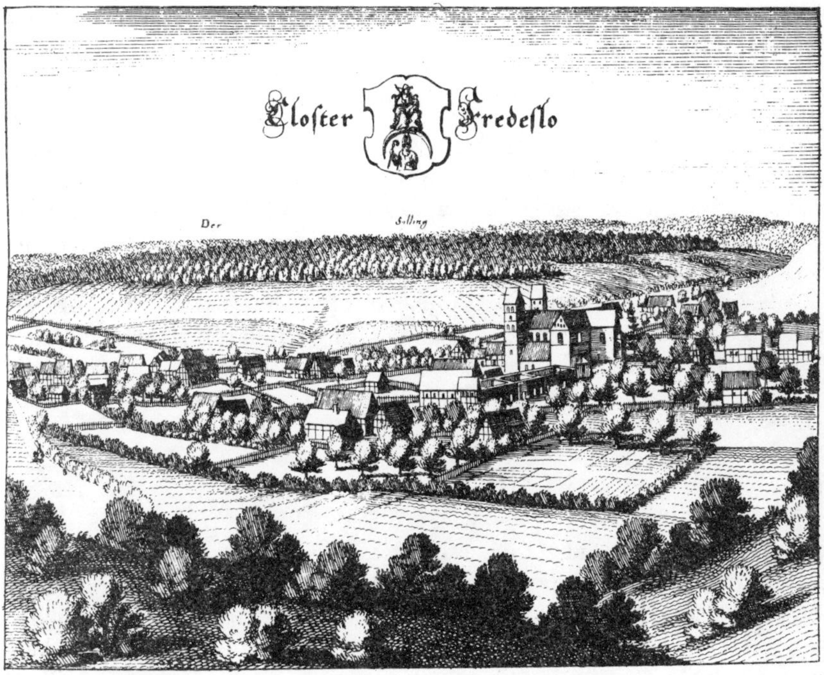

Kloster Fredelsloh am Solling. Kupferstich von Matthaeus Merian, aus: Topographia und Eigentliche Beschreibung der vornembsten Stäte, Schlösser . . . in denen Hertzogthümern Braunschweig und Lüneburg. Frankfurt 1654

Das Fährhaus bei Lippoldsberg

Der Landgraf von Hessen war einst auf dem Landtag [Reichstag]. Hier geriet er, der ein reifer Mann war, mit dem Kaiser, der noch sehr jung war, in einen Streit und ward so zornig, daß er diesem eine Ohrfeige gab. Dafür ließ ihn der Kaiser gefangennehmen und zu Wien in einen Turm setzen.

Schon hatte er zwei Jahre in dem festen Turm gesessen, da erschien vor ihm im Turm ein Mann – es war aber der Böse – und fragte ihn, ob er denn Lust habe, ewig in dem Turm zu sitzen; wenn er ihm verspreche, in seinem Lande die Hexen nicht mehr zu verfolgen und zu verbrennen, so wolle er ihn dorthin bringen, er brauche nur zu bestimmen, wohin er wolle. Der Landgraf nahm den Vorschlag an, versprach, die Hexen in seinem Land nicht mehr zu verbrennen, und forderte, der Böse solle ihn nach dem Fährhaus bei Lippoldsberg bringen. Darauf flog der Teufel mit dem Landgrafen erst nach Kassel; der Landgraf erinnerte ihn aber an sein Versprechen, ihn nach dem Fährhaus zu bringen, und nun bringt der Teufel den Landgrafen wirklich hin zum Fährhaus bei Lippoldsberg an der Weser.

Der Fährmann mit Namen Westphal nimmt ihn, der von dem langen Aufenthalt rauh und unordentlich (prummelig) aussah, in sein Haus auf und gibt ihm, da sie gerade essen, auch Speise, erst braunen Kohl, dann auch noch ein tüchtiges Stück Wurst, verweigert es aber dem Fremden, so sehr dieser auch darum bittet, über Nacht im Hause zu bleiben, da dies von dem Landgrafen verboten sei. Doch der Sohn des Fährmannes fühlt Mitleid, macht sich heimlich an den Fremden und sagt diesem, er möge nur mit ihm gehn, er werde ihn heimlich auf den Heuboden führen, wo er schlafen könne. Nachts um zwei Uhr wolle er ihn wecken; sein Vater würde nichts merken, da er mit den Knechten erst um vier Uhr aufstände. So macht das auch der Fremde und geht fort, nachdem er von dem Jungen noch ein gutes Frühstück mit auf den Weg erhalten hatte. Als die Knechte am anderen Morgen aufstehen, finden sie an die Tür geschrieben: in dieser Nacht hat hier der Landgraf von Hessen geschlafen. Der Sohn sagt nun zum Vater, es würde ihnen gewiß übel ergehen, da er den Landgrafen habe wegjagen wollen. Nach drei Tagen werden Vater und Sohn nach Kassel zum Landgrafen gerufen. Dieser tritt ihnen zuerst in demselben Anzug entgegen, in dem er im Fährhaus erschienen war, und spricht: daß der Alte ihn nicht habe im Hause behalten wollen, sei ganz recht gewesen, weil es ja verboten gewesen sei; dafür aber, daß er ihm zu essen gegeben habe, solle er und seine Nachkommen die Fähre ohne Pacht haben, solange der Name Westphal bestehe. So hat nämlich der Fährmann geheißen. (80)

Münchhausen in Hunzen

An der Südseite der Kirche zu Hunzen sieht man einen seltsamen verzerrten Kopf aus Stein gehauen und darunter eine offene Schere. Der Kopf soll ein Bild des alten Freiherrn von Münchhausen sein, der so gut lügen konnte. Andre sagen aber, er sei ein Nachkomme von dem Lügner, und weil er die Kirche mit erbaut habe, sei sein Bild hierher gesetzt. Denn damals, als die Kirche aufgeführt wurde, war die Gemeinde so arm, daß sich im ganzen Dorf nur ein einziger Groschen fand.

Dieser Münchhausen war der Patron der Kirche, dem auch Zins und Zehnten aus dem Dorfe abgeliefert werden mußten. Wenn nun der Freiherr nach Hunzen kam, ritt er oftmals schlankweg durch das lange Korn. Das ließen sich die Bauern eine Zeitlang gefallen, dann aber ward es ihnen zuviel. Sie rotteten sich zusammen, und einer trat ihm mit der Mistgabel entgegen und wollte ihn durchstechen. Dem wehrten noch die andern, aber sie drohten, den Herrn niederzuschlagen, wenn er noch einmal durchs Korn reite. Münchhausen ward furchtbar erbost, konnte aber nichts machen, sondern ritt fortan, wie jeder andre vernünftige Mensch, die gewöhnliche Straße. (81)

Sleckerlinge

Früher, als in Holzminden noch die Spinnstuben so recht im Gange waren, haben die Mädchen oft diese Geschichte erzählt:

Es war in einem benachbarten Dorf die Tochter eines reichen Bauern, die hatte die Gewohnheit, wenn ihr beim Spinnen der Faden riß, ihn dicht vor der Spule abzuschneiden und das Ende als überflüssig wegzuwerfen. Auf dem Hofe diente auch eine Magd, die sammelte diese abgeschnittenen Sleckerlinge, spann sie zusammen und machte sich ein Kleid daraus. Als nach einiger Zeit einmal ein Tanzvergnügen im Dorf war, ging die Magd mit ihrem neuen Kleid auch dahin. Die Hoftochter, die bereits verlobt war, kam mit ihrem Bräutigam ebenfalls. Als sie nun ihre Magd in dem neuen Kleide sah, rief sie: Kiek, wie dat Mäken springet mit mienen Sleckerlingen! Der Bräutigam fragte verwundert nach der Ursache dieses Wortes, und als er alles erfahren hatte, sagte er: Wer als Braut so verschwenderisch ist, wird auch keine sparsame Hausfrau! Solch ein Mädchen kann ich nicht brauchen! – Damit ließ er die Braut stehen und ging davon. (82)

Hameln an der Weser. Gezeichnet von G. Osterwald, in Stahl gestochen von J. Poppel. Aus: Das Königreich Hannover in malerischen Original-Ansichten. Darmstadt 1850

Hödeken

Nicht lange vor der Schlacht bei Hastenbeck trug sich in dem Dorfe Pottholtensen ein wunderbares Ding zu. Auf dem Kornboden eines reichen Ackermanns rief es jeden Mittag: »Pottholtensen! Pottholtensen! Hans hat Hunger!« Wenn nun jemand auf den Boden ging, um den sonderbaren Schreier zu entdecken, so wurde nichts gehört noch gesehen; man durchkroch alle Winkel, wandte alle Säcke um – vergebens, weder Mann noch Maus saß auf dem wohlverwahrten Boden; sobald aber die Leute wieder unten im Hause waren, hörten sie den seltsamen Ruf. Da erklärte der Pastor dem Ackermann, daß die Stimme von einem unsichtbaren Geist herkommen müsse; er solle nur dem hungrigen Hans jeden Mittag eine Schüssel mit Essen auf den Boden bringen lassen. So geschah es. Das Essen wurde heraufgebracht, und wenn die Leute nach einer kleinen Stunde

nachsahen, war das Essen fort und die Schüssel so blank, als ob sie der Hofhund unter der Zunge gehabt hätte. Ließ man den unsichtbaren Hans mal etwas länger als gewöhnlich auf das Essen warten, so schrie es vom Boden herab, daß das Haus zitterte: »Pottholtensen! Pottholtensen! Hans hat Hunger!« Im größten Schrecken beeilte man sich dann, den Appetit des Unsichtbaren zu stillen.
Das ging so durch Wochen und Monate bis auf den »Tod von Hastenbeck«, da fielen die fremden französischen Kriegsvölker zu Hauf in der Bauern Häuser und verzehrten alles, was sie mit den Zähnen bezwingen konnten, so daß eine große Hungersnot entstand. Das war nun nicht zum Verwundern, hatte es doch der unsichtbare Hans vorher prophezeit.

Als Hödeken vom Bischof von Hildesheim hinweggebannt war, machte er sich gern auf den Feldern mit Pferden und Wagen zu schaffen, lud auch wohl Heu auf und ging den Knechten unsichtbar zur Hand. Aber man mußte sich hüten, ihn zu beleidigen.
Ein Bauer in der Minzenburger Gegend, der eben auf seinen Acker gehen wollte, sah aus der Ferne ein kleines graues Männchen damit beschäftigt, den Dünger auseinanderzustreuen. Der Bauer hatte niemand mit diesem Geschäft beauftragt und beschleunigte seinen Schritt, um zu sehen, wer ihm ungerufen den Dienst täte. Als er aber zu laufen anfing, stand das Männchen still wie ein Stock, und als der Mann seinen Acker erreichte, sah er dort nichts als einen alten, grauen Wegweiser, der auf dem Kreuzweg hart am Felde stand. »Du Lork hest mek wat ebrüet!«, brummte der Bauer, der ganz außer Atem war, und gab dem Pfahl einen derben Schlag mit dem Stock. Aber wie erschrak der Mann, als der Wegweiser kläglich aufschrie und mit seiner lebendig gewordenen Hand ihm eine Ohrfeige gab, daß er über und über stürzte. Der Bauer raffte sich auf, nahm die Rockschöße untern Arm und lief, was er laufen konnte, dem Dorf zu. Nachher ist er immer weit um den Wegweiser herumgegangen. (83)

Bonifatius erbaut das Münster zu Hameln

Bonifatius begab sich einst in eine Grafschaft des Königreichs Engern; ihm gefiel der Ort, wo sich die Hamel in den Weserstrom ergießt. Hier herrschten, von Wittekinds Stamm geboren, hochbetagt, ein Graf und seine Gemahlin, welche die Namen Ebrard und Odegundina führten. Der heilige Mann wandte sich zu ihnen, predigte ihnen und allem Volk das Evangelium und taufte Graf und Gräfin, die nummehr die christlichen Namen Bernhard und Christina annahmen. Als dies erreicht war, bat Bonifatius die Täuflinge um die Erlaubnis, einen dem Wodan geweihten Tempel zerstören und an dieser Stelle eine Kirche zu Ehren des heiligen Romanus, seines Vorgängers auf dem erzbischöflichen Stuhle von Mainz, errichten zu dürfen. Das gräfliche Ehepaar stimmte diesem Vorschlag bei; zugleich trieb sie ihr frommer Sinn dazu, die neue Kirche mit allen ihren Gütern zu beschenken, da sie kinderlos waren. Nach einer alten Tradition beluden sie einen Esel mit Gold und ließen ihn von ihrer Burg, die auf dem Klüte lag, hinuntergehen. Wo er steckenbleiben würde, da sollte die Kapelle gebaut werden. In der damals sumpfigen Gegend, wo jetzt die Münsterkirche steht, konnte er nicht weiter, und hier wurde die Kapelle gebaut. (84)

Die Kettenbrücke zu Hameln. Gezeichnet von G. Osterwald, in Stahl gestochen von J. Poppel. Aus: Das Königreich Hannover in malerischen Original-Ansichten. Darmstadt 1850

Der Rattenfänger von Hameln

In drei Versionen

Anno 1284 hat sich in der Stadt Quernhamelen, an der Weser gelegen, ein seltzam vnd vorhin vnerhöret Wunder zugetragen. Denn es ist daselbst ein Mann in die Stadt gekommen, mit einem bunten Rocke von allerley Farben, der hat auff der Strassen geblasen, da sind die Kinder mit hauffen zugelauffen, den Wunderlichen Spielmann zu sehen. Als er nun hundert vnd dreissig Kinder zusammen geblasen hatte, gieng er für ihnen her, zu der Stadt hinauß, vnd die Kinder folgeten ihm nach, biß an den Berg, da man die armen Sünder abthut, der Kopffelberg genent, daselbst hat man sie verlohren. Man will sagen, das zwey Kinder wider vmbgekehret seyn, das eine aber sol Stum, das ander Blind worden seyn, das Stumme Kind hat wol nicht sprechen können, doch gleichwol mit Fingern den Ort geweyset, wo die Kinder geblieben weren, das blinde Kind, ob es wol nicht mehr hat sehen können, sol es doch mit dem Munde angezeiget haben, wo die Kinder geblieben weren, Nemblich, der Kopffelberg hette sich auffgethan, vnd der Spielman were da mit den Kindern hinein gangen.
Diese Historia sol geschehen sein den 26. Junij, am Tag Joannis vnd Pauli der Römischen Märterer, im Jahr wie obgedacht, nicht wie Joannes Pomarius mit vngrundt sagt, im Jahr 1376. Man hat noch etliche alte Verß, welche ich hierbey setzen will.

Jm Jahr MCCLXXXIIII nah Christi Gebort,
Tho Hamelen worden vthgefort,
Hundert vnd drittig Kinder daselbst geborn,
Durch einen Piper daselbst verlohrn.

Anno 1378 hat sich mit den Kindern zu Hameln an der Weser im Braunschweigischen Lande eine unerhörte und zu allen Zeiten denkwürdige und traurige Geschichte zugetragen, welche billig den Eltern eine Warnung sein sollte, ihrer Kinder fleißig wahrzunehmen.
In derselben Stadt ist ein Abenteurer in einem bunten Rock von allerlei Farben (ohn Zweifel ein böser Geist in desselben Gestalt) mit einer Pfeife umhergangen, dem die Kinder, Knaben und Mägdlein, in großer Anzahl nachgelaufen und ein groß Geschrei gemacht.
Als nun der Abenteurer mit dem Geschwürm (etliche sagen, er habe sich für einen Mäusefänger ausgegeben und in der Stadt viel große Ratten zusammengepfiffen) zum Tor hinauskommen, und die Kinder ihm immer

nachgefolget, hat er sie in einen Berg geführet und sich mit ihnen verloren.
Dieses hat ein Kinder-Mägdlein, welches mit einem von fern hernach gezogen, gesehen, umgekehret und das Gerücht in die Stadt bracht. Bünting schreibet, daß zwei derselben Kinder wieder umgekehret, der Kopfelberg hätte sich aufgetan, und der Spielmann sei mit den Kindern hineingegangen, derer insgesamt 130 gewesen.
Die Eltern laufen haufenweise vor alle Tore, suchen mit Fleiß und betrübtem Herzen ihre Kinder; erhebt sich darüber, sonderlich unter den Müttern, ein jämmerliches Heulen und Schreien. Man schickt auch von Stund an zu Wasser und Land an alle Orte, um zu erkundigen, ob man sie oder deren etliche antreffen könnte. Es hat sich aber seither keines wiederfunden.
Daß dieses also in Wahrheit ergangen, bezeugt noch heutigen Tages die ganze Stadt Querhameln, und ist solche Historia in der Pfarrkirche daselbst in ein Fenster gemalet. Es ist auch dieses erbärmliche Wunder in das Stadtbuch verzeichnet, und die von Hameln pflegen ihre Briefe nach dem Verlust ihrer Kinder zu datieren. Etliche setzen dies Wunder in das Jahr 1282.

Im Jahr 1284 ließ sich zu Hameln ein wunderlicher Mann sehen. Er hatte einen Rock von vielfarbigem, bunten Tuch an, weshalben er Bunting soll geheißen haben, und gab sich für einen Rattenfänger aus, indem er versprach, gegen ein gewisses Geld die Stadt von allen Mäusen und Ratten zu befreien. Die Bürger wurden mit ihm einig und versicherten ihm einen bestimmten Lohn. Der Rattenfänger zog demnach ein Pfeifchen heraus und pfiff, da kamen alsbald die Ratten und Mäuse aus allen Häusern hervorgekrochen und sammelten sich um ihn herum. Als er nun meinte, es wäre keine zurück, ging er hinaus, und der ganze Haufe folgte ihm, und so führte er sie an die Weser; dort schürzte er seine Kleider und trat in das Wasser, worauf ihm alle die Tiere folgten und hineinstürzend ertranken.
Nachdem die Bürger aber von ihrer Plage befreit waren, reute sie der versprochene Lohn, und sie verweigerten ihn dem Mann unter allerlei Ausflüchten, so daß er zornig und erbittert wegging. Am 26sten Juni auf Johannis und Pauli Tag, morgens früh sieben Uhr, nach andern zu Mittag, erschien er wieder, jetzt in Gestalt eines Jägers erschrecklichen Angesichts mit einem roten, wunderlichen Hut, und ließ seine Pfeife in den Gassen hören. Alsbald kamen diesmal nicht Ratten und Mäuse, sondern Kinder,

Der Rattenfänger von Hameln. Lithographie von Paul Thumann, aus: Julius Wolff, Der Rattenfänger von Hameln. Berlin 1883

Knaben und Mägdlein vom vierten Jahr an, in großer Anzahl gelaufen, worunter auch die schon erwachsene Tochter des Bürgermeisters war. Der ganze Schwarm folgte ihm nach, und er führte sie hinaus in einen Berg, wo er mit ihnen verschwand. Dies hatte ein Kindermädchen gesehen, welches mit einem Kind auf dem Arm von fern nachgezogen war, danach umkehrte und das Gerücht in die Stadt brachte. Die Eltern liefen haufenweis vor alle Tore und suchten mit betrübtem Herzen ihre Kinder; die Mütter erhoben ein jämmerliches Schreien und Weinen. Von Stund an wurden Boten zu Wasser und Land an alle Orte herumgeschickt, zu erkundigen, ob man die Kinder, oder auch nur etliche gesehen, aber alles vergeblich. Es waren im ganzen hundertunddreißig verloren. Zwei sollen, wie einige sagen, sich verspätet und zurückgekommen sein, wovon aber das eine blind, das andere stumm gewesen, also daß das blinde den Ort nicht hat zeigen können, aber wohl erzählen, wie sie dem Spielmann gefolgt wären; das stumme aber den Ort gewiesen, ob es gleich nichts gehört. Ein Knäblein war im Hemd mitgelaufen und kehrte um, seinen Rock zu holen, wodurch es dem Unglück entgangen; denn als es zurückkam, waren die andern schon in der Grube eines Hügels, die noch gezeigt wird, verschwunden.
Die Straße, wodurch die Kinder zum Tor hinausgegangen, hieß noch in der Mitte des 18. Jahrhunderts die bunge-lose (trommel-tonlose, stille), weil kein Tanz darin geschehen noch Saitenspiel durfte gerührt werden. Ja, wenn eine Braut mit Musik zur Kirche gebracht ward, mußten die Spielleute über die Gasse hin stillschweigen. Der Berg bei Hameln, wo die Kinder verschwanden, heißt der Poppenberg, wo links und rechts zwei Steine in Kreuzform sind aufgerichtet worden. Einige sagen, die Kinder wären in eine Höhle geführt worden und in Siebenbürgen wieder herausgekommen. (85)

Der letzte Riese

In der Gegend von Hameln liegt Oehrmanns Hof, wo der letzte Riese gewohnt hat, von dem man noch manches zu erzählen weiß. So sagt man, die Frau habe ihm einmal geheißen, kleines Holz zu holen, da habe er ihr Sägespäne gebracht, und als sie darüber unwillig geworden und ihm geboten, er solle großes Holz bringen, sei er in den Wald gegangen, habe ein paar Eichen bei den Kronen gepackt, sie ausgerissen und herbeigeschleppt.

Ein andermal fährt er Holz aus dem Walde, da bricht der eine Schenkel an der Achse der Vorderräder; er aber springt schnell herzu, packt die Achse, ehe noch der Wagen zum Fallen kommt, nimmt das Rad auf die Schulter und fährt so lustig nach Hause. Als er aber auf den Hof kommt, hat er ein neues Mißgeschick; die Bäume sind von solcher Länge, daß er bei der Biegung des Wegs nicht ins Tor kann. Doch auch hier ist er wieder kurz entschlossen. Er faßt schnell die beiden Schenkel der Hinterachse, bringt so den Wagen in die Richt und fährt schnellen Laufes in den Hof.
Nach einiger Zeit hat er nun auch Soldat werden sollen, allein er hat keine Lust gehabt; da hat man endlich die stärksten vom Regiment abgeschickt, die haben ihn holen sollen. Sie haben ihn auf dem Felde hinterm Pflug getroffen. Als er sie aber von weitem kommen sieht, nimmt er einen Pflugbaum, schwingt ihn ein paar Mal über seinem Kopf und ruft ihnen zu: »Kennt ihr die Sprache?« Und sie müssen sie wohl verstanden haben, denn sie haben sogleich linksum kehrt gemacht, doch sind sie am nächsten Morgen mit Verstärkung wiedergekommen, und zwar haben sie sich eingestellt, als er noch im Bett gelegen, und haben alles, womit er sich hätte wehren können, beiseitegeschafft. Als sie nun so sein Bett umstehen, reckt er sich und drückt damit das ganze Bett so auseinander, daß er die zu Häupten und Füßen Stehenden gegen die Wand drückt, daß ihnen das Blut nur so herausspritzt. Allein nach langem Widerstand haben sie ihn endlich doch bezwungen, da hat er zur Strafe nach Wetzlar gemußt und hat eine eigene eiserne Karre, fünfzehn Zentner schwer, schleppen müssen. (86)

Hünen

An der Weser hat's früher auch Hünen gegeben, das sind gewaltige Leute gewesen, und man erzählt von einem, der hat acht Malter Bohnen auf einmal tragen können. Ein solcher Hüne wohnte auch ehmals auf der Hünenburg unter der Luhdener Klippe, gegenüber Rinteln, sowie ein anderer jenseits der Weser bei Hohenrode, und diese standen beide miteinander in gutem Vernehmen. Da geschah es denn einmal, daß der Luhdener den Hohenroder besuchte und über die Weser schritt, da rief ihm dieser zu, er solle doch etwas weiter schreiten, damit er nicht in den kleinen Bach, der da vor ihm laufe, trete und sich die Füße benetze.

Am hohen Gebirge oberhalb des Dorfes Altenhagen, im Amt Springe, finden sich viele Felsen und einzelne, auf der Oberfläche der Erde umherliegende große Sandsteine. Die Landleute erzählen, daß daselbst in der Heidenzeit Riesen oder Hünen auf einer mächtigen Burg gewohnt hätten, die aus großen Felsstücken gebaut gewesen sei. So oft einer von ihnen gestorben, hätten ihn die Gefährten unter den noch befindlichen Hügeln begraben. Wie zuletzt nur noch einer übrig gewesen sei, habe der aus Mißmut die Burg eingestürzt, die Steine weit umhergeschleudert und den größten über sich selbst gewälzt. Der Platz wird noch jetzt die Hünenburg genannt. (87)

Zwergenlohn

Zu dem Fährmann in Groß-Wieden an der Weser, oberhalb Rinteln, ist einmal vor vielen Jahren ein kleiner Unterirdischer gekommen, der hat ihn gefragt, ob er wohl gegen guten Lohn die Nacht hindurch überfahren wolle; der Fährmann hat natürlich nicht nein gesagt und da ist denn am Abend der Kleine wiedergekommen, ist in den Kahn gestiegen und hat gesagt, er solle nur abstoßen. Das hat der Fährmann auch getan, ist aber verwundert gewesen, daß der Kahn so schwer und tief ging, als wäre er ganz voll, und noch mehr hat er sich gewundert, als ihm der Kleine, nachdem sie drüben angekommen, gesagt, nun solle er wieder zurückfahren, dabei im Kahn geblieben und so bis zum frühen Morgen immer hin und wieder gefahren ist. Endlich ist er denn ausgestiegen und hat den Fährmann gefragt: »Nun möchtest du auch wohl gern wissen, was du übergefahren?«, und als der es bejaht, hat er gesagt: »So sieh mir über die rechte Schulter!« Das hat der Fährmann getan und Tausende und Abertausende von Unterirdischen im bunten Gewimmel erblickt, die alle in der Nacht übergefahren; der Kleine aber ist drauf abgegangen und hat dem Schiffer gesagt, das Fährgeld liege bereits im Kahn. Aber als der hinkommt, um sein sauer verdientes Geld einzustecken, liegt da ein großer Haufen Pferdemist. »Pfui!«, sagt er, »das ist mir auch ein schöner Lohn!«, nimmt seine Schippe und wirft alles in die Weser; dabei aber fällt ihm ein Klumpen in den Stiefel. Als er danach heimkommt, sagt seine Frau: »Nun, heut hast du wohl brav was verdient, du hast ja die ganze Nacht übergefahren?«, aber er ist so mürrisch, daß er ihr kaum antwortet; wie er jedoch die großen Stiefel auszieht, da geht's auf einmal kling! und es fallen die blanken Pistolen eine nach der andern heraus. Da ist er geschwind nach der Weser hinabgelaufen und hat den andern Mist auch holen wollen, der ist aber Pferdemist geblieben nach wie vor; allein er hat auch so schon genug gehabt, und ist ein reicher Mann geworden und seine Nachkommen sind's bis auf diesen Tag. (88)

Der Hohenstein im Süntel

Auf dem Hohenstein, im Süntel, haben die alten Heiden ihren Göttern gedient. Auf einem Steinblock, von dem man Wesertal und Weserberge weit überblickte, und den das Volk Altar oder Kanzel nennt, floß das Blut der Tier- und Menschenopfer, und aus ihm sind die zarten Nelken entstanden, die um ihn blühen. Doch nur die Priester durften die Opferstätte betreten, die Menge des Volkes stand unten auf dem Wendelberg. Nicht gern holen die Bauern Holz vom Hohenstein, denn es ist verhext. Von selbst poltern Stämme und Scheite wieder vom Wagen herunter. Aus dem Bauholz springen beim Fällen und Zimmern Funken heraus; es bringt Unsegen und Not ins Haus. (89)

Barsinghausen am Deister. Kupferstich von Matthaeus Merian 1654

Der Börenwulf

In der ganzen Gegend zwischen dem Deister und der Weser erzählt man vom Börenwulf, der hocke des Nachts dem Wandrer auf, daß er ihn ein Stück Weges tragen müsse. Ein solcher Börenwulf aber ist eigentlich ein Mensch, der durch Umschnallung eines Riemens sich so verwandelt und dadurch zugleich übermenschliche Kräfte erhält.
Mal kommen zwei Bauern noch spät abends von einer Mühle unweit Rinteln und tragen jeder ihren Sack Mehl heim; da hockt dem einen ein Börenwulf auf und sogleich ruft er dem andern, er möge ihm doch zu Hülfe kommen; der wirft auch alsbald seinen Sack zur Erde und schlägt mit seinem Stock so wacker auf den Börenwulf los, daß er eiligst davonflieht. Andern Tags aber kommen sie zu einem andern Bauern, den man schon lange wegen seines Reichtums, von dem kein Mensch wußte, wo er ihn herhabe, im Verdacht hatte, da liegt der im Bett, ist totkrank und läßt eben den Feldscherer kommen, ihm die Wunden zu verbinden. Da haben sie denn wohl erfahren, wer der Börenwulf gewesen. (90)

Die Linde vor der Schaumburg

Einst wurde ein Mädchen bei dem Grafen von Schaumburg als Hexe verklagt. Der Graf ließ es foltern, und durch die furchtbaren Schmerzen der Folter gezwungen, sagte das Mädchen, daß es Zauberei getrieben habe. Da ließ es der Graf zum Tode verurteilen. Auf seinem letzten Gang brach das Mädchen ein Reis von einem Lindenbaum, pflanzte es auf den Platz vor der Burg und rief: So gewiß dies Reis wieder grün wird, so gewiß bin ich unschuldig! Und das Reis wurde grün und wuchs zu einem großen Baum hervor, der noch heute steht. Die Folter aber wurde seit der Zeit nicht wieder angewandt. (91)

Die Residenz in Bückeburg. Gezeichnet von R. Batty, in Stahl gestochen von Freebair. London 1827

Der feindliche Reiter

Im Dreißigjährigen Kriege wollte der Sohn des Pastors von Krückeberg in ein Husarenregiment eintreten. Er meldete sich und wurde angenommen. Einige Tage vor der Abreise machte er mit seinen Eltern eine Rundreise, um von seinen Verwandten Abschied zu nehmen. Spät am Abend kehrten sie zurück. Als sie unter Krückeberg herfuhren, sprang der junge Mann plötzlich auf und rief: Seht, dort im Wiesengrunde reitet ein Spion auf einem Schimmel, er trägt eine fremde Uniform! Er stürmte hinterdrein trotz der Warnungsrufe seines Vaters. An den Stau'schen Pappeln war der unheimliche Reiter plötzlich in den Sand- und Kiesgruben verschwunden. In den nächsten Tagen verließ der Pfarrerssohn sein Vaterhaus und stellte sich seinem Regiment. Bald zog er mit in die Schlacht und stürmte mit eine feindliche Schanze. Gerade langte er als erster oben an, als ihn eine feindliche Kugel zu Boden streckte. (92)

Der Teufel als Doppelgänger

Einem Kranken in Wiedensahl sollte das Abendmahl gebracht werden. Der Pastor sagte dem Küster, er sollte nur vorangehen; er, der Pastor, würde gleich nachkommen. Als der Küster nun auf dem Wege war, begegnete ihm der Pastor schon, als käme er von dem Kranken zurück. Der Küster sah es ganz genau: es war sein Schimmel und sein Mantel, und lautlos ritt der Pastor an ihm vorüber. Dem Küster ging ein Schauder über den Rücken, doch er ging weiter zu dem Kranken. Da kam der Pastor auch bald hin, und sie gaben dem Kranken das heilige Abendmahl. Als sie dann weggingen, erzählte der Küster dem Pastor: an der und der Stelle wäre er ihm vorhin schon begegnet. Als sie an der Stelle waren, kam ihnen wieder der Reiter entgegen, des Pastors Ebenbild. Da rief ihn der Pastor an: »Teufel, was tust du in meiner Gestalt?« Sprach der Teufel: »Solange du den Mantel da trägst, der am heiligen Christabend genäht ist, solange habe ich auch Gewalt, in deiner Gestalt zu gehen.« Da ritt der Pastor schnell nach Hause, machte ein Feuer und verbrannte den Mantel, und von der Zeit ab nahm er den Schneider immer ins Haus, dann wußte er, daß sein Zeug nicht an einem heiligen Tage gearbeitet wurde. (93)

Der Hexenritt

In einer Mainacht versteckte sich ein Junge aus Wiedensahl hinter dem Herd und sah zu, wie seine Wase den Besen salbte. Mit den Worten: »Awer Hagen un Tüne!« ritt sie zur Tür hinaus. Der Junge macht alles nach, nur hat er nicht genau zugehört. Er sagt: »Dör Hagen un Tüne!« und so kommt er ganz klaterig auf dem Blocksberg an, wo er sich in einem Gebüsch verkriecht. Die Hexen tanzen und trinken. Der Junge steckt sich heimlich ein Weinglas mit goldenem Fuß in die Tasche. Die Braut seines Vetters ist ebenfalls da. Sie wird geschlachtet und aufgegessen. Der Junge nimmt eine Rippe weg, die fehlt nachher, als man die Knochen sammelt. »Dann muß es auch ohne das gehen!« hieß es, und das Mädchen wurde wieder lebendig gemacht trotz der fehlenden Rippe. Für die Rückreise kriegte jeder ein Tier zum Reiten. Der Junge kam auch herzu. »Junge, Junge«, sagte seine Wase, »wie willst du wieder nach Hause kommen? Was zuletzt stehenbleibt, da setze dich drauf; aber kein Wort darfst du sprechen.« Es war ein jähriges Kalb, das er kriegte. Unterwegs sprang es mit einem einzigen Satz über einen breiten Strom. »Das war'n Satz für ein jähriges Kalb!«, rief der Junge. In demselben Augenblick lag er auch schon unten auf der Erde. Sein schönes Glas war nur noch ein alter Pferdehuf, und sechs Wochen mußte er marschieren, bis er wieder zurück in die Heimat kam. (94)

Das Wappen der Grafen von Diepholz

In der Schlacht, die Karl der Große den Sachsen unter Wittekind auf der Drebberschen Höhe bei St. Hülfe lieferte, verrichtete ein fränkischer Ritter Wunder an Tapferkeit. Aus Dankbarkeit schenkte Karl nach erfochtenem Sieg diesem Ritter die ganze Gegend umher, tauchte seine drei Finger in das Blut der Erschlagenen, drückte sie dem Ritter auf die Brust und gestattete ihm, die drei Blutstropfen und, zum Zeichen seines Löwenmutes, einen Löwen im Wappen zu führen.

Von diesem Ritter soll die Familie der Edlen, späteren Grafen von Diepholz abstammen.

Eine andere Sage berichtet: Die Grafen von Diepholz haben früher auf dem Schloße zu Kornau gewohnt, sind aber dort von den Bremern, mit denen sie stets in Streit gelegen, vielfach beunruhigt worden. Deshalb hat einer von ihnen beschlossen, seinen Sitz zu verlegen, und hat gesagt: »Wi mütten deiper int Holt gaen!« Er hat darauf im Moor und Holz ein Schloß gebaut, das davon den Namen »Diepholz« bekommen. (95)

Die glühenden Kohlen in Nienburg

In Nienburg ist jetzt noch die angesehene Freisassenfamilie S. ansässig, deren Vorfahren schon seit langen Jahren einen sogenannten Burgmannshof besitzen, auf welchem die folgende Geschichte passiert sein soll. Eines Nachts erwachte nämlich die Magd auf diesem Hofe sehr früh; es war ganz hell, und sie meinte schon, sich verschlafen zu haben, und eilte, das Feuer in der Küche zu schüren. Da gewahrte sie, wie sie durch das Küchenfenster in den Hof hinabsah, einen Haufen glühender Kohlen, und ging eilend hinab, um davon um so schneller für ihr Herdfeuer Brand zu gewinnen. Drunten lag bei dem Kohlenfeuer ein großer schwarzer Pudel, welcher sie

Das Rathaus und der Markt in Nienburg. Gezeichnet von L. Rohbock, in Stahl gestochen von G. M. Kurz. Aus: Das Königreich Hannover in malerischen Original-Ansichten. Darmstadt 1850

mit seinen glühenden Augen beinah grimmig anschaute; sie aber fuhr, ohne sich an diesen Pudel zu kehren, mit ihrer Schaufel in die Kohlen hinein und kehrte mit der Schaufel voll in das Haus zurück. Aber als sie die Kohlen auf den Herd schüttete, so glühten sie nicht mehr, sondern waren erloschen. Sofort lief die Magd noch einmal hinaus und holte wieder eine Schaufel voll – es ging aber gerade wie beim ersten, die Kohlen waren tot. Und nochmals rannte die geschäftige Magd hinaus; da aber erscholl eine tiefe Stimme: »Du höre, dieses ist das letzte Mal.« – Die Magd erschrak und es befiel sie ein Bangen, doch sprach sie kein Wort und eilte nur, daß sie wieder an ihren Herd kam. Aber die Kohlen, welche sie zum dritten Male mitbrachte, waren abermals erloschen – und jetzt hob die Turmuhr auf der Stadtkirche aus und schlug – und die Magd horchte und wollte gern wissen, wie früh es wäre, und zählte drei – vier – sechs – sieben – so spät konnte es doch noch nicht sein – acht – neun – was ist das? und die Uhrglocke schlug immerzu, und schlug zwölf – und im Hofe verschwand das

Kohlenfeuer, verschwand der große Pudel. Der Magd gruselte fürchterlich – sie eilte in ihre Bettkammer, kroch tief unter die Decke und betete und sagte alle Gesänge her, die sie konnte und wußte. Am Morgen verschlief sie sich in aller Form und statt ihrer trat der Freisasse zuerst in die Küche; er traute seinen Augen kaum, als er auf dem Herd statt glühender Kohlen einen Haufen glitzernder Goldstücke liegen sah, nahm den Schatz, der ihm damals sehr gut zupasse gekommen sein soll, gab jedoch auch der Magd ihren guten Anteil von dem durch sie gewonnenen Reichtum. (96)

Die Unterirdischen von Hoya

Einem der Grafen von Hoya erschien zur Nachtzeit ein kleines Bergmännlein und bat ihn, er möge in der nächsten Nacht den Einzug und ein Festgelage von vielen Personen in seinem Schlosse gestatten, aber er selbst und seine Leute sollten von keinem Vorgang Notiz nehmen. Erfülle er die Bitte, so werde er belohnt werden. Der Graf versprach's. Die kleinen Reisigen zogen nachts darauf ein, und am nächsten Morgen darauf erschien das Bergmännlein wieder, dankte und schenkte dem Grafen als Gegengabe ein Schwert, ein Salamanderlaken und einen goldenen Ring, der einen roten Leu trug: solange diese drei Stücke zusammenblieben, werde Einigkeit in der Grafschaft Hoya bestehen; wenn aber eines der Geschenke oder gar alle drei verlorengingen, so wäre es mit dem Glück des Geschlechtes vorbei. Der Graf nahm die Gaben und hielt sie wert, und seine Erben folgten seinem Vorbild. So oft einer der Grafen von Hoya zum Sterben kam, verblich der rote Leu auf dem Ring: das war seine Zauberkraft. Aber unter der Regierung des unmündigen Grafen Jobst und seiner Brüder kam das Schwert und das Salamanderlaken abhanden, und seitdem verblich der alte Glanz der Grafschaft; der goldene Ring jedoch ist bei der Grafschaft geblieben bis an ihr Ende, wohin er aber später gekommen ist, weiß man nicht.
Man erzählt auch, daß zu Hoya vor Zeiten ein Luftloch gewesen sei, durch das die Unterirdischen des öfteren hervorkamen. (97)

Hoya an der Weser. Kupferstich von Matthaeus Merian 1654

Hexe Anneke

Mal war eine Hexe, die melkte an einem hölzernen Ständernagel in ihrer Küche des Nachbars Kühe aus. Sie tat immer sehr fromm; wie das Gericht sie abholte, sang sie gerade ein geistliches Lied. Man warf sie zur Probe in die Weser. Da kam ein Rabe geflogen und brachte ihr eine Nähnadel statt der Eisenstange, die ihr der Teufel versprochen hatte. Die Hexe schwamm. Als der Schinder sie wieder wegfuhr, rief der Kerl, der sie angezeigt hatte: »Na, Anneke, wie gefiel dir das Bad?« Für das Wort mußte er drei Tage sitzen. (98)

Das Blutbad am Halsebach

In dem Dorf Halsmühlen bei Verden soll Karl der Große die 4500 sächsischen Geiseln durch seine Henkersknechte hingerichtet haben. Er ließ dazu an das Rad der Mühle, die von dem dort vorbeifließenden kleinen Bächlein, der Halse, getrieben wurde, viele scharfe Messer anbringen, durch die in zwei Tagen die Hälse der Sachsen wie Roggenhalme unter der Schneidemaschine abgeschnitten wurden. Der Halsebach war damals blutrot; bis in die Aller zog sich der breite rote Streifen. (99)

Der Dom zu Verden

Außerhalb des Doms zu Verden, gegen den Schulhof hin, ragt aus der Mauer die halbe Bildsäule eines Mannes, den Handwerksburschen als Wahrzeichen der Stadt Verden bekannt, welche dabei erzählen, es sei ein Dieb gewesen, der in den Dom habe einsteigen wollen, aber sofort in Stein verwandelt sei. – Nach andern war es der Küster des Doms, der den Gotteskasten beraubt hatte und sich vermaß beim Teufel zu schwören, er habe kein Teil an der Entwendung. Sofort sei der Böse leibhaftig da gewesen, habe den Küster gepackt und habe mit ihm durch die Mauer des Doms hinausfahren wollen; aber seine Beute sei haften geblieben und alsbald in Stein verwandelt.

Unter den Merkwürdigkeiten des Doms zeigt man auch einen großen zerbrochenen eisernen Grapen, wovon die Sage geht, daß ihn ein Schäfer mit Gold angefüllt gefunden, und solches zur Erbauung des Doms hergegeben habe. Auch ist der Schäfer in Stein am Dome abgebildet. (100)

Das Passionsspiel in Verden

Von der Kapelle auf dem Domhof ist keine Spur mehr vorhanden. Sie war 1488 schon so alt und verfallen, daß sie bei dem Passionsspiel, dem einzigen, das je in Verden aufgeführt worden ist, die Hölle vorstellen konnte; denn sie war von Alter schon ganz schwarz geworden. Über dieses Spiel heißt es in der Chronik: Dero Zeit ist angerichtet worden, daß man in der Marterwochen hat die Passion gespielet, einen an das Creutz gehenket, der war hier todt geblieben. Die Capelle auf dem Thurm-Kirchhofe war die Hölle gewesen. Ich habe von den Alten gehöret, die dieß Spiel gesehen haben, daß es ein wunderlich Spectacul gewesen, und daß keiner, so in dem Spiel mitgewesen, eines rechten Todes gestorben; als: der Gott ist gewesen, in dem Stadtkeller erstochen, der Pilatus vertrunken in der Weser, und so nacheinander umkommen. (101)

Halsmühlen

Im Verdener Kirchspiel Walle lag Störtebekers Burg Halsmühlen. Dort wurde von Störtebeker und seinen Helfershelfern über die Seeräuber, die ihnen den Gehorsam kündigten, hochnotpeinliches Gericht gehalten, und gar mancher mußte seine Unbotmäßigkeit mit dem Leben büßen. Nach diesem Halsgericht der Piraten wurde die Burg Halsmühlen genannt.
Vor vielen, vielen Jahren fanden Wasserarbeiter, die am Ufer der Aller gruben, dort im Erdboden eine große Menge Menschenköpfe. Das waren die Opfer von Störtebekers Halsgericht auf Halsmühlen. (102)

Die Natternkönigin

Einmal hatte ein Bauer in der Nähe Verdens Besorgungen in der Stadt gemacht. Der Heimweg führte ihn durch einen wilden Wald. Wie er so seines Weges ging, raschelte es im Laub und eine Schlange wand sich heraus. Die trug auf dem Kopf eine goldene Krone, an der aber ein Zacken fehlte. Sie setzte sich auf den Weg, reckte den Hals und sprach: »Höre, ich will zur Essemühle, wo die Zwerge wohnen. Sie sollen meine Krone wieder ganz machen, ein Ast hat sie mir beschädigt. Heb mich auf deine Schulter und nimm mich mit.« Damit ringelte sie sich an seinem Stock empor. Der Bauer aber traute seinen Sinnen nicht und warf das Tier ins Gebüsch.
Da krochen aus dem Wald viele Schlangen, die sich um ihre Königin ringten und auf den Bauern losfuhren; entsetzt floh er. Wie er so querfeldein über den Acker lief, gewahrte er, wie die Spitze seines Stockes in roter Glut leuchtete. Er warf ihn fort und erreichte mit Mühe seinen Hof.
Bäuerin und Gesinde, denen er den Vorfall erzählte, glaubten, er habe beim Kronenwirt zu tief ins Glas geguckt, und verlachten ihn.
Es wurde Erntezeit. Da kam eines Abends der Besitzer jenes Haferfeldes in sein Haus und zeigte ihm eine Handvoll schwerer Haferkörner, die er von seinem Acker geerntet hatte. Es war pures Gold.
Jetzt erkannte der Bauer, daß die Spitze seines weggeworfenen Stockes von Golde geleuchtet hatte. Aber alles Suchen blieb vergebens.
Der Besitzer des goldenen Hafers gelangte durch diese Ernte zu Reichtum und ließ sich einen Ring mit zwei Schlangenköpfen anfertigen. Und der Ring bewährte seine glückbringende Kraft an allem, was auf dem Hofe geschah.

Nach vielen, vielen Jahren kam ein junger Bauer auf den Hof. Der mißachtete der Väter Brauch und Glauben und verkaufte den Ring. Alsbald wich der Wohlstand von seinem Haus. Die Äcker und Wiesen versandeten, nur mühselige Arbeit verhalfen ihm zu etwas Lohn. (103)

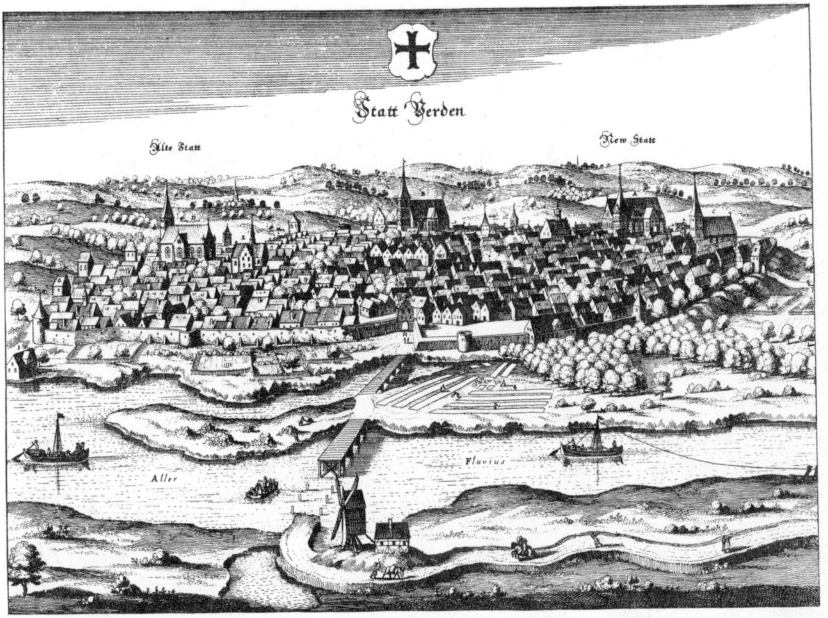

Verden an der Aller. Kupferstich von Matthaeus Merian, aus: Topographia Saxoniae Inferioris. Frankfurt 1653

Hildesheim und Leinetal

Die Gründung Hildesheims

Die Gegend, in der heute Hildesheim liegt, war früher von häßlicher Wildheit entstellt, von Sümpfen bedeckt, von Wäldern starrend und gut zur Jagd.
Kaiser Ludwig der Fromme, der Sohn Karls des Großen, hatte die Absicht, die Kirche zu Elze zum Haupt und Sitz eines Bistums zu erheben, und besuchte diesen Ort häufig. Einmal überschritt er in der Leidenschaft der Jagd die Leine und ließ an der Stelle, die jetzt die Kirche von Hildesheim einnimmt, sein Zelt aufschlagen, hörte dort auch bei den herübergebrachten Heiligtümern aus der königlichen Kapelle die Messe. Nach Gottes Vorsehung waren das aber die Heiligtümer der Gottesmutter Maria. Als der König nach Elze zurückkehrte und dort die Messe hören wollte, erinnerte sich der Kaplan, daß er die Heiligtümer im Walde vergessen hatte. Vom Stachel der Angst getrieben, ging er zurück und fand sie da, wo er sie hingehängt hatte, nämlich am Ast eines Baumes, der eine sehr klare Quelle beschattete. Aber, o Wunder, die Heiligtümer, die er leicht mit der Hand aufgehängt hatte, vermochte er mit keiner Anstrengung wieder abzunehmen. Er lief zurück, um dem Kaiser die wunderbare Nachricht zu melden; dieser eilte schnell herbei und ließ eine Kapelle an der Stelle errichten. Den Ort, von dem dadurch erwiesen war, daß er der Gottesmutter so sehr gefallen hatte, begann König Ludwig mit allem Eifer zu fördern und machte ihn anstatt Elze zum Hauptsitz des Bistums. (104)

Die Rose am Dom zu Hildesheim

Kaiser Ludwig der Fromme ritt einst jagen durch Heide und Wald; da verlor er sein mit Heiligtum gefülltes Kreuz. Alsbald sandte er seine Diener aus, das Vermißte zu suchen, und gelobte an der Stelle, wo sie's finden würden, ein Gotteshaus zu bauen. Die Diener folgten den Spuren der Jagd und fanden bald tief im Walde und mitten im kalten Schnee einen blühenden wilden Rosenstrauch, daran hing das Kreuz. Sie hinterbrachten ihrem Herrn das Wunder und Kaiser Ludwig befahl alsbald, daselbst eine Kapelle und an der Stelle, wo das Kreuz am Rosenstrauch gefunden, den Altar zu bauen. Der Rosenstrauch aber gedieh herrlich an der heiligen Stätte und hat mit seinen laubreichen Ästen und Reisern gleich einer Rebe die Wölbung des Doms hoch bis zum Dache hinauf umzogen. (105)

Der Dom und die St. Annakapelle in Hildesheim. Gezeichnet von J. F. Lange, in Stahl gestochen von J. M. Kolb. Aus: Das Königreich Hannover in malerischen Original-Ansichten. Darmstadt 1850

Das Wandelkreuz

Auf dem rechten Seitenaltar der Domgruft zu Hildesheim steht ein uraltes Kreuz; nach einer Sage ist das Bild des Heilandes daran aus den Wurzeln des Rosenstrauchs geschnitzt, die da unter dem Hauptaltare ruhen. Einem alten Brauch zufolge mußten die Domherren jeden Morgen während der Karwoche das Kreuz vom Altar abnehmen und in das Grab legen, welches zu dieser Zeit im Paradiese (dem Vorbau im Hildesheimer Dom, den die Bernwardstüren vom Hauptschiff trennen) gebaut wird. Als aber einstmals die Domherren vergessen hatten, das Kruzifix an die geweihte Stätte zu tragen, da hat das Bild sich von selbst erhoben und ist dorthin gewandert. Seit jener Zeit heißt es das Wandelkreuz. (106)

Die Hildesheimer Jungfer

Auf den Stadtwappen und den hildesheimischen Fahnen steht die Jungfer mit einem Kranz in der Hand. So lange die Feinde der festen Stadt sich vergeblich an den starken Wällen und Mauern die Zähne ausbissen, trug die Jungfer ihren Kranz stolz auf dem Kopf; als aber die Stadt einst in Feindes Hand fiel, da fiel auch der Jungfer der Kranz von dem Kopf in die Hand. – Die hildesheimische Jungfer hat aber wirklich einmal vor ur-uralten Zeiten gelebt. Sie war ein sehr reiches und schönes Edelfräulein, welches die Fürsten und Grafen in der Umgegend gar zu gern zur Frau gehabt hätten. Die schöne Hildesheimerin wurde aber nicht durch die Pracht und den Reichtum der hohen Herrschaften gelockt, sondern verlobte sich heimlich mit einem schönen und braven jungen Ritter, der bei einem der Fürsten, welche die Jungfer gern haben wollten, in Diensten stand. Da hätte es nun dem Ritter schlimm gehn können, wenn der Fürst gemerkt hätte, daß sein Dienstmann der Jungfer lieber war als er. Darum mußten die Liebenden ihre Zusammenkünfte ganz heimlich in dem großen, dunklen Hildesheimer Wald halten, der damals noch bis dicht an die Stadt ging. Eines Tages ging das Fräulein wieder in den Wald und suchte die große Linde auf, unter welcher ihr Bräutigam tagtäglich saß und auf sie wartete. Doch sie war noch nicht bei dem Baum angekommen, als es pech-rabenschwarz heraufzog und ein Sturmwetter losbrach, als ob der böse Feind sein Wesen triebe. Als nun die halb zu Tode geängstigte und durchnäßte Jungfer endlich bei dem Baume ankam, da zeigte ihr ein heller Blitz ihren

Ritter, wie er kalt und leblos auf dem grünen, feuchten Moose lag – ein Blitz hatte ihn getroffen. Sie weinte und schrie, zerraufte ihr schönes Haar und lief wie unsinnig immer fort in den düstern Wald hinein. Einen ganzen Tag mochte sie so umhergelaufen sein, als sie ermattet unter einem wilden Rosenbusch niedersank und einschlief. Da erschien ihr im Busch die heilige Mutter Gottes, die Rosen rings umher wurden eben so viele kleine Engelsköpfchen und sahen aus ihren hellen Augen so lieblich tröstend auf sie hinab, daß es ihr tief in das wunde Herz drang und sie himmlischen Trostes voll erwachte. Gestärkt suchte sie nun den Rückweg nach der Vaterstadt; aber da war kein Weg zu sehen, keine menschliche Stimme zu hören, nur das Geheul der Bären und Wölfe antwortete auf ihre Klagen. »Verlaß mich nicht heilige Mutter Gottes in dieser Not«, rief die todmüde Jungfer, »ich will auch all' mein Gut und Leben Gott geloben!« Kaum hatte sie dieses Gelübde getan, als sie in weiter Ferne eine Glocke hörte, die rief ihr zu: »Kehr wieder! Kehr wieder! Kehr wieder!« Da lief die Jungfer den Tönen entgegen und je weiter sie vorwärts ging, desto deutlicher hörte sie die Glocke, bis sie aus dem dunklen Wald kam und die schönen Felder und Gärten der Stadt zu ihren Füßen lagen. Da war es gerade acht Uhr abends; doch das Fräulein mochte mehrere Tage im Wald umhergelaufen sein.

Die so wunderbar gerettete Jungfer hielt nun pünktlich, was sie gelobt hatte. Sie beschenkte Kirchen und Klöster reichlich; vor allem aber bedachte sie ihre Vaterstadt und schenkte den Bürgern den ganzen Hildesheimer Wald, der ihnen, obwohl durch die viele Nutzung jetzt auf einige waldige Hügel zusammengeschrumpft, noch heute unentgeltlich Holz für den Winter liefert. Der Festungsturm, auf dem die rettende Abendglocke hing, hieß seitdem und bis auf den heutigen Tag der »Kehr wieder.« Die Glocke selbst aber wurde geweiht und in dem St. Lamberti Kirchturm aufgehängt. Damit nun die Glocke künftig auch andern verirrten Wanderern von Nutzen sein könnte, setzte die Jungfer fest, daß sie in den kurzen Tagen von Michaelis bis Ostern eine ganze Stunde und zwar abends von 8 bis 9 geläutet werden sollte. Auch machte sie ein Vermächtnis, aus welchem dem Läuter jährlich ein Schuh und ein Taler bezahlt wird; und so ist es geblieben bis auf den heutigen Tag.

Auch noch eine andere ganz silberne Glocke soll die Jungfer zum Andenken an ihre Rettung haben gießen lassen, die hing in der Michaeliskirche. Als nun 1803 der Preuße ins Stift kam, hat er gedacht, die Glocke kannst du gebrauchen, ließ sie herunternehmen und »Stiefelknechte« (kleine preußische Silbermünzen) daraus schlagen. Aber die Stiefelknechte haben

den Preußen kein Glück gebracht, sie gingen alle in der Schlacht bei Jena verloren.
So viel ist gewiß, die Jungfer hat ihre Vaterstadt noch immer recht lieb, und wenn einmal, was Gott verhüte, der Feind kommt und die Stadt beschießt, so stellt sich die Jungfer auf den »Kehrwieder-Wall« und fängt die Kugeln in ihrer Schürze auf. So hat sie es im Dreißigjährigen Kriege gemacht, sonst wäre weder Stumpf noch Stiel von der Stadt geblieben. (107)

Die katholischen Pferde

Als man vor mehreren Jahren die Bernwardssäule auf dem Domhof zu Hildesheim aufrichten wollte, ließ man zuerst vier lutherische Pferde (die einem Lutheraner gehörten) kommen, welche sie fortziehen sollten. Aber diese konnten sie nicht von der Stelle bringen, so sehr man sie auch antrieb. Als nun die Leute sahen, daß sie mit diesen Pferden nichts ausrichten würden, holten sie zwei katholische Pferde herbei. Diese führten denn auch augenblicklich die Säule auf ihren Platz. (108)

Die Bernwardskrone

Hoch oben im Dom zu Hildesheim schwebt, unerreichbar, eine riesenhafte Krone; sie wird die Bernwardskrone genannt, doch weder er noch irgendeines Menschen Haupt hat sie jemals getragen. Sie hängt da, daß sie mit ihrem endlosen Ring die Häupter der Gläubigen umschließe. (109)

Die Entstehung des goldenen Domturmes

Herzog Magnus von Braunschweig fiel im Jahre 1367 mit einem großen Heere und mächtigen Bundesgenossen in das Stift Hildesheim ein und brachte durch Plündern, Sengen und Brennen die Leute in große Not. Da sammelte der Bischof Gerhard seine streitbaren Männer um sich und zog, auf sein Recht und die Heilige Jungfrau vertrauend, mutig dem bei weitem größeren feindlichen Heer entgegen. O seligste Jungfrau, rief der Bischof,

Die Klosterbasilika St. Michael in Hildesheim. Gezeichnet von J. F. Lange, in Stahl gestochen von J. M. Kolb. Aus: Das Königreich Hannover in malerischen Original-Ansichten. Darmstadt 1850

als er an der Spitze seiner Mannen einherzog, heute kommt es auf dich an, ob du unter einem Strohdach oder unter einem goldenen Dach wohnen willst; siegen die Feinde, so werden sie den Wohlstand der Stadt und der Kirche vernichten und wir werden nicht mehr die Mittel haben, deinen Tempel würdig zu schmücken; gibst du uns aber den Sieg, so fällt großes Gut in unsere Hände, und dann sollst du unter einem goldenen Dach wohnen!
Als des Bischofs gerüstete Männer nun in der Gegend von Dinklar den übermächtigen Feind in seiner Siegesgewißheit jubelnd heranrücken sahen, da wurden viele verzagt, aber Gerhard richtete ihren Mut wieder auf und rief, indem er seinen linken Ärmel schüttelte: Leven Kerle, truret nich, hier hebbe ek noch dusend in miner Maven! Der Bischof hatte nämlich das größte Heiligtum der Stadt, das von Ludwig dem Frommen dem Dom vermachte Reliquiengefäß, in seinem Ärmel.
Nach diesen Worten ihres Führers waren die Krieger gewiß, daß die Hülfe der Heiligen Jungfrau mit ihnen war; gewaltig andrängend setzte das kleine Häuflein in den mächtigen Feind, und nach kurzem Kampf bedeckten 1500 Feinde, unter ihnen viele Ritter und Edle, die Wahlstatt. Was von den Feinden noch brauchbare Beine behalten hatte, suchte sein Heil in der Flucht und das ganze Lager fiel mit seinen großen Schätzen in die Hände der Hildesheimer. Von diesem Gut nun ließ der Bischof, seinem Gelübde getreu, das goldene Dach machen, welches noch heute den östlichen Domturm schmückt. (110)

Der große liebe Gott in der St. Godehardi Kirche

Der große »liebe Gott« (Kruzifix), der unter der Orgel in der Godehardi Kirche hängt, ist so groß wie ein Riese. Keiner weiß, wo er gemacht ist; denn er ist einmal bei einer großen Überschwemmung auf der Innerste hergeschwommen. Als er aber beim Godehardi-Kloster angekommen war, drehte er sich immer auf dem Wasser herum und wollte nicht weiter schwimmen. Da fischte man ihn auf und brachte ihn in die Kirche.
Schon viele hundert Jahre hatte er in der Kirche gehangen, als die Franzosen kamen und aus der Kirche ein Heumagazin machten. Dabei war ihnen der große liebe Gott im Wege. Schon machten sie sich daran ihn von der Wand zu reißen, aber kaum hatten sie ihn angerührt, als er herabfiel und zwei von den gottlosen Franzosen erschlug. Seitdem hat man ihn wieder aufgehängt und künftig wird wohl jeder seine Hände davon lassen. (111)

Schaper-Johann

Auf dem Kehrwiederturm in Hildesheim saß viele hundert Jahre lang ein Gespenst, das hieß Schaper-Johann und konnte nimmer hinkommen, wo Gott etwas zu tun hat. Die Leute, die in der Nähe des Turmes wohnten, hatten von Schaper-Johann viel zu leiden; besonders störte er die nächtliche Ruhe dadurch, daß er den Mädchen und Frauen immer die Bettdecken wegriß. Als er es nun gar zu arg machte, ging eine fromme Frau zum Pater Patricius und bat ihn, daß er den Geist bannen möchte. Dieser ging ihm denn auch bald so mit dem Weihwedel zu Leibe, daß er vor Angst und Schrecken keinen Ausweg finden konnte, sondern in seinem weißen Schäferrock mitten durch das Turmdach fuhr. Seit der Zeit können die Frauen und Mädchen am Kehrwieder ruhig schlafen. (112)

Die St. Andreaskirche in Hildesheim. Gezeichnet von J. F. Lange, in Stahl gestochen von J. Poppel. Aus: Das Königreich Hannover in malerischen Original-Ansichten. Darmstadt 1850

Die schwere Gans

Ein Nachtwächter in Hildesheim sah, als er eben bei der Andreaskirche die Zwölfe ausgebracht hatte, auf der Kirchhofsmauer eine große fette Gans sitzen. Da dachte er: wenn du keinen Herrn hast, will ich dein Herr sein, nahm die Gans unter den Arm und trug sie nach seinem Hause. Unterwegs wurde sie immer schwerer und schwerer, so daß er sie kaum bis zu seiner Wohnung schleppen konnte. Er rief nun seine Frau, welche mit ihm die schwere Gans in den Schweinestall brachte. Hierauf verriegelten sie die Tür und freuten sich nun beide auf den leckern Braten. Am andern Morgen stand der Nachtwächter ganz früh auf, wetzte sein Messer und ging vor den Schweinestall, um die Gans zu schlachten: aber er erschrak sehr, als er statt der Gans ein altes Weib darin fand, die ihn wie mit Katzenaugen grimmig ansah. »Warte, Du Dachhexe!« rief der Nachtwächter, als er sich von seinem Schrecken etwas erholt hatte, nahm eine Mistgabel und warf damit die Hexe über den Zaun. »Siehst du«, sagte seine Frau, »unrecht Gut gedeiht nicht!« – »Das ist wahr«, sagte der Mann und hat nie wieder eine Gans von der Kirchhofsmauer mitgenommen. Wenn er nachts dort eine sah, schlug er ein Kreuz und machte, daß er fortkam. (113)

Das Schauteufelskreuz

In der Nähe des alten Marktes in Hildesheim steht ein uralter Stein mit einer betenden Figur. Der Stein und der zunächst gelegene Platz heißt das Schauteufelskreuz. Es ist dieser Stein einem Schauteufel, der hier jämmerlich umkam, zum ewigen Gedächtnis errichtet. Die Sache verhielt sich so. Vor vielen hundert Jahren stellten die Hildesheimer jährlich einen großen Fastnachtszug an, wobei allerlei Scherze und Neckereien getrieben wurden. Dem ganzen Zug voraus liefen die Schauteufel, die in ihrer schwarzen Mummerei mit Hörnern und blutroten Zungen schrecklich anzusehen waren. Das war viele Jahre hindurch ganz gut gegangen. Aber man soll den Teufel nicht an die Wand malen und noch weniger sein Kleid anziehen. Jetzt sind es nun bald vierhundert Jahre her, als ein ausgelassener junger Bursche sich beim Fastnachtsaufzug zu der gottlosen Mummerei hergab. Schon hatte er mit seinem Haufen viele Straßen die Leute neckend und ohrfeigend durchzogen, als er plötzlich auf der Stelle, wo jetzt das Schauteufelskreuz ist, vor Schrecken stillstand. Auch der ganze Zug war wie festgebannt, denn ihm gerade entgegen vom alten Markt her kam ein anderer Zug, der aus leibhaftigen Teufeln bestand. Allen voran stürmte der böse Feind daher und gab seinem unglücklichen Nachäffer eine solche Ohrfeige, daß er auf dem Platze blieb und starb. Da riß alles aus, was Beine hatte, und der höllische Spuk verschwand mit großem Lärm und Stank in der Luft. Der Magistrat verbot das Schauteufellaufen ein für alle Male. Andere erzählen, das Schauteufelskreuz habe ein Schuster gestiftet, der vor vielen Jahren an der Ecke des alten Marktes wohnte. Dieser Schuster wußte vor Hunger und Kummer weder aus noch ein, und faßte endlich den gottlosen Entschluß einen Vertrag mit dem Teufel zu machen. Er stahl deshalb bei Nacht und Nebel von der Dombibliothek den Höllenzwang, der dort an einer großen Kette lag, und beschwor den bösen Feind. Dieser, der nie lange auf sich warten läßt, wenn er eine Seele wittert, die für seiner Großmutter Kaffeekessel reif ist, erschien auch bald und fragte nach seinem Begehr. Der Schuster verschrieb ihm gegen drei Himpten Geld seine Seele unter der Bedingung, daß ihm der Teufel die Seele lassen sollte, wenn er nach Jahresfrist wiederkehrte und fände, daß das ganze Geld bis auf Heller und Pfennig nur zu einem Gott wohlgefälligen Zwecke angewandt sei. Das war der Teufel gern zufrieden und fuhr hohnlachend davon; denn er konnte wohl denken, daß der verhungerte Schuster, wenn er auch Kirchen und Klöster reichlich bedächte, doch einen großen Teil des Geldes für seinen bellenden Magen und seine durstige Kehle verwenden würde, und wenn er einmal ins Wohlleben gekommen wäre, würde es mit andern Dingen, die Gott nicht wohlgefallen, keine Not haben. Der Schuster aber war nicht von ehegestern und dachte bei sich: Hast du so lange in Hunger und Kummer gelebt, so wirst du es auch noch ein Jahr aushalten, trug also seine drei Himpten Geld zum Goldschmied und ließ ein großes silbernes Kreuz daraus machen: das nahm er mit sich nach Hause und erwartete nach Ablauf des Jahres ganz ruhig den Teufel. Dieser blieb auch nicht eine Minute länger aus, war aber sehr erstaunt, als er den halbverhungerten Schuster noch ebenso wie vor einem Jahre in seiner ärmlichen Schusterstube den Pechdraht ziehen sah. »Was hast du mit dem Gelde gemacht?« fuhr ihn der Teufel an. – »Schau Teufel dieses Kreuz« rief der Schuster aufspringend und ihm das silberne Kreuz entgegenhaltend. Da zerschlug der Teufel bitter und böse ein Fach Fenster und fuhr fluchend und stinkend davon. Der Schuster aber lachte sich ins Fäustchen, ließ sein Kreuz wieder einschmelzen und war von nun an ein steinreicher Mann. Zum Dank für seine Erlösung aus des Teufels Krallen ließ er den Denkstein setzen, der noch heute das Schauteufelskreuz heißt. (114)

Dat is de Garen Mate

Am Rathaus in Hildesheim finden sich auf der Seite nach der Marktstraße zu die Worte eingehauen: »Dat ist de Garen Mate.« Daran hat ein geiziger Kaufmann schuld, der einen großen Garnhandel hatte und die Leute übervorteilte. Kaufte er den armen Leuten ab, so konnte er das Maß nicht groß genug kriegen, verkaufte er aber, so verkürzte er das richtige Maß. Als dieser Kaufmann gestorben war, trat er seiner erschrockenen Frau nachts vor das Bett, klagte und jammerte, daß er so viel Pein in der Hölle leiden müsse, weil er immer unrichtig gemessen habe, und warf eine eiserne Elle mit den Worten auf den Tisch: »Dat is de Garen Mate.« Dann ermahnte er die Frau, doch ja nach diesem richtigen Maße immer zu kaufen und zu verkaufen, damit es ihr dereinst nicht gehe wie ihm. Darauf verschwand der Mann und die Frau hatte vor Schrecken beinahe den Tod. Am andern Morgen fiel ihr erster Blick auf den Tisch, auf welchen ihr unseliger Mann die Elle geworfen hatte. Aber es war keine Elle zu sehen, statt dessen sah die Kaufmannsfrau eine ellenlange Ritze im Tisch, als ob sie hineingebrannt wäre; dieselbe Ritze ging auch unterm Tisch durch den Fußboden und durch alle Decken des Hauses bis auf die Diele, wo sie so tief eingebrannt war, daß man den Grund nicht sehen und auch mit dem längsten Stock nicht fühlen konnte. Die Frau konnte in ihrer Seelenangst die Geschichte nicht verschweigen und als der Magistrat die Sache erfuhr, ließ er von einem Ratsdiener die Länge der eingebrannten Ritzen messen und diese stimmte genau überein mit dem gebräuchlichen Garnmaß. Da ließ der Magistrat, zur ewigen Warnung, jene Worte in einen Stein der Rathausmauer hauen. (115)

Die Totschlägerin auf der Kreuzfreiheit

Vor vielen, vielen Jahren diente im Wedekindschen Haus am Hildesheimer Altstädter Markt ein schönes, aber jähzorniges Mädchen als Ladenjungfer. Da geschah es eines Tags, daß sein früherer Verlobter, der es einer anderen wegen treulos verlassen hatte, in den Laden trat und so höhnisch etwas zu kaufen verlangte, daß das Mädchen vom Zorn gepackt wurde, ein zufällig dort liegendes Messer ergriff und es dem Treulosen mitten ins Herz stieß, daß er tot umfiel. »Jeses, Marie un Josep!«, rief der herbeieilende Hausherr, »Mäken, wat häst du anrichtet! Mak, dat du wat biste wat

Marktplatzbrunnen in Hildesheim. Gezeichnet von G. Osterwald, in Stahl gestochen von G. A. Müller. Aus: Das Königreich Hannover in malerischen Original-Ansichten. Darmstadt 1850

haste up de Friheit kummst, süs biste en Kind des Dodes!« Die Jungfer ließ sich das nicht zweimal sagen und lief, was sie laufen konnte, bis sie glücklich die Kreuzfreiheit erreichte; dort flüchtete sie sich in ein Haus, dessen Bewohner sie liebevoll aufnahmen. Sie blieb in dem Hause und erwarb sich durch Arbeitsamkeit und fleißige Hilfe die Gunst ihres neuen Brotherrn so sehr, daß dieser nichts einzuwenden hatte, als sein Sohn sich die Totschlägerin zur Hausfrau erwählte. So wurde sie Frau, Mutter, ja sogar Großmutter, und lebte glücklich und zufrieden; nur durfte sie das Haus niemals verlassen. Da geschah es einst, daß sie eines Sommernachmittags, auf ihrer Hausschwelle sitzend, ihre zwei kleinen Enkelkinder wartete, als plötzlich, während die Kinder in der Mitte der Straße spielten, ein schwerbeladener Wagen daherkam, der das eine Kind zu überfahren drohte. Sie sprang herzu und rettete es vor dem sicheren Tode, aber nun hatte sie die Grenze der Freiheit überschritten, ward ergriffen und mußte ihr Leben auf dem Rabenstein enden. (116)

Das Wasser will sein Opfer haben

Die Leine verlangt alle Jahre ihre zehn Opfer – de Leine fret alle jâr teine – und wenn diese auch nicht ertrinken, so kommen sie auf eine andere Weise um. So brachte in einem heißen Sommer eine Magd den Knechten des Hauses, welche vor Hollenstedt im Felde arbeiteten, ihr Essen. Sie war sehr durstig und fragte, ob sie in ihrem Krug nicht noch etwas zu trinken hätten. Doch diese hatten alles ausgetrunken und sagten also, sie möchte doch hin zur nahen Leine gehn, die hier sehr seicht war, und daraus trinken. Das Mädchen ging auch hin, setzte sich an den Rand des Ufers und trank; sie stand aber nicht wieder auf, denn sie war tot. (117)

Die Lippoldshöhle bei Alfeld

Vor vielen Jahren hat in der Gegend von Alfeld ein gewaltiger Räuber, namens Lippold, gehaust, der seine Höhle auf einem Berg bei Brunkensen im Braunschweigischen hatte. Diese Höhle ist noch heute vorhanden und besteht aus zwei Abteilungen, deren eine seine Wohnung, die andre der Stall für seine Pferde gewesen sein soll. Oberhalb derselben befindet sich auch ein Loch, von dem aus man die ganze Gegend überschauen kann und von diesem aus soll der Räuber auf seine Beute gelauert haben. Lange hatte man sich vergeblich bemüht, seiner habhaft zu werden, da er alle möglichen Mittel anwandte, seine Verfolger zu täuschen, namentlich seinen Pferden die Hufe verkehrt aufschlug und dergleichen mehr; nun hatte er aber auch einmal ein Mädchen gefangen, das er bei sich in der Höhle behielt und mit ihr mehrere Kinder zeugte. Dies Mädchen war aus Alfeld und bat ihn endlich einmal, daß er ihr doch erlauben möge, nach Alfeld zu gehn, um Einkäufe zu machen, und da ließ er sich erweichen und gab ihr die Erlaubnis; sie mußte ihm aber vorher den Schwur leisten, ihn keinem Menschen verraten zu wollen. Nun ging sie nach Alfeld, als sie aber auf den Markt kam, stellte sie sich vor den großen Stein am Rathaus und erzählte ihm ihre Leiden, die sie bei Lippold ausgestanden, und als er das alles mit anhörte, da wurde er, der ursprünglich rot war, aus Mitleiden dunkelblau. Die Erzählung des Mädchens hatten aber mehrere Leute gehört und folgten ihr, als sie wieder nach der Höhle ging; als sie dort ankam, mußte sie wie gewöhnlich den Räuber lausen, und wie er nun schlafend mit seinem Kopf auf ihrem Schoß lag, ließen die Alfelder einen Strick durch das oberhalb befindliche Loch herunter, den schlang sie um seinen Hals und so erdrosselte man ihn. – Andre sagen, sie sei nicht zurückgekehrt und der Räuber sei in seiner Höhle mit heißem Wasser ersäuft worden, das man, als er alle Auswege verrammelt, von oben hineingoß. – Der blaue Stein befindet sich noch am Rathaus und ist auch in das Stadtwappen aufgenommen worden. (118)

Die Zedern bei Greene

Oberhalb des Ortes Greene an der Leine, unweit Gandersheim, sind noch die Überreste einer alten Burg zu schauen, auf welcher vor Zeiten ein Ritter wohnte, der eine Nonne zu seinem Willen verführt hatte. Da hat er als Buße Zedern aus dem gelobten Lande holen müssen und sie dort auf der Burg gepflanzt und da stehn sie noch bis diesen Tag. (119)

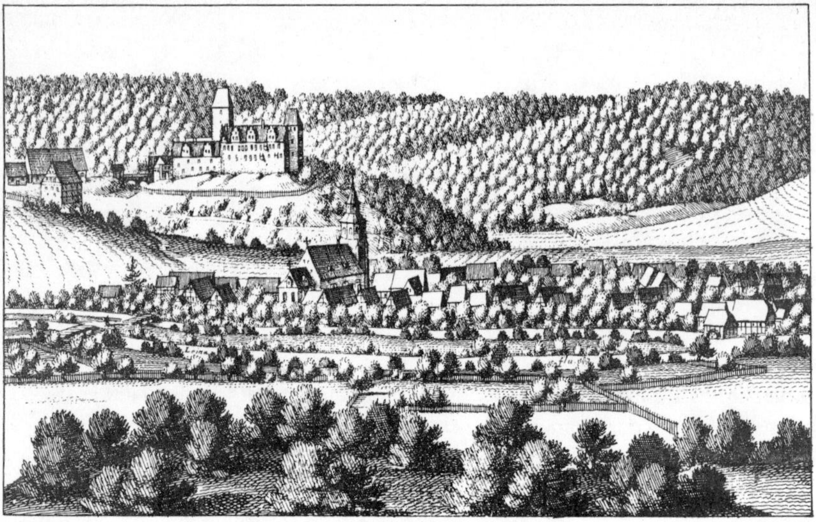

Greene an der Leine. Kupferstich von Matthaeus Merian, aus: Topographia und Eigentliche Beschreibung der vornembsten Stäte, Schlösser... in denen Herzogthümern Braunschweig und Lüneburg. Frankfurt 1654.

Die Zwerge ziehen aus

Der Fischer in Beulshausen bei Greene, der die Fischerei in der Leine gepachtet hatte und zu dem Ende auch ein Schiff hielt, ward spät am Abend von einem kleinen Männchen aufgefordert, mit ihm zu gehen und über die Leine überzuschiffen. Der Mann folgte der Aufforderung und fuhr die ganze Nacht hindurch über die Leine hinüber, ohne zu sehen, was er überschiffte. Als es nun heller Morgen wurde und er mit dem Überfahren fertig war, fragte ihn dasselbe Männchen, ob er nun auch einmal sehen wolle, was er übergeschifft habe, und rief dann, als dieser Ja gesagt hatte, mit lauter Stimme: »Nehmt die Hüte ab!« Da erblickte der Fischer die Wiese nach Erzhausen hin ganz mit Zwergen bedeckt. Das Überschiffen wurde ihm von dem Zwerg sehr gut bezahlt. (120)

Hans mit dem Hütchen

Vor alten Zeiten hat auf der alten Winzenburg Hans mit dem Hütchen (Hans met Häutken) sein Wesen getrieben, der seinen Namen davon bekommen, daß er nie in ganzer Gestalt sichtbar gewesen, sondern stets nur einen großen roten Quast an seinem Hut, oder, wie andre sagen, einen großen roten Hut hat sehen lassen. Besonders hat er sich gern in der Küche zu schaffen gemacht, und hat zu einer Zeit eine große Liebe zu einer dort dienenden Magd gehabt, der er alles nur mögliche zu Gefallen getan, so daß sie ihn endlich einmal gefragt, weshalb denn immer nur sein Hut sichtbar sei, und ihn zugleich gebeten, er möge sich ihr doch in seiner vollen Gestalt zeigen. Lange hat er ihren Bitten widerstanden, aber endlich hat er doch nachgegeben und sie zu einer bestimmten Stunde in den Keller bestellt. Als sie dort hinuntergekommen ist, hat sie in einer großen Mulde einen kleinen Knaben, der in seinem Blute schwamm, liegen sehn und ist bei dem Anblick ohnmächtig niedergesunken; als sie aber wieder zu sich gekommen, ist er verschwunden gewesen.

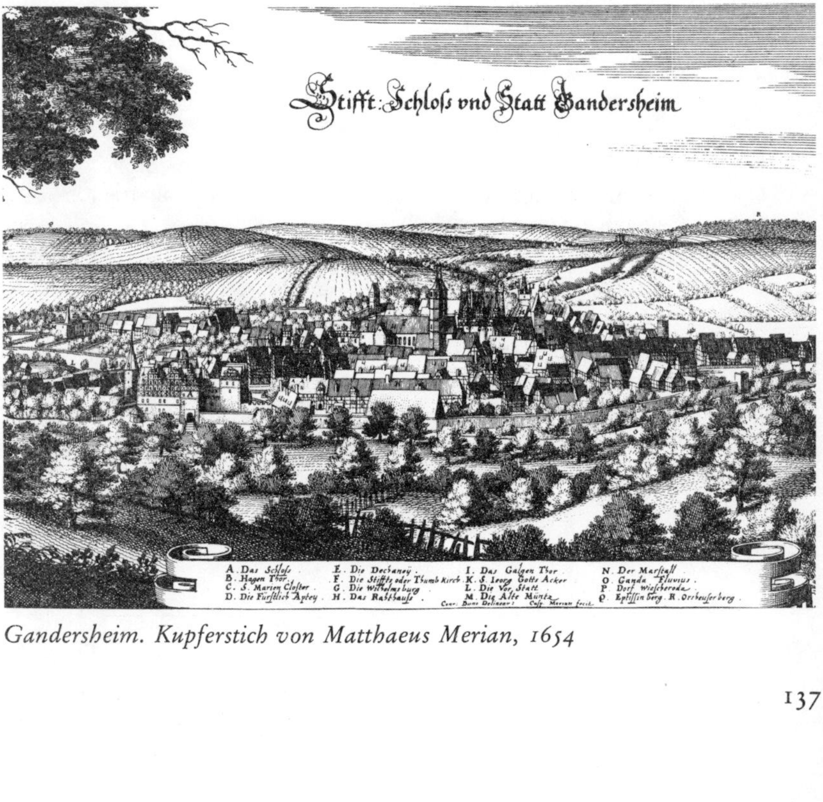

Gandersheim. Kupferstich von Matthaeus Merian, 1654

Als der letzte Graf von der Winzenburg im Sterben gelegen, hat Hans mit dem Hütchen in aller Eile den Rennstieg, der graden Wegs von dort nach Hildesheim führt, gebaut und ist hierher zum Bischof gelaufen, und hat ihm gesagt, der Graf sei tot, er solle eilig kommen und sich die Schlüssel der Burg holen, sonst wäre der Braunschweiger eher da. Da hat sich auch der Bischof schnell aufgemacht und ist zwei Stunden früher als der Braunschweiger dagewesen, und so ist denn die Winzenburg an Hildesheim gefallen. (121)

Stiftung von Kloster Gandersheim

Nachdem Herzog Liudolf gesehen, daß das Braunshausische Kloster für die Anzahl der eingeführten Stiftsfräulein zu enge werden wolle, hat er sich zwar entschlossen, ein größeres Stift für dieselben anzulegen, ist aber nicht wenig besorgt gewesen, wo er einen gefälligen Ort hierzu finden solle. Als er solche Gedanken mit sich getragen, erschienen des Nachts, und zwar zwei Tage vor dem Allerheiligen-Fest, den Schweine- und anderen Hirten an dem Orte, wo das Gandersheimische Stift zu sehen, eine große Anzahl Lichter, welche die ganze Waldgegend sehr hell machten, worüber die Hirten bestürzt wurden und solches ihrem Hausherrn und Meister anzeigten, der es als ein großes Wunder ansah und sich dadurch bewegen ließ, die folgende Nacht daselbst mit ihnen zu wachen; in der Mitternacht zeigte sich eine noch größere Anzahl von Lichtern auf eben der Stelle. Dies ward sogleich dem in der Nähe befindlichen Herzog Liudolf kund gemacht, welcher sich entschloß, mit seinem ganzen Hofstaat in der bevorstehenden Allerheiligen-Nacht sich in den düsteren Wald an bezeichneten Ort zu begeben. Bei seiner Ankunft zeigten sich abermals die Lichter, so daß es schien, als wenn es heller Tag durch der Sonne Aufgang geworden wäre, woraus der Herzog schloß, dies müsse der rechte Ort sein, den sich alle Heiligen zu ihrem Ehrendienst auserlesen, deswegen er auch sofort des anderen Tages und fernerhin Wald und Büsche ausroden und zur Weih- und Klosterstelle bereiten ließ. (122)

Der Marktplatz in Einbeck. Gezeichnet von A. Hornemann, in Stahl gestochen von J. M. Kolb. Aus: Das Königreich Hannover in malerischen Original-Ansichten. Darmstadt 1850

St. Alexander

In der Münsterkirche zu Einbeck ist ein Standbild des heiligen Alexander. Nach dem Volksglauben hat er in der Kapelle ein Bett, welches ihm die Magd des Küsters täglich machen muß. Am andern Morgen findet sich ein Eindruck darin, als wenn das Standbild darin gelegen hätte, und für das Mädchen liegen immer 2 Groschen (nach andern 6 Groschen) da. Macht sie aber das Bett erst am Abend, so wird sie mit Ohrfeigen empfangen. (123)

Die Vogelsburg und das Dorf Vogelbeck

Auf der Vogelsburg, einem bewaldeten Berg bei dem Dorfe Vogelbeck, soll vor alten Zeiten eine Burg gestanden haben, worin ein Fürst wohnte. Bisweilen wird ein Mann namens Vogel als ihr Bewohner genannt, gewöhnlich aber Heinrich der Vogelsteller, der hier auch seinen Vogelherd gehabt haben soll. Die Spuren von einer dreifachen Umwallung sind noch jetzt sichtbar, und eine Stelle wird als der Küchengarten bezeichnet. Zwischen dem Braunschweigischen Dorfe Ahlshausen und dem Hannöverschen Dorfe Hohnstedt zieht sich ein Weg hin, der Kârweg genannt, auf welchem Heinrich der Vogelsteller auf einem zweiräderigen Karren nach der Vogelsburg gefahren sein soll.
Als Kaiser Heinrich einst auf der Vogelsburg mit Vogelstellen eifrig beschäftigt war, wurde er abgerufen. Da sagte er: nur noch einen Finken! (will ich fangen) und blieb so lange, bis er den einen Finken auch gefangen hatte. Davon hat er den Beinamen der Finkler erhalten. In dem von der Vogelsburg herabfließenden Bache sind des Kaisers Vögel getränkt; daher ist der Bach und das Dorf Vogelbeck (Vogel-bêke) genannt worden. (124)

Die Geisterschlacht

»Es kann der Frömmste nicht in Frieden leben, wenn es dem bösen Nachbar nicht gefällt.« So ging es einst den Einbeckern und Northeimern. Sie lebten auf gespanntem Fuße. Eine geringfügige Ursache hatte ihren Zorn gereizt, der schließlich zum Ausbruch einer blutigen Fehde führte. Am

Northeim von der Nordwestseite. Gezeichnet von A. Hornemann, in Stahl gestochen von J. Umbach. Aus: Das Königreich Hannover in malerischen Original-Ansichten. Darmstadt 1850

Abhange des Lämmerberges, der zwischen Hollenstedt und Höckelheim liegt, wurde die Schlacht zum Austrag gebracht. Mit Dreschflegeln, Heugabeln, Sensen und Schwertern rückten die Streitsüchtigen gegeneinander. Manch rostige Klinge wurde in dem heißen Kampfe blank gewetzt, manche Lanzenspitze drang in des Gegners Brust. Nach Ablauf zweier Stunden bedeckten ungezählte Tote von beiden Heeren das Schlachtfeld. Welche von den beiden Nachbarstädten die Veranlassung zu diesem Kampfe gegeben hatte, weiß man nicht mehr, ebensowenig, welche Partei den Sieg davongetragen hat. Mehrere große Massengräber bargen nach Beendigung die toten Gebeine, gleichviel, ob die Gefallenen sich im Leben geliebt oder gehaßt hatten. Nun ruhen sie beieinander, aber wie früher schon im Leben, können sie nicht einmal im Tode Frieden halten. Jedes Jahr, wenn der Abend des einstigen Kampftages wiederkehrt, erheben sich die knöchernen Gebeine, verlassen die dunkle Gruft und ziehen auf die alte Kampfesstätte hinaus. Dichte Nebel steigen dann von den Wiesen auf, oft die wunderbarsten Gestalten bildend. Mit dem Glockenschlage zwölf beginnt ein Kampf unter den erbitterten Geistern. Kampfesrufe werden hörbar und helles Waffengeklirr läßt sich weithin vernehmen. Der alte Schlachtruf: »Hie Einbeck!« – »Hie Northeim!« feuert zu immer heftigerem Streite an, der nicht eher endet, bis die Uhr den Ablauf der Geisterstunde verkündet. (125)

Der Schimmelreiter

Ein Reiter kam in der Nacht von Northeim und wollte noch nach Salzderhelden. Zwischen 12 und 1 Uhr befand er sich auf der Strecke zwischen Hohnstedt und Salzderhelden. Eben war er um den Ramberg gebogen, als er in der Ferne einen weißen Punkt erblickte; wie er näherkam, sah er einen weißen Schimmel, auf dem ein Reiter ohne Kopf saß. Indem er an dem Schimmel vorbeiritt, sprach der Mann ohne Kopf zu ihm die Worte: »Jeder, der einen erschlagen hat und sich verspätend zu dieser Stunde hier vorbeikommt, der kann darauf rechnen, daß ich ihn hier nicht vorbei lasse.« – Er deutete damit an, daß er einem solchen den Hals umdrehen werde. – Dann verfolgte der Mann ohne Kopf auf seinem weißen Schimmel den Reiter noch bis zu den Vogelbecker Pappeln, wo er verschwand. (126)

Der Salzbrunnen zu Salzderhelden

Dieser soll nach der Sage auf folgende Weise entdeckt sein. Ein Schweinehirt hütete an dieser Stelle die Schweine, die lustig im Boden wühlten. Eins derselben hatte sich viel im Schlamme gewälzt; als es nun von der heißen Sonne wieder getrocknet war, sah der Hirt, wie es mit einer weißen Kruste überzogen war, die er alsbald als Salz erkannte. Nun fing er an zu suchen und fand so die Salzquelle. (127)

Das Fräulein von Bomeneburg

In der Nähe von Wiebrechtshausen liegt der Retoberg (Reteberg); mitten im Retoberg aber auf einer kleinen Anhöhe ist der sog. Altar des Reto, jetzt nur noch ein Loch. Von diesem Retoberg geht alle Jahre in der

Osternacht eine schöne Frau, welche heftig weint, hin zur Rhume und wäscht sich daraus. Das Mädchen oder die Frau, welche hinterhergeht und sich nach ihr aus dem Flusse wäscht, erhält dadurch wunderbare Schönheit. Die schöne Frau aber ist die Tochter des Ritters von der Bomeneburg, welche zwischen Northeim und dem Northeimer Brunnen gelegen haben soll. Sie hieß Kunigunde und wollte sich nicht zum Christentum bekehren. So verlobte sie sich denn mit einem fremden Ritter, der ebenfalls vom Christentum nichts wissen wollte. Dieser bestimmte den Tag der Hochzeit, machte aber die ausdrückliche Bedingung, daß er nicht in der Kirche getraut würde. Der Hochzeitstag war gekommen, aber den ganzen Tag über erwartete die Braut ihren Bräutigam vergebens. Draußen wütete ein furchtbarer Sturm. Endlich kam um Mitternacht unter Donner und Blitz der Bräutigam, ganz in schwarzer Rüstung, durch das Fenster herein, nahm sie trotz ihres Sträubens mit sich, und keiner hat sie wieder gesehen. Er brachte sie dann in den Retoberg, worin sie jetzt noch wohnt und aus dem sie nur einmal im Jahre herauskommen darf, um an die Rhume zu gehn und sich da zu waschen. (128)

Salzderhelden. Gezeichnet von A. Hornemann, in Stahl gestochen von J. Umbach. Aus: Das Königreich Hannover in malerischen Original-Ansichten. Darmstadt 1850

Braunschweiger Land

Heinrich der Löwe

Herzog Heinrich von Braunschweig ist im Bann gewesen; da ist er, um sich zu lösen, ins gelobte Land gezogen und hier ist es eines Tags geschehen, daß er im Kampf mit einem Pascha zusammengetroffen, der ihn, als er ihn eben niederhauen wollte, bat, er möchte ihm doch das Leben schenken, und als er das auch wirklich tat, ihm zum Dank einen Löwen schenkte, der dem Herzog unsäglich treu gewesen und ihm überall hin gefolgt ist. Nun kommt eines Tages jemand zu ihm, der sagt ihm: »Eile, daß du heimkommst, deine Gemahlin kann nicht länger widerstehen, sie wird sich wieder vermählen!« Das will ihm der Herzog nicht glauben, und indem er ihm auf die Füße blickt, sieht er, daß er einen Pferdefuß hat. Da sagt er zu ihm: »Du bist der Teufel, der mich versuchen will!« Jener aber antwortet: ja, das sei er, aber versuchen wolle er ihn nicht, sondern ihm beistehen, denn weil er ein so braver Kerl sei, daure er ihn. Da ist der Herzog nach und nach wankend geworden, und ist einig mit dem Teufel geworden, er möge ihn heimbringen; als er ihn aber aufnimmt, da hat sich der Löwe an ihn gedrängt, und hat mit aller Macht seinen Fuß umkrallt und er hat das treue Tier nicht lassen mögen, so daß ihm der Teufel endlich versprochen, ihn am folgenden Tage nachzubringen, was er denn auch getan. So sind sie denn nach Braunschweig gekommen und gerade noch zur rechten Zeit angelangt, ehe die Vermählung der Herzogin stattgefunden, und diese hat einmal über das andere freudig ausgerufen: »Hab ich doch meinen Heinrich wieder!« So hat der Herzog noch lange glücklich mit seiner Gemahlin gelebt; als er aber endlich gestorben und man ihn im Dom beigesetzt, da hat ihm der Löwe auch dahin folgen wollen; man hat jedoch die Türen verschlossen, und da hat er seine Krallen tief in die steinernen Pfosten eingehauen, um zu seinem Herrn hindurchzukommen, so daß man ihn nur mit Gewalt hat fortbringen können. Bald danach ist er denn auch gestorben, und da hat man zum Andenken an das treue Tier sein Bild in Erz gegossen und es vor dem Schlosse aufgestellt, und das, wie die Spuren seiner Krallen am Dom, sind noch heute zu sehen. (129)

Dom mit Löwendenkmal in Braunschweig. Gezeichnet von L. Rohbock, in Stahl gestochen von J. Poppel. Aus: Das Königreich Hannover und das Herzogtum Braunschweig, 3. Band: Ansichten. Darmstadt 1858

Thedel von Walmoden

Im Braunschweiger Land lebte einst ein schlichter und ehrbarer Held, Aschen von Walmoden mit Namen, der war wegen seiner Tapferkeit und Gottesfurcht hin und her berühmt in der Welt; seine Gemahlin Bertha von Gernrode war ehrbar und tugendsam wie er, und sie lebten in Frieden und Frömmigkeit miteinander. Dafür segnete sie der liebe Gott, segnete sie mit Hab und Gut, segnete sie insbesondere mit gehorsamen Kindern. Einst bescherte er ihnen ein Söhnlein, welchem sie in der heiligen Taufe den Namen Thedel oder Dietrich gaben; den hielten sie zur Zucht und Tugend an, ließen ihn fleißig studieren und sandten ihn, damit er der Künste gewiß werde, nach Paris. Thedel studierte hier fleißig fort, blieb immerdar wakker und brav, und als er nach sechs Jahren frisch und gesund heimkehrte, hatten sie eitel Freude und Ehre von ihm bis an ihren späten Tod.
Als er kurze Zeit nach seiner Rückkehr einer Taufe als Gevatter beiwohnte

und die ergreifenden Worte vernahm, welche der Priester über das Kindlein sprach, gingen ihm dieselbigen so sehr zu Herzen, daß er bei sich in seinem Sinn gedachte: ›Wollte Gott, du wärest auch so getauft!‹ und er hatte nicht eher Ruhe, als bis er den Pfarrherrn gefragt, ob er einst auch wohl so getauft sei. Der Priester berichtete ihm, daß über ihn ganz dieselben Verheißungen der ewigen Seligkeit und des Beistandes Jesu Christi ausgesprochen seien, und da wurde der Thedel froh und antwortete aus seinem Gemüt und Herzensgrund: »Gott sei Lob und Preis! Nun fürchte ich mich selbst vor dem Teufel nicht, zumal er mir nicht ein einziges Haar krümmen kann. Froh und frei wage ich's mit dem Bösewicht!« Solche Rede verdroß den Teufel sehr, und er sann hin und her, wie er den kühnen Ritter zu Fall bringen möge.
Lange nachher entschliefen des Junkers Eltern in dem Herrn; da erbte Thedel viel Geld und Gut und überkam auch das Haus Lutter am Barenberge, woselbst er von nun an lebte, wie es einem christlichen Ritter ziemet, und wie er es auch gar nicht anders gewohnt war. Einst ging er mit seinem Schreiber auf ein weit Feld bei Brelem, welcher Ort ›die Har‹ genannt wird, und sie lauerten Hasen und Füchsen auf. Als sie nun da so standen, siehe, da kam ein großer Zug Reiter einhergesprengt: Verstorbene waren es aus Thedels Heimat und ihm wohlbekannt; voran ritt auf einem feinen schwarzen Pferd ein schwarzer Mann mit einer großen schwarzen Fahne: der Teufel selber war es, der mit seiner unheimlichen Schar die Luft durchstreifte. Thedel, der kühne und edle Held, gab Garn und Schlingen an den Schreiber und eilte auf fünf Reiter zu, die hinterher trabten. Da kam einer von ihnen, der auf einer schwarzen dreibeinigen Geiß saß und dem Helden bekannt war, auf ihn zu und fragte ihn: »Was steht ihr hier so einsam? Sucht ihr Abenteuer, und habt ihr Lust, Lieb und Sinn, mit uns nach dem heiligen Grabe zu ziehen, so springt flugs auf meinen dreibeinigen Bock und sitzt hinten auf! Ihr könnt euch gar das schwarze Pferd verdienen, auf dem der stolze schwarze Mann dort sitzt; ihr müßt aber auf dem ganzen Weg nicht reden, denn sonst bräche euch der böse Feind den Hals. So ihr mitzieht, könnt ihr daselbst ohne Strafe und Pein verweilen bis in die andere Nacht; wenn aber dann zum drittenmal der Kirchring umgezogen wird, so müßt ihr nicht länger säumen.« Thedel schwang sich in Gottes Namen auf und machte sich unverzagt ins Feld. Als sie ans Meer kamen, setzten sie über die kleine Pfütze und waren in der heiligen Stadt; Thedel betete am Grabe des Erlösers, verewigte dort sein Gedächtnis durch eine gemalte Denktafel, ging zum heiligen Abendmahl und traute Gott dem Herrn.

Als der Held sich nun weiter in Jerusalem umsah, erblickte er unvermutet ein liebes Gesicht: Herzog Heinrich war es mit seinem Löwen. Kaum hatte der gewaltige Fürst ihn gesehen, als er ihm die rechte Hand gab und zu ihm sprach: »In zwei Jahren habe ich nun nichts aus dem deutschen Land vernommen; wie kommst du hierher, und wie steht's daheim? Wie geht's zumal unserer lieben Gemahlin mit den Kindern? Und wie unseren Räten samt allen Getreuen?« Thedel erzählte ihm sein Abenteuer und berichtete alsdann, wie es der fürstlichen Gemahlin und den Kindern samt dem ganzen Lande wohlgehe; »doch«, fügte er hinzu, »das Gerücht ist landkundig, ihr wäret mit allen Rittern ertrunken, und so ihr nicht auf Michaelis wiederkehrt, will die edle Fürstin den Pfalzgrafen ehelichen.« Der Herzog erschrak, nahm den Thedel mit in seine Herberge, ließ ihn mit sich speisen und gab ihm dann wichtige und wohlpetschierte Briefe, die er daheim besorgen solle.

Je näher die bedungene Frist ihrem Ende kam, um so eifriger suchte der Teufel den Ritter zum Sprechen zu bewegen; Thedel indes widerstand allen Lockungen, so schlau sie auch berechnet waren, und nachdem er sich auf solche Weise das schwarze Pferd errungen hatte, saß er auf und ritt von dannen und ritt immerzu, bis er bei Lutter auf die Har kam, allwo er den Schreiber noch beim Hasengarn antraf. Der treue Diener, der vor Schrekken und Angst grau geworden war, wurde hoch erfreut, als er den lieben Herrn stark und gesund wiederkehren sah, pries und lobte Gott, hing das Jägergarn an das schwarze Pferd, und die beiden trabten wohlgemut gen Lutter. Hier brachte ein Knecht das Tier in den Stall, erkundete von dem Helden mit Fleiß, auf welche Weise es anzubinden, zu zäumen und zu satteln sei, und mußte es nach des Schwarzen Anweisung mit glühenden Kohlen und Dornwachsen füttern. Nun hätte schier jedermann gar gern gewußt, woher das seltsame Tier stamme; der Ritter indes verriet nichts, denn der Schwarze hatte zugleich gedroht, sobald jener melde, woher er es genommen, müßte er am dritten Tage darauf gewißlich sterben.

Nachdem Thedel von seiner Hausfrau Anna herzlich bewillkommnet war, und er auch ihr das Abenteuer erzählt hatte, ohne jedoch den Geber des Pferdes zu nennen, gingen sie zu Tisch und aßen und tranken mit Lust und Wonne, wobei indessen auch Gottes nicht vergessen wurde. Nach der Mahlzeit hätte nun des Junkers Hausehr gar zu gern das Nähere über das Tier hören mögen; er aber wich ihr aus und antwortete: »Ich habe es gegen bares Geld von einem Kaufmann aus Niederland erstanden, des Namen ich nicht erfahren habe.« Am andern Morgen sodann machte er sich mit dem Schreiber und einigen Knechten auf gen Braunschweig, klopfte am

Tor der Burg, überbrachte der edlen Frau die Grüße des Herzogs und sprach: »Der durchlauchtige Herr entbeut euch

So viel Heiles und guter Nacht,
Als manch rot Mündlein im Jahr lacht,
Desgleichen auch, als viel Sandkorn
Im Meer sind und in allen Born,
Daneben, so viel Grasstiel sind,
Die man auf dem ganzen Weg findt
Von Braunschweig bis Jerusalem.

Das ist euch ja ein sicheres Zeichen, daß er's noch herzlich gut mit euch meint, die auch ihr so oft um ihn geweint habt!« Mit diesen Worten übergab er ihr zum Wahrzeichen die Briefe, welche erst ehegestern geschrieben und gesiegelt waren. Die Herzogin wurde hoch erfreut, küßte die Briefe

Die Heimkehr Heinrichs des Löwen nach Braunschweig. Miniatur aus der Abschrift von Wyssenherres Gedicht, 1474

inbrünstig, dankte dem lieben Gott für den Schutz, welchen er ihrem Gemahl hatte angedeihen lassen, und ließ, während sie selber las, den Thedel aufs beste bewirten; hierauf ließ sie in der Freude ihres Herzens einen güldenen Ring herholen, schenkte ihm den nebst einem Hut mit einem güldenen Kranz, gab ihm außerdem ein prächtig Gewand, hing ihm eine Kette von ungar'schem Golde um, die wog wohl hundert Gülden schwer, versicherte ihn ihrer ferneren fürstlichen Huld und reichte ihm zum Abschied die Hand. Thedel dankte, befahl die edle Frau dem lieben Herrgott und ging wohlgemut in seine Herberge. Als er sich hier von dem Wirt die Rechnung erbat, hörte er zu seiner neuen Überraschung, daß auch die bereits von der gütigen Fürstin quittiert sei.

Auf der Heimreise sprach er beim Grafen von Schladen ein, und hier versuchte ihn der Böse aufs neue. Der unverzagte Held Thedel hatte sich nämlich anheischig gemacht, daß er sich nimmer erschrecken lassen und selbst in der größten Gefahr nimmer ein Kreuz vor dem Teufel schlagen wolle. Nun hatte man bei Schladen einen Pferdedieb gehangen, und den nahm der Böse vom Galgen und setzte ihn in ein abgelegenes Gemach, wohin man wohl des Tages einmal zu gehen pflegt. Als Thedel in dieser Nacht sich zu Bett begeben wollte und gleichfalls zuvor dort einkehrte, fand er den Leichnam, und das behagte ihm über die Maßen; er faßte ihn beim Schopf, setzte ihn zur Seite und sprach: »Armer Schelm! Was hast denn du hier noch zu schaffen?« Wobei er doch über die kindische List des Teufels herzlich lachen mußte; nachher setzte er den Erhenkten an seine vorige Stelle, ging gemütlich zu Bett und schlief sanft und behende ein. Der Schreiber jedoch und am andern Tage auch der Graf wären fast umgekommen vor Entsetzen, obgleich Thedel, bevor sie sich dahin begaben, sie von dem Vorfall bereits in Kenntnis gesetzt hatte. Der Graf ließ nun flugs den Henker kommen und den Dieb wieder an den Galgen tragen; der unverzagte Held unterdes tat sich gütlich an der Morgensuppe, nahm heiteren Sinnes Abschied und ritt mit seinem Gefolge heim.

Eine Zeit darauf kehrte Herzog Heinrich mit seinem Löwen aus Jerusalem zurück und bat viele Fürsten, Grafen, Ritter und Herren zu sich; auch Thedel der unverzagte Held wurde huldvoll geladen und ritt hin. In Braunschweig angekommen, tat er ein prächtiges Kleid an und ging an den Hof. Kaum war der Herzog sein ansichtig geworden, da gab er ihm die Hand und hieß ihn herzlich Gott willkommen, nahm ihn auch mit in sein Gemach, um die andern Gäste mit zu empfangen. Nach der Mahlzeit, bei welcher viel gesungen wurde, begann ein Ringen und Springen, ein Tanzen, Fechten und Turnieren, und dabei wurde mit Trommeln und Pfeifen hantiert, wie desgleichen bis dahin noch niemals im deutschen Reiche erhört gewesen, noch ersehen. Thedel der unverzagte Held war bei allem gegenwärtig und fand im Ringen und Springen, im Rennen und Turnieren, im Kampf mit Schwert und Hellebarde, desgleichen im Reden und Tanzen nicht seinesgleichen, so daß sich alle baß verwunderten und ihn höchlich lobten, und die, so vom Saal zusahen, allzumal laut ausriefen:

Der Thedel hat das Beste getan
Heut diesen Tag auf offnem Plan
Beid im Turnieren und im Rennen,
Im Fechten, und wie man's mag nennen!

Auch der Herzog selber hatte des ein Gefallen, ließ ihn zu sich holen und sprach mit hellen Worten: »Du hast uns heute sehr erfreut! Wir haben auf unseren Reisen manch ehrlich Ritterspiel mit Rennen und Stechen, mit Fechten und Turnieren angesehen; doch so wie du heute hat niemand gestritten. Ist doch dein schwarzes Pferd nicht einmal gestrauchelt, und hast du doch in allem den Preis davongetragen!« – Nachdem nun aufs neue reichlich gegessen war, Lachs, Forellen, Karpfen und Hecht, Schweine, Hirsche, Rehe und Hasen, und daneben der köstlichsten Weine und Biere getrunken, bekam der unverzagte Held einen güldenen Kranz, an welchem ein gülden, mit Edelgestein durchwirktes Kleinod hing; den setzte ihm eine zarte Jungfrau aufs Haupt. Thedel dankte inniglich, trat mit der Jungfrau hin an den Tanz und ergötzte sich in Zucht und Ehren.
Es war aber ein Neider unter der Schar der Edelleute, der suchte Thedels Ruhm zu schmälern und sprach zum Herzog: »Es gibt niemanden in der Welt, den man nicht erschrecken könnte, auch den Thedel nicht ausgenommen! Wenn ihr morgen früh zur Kirche reiten wollt, dann steckt ein dünnes Federlein in euren Bart, und wenn Thedel alsdann, wie er gewißlich tun wird, die Feder auszupfen will, so beißt ihm nach der Hand. Ich sage euch bei meiner Seele, alsdann wird er sich erschrecken wie ein Mäuslein; denn ihr seid ein gar erschrecklicher Held, und der Thedel stellt sich nur so unverzagt.« Der Herzog ging auf diesen Rat ein, und als ihm der unverzagte Held am andern Morgen das Federlein wegziehen wollte, neigte sich jener leise gegen ihn und schnappte ihm jählings nach der Hand. Da reichte ihm Thedel einen herzhaften Backenstreich und sprach mit zornigem Mund: »Seid ihr gar ein Hund worden, daß ihr so beißen tut? Oder wolltet ihr mich mit solcher Gefahr erschrecken?« Der Herzog sprach zu ihm: »Thedel, wir schwören es dir, wenn uns das ein anderer ge-

Braunschweig. Kupferstich aus: Daniel Meisner, Politisches Schatzkästlein. 1. Buch, 1. Teil. Frankfurt 1625

tan hätte, er sollte es teuer büßen! Dir aber bleiben wir huldreich zugetan, du bist ein unerschrockener Held, und wir haben den Narrenlohn wohl verdient mit unserm törichten Tun. Doch dich losen Schelm und Bösewicht«, fuhr er gegen den neidischen Ritter und kindischen Berater fort, indem er sich hoch aufrichtete, »dich sollten wir um deine Torheit und Böswilligkeit aufs Rad flechten, so gram sind wir dir! Scher dich von Stund an aus unseren Landen, sonst möchte dir's noch übel ergehen!« Der rote Ritter schied also, und dem unverzagten Helden schenkte der Herzog nach der Mahlzeit ein edles braunes Roß.

Als Thedel gen Lutter heimkehrte, fand er einen Fehdebrief vor, den ihm der Bischof von Halberstadt geschrieben hatte. Flugs sammelte der unverzagte Held dreihundert Reiter und tausend Landsknechte, besiegte die zahlreichen Scharen des Bischofs und nahm diesen gefangen, machte auch reiche Beute und verheerte das feindliche Gebiet. Bald entschlief des Helden Gemahlin in dem Herrn, und nachdem sie zu Goslar mit großer Pracht beigesetzt war, übergab jener all sein Gut seinem Sohn, trat in den deutschen Orden und ritt gen Livland wider die Unchristen. Hier verrichtete der unverzagte Held zu Jesu Ehren große Taten und machte in kurzer Zeit das ganze Land seinem Orden untertan, weshalb ihn denn der Deutschmeister sehr lieb und wert hielt. Eines Tages begehrte derselbige zu wissen, woher der Thedel das seltsame schwarze Pferd genommen. Dieser bat, es verschweigen zu dürfen, denn sobald er das entdecke, müsse er des dritten Tages sterben. Der Meister jedoch, der das nicht glauben mochte, forderte bei seines Gehorsams Pflicht Auskunft, und nun durfte sich der Thedel nicht länger weigern. Er bat deshalb um vierzehn Tage Frist, beichtete in mittlerer Zeit und empfing das heilige Abendmahl; alsdann berichtete er, und am dritten Tage entschlief er fein gemach, indem er betete:

Vater, ich befehle meinen Geist in deine Hände!

Und damit hat nun auch diese Geschichte ein Ende. (130)

Das Vorzeichen König Wilhelms

Im Jahr 1251 nahm Graf Wilhelm zu Holland, erwehlter Römischer König, zur Ehe, Fräwlin Elisabethen, Hertzog Otten zu Braunschweig Tochter, die Hochzeit ward gehalten zu Braunschweig auff dem alten Fürstlichen Moßhause, am Tage Pauli Bekehrung.
In derselbigen Nacht, als jedermann sich zur Ruhe gelegt, ist durch Wachsamkeit der Diener, ein groß Fewer im Schloß entstanden, also, das die Braut vnd Breutgam kaum nackend davon kommen, vnd die Braut den Bräutgam, welchem die gänge vnbekand, bey der Handt davon geführt. Dem Könige ist seine Krone im Fewer zu nicht worden. Diß haben verständige vnd nachdenckende Leute, als ein böß Omen angesehen, vnd sich die Gedancken gemacht, es würde König Wilhelm, entweder bey seiner Regierung, wenig auctoritet vnd Glück haben, oder ja nicht lang leben, welches beydes wahr worden. Die Diener so durch jhre Fahrlässigkeit, diese schädtliche Fewerbrunst vervrsachet, sind neben zween Schneidern, so bey nacht ihrer Erbeit abgewartet, vnd nicht außreissen können, von der Flammen vberweltigt, vnd zu Aschen worden. (131)

Rettung der belagerten Stadt Braunschweig

Alse wi lesen in olden Croniken unde warhaftighen Scriften, dat eyn Konning to malen mechtich myt grotem Volke belecht hadde de Stad Brunßwig, unde de sulwe Konning stund up an der Nacht unde wolde erfaren, wu sik de Borgere van Brunßwig hedden in der Stadt, icht (ob) de Stad ok bewaret were myt Wachte unde ok myt Manheit, icht he to one konde invallen unde de Stad wynnen. Also de Konning sik nalde na der Stad unde sach an de Stadtmuren, so sach he gar schinbarliken unde gancz enkede (deutlich), dat up eynem jowelken Tynne (Mauerzinne), dar he de Stadtmuren ansach, stunt eyn Engel. Eyn jowelk Engel hadde to jowelker Sijden bi sik stand eyn gulden Cruce. Do de Konning dut grote Wunderwerk sach, do vorschrak he tomalen seer, so dat he wol half bestarf, unde vel (fiel) to der Erde unde vrochtede sik tomalen seer. Des morgens ganß vro, de he sik vorhalt hadde unde was wedder to sik sulwes komen, do openbarde he Heren unde Vorsten unde sinen Negesten, de myt ome vor der Stad legen, was ome des Nachtes were openbar geworden. Unde brak van Stund up, unde so was de Stad gereddet. (132)

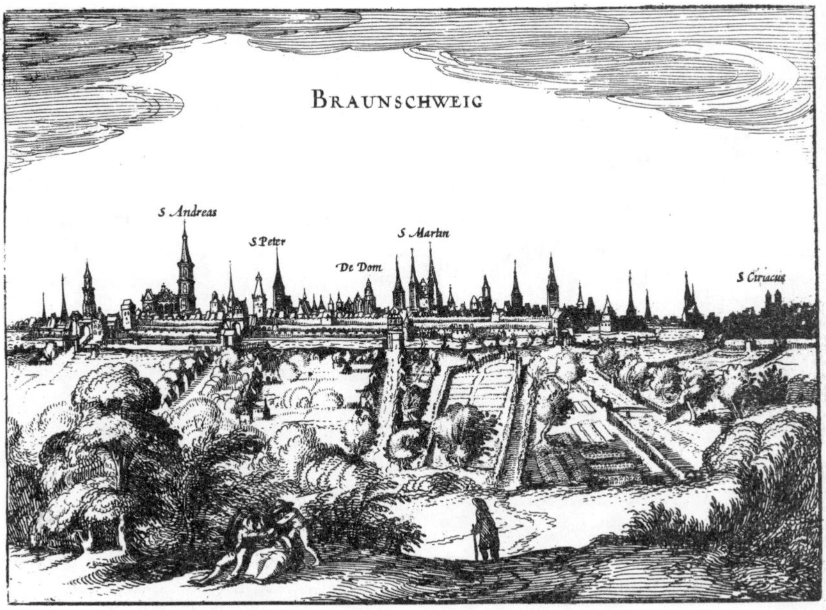

Braunschweig von der Westseite. Kupferstich aus: P. Bertius, Commentariorum rerum Germanicarum libri tres. Amsterdam 1616

Die welfische Hochzeit

Aber Herzog Heinrich von Braunschweig, als er an dem Ort, wie gehört, durch den Korb gefallen, do gab ihme Herzog Ulrich sein' Schwester. Man sagt seltsame Ding von sölicher Hochzeit. Wie man sie nachts beide zugelegt, da ist der Hochzeiterna so wehe beschehen, daß sie ein lauten Furz gelassen, und als sie das gegen dem Herzogen entschuldiget, soll er sie mit denen Worten getröstet haben, so man ihme ein sölich Instrument in Leib stieße, würd er sich gar bethon haben, wie dann bewist, daß die Herzogen von Braunschweig in sölichem Handel supra modum viriles sein, also auch, daß ein gemeine Sag von ihnen entsprungen, es hab ihrer jeder drei Zeuglin. (133)

Das Braunschweiger Pfarrhaus

Die Kirche St. Andreas betreffend / so ist vermuthlich / daß anfangs Käyser Henricus Auceps, da er die Neustadt gebauet / dieselbe nicht werde ohn Gottes-Haus gelassen haben / weiln sonst A. 1200. der Grund zu dem dasigen vortreflichen Thurm-Gebäude gemachet / so ist vermuthlich / daß dazumahln auch die Hand an die itzige St. Andreas-Kirche / nachdem die erfodernde Unkosten von denen beyden Kröppeln / deren Bildniß oben an die Kirche gehauet / zusammen gebettelt / oder wie andere wollen / von zwey reichen Kauffleuten / so Kröppel gewesen / oder vielleicht geheissen / hergeschossen / geleget worden. Daß anfangs ein Mönche-Kloster bey dieser Kirche gewesen / will man aus dem auf dem Kirchhofe gelegenen Pfarr-Hause / in welchem mein seel. Vater als dasiger Pastor gewohnet / und viel Ungemach darin von damahligen darin erhobenen Ungethüm und Gespensterey ausgestanden / schliessen / inmassen darin eine grosse greßliche finstere Kammer sich findet / welche man die Mönche-Kammer heisset / gestalt sich auch ohnweit davon in der Erde ein und andere kleine Todten-Gebeine in zugedeckten Töpfen gefunden / welche nachdem sie auf den Kirchhof durch den Todtengräber eingescharret / da verlohr sich allgemählich die Unruhe. (134)

St. Katharinenkirche in Braunschweig. Gezeichnet von R. Batty, in Stahl gestochen von J. Redaway. London 1828

Der Treueschwur

Noch zu Ende des 18. Jahrhunderts stand in Braunschweig, nahe an der Burgkirche, ein altes Haus, in dessen Gesims ein Sarg geschnitzt war, aus welchem eine weibliche Gestalt dem Bösen mit dem Pferdefuße die Hand reicht. Die Unterschrift hieß:

> Kaum hatt ich sie mir gefreyt,
> Da hat der Tod sich nicht gescheut
> Sie in das kühle Grab zu holen,
> Daraus der Satan sie gestohlen.

Das Haus ist eingerissen, aber die Sage von dem rätselhaften Bilde daran hat sich erhalten.

Die hübsche Tochter eines reichen Brauherrn war mit einem jungen Kaufmann aus Bremen verlobt und sie hatten beide ein Gelübde getan: Wenn einer die Treue bräche und zuerst stürbe, so sollte der andre ihn aus dem Grabe wecken können, wenn er ihn daran mahne. Darauf ist der Bräutigam in die Welt gezogen, Schätze zu sammeln, und weil er über die Zeit ausgeblieben ist, auch der Vater der Braut oftmals gesagt hat, daß er seine Tochter keinem andern als nur einem Genossen seines Gewerbes in die Ehe geben wollte, so hat sie endlich dem strengen Willen des Vaters sich ergeben und dessen Werkgenossen und Gehilfen in Verzweiflung sich antrauen lassen. Aber schon nach etlichen Monaten ist sie gestorben. Wie nun der Bräutigam wiedergekommen ist und gehört hat, daß seine Braut gestorben sei, hat er den alten Totengräber mit Gelde verleitet, heimlich bei Nacht das Grab aufzuschaufeln und den Sarg zu öffnen, darin das Mägdlein, bleich aber lieblich anzuschauen, mit einem Kranz um die Scheitel gelegen hat. Auf die Mahnung an ihr Gelübde ist sie erwacht, hat den Geliebten erkannt und fest in ihre Arme geschlossen, daß der Gräber darüber vor Schrecken bewußtlos zu Boden gefallen ist. Wie er sich wieder hat erholt gehabt, ist der Sarg leer, die beiden verschwunden gewesen, und hat nachdem niemand sagen können, was aus ihnen geworden.

Das Volk sagte, der böse Feind habe die Tote aus dem Grab geholt, und der Mann ließ die Geschichte an seinem Hause abbilden. (135)

Das Gewandhaus in Braunschweig. Stahlstich von A. A. Bock, um 1850

Der Herzog von Braunschweig und der Bauer

Nicht lange naih dem Antritt seiner Regierung ging einst der Herzog Karl Wilhelm Ferdinand außerhalb Braunschweigs spazieren; wie gewöhnlich in einem blauen Oberrock, ohne alle Abzeichen, und ohne Gefolge. Unterwegs schloß er sich an einen Bauer, der einen Korb trug und auf die Stadt losging. Nachdem er sich nach seinem Namen und Wohnort erkundigt hatte, fragte er ihn, wohin er wolle, und erhielt zur Antwort: «Na Bronswik!« – »Was wollt Ihr da machen?« – »I! eck will dat verköpen, wat eck im Korbe hebbe, dat eck den Lork dat Muul stoppe.« – »Wem denn?« – »Usen Ammann!« – »was will denn der von Euch?«

Nun erzählte der Bauer, daß er seit mehreren Jahren mancherlei Unglück erlebt, seine Pferde, sein Vieh durch eine Seuche verloren, Hagelschlag usw. gehabt habe, und dadurch so zurückgekommen sei, daß er seit sechs Jahren seine Abgaben nicht hätte bezahlen können. Eine einzige Kuh wäre ihm noch übrig geblieben, aber das sei auch eine so kapitale Kuh, daß er glaube, durch diese allein sich noch wieder aufhelfen zu können. Dies

wisse aber auch der Amtmann und wünsche sie selbst zu besitzen, deshalb dränge er ihn nun, die reestlichen Abgaben zu bezahlen, und ginge darauf aus, ihm die Kuh wegzunehmen. Daher habe er denn alles zusammengerafft, was er hier im Korbe habe, um es in Braunschweig zu verkaufen, um doch wenigstens etwas von seiner Schuld zu tilgen.
»Aber«, erwiderte der Herzog, »wenn Euch Eure Amtleute drücken, warum geht Ihr nicht zum Herzog klagen?« – »Nehme hei mi dat nich öwel, düssen Herzog true eck nich sau recht.« – »Wieso?« – »Hm! Hei het sau oft und sau lange in Berlin säten, da hat hei Kneepe (Kniffe) gelehrt.«
Der Herzog suchte ihn darüber zu beruhigen, der Bauer aber fuhr mit Kopfschütteln fort, ihm allerhand Besorgnisse und mitunter bittere Bemerkungen über die Handlungsweise des Herzogs mitzuteilen.
Indessen näherte man sich der Stadt, der Herzog wollte nicht mit dem Bauern ins Tor gehen, um ihn nicht zu erschrecken und zu beschämen, schritt also rasch vorwärts, ihn zurücklassend. Die Schildwache an der Schlange rief: »Heraus!« Dies machte den Bauer stutzig, denn er glaubte, mit einem Unteroffizier gesprochen zu haben. Kurz darauf hörte er das Spiel rühren und erschrak, fragte die Schildwache und erfuhr, daß es der Herzog gewesen, mit dem er gesprochen. Nun wollte er es nicht wagen, in die Stadt zu gehen, weil er fürchtete, angehalten und gestraft zu werden. Der Soldat, die Verlegenheit des Bauern bemerkend, fragte, was ihm fehle. »Ach! eck hebb' öhm sau veel dumm Tüg gesegt!« stöhnte der Bauer und erzählte das ganze Gespräch. Der Soldat kannte den Herzog besser und

Das Herzogliche Residenzschloß in Braunschweig vor dessen Zerstörung am 7. September 1830. Gezeichnet von W. Pätz, in Stahl gestochen von Lütke jun.

redete dem Bauern gut zu, in die Stadt zu gehen, mit der Versicherung, ihm würde kein Leides widerfahren. Der Bauer wagte es, verkaufte geschwind seine mitgebrachten Waren und eilte, noch am selben Abend wieder nach Hause zu kommen.

Den folgenden Morgen ganz früh ließ der Amtmann den Bauer zu sich rufen und fuhr ihn an: »Ihr verfluchter Mensch seid beim Herzog gewesen und habt mich verklagt.« – »Ach du leiber Gott! Nee, eck bin ja nich bie ehm geweßt, hei kam ja to mick!« stotterte der Bauer, voller Furcht, was weiter erfolgen würde. Es entwickelte sich aber zu seiner großen Freude und Erstaunen, daß ihm der Herzog seine restierenden sechsjährigen Abgaben erlassen habe.

In der Kabinettsordre, die der Herzog noch denselben Abend dem Amtmann zugeschickt hatte, war letzterem aufs ernstlichste eingeschärft, daß, wenn ein Untertan durch Unglücksfälle verarmt wäre und seine Abgaben nicht bezahlen könne, es die Pflicht des Amtmanns sei, dem Landesherrn deshalb Vorstellungen zu machen, damit dieser die Abgaben erlassen könnte, um nicht die Unglücklichen völlig zu ruinieren, und wenn sich der Amtmann nochmals ein Verfahren, wie mit diesem Bauern, zuschulden kommen ließe, würde er auf der Stelle kassiert werden. (136)

Das Vorzeichen für Ernst Augusts Sturz

Am 3. November 1913 zog der junge Herzog Ernst August in das ihm zurückgegebene Herzogtum Braunschweig ein. In der Nacht vorher brannte in Salzgitter die Saline Liebenhalle ab, die seinem Geschlecht seit vierhundert Jahren gehörte. Es war ein gewaltiges Feuer, und die Flammen leckten in den Himmel, als ob sie ihn anzünden wollten. Da schüttelten die Leute, die in die Gluten starrten, ihre Köpfe und meinten: Das ist ein Vorspuk! Paßt auf, das bedeutet ganz gewiß für den Herzog etwas Schlimmes. Und das hängt, so will uns dünken, mit seiner Regierung in Braunschweig zusammen! Als der Herzog fünf Jahre später in der Novemberrevolution sein Land wieder verlassen mußte, lag es offen zu Tage, was dieser Vorspuk zu bedeuten gehabt hatte. (137)

Eulenspiegel in Braunschweig

Als Eulenspiegel nach Braunschweig kam, ging er zu einem Bäcker und vermietete sich als Geselle. Nun fragte er den ganzen Tag: »Meister, was soll ich denn jetzt backen?«, bis dieser einmal zornig wurde und sagte: »Meinetwegen Eulen und Meerkatzen!« Da buk Eulenspiegel lauter Eulen und Meerkatzen. Als der Meister sah, was der Schelm gemacht hatte, warf er ihn hinaus; Eulenspiegel aber nahm sich das Gebäck mit und verkaufte es für viel Geld.

Jetzt hat man Eulenspiegel in Braunschweig ein Denkmal gesetzt. Da sitzt er auf dem Brunnenrand und schlenkert lustig mit seinem Pantoffel. Schräg gegenüber ist heute noch die Bäckerei, in der er gewesen ist, und zum Andenken an Till werden dort heute Eulen und Meerkatzen aus feinem Kuchenteig gebacken. Wer also mal nach Braunschweig kommt und hat genug Geld, der kann sich solche Eule oder Meerkatze kaufen. Die schmecken fein! (138)

Buer Slukedal

Üt was 'mal en Buer, dei könn gefährlich veel äten, un darum nennen öhn alle Lüe nich anders als »Buer Slukedal«. Eines Dages härr hei Wasen na Brönswiek 'brocht un luere nu up'n Köper. Lange woll keiner komen; taulest awer kamm en Bäcker un fraug, wat dat Feuer kosten schölle. Dei Buer was hungerig 'woren un sä: »Wenn ich mick mal satt äten kann, schall'ter mick nich up ankomen.« – »Satt äten schüllt ji jick, sä de Bäcker; »wu veel Geld schall awer dat Holt kosten?« – »Nist«, sä dei Buer; »gewet mick man wat vorrn Hunger.« Nu was dei Handel awwesloten, un dei Buer feuere dei Wasen na'n Bäcker sienen Huse. Un während der Tied, dat hei de Päre afschirre, draug dei Bäckerfrue ein half Swien un drei grote Brode up'n Disch; denn Buer Slukedal sagg wol ut, das wenn hei sien Futter mögde. As de Bäcker butten anfung, ordentlich aftausmieten, keik dei Buer ut'n Fenster un reip: »Schall ick denn süss nist hebb'n?« »Ja«, antwore dei Bäcker von butten, »wenn ji dat uppe hebbet, schüllt ji mehr hebben«, un dabie lache hei. Buer Slukedal lache ook un sä: »Denn mott ick nu mehr hebben; denn düt bettjen hebb ich uppe.« Dei Bäcker verwundert sick nich slecht, und siene Frue draug wedder up un ümmertau, bis kein Stümpel Wost un keine Kraume Brod mehr im Huse was, da höre sei up, awer satt was dei Buer noch lange nich.

Der Altstadtmarkt mit der Martinikirche in Braunschweig. Gezeichnet von F. Barthel, in Stahl gestochen von C. Fromund. Um 1850

Nur härr dei Bäcker einen Fiend, dat was sien Naber, sienes Teikens ein Koopmann, dem woll hei mal ordentlich einen rieten und sä tau Slukedal: »Komet ji wohl nicht mal wedder in de Stadt? Mien Naber, dei Koopmann, hat'n groten Fisch in'n Dieke sitten, dei wiggt in dei Dusende; schölln jei den wol up einmal vertehren können?« Dei Buer lache un säs: »Dat will ick wol daun; lat't üt mick man wetten wenn hei öhn fungen hat.« Damidde scher hei sick siener Wege; dei Bäcker aber make mit den Koopmann eine Wedde um dusend Daler, dat sienen groten Fisch, dei alle Brönswieker satt maken schölle, ein einziger Rübbüttelscher Buer vertehren könne. Gliek naher fung dei Koopmann den groten Fisch, un nu gieng dei Bäcker na Rübbüttel un fund Slukedal vorrn Dorpe up sienen Plauge sitten un sät tau öhm: »Dei Koopmann hat den groten Fisch 'fungen; schöllen ji den wol up'nmal betwingen können? Hei wiggt awer drüddehalfdusend Pund!« »Dat gaht gans lichtfeurig«, sä Slukedal; »üt is ja doch man'n Fisch un kein Elephant!« Nu giengen sei los, un as sei in Brönswiek ankeimen, stünnen vorr den Koopmann siener Dör viele dusend Lüe un keken sick den Buern an. Düsse awer namm ein Brod, sneit dat in luter lange Striepen, lä twischen twei ümmer seben Pund Botter und leit et hennunnerglisseken un make dat mit allen Broden un aller Botter geradesau. Dei Bäcker sä, hei schölle dat underwegens laten, denn dei Fisch wörre tau grot, hei krege öhn süss nich up; dei Buer awer lache un sä: »Hebbet keine Sorge; ick hebbe siet einer halwen Stunne nist 'getten!« Nu maken den Koopmann siene Mäkens alle Dören up, un allerwärts wären Stuwen un Kamern, un in allen Stuwen un Kamern stünnen Dische, un up allen Dischen stünnen Schötteln un Näppe, un in allen Schötteln und Näppen leigen grote Stücke von den groten Fische; un dei Buer gieng von einen Dische tau'n andern, von einer Stuwe in de andere un putze alle Schötteln und Näppe ut un luere up den groten Fisch un sä: »Kummt hei denn noch nicht balle?« »Was schöll denn komen?« sä de Koopmann. »I vorrn Hamer nich nochmal, dei grote Fisch!« sä Slukedal. »Den hebbet ji herrunner, Füerdrake!« fluche dei Koopmann un hänge sick up. Slukedal swöge un antwore: »Hebb ick denn all wat 'getten? Ick denke nich Wunder, wat dat vorr'n groten Fisch is!« namm sienen Knüppel un gieng in korrter Tied na Rübbüttel un eit sick düchtig satt, un dei härr'n gröttern Magen as ick un du. (139)

Der Geisterstieg

In der Nähe des Braunschweiger Dorfes Riddagshausen liegt längs dem kleinen Flusse, die Wabe genannt, ein Steg, worauf ehedem ein Gespenst gegangen ist. Kam einer abends des Wegs, so mußte er's aufhocken und bis an eine gewisse Stelle tragen. Einmal hat ein kräftiger Kerl seinen Dorfbewohnern gesagt, er wolle sie von der Plage befreien, ist deshalb abends an den Steg gegangen, und richtig hat sich's an seine Schultern gehängt, daß er unter der Last beinahe erlegen ist. Aber er hat's durchgesetzt, ist bis an die Wabe gekommen, da wo die Leute zu schöpfen pflegen, und ist mit dem Gespenst hineingesprungen. Da hat's einen Augenblick im Wasser ganz gewaltig gezischt und gekocht und seit der Zeit ist auch keiner mehr von dem Gespenst belästigt worden. Aber den Mann hat man des andern Morgens am flachen Ufer des Flüßchens tot gefunden. (140)

Unterirdische im Tönnekenberg

Nahe bei Volkmarode liegt im Morgen der Tönnekenberg. Da wohnten ehemals Unterirdische. Einmal stahlen sie eine Frau, die ein Kind geboren, um sie zu vertauschen. Sie trugen sie bis zum Hellberge, der etwas weiter nördlich an ihre Behausung stößt, legten sie da nieder und sagten: Streck ut dienen langen Swanz, stöt nich an den Gausetrapp! (das Frühlings-Fingerkraut) Aber im Schlafe streckte sie sich doch aus und stieß an die kleine Blume. Nunmehr vermochten die Unterirdischen sie nicht mehr weiter zu tragen und gingen davon. Am andern Morgen erwachte die Frau und war verwundert, daß sie auf dem Felde lag.
Zuweilen haben die Zwerge auch Kinder aus der Wiege geholt und dafür eins der ihrigen hineingelegt. (141)

Das Schwert auf der Kirche zu Melverode

Auf dem Dachfirst des Turmes der romanischen Kirche zu Melverode war noch vor nicht langer Zeit eine alte, schon arg verletzte Wetterfahne zu sehen, welche, da das eigentliche Fahnenblech bereits ganz fehlte, von ferne einem Schwertgriff nicht unähnlich aussah.
Als Herzog Julius – so erzählt man sich noch jetzt im Dorf – einmal von seiner Residenz Wolfenbüttel nach Braunschweig fuhr und durch Melverode kam, baten ihn die Dorfleute, er möge ihnen doch eine ordentliche Turmspitze aufbauen lassen; andere sagen, sie hätten den Fürsten nur um eine Fahne gebeten. Herzog Julius weigerte sich, den Wunsch der Bauern zu erfüllen und sagte, er könne das nicht, da er bereits in Wolfenbüttel vieler Baulichkeiten halber große Ausgaben habe. Doch nahm er sein Schwert, zerbrach es und gab die eine Hälfte mit dem Griff den bittenden Landleuten und sagte dabei: »Da steckt das in Euren Turm, dann habt Ihr eine Spitze!« Und das haben die Melveroder denn auch getan.
In der Nordwand der Kirche ist ein schon längst vermauerter Eingang erkennbar. Es heißt, an dieser Seite habe vor alters ein Nonnenkloster gestanden. Weiterhin nach Norden liegt an der Oker ein Hügel, die Worth genannt; dort soll eine Burg gelegen haben. (142)

Salzdahlum bei Wolfenbüttel. Gezeichnet von J. J. Müller, in Kupfer gestochen von P. Schenk jun. Amsterdam um 1750

Schuster Fuster

Als Herzog Anton Ulrich noch auf seinem Lustschlosse Salzdahlum Hof hielt, hatte er oft fürstliche Gäste bei sich zu Besuch. Unter diesen war auch ein Herr, der sehr gern am Schachbrett saß und sich für einen großen Meister des edlen Spieles ausgab. Nun lebte zu der Zeit in Salzdahlum auch ein alter Schuhmacher mit Namen Fuster. Das war ein ganz einfacher Mann, der aber ausgezeichnet Schach spielen konnte.
Als nun der hohe Gast wieder einmal beim Herzog zu Besuch war und auch diesmal den Mund recht voll nahm und von seiner Kunst viel Aufhebens machte, gedachte der Herzog, ihn etwas zu demütigen, und sagte demnach zu ihm: »Ihr rühmt Euch Eures klugen Spieles, und doch habe ich hier im Dorfe einen Schuster, gegen den Ihr nicht aufkommen könnt.

Er wird Euch jedesmal besiegen!« Da warf sich der fremde Herr in die Brust und sagte: »Durchlauchtigster Fürst, befehlet den Mann hierher, und ich setze 100 Dukaten für jedes Spiel, das er mir abgewinnt!« Der Herzog ließ den Alten zu sich ins Schloß entbieten mit dem ausdrücklichen Vermerk, er möge nur kommen, wie er gehe und stehe. Bald erschien denn auch der Schuhmacher. Der Herzog erzählte ihm, warum er ihn gerufen habe, und forderte ihn auf, ja nicht scheu zu sein, sondern zu tun, als ob er zu Hause wäre. Das ließ sich denn Fuster nicht zweimal sagen. Erst schnallte er seine Gamaschen ab, die voll Kot und Dreck waren, schlug sie um die Ofenbeine und warf sie in die Ecke. Dann steckte er seine Pfeife in Brand und setzte sich ohne Scheu dem vornehmen Herrn gegenüber. Während des Spieles hustete und pfiff er, räusperte sich oft und spuckte dann auf den Fußboden. Überhaupt führte er sich gar nicht höflich auf. Dabei gewann er aber zur großen Freude des Herzogs ein Spiel nach dem andern, und weil der hohe Gast sich nicht ergeben wollte, so saßen sie bis tief in die Nacht hinein. Endlich sah der fremde Herr ein, daß er gegen den Schuster nicht aufkommen konnte. Er zahlte dem Sieger den versprochenen Lohn und räumte das Feld. Der Alte zog wohlgemut mit seinen gewonnenen Dukaten nach Haus, der vornehme Herr aber hat sich seit der Zeit nicht wieder seiner Kunst gerühmt.
Als der Schuhmacher gestorben war, ließ ihm der Herzog einen Leichenstein setzen, der folgende Inschrift trug:

Hier ruht Fuster,
der alte Schuster.
Pfeift er nicht, so hust't er,
und hust't er nicht, so pfeift er.
Im Schachspiel war er Meister. (143)

Der gebannte Bösewicht

Im kleinen Schlosse zu Wolfenbüttel hat ehemals ein vornehmer Herr gewohnt. Der hatte viel Bosheit zu Lebzeiten ausgeübt, und als er nun gestorben war, konnte er deswegen keine Ruhe finden im Grab, spukte nächtens herum und erschreckte die Bewohner im Schlosse. Die waren übel dran, wußten aber keinen Rat, wie sie den bösen Gast loswerden konnten. Zuletzt wandten sie sich an eine alte Frau in der Stadt, die als

Hexe verschrien war, und baten um ihre Hilfe. Was die Hexe sie geheißen, haben sie ausgeführt. Das geschah so. Es kam eines Abends spät jemand mit einer Kutsche angefahren, der befahl dem Geist: Im Namen des Bösen, steige ein! Dem vermochte der Spukende nicht zu widerstehen und nahm Platz. Der Kutscher fuhr ihn nach der alten Gerichtstätte, die da hinten am Lechelnholz liegt, am alten Wege nach Braunschweig. Es war Mitternacht, als sie dort ankamen. Nun befahl der Kutscher dem Geist: Im Namen des Bösen, steig aus! Der gehorchte. Kaum war er ausgestiegen, da wendete der Diener und fuhr rasch weg. Der Geist rief und schalt, aber es half ihm nichts. Der Kutscher sah sich nicht um, hieb auf seine Pferde ein und kam so glücklich in Wolfenbüttel wieder an. So wurden die Leute im Schlosse ihres schlimmen Gastes ledig. (144)

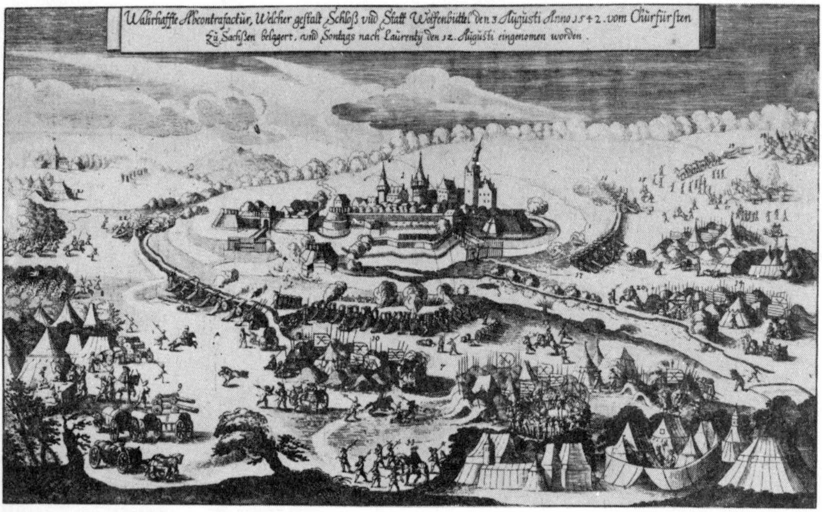

Belagerung der Stadt Wolfenbüttel durch den Kurfürsten von Sachsen, August 1542. Kupferstich um 1740

Der unvollendete Turm

Das Mauerwerk der Marienkirche zu Wolfenbüttel hat sich ungleich gesetzt, wie an manchen Stellen, besonders im Süden, deutlich zu erkennen ist. Auch ist der Turm nach dem ursprünglichen Entwurf des Baumeisters nicht vollendet worden. Als nämlich der Baumeister sah, wie die Kirche sich gesenkt hatte und nun sein Werk so verunehrt war, nahm er sich dies zu Herzen, daß er sich vom Turm stürzte, und der ist nun darum auch nicht vollendet worden. (145)

Schlüterliese

Unter den Bildsäulen, die auf der breiten Steineinfassung an der Oker vor dem Schlosse zu Wolfenbüttel stehen, erhebt sich auch das Steinbild einer jugendlichen Frauengestalt mit einem Kelch in der Hand. Das soll die Schlüterliese sein. Sie war die Tochter des Schließers im herzoglichen Schlosse und ging mit der Absicht um, die Herzogin zu töten. Eines Tages, als sie sich unbemerkt glaubte, tat sie Gift in den Weinbecher der Herzogin. Aber die edle Herrin gewahrte im Spiegel die verbrecherische Tat, und nun war die Schließerin verloren. Sie wurde bei lebendigem Leibe auf einem Eisenstuhl verbrannt. (146)

Der gebannte Räuber

Im Kruge zu Seinstedt saß ein alter Mann, der noch nach Denkte gehen mußte. Er ließ verlauten, daß er eine Summe Geldes bei sich führe. Das hörte ein junger Mensch, der da auch saß, und dieser faßte den Plan, den Alten anzufallen und ihn seines Geldes zu berauben. Kaum war also jener aufgebrochen, als der junge Mann auch fortging. Auf dem Allfeld holte er ihn ein und fiel ihn an. »Wat wutt du denn von meck?« fragte der Alte. Der Junge forderte sein Geld. »I warumme denn nich! Hier, nimm et man hen, eck kann meck woll wedder wat verdeinen!« sagte der Alte. Aber der Junge kam nicht, rührte kein Glied und blieb wie angewurzelt stehen. »Na«, meinte der Alte, »griep doch tau! Du werst doch nich verlangen, dat eck et dick erst noch bringe?« Indessen der Junge rührte sich nicht, und

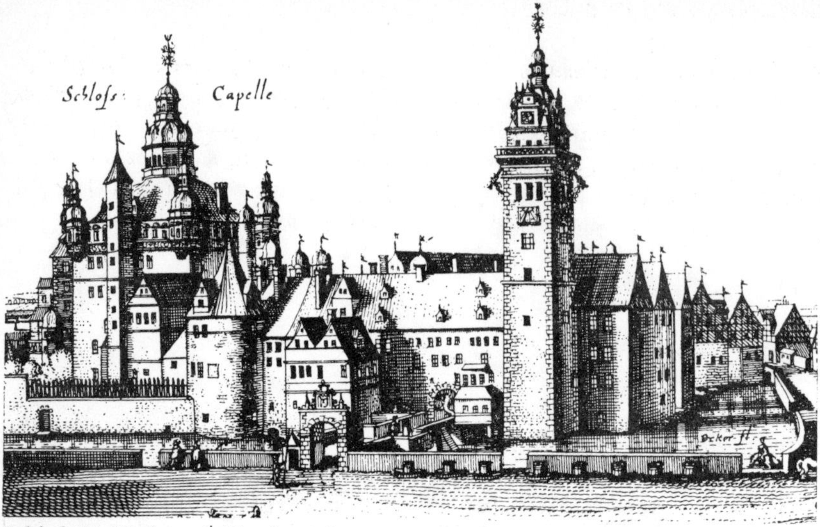

Schloß Wolfenbüttel. Kupferstich von Matthaeus Merian, aus: Topographia und Eigentliche Beschreibung der Stäte, Schlösser..in denen Hertzogthümern Braunschweig und Lüneburg. Frankfurt 1654

der Alte ließ ihn stehen. Er kam nach Denkte, setzte sich in den Büchenkrug und trank ein Glas oder zwei. Als er sich den letzten Schoppen geben ließ, sagte er, indem er hinausging: »Eck mott erst noch einen lösen!« Draußen murmelte er seinen Spruch, wodurch der gebannte Räuber wieder frei wurde. Dann trank er aus und ging fort. (147)

Die Jungfer von der Asseburg

In alten Zeiten ließ sich an der Asse auf den Feldern, die nach Denkte hin liegen, eine Jungfrau sehen. Sie trug ein Schlüsselbund bei sich und kam von der Asseburg herab, um die Mädchen und Feldarbeiter durch Speise und Trunk zu erquicken. Oft sagten die Schnitter: Wenn wir doch nur einen Topf voll Buttermilch hätten! Kamen sie dann an das andere Ende des Feldes, so sahen sie da den erwünschten Trank stehen. Sie nannten darum die freundliche Geberin nicht anders als die Jungfer mit der Buttermilch. (148)

Das zersprungene Bild

Zur Zeit, als das Luthertum aufgekommen, ist im Kloster zu Königslutter am Elm ein oberster Papst gewesen, der hat gesagt, ehe er zugebe, daß die neue Lehre hier eingeführt würde, möchte er lieber zerbersten. Als er bald danach gestorben ist, hat man auf dem Grabstein sein Bild in Stein ausgehauen; es hat aber auch nicht lange gewährt, da ist die neue Lehre dort eingeführt, und da ist jenes Bild mittendurch geborsten. (149)

Mönchsgefängnis und Schatzkammer

Im Chor der Stiftskirche zu Königslutter führt eine enge, dunkle Treppe in der Südmauer zu einem Raum über der jetzigen Sakristei, der mit einem Tonnengewölbe bedeckt ist und nur durch drei schmale Fenster einiges Licht erhält. Da war ehemals im Boden, man sieht noch die Stelle, ein mächtiger kreisrunder Block befestigt, der mehrere Krampen hatte. An diesen Block sollen die Mönche angeschlossen worden sein, wenn sie Übles getan hatten. Darum heißt der Raum auch das Mönchsgefängnis. – Ein alter eisenbeschlagener Geldkasten hier wird der Tetzelkasten genannt.

Zwischen den beiden Türmen liegt im Westen ein Raum, der an Wänden und Wölbung noch ziemlich deutliche Reste alter Malerei aufweist. An drei oder vier Stellen ist ein quadratischer Stein in die Mauer eingefügt, der in einem etwas vortretenden Kreise ausgehauen das griechische Kreuz zeigt. Die Figur erinnert an die bischöflichen Weihekreuze, nur daß hier der Stamm von zwei kleinen Hügeln aufsteigt. Hinter diesen Steinen sollen die Mönche ihre Reliquien und Schätze verborgen haben. (150)

Der unterirdische Gang

Von der ehemaligen Benediktiner-Abtei St. Peter und Paul, die oberhalb des Städtchens Königslutter auf einem Vorsprung des buchenreichen Elmwaldes liegt, soll sich, wie noch erzählt wird, ein unterirdischer Gang nach einem Hause hinunterziehen, das dicht an der Stadtkirche steht. Dieser Gang geht durch ein Gebäude am Markt, das für das älteste Haus von

Königslutter gehalten wird und vor Zeiten ein Frauenkloster gewesen sein soll. Es heißt noch jetzt in der Stadt und der Umgebung das Sonnenhaus. Glaubwürdige Leute sagen, der Gang sei wirklich vorhanden. (151)

Tetzelstein

Am Wege zwischen Gr. Schöppenstedt und Königslutter liegt der Tetzelstein; der ist dort zum Andenken daran aufgerichtet worden, daß ein Ritter von Hagen hier, nachdem er zuvor Ablaß für alle seine künftigen Sünden von Tetzel am Marienbild zu Königslutter erkauft, diesem seinen Geldkasten, ungeachtet aller seiner Verwünschungen, abgenommen. (152)

Benediktinerabtei Königslutter. Lithographie von W. Aarland 1870

Wie die Schöppenstedter ihren Herzog empfangen

Der Herzog ließ mal den Schöppenstedtern ansagen, er wolle kommen; da war große Freude und man beschloß, ihn feierlich zu empfangen. Zu dem Ende gingen Bürgermeister und Rat hinaus vors Tor in Feierkleidern, um ihn da zu erwarten, stellten auch weiter hinaus einen Posten aus, der ihnen die Ankunft des Herzogs eiligst melden sollte. Nun war's aber an dem Tage gerade sehr heiß und die Schöppenstedter bekamen Lust, sich erst noch etwas abzukühlen und ein Bad zu nehmen, dachten, gleich wird der Herzog ja wohl nicht kommen. Sie entkleideten sich daher und sprangen ins Wasser, aber im selben Augenblick kam auch schon der ausgestellte Posten gelaufen, rief, der Herzog komme. Schnell sprangen sie aus dem Wasser und nun war guter Rat teuer; ankleiden war nicht mehr möglich, und sie beschlossen daher, wie die Natur sie geschaffen, sich in zwei Reihen aufzustellen und so den Herzog zu begrüßen; der Bürgermeister sagte noch: »Kinder, wie ich tun werde, so tut mir alle nach, wenn der Herzog vorbeifährt!« Indem kam derselbe auch schon daher und fuhr durch die stattlichen Reihen, aber da traf sich's gerade, daß den Bürgermeister eine Bremse am Allerwertesten stach, und da schlug er sich eiligst mit der Hand auf den gefährdeten Teil, und die Ratsmänner, welche glaubten, das sei die übliche Begrüßung für hohe Personen, machten's ihm alle nach, und das gab ein Klatschen, daß die Pferde fast scheu wurden. So empfing man für diesmal den Herzog. (153)

Die Mönche von Marienthal

Einst raubten die lüsternen Mönche von Marienthal die schöne Tochter eines Landmanns, der in der Nähe des Klosters wohnte. Mit dieser trieben sie ihr Unwesen. Die Jungfrau mußte sich ganz und gar dem Willen der Mönche fügen und konnte nur im Stillen ihr Schicksal beklagen. Bald aber schwand die Schönheit des Mädchens dahin, und mit dem 21. Jahre war es so häßlich geworden, daß die Mönche seiner überdrüssig wurden. Sie beschlossen nun, das Mädchen zu ermorden. Heimlich wurde es getötet, und die Leiche dann in ein vor dem Hochaltar befindliches Gewölbe gebracht.

Aber die ruchlose Tat war doch nicht unbemerkt geblieben. Zu der Zeit nämlich lebte im Kloster ein Fischmeister mit Namen Distel. Dieser hatte einen Bruder, welcher in Braunschweig bei den Husaren diente. In der besagten Nacht kam derselbe auf Urlaub, um die Seinen zu besuchen. Als er an der Kirche vorbeiritt, bemerkte er drinnen Licht. Er drängte sein Pferd an die Mauer und sah nun durch ein Fenster genau, was da vorging. Empört über die Untat der Mönche, ritt er vor das Haus seines Bruders, erzählte dem, was er gesehen, und forderte ihn auf, sofort mit ihm zur Kirche zu gehen, um die Mönche bei ihrem Vorhaben zu überraschen. Allein dieser wollte es nicht gern mit den Mördern verderben und antwortete seinem Bruder, er möge sich doch um das, was ihn nicht angehe, auch nicht kümmern.

Unmutig verschmähte es nun der Husar, bei seinem Bruder einzukehren, und ritt sofort nach Braunschweig zurück. Am nächsten Morgen zeigte er die Tat dem Gerichte an. Als nun eine genaue Durchsuchung der Kirche stattfand, entdeckte man die Leichen auch noch anderer Ermordeter. Zur Strafe wurden die Mönche des Landes verwiesen. Allein sie wollten gutwillig nicht gehen, fühlten sich vielmehr hinter ihren dicken Mauern recht sicher. Da schickte der Fürst gegen das widerspenstige Kloster ein Heer, mit dem sich auch die Bauern der Umgegend, die von der Ermordung des Mädchens gehört hatten, verbanden. Diesen vereinigten Kräften gelang es bald, das Kloster zu erstürmen, und die Übeltäter zu verjagen. Einige aber wollten doch den geliebten Ort, wo sie so viele gute Tage gehabt, nicht verlassen und versuchten ein Versteck in dem dunklen Gange, der nach Marienberg führte. Dieser Schlupfwinkel wurde bald gefunden; weil sich aber niemand in den Gang hineinwagte, wurde der Tod der Versteckten beschlossen. Man zog einen Graben von dem in der Nähe gelegenen Klosterteiche bis zum Gang und leitete dann das Wasser hinein, so daß die Übeltäter ertrinken mußten. Seit der Zeit hat sich kein Mönch wieder in Marienthal niederlassen dürfen. (154)

Das entlaufene Schwein

Von dem Ludgerikloster in Helmstedt ging ein dunkler Gang unter der Erde hin bis zum Jungfrauenkloster auf dem nahen Marienberg vor der Stadt. Das wußte anfangs weiter niemand als die Mönche und Nonnen, nachher aber ist es durch eine Sau offenkundig geworden. Beim Austreiben entwischte nämlich dem Hirten unten auf dem Klosterhof zu St. Ludgeri ein Schwein. Es lief auf dem Platze hin und her und geriet endlich durch eine offenstehende Pforte in die Kirche, wo es alsbald spurlos verschwand; niemand konnte es finden. Aber bald danach kam es oben auf dem Marienberg wieder ans Tageslicht, und so ist der heimliche Gang auch andern Leuten bekannt geworden. (155)

Das Collegium zu Helmstedt. Kupferstich aus: Z. C. von Uffenbach, Merkwürdige Reisen durch Niedersachsen, Holland und Engelland. Erster Teil. Ulm und Memmingen 1753

Die vergrabene Glocke

Auf dem Turm der St. Stephanikirche zu Helmstedt hängt eine große Glocke, die an ihrer Haube eine Umschrift in gotischen Majuskeln zeigt. Auffallend ist, daß die Krone dieser Glocke zum größten Teil abgebrochen ist. Man hat nun vermittels mehrerer dicker Eisenstäbe, welche durch die Haube gehen und oben durch eiserne Ringe verbunden sind, die schwere Glocke am Joch wohl befestigt. Von der zerbrochenen Krone erzählt man sich folgendes. Als die Franzosen aus Helmstedt weichen mußten, führten sie auch die große Glocke mit sich. Zwischen Helmstedt und Süpplingen mußten sie dieselbe aber, um ihre Flucht zu beschleunigen, absetzen. Sie gruben ein Loch in die Erde und senkten die Glocke da hinein, in der Hoffnung, sie später einmal nachholen zu können. Weil aber die Grube nicht tief genug war, sah oben die Glockenkrone noch heraus. Diese schlugen die Franzosen ab, um den vergrabenen Schatz nicht zu verraten, deckten die Glocke notdürftig mit Erde zu und zogen davon. Später wurden einmal Schweine an diesen Ort auf die Weide getrieben, diese wühlten das Loch wieder auf, und die Glocke kam so zum Vorschein. Auf diese frohe Kunde zogen die Bäcker, Leineweber und Schneider aus Helmstedt dahin, hoben sie aus ihrem Grab und brachten sie wieder an ihre alte Stelle. Darum hat die Bäcker-, die Leineweber- und die Schneidergilde das Begräbnisgeläute frei bis auf diesen Tag. (156)

Die Gründung des Klosters Marienborn

Ein Hirte ruhte einst bei einem Brunnen unter einer Eiche – beides wird jetzt noch gezeigt –, da träumte ihm, es fiele ein Marienbild vom Himmel herab in den Brunnen. Als er aufwachte, fand er die Figur wirklich in dem Brunnen vor; das hielt er für einen Wink, daß er sich dem geistlichen Stande widmen, ein Kloster gründen und für die Ausbreitung des Christentums eintreten sollte. Das tat er auch und gründete das Kloster Marienborn.
Dieser Hirte soll der heilige Ludgerus gewesen sein, der in der Gegend von Helmstedt viele Heiden getauft hat. (157)

Das wandernde Marienbild

Reich sind die vielen Erzählungen um die Verehrung des wundertätigen Gnadenbildes im Stift Marienborn. Es ist ein aus Holz geschnitztes, mit Eisenblech beschlagenes Muttergottes-Bild. In einem der Klosterbücher heißt es, die Gräfin von Bentheim habe einst ihre Tochter, die Priorin im Kloster war, besucht und das sagenumwobene Bild als Geschenk mitgenommen, um es in Bentheim aufzustellen. Am anderen Tage sei es aus der Burg verschwunden und wieder in Wietmarschen gewesen. Obwohl es mehrfach nach Bentheim gebracht worden sei, hätte es an dem darauf folgenden Tage immer wieder auf dem alten Platz im Stift Wietmarschen gestanden. (158)

Die Kegelspieler in der Vöppstedter Ruine

Vor dem Vöppstedter Tor des alten Marktfleckens Salzgitter liegt als letzter Zeuge eines verschwundenen Dorfes eine ehrwürdige Kirchenruine: die Vöppstedter Kirche. Schon Karl der Große soll diese Kirche mit dem wehrhaften Turm und den schmalen Fensterlein erbaut haben. Viel hat sie im Laufe der Zeiten, die gut und böse waren, erleben müssen. Davon erzählen der zerschossene Turm, das zerfallene Dach und die Kugelspuren in der Kirchentür, vor der einst blutgewohnte Salzgittersche Bürger schwedische Marodeure trotz Bittens und Flehens erschossen.

Unheimlich ist's um Mitternacht um diesen Bau. Das erfuhr auch einst ein Wilddieb vom Damm, der in der Johannisnacht in dem Vöppstedter Erbschaftsforst wildern wollte. Als er sich im Schatten der Kirchhofsmauer an der Ruine vorbeischlich, hörte er in ihr, als eben in Salzgitter die Turmuhr die zwölfte Stunde verkündete, heiteres Sprechen und lautes Gelächter. Der Wilddieb, neugierig geworden, versteckte sein Gewehr hinter einem alten Grabstein und schlich sich nach dem offenen Spitzbogen an der Rückwand, der erst seit einigen Jahren zugemauert ist. Aber kaum blickte er um die Ecke, um die fröhliche Gesellschaft zu erspähen, als er von einer kräftigen Hand im Genick erfaßt und in die Kirche gezogen wurde. Der vor Schreck zitternde, ertappte Lauscher sah sich einer Gesellschaft von sieben Männern gegenüber, die altmodisch gekleidet und ihm unbekannt waren. Auch schien es ihm, als wenn von diesen Leuten ein dumpfer Modergeruch ausginge und ihre Augen wie faulendes Weidenholz durch die

Dunkelheit leuchteten. Da wurde es ihm unheimlich zumute. Die Sieben aber starrten ihn mit ihren glühenden Augen unverwandt an, und endlich sagte einer von ihnen, der ganz wild aussah, und als einziger einen struppigen roten Vollbart trug: »Da bist du ja. Das hat auch lange genug gedauert. Jetzt wollen wir man anfangen zu kegeln. Marsch, richte die Kegel auf!« Als sich der Wilddieb umdrehte, sah er durch den Spitzbogen, der bis auf die Erde reichte, auf einem verfallenen Grabhügel statt der Kegel Totenbeine aufgestellt. Sein Grausen aber verwandelte sich in Entsetzen, als die unheimlichen Männer ihre Köpfe abnahmen und mit ihnen statt der Kugeln nach dem absonderlichen Kegelspiel warfen.

Da mußte unser Wilddieb sein Entsetzen vergessen und sich sputen, denn immer hitziger wurden die Spieler, immer schneller sprangen die Köpfe zwischen das klappernde Totengebein, und wenn einer der Gespenster vorbeiwarf, dann lachten die Köpfe, die die andern in den Händen hielten, ganz unbändig. In der entsetzlichen Aufregung passierte es dem Wildschützen, der die Köpfe immer wieder zurückrollen mußte, daß er dem Kopf des Rotbärtigen einen so tollen Schwung gab, daß er gegen die Kirchenwand flog und dabei ein Stück der Nase verlorenging.

Da geriet aber der Rotbärtige in Wut. Er sprang auf den Wilddieb zu, riß ihm ein Stück von der Nase ab und klebte es seiner eigenen zerschundenen wieder an. Der Wilddieb vermeinte, sein letztes Stündlein sei gekommen. Da klang es vom Kirchturm klar und tröstlich »eins«. Mit einem Schlage waren Spuk und Totenbein fort, aber mit ihm auch das Nasenende.

Der Wildschütz schlich mit blutender Nase heim. Die Lust zu seinem verbotenen Handwerk war ihm für immer vergangen. Seinen Kameraden, die ihn am andern Morgen wegen seiner verunstalteten Nase hänselten, erzählte er, er sei die Kellertreppe heruntergefallen, als er sich zu Pellkartoffeln habe Fett holen wollen. Einem Freund aber, dem er sich anvertraute, sagte er, er glaube, die Geister seien Gerichtete gewesen, die ein hoher Rat von Salzgitter habe köpfen lassen. Ihm sei gleich der rote Strich um den Hals der Geister aufgefallen, der nur vom Schwerthieb habe herstammen können. (159)

Junge Hexe in Salzgitter

In Salzgitter drohte der Galgen auf dem Gallberg vor dem Haverlahertor. »Anno 1564 Montags für Margretentages do hat der Hertzog Heinrich für dem Saltzgitter brennen lassen zehn Zauberschen. Ein Medgen von zehn

Jahren, dem sie die Kunst auch gelehrt, die haben sie bis für das Feuer genommen und so bedrawet; dannach aber hat es der Hertzog in ein Kloster gethan, von welchem aber der Teuffel selbiges alsobald entführet.« (160)

Tilly's Tisch

Als Tilly mit seinem Heer zur Schlacht bei Lutter am Barenberge zog, ist er auch durch Seesen gekommen, hat aber das Städtchen von seinen Einwohnern, die sich in den Harz geflüchtet, ganz verlassen gefunden und sich auf dem Haßeberg oberhalb der Stadt niedergelassen. Hier hat er den Befehl gegeben, die Kirche des Städtchens mit Feuer zu vernichten, und als

Die Landstörtzerin Courage im Dreißigjährigen Krieg. Titelkupfer aus: J. J. Chr. von Grimmelshausen, Trutz Simplex. 1670

nun die Flammen hoch aufgelodert sind, da hat er mit seinen Generalen seine Mahlzeit eingenommen an der Stelle, die bis auf den heutigen Tag davon Tilly's Tisch heißt, und von einem viereckigen Wall umgeben ist. (161)

Das Rotfeld

Es muß eine böse Schlacht gewesen sein! Das Feld da an der Chaussee von Lutter nach Neuekrug ist von Blut ganz rot gewesen und heißt darum das Rotfeld oder das Blutfeld. In Lutter führt eine enge Straße hinein, die ist so schmal wie eine Wagenspur. Da ist das Blut stromweis geflossen, so haben sie sich gehauen und gestochen. Die letzten 400 Dänen, sie waren von der Kavallerie, haben sich in den Turm des Amthauses geworfen, sind aber alle niedergehauen. (162)

Hannover und Umgebung

Vom schönen Schäfermädchen

Zu alten Zeiten lag Hannover nur auf dem östlichen Ufer der Leine; auf dem westlichen, wo jetzt die Neustadt ist, war nichts als Anger und Wiesen. Nun trug sich's zu, daß einmal ein junger und reicher gnädiger Herr aus Hannover über den Anger ritt und daselbst eine Schäferin erblickte, die war schöner als alle anderen Mädchen auf der Welt, und ihr langes und feines Haar war wie Gold und ringelte sich von selbst. Dem jungen Herrn lachte das Herz als er sie sah; er stieg ab und setzte sich zu ihr ins Gras. Da sang sie ihm so süße Lieder, daß ihm ganz wundersam zumute wurde; und sie gewannen sich sehr lieb und wollten einander heiraten. Am andern Tage kam er wieder, und sie war noch schöner und sang noch süßere Wei-

Hannover an der Leine. Gezeichnet von F. B. Werner, in Kupfer gestochen von J. G. Ringle. Um 1730

sen; er aber war traurig und sprach zu ihr: »Mein Vater hat gesagt, du sollst nie meine Frau werden; doch ich bleibe dir treu und lasse nicht von dir!« und er schwur es ihr, wie er's gestern geschworen hatte. Am dritten Tage kam er nicht wieder, und als sie abends einen Fischer fragte, warum wohl die Glocken so lange geläutet hätten, bekam sie zur Antwort: »Der junge gnädige Herr hat Hochzeit gehalten mit einem jungen gnädigen Fräulein.« Da sprang ihr das Herz entzwei, und sie wurde blaß wie der Tod. Am andern Morgen trieb sie wieder die Schafe aus; weil sie aber so betrübt war, mochten auch die Tierlein nicht essen. Und sie sang so traurige Weisen und sang immer leiser und leiser und sprang vom hohen Ufer in die Leine.

Sie hat aber keine Ruhe, jede Nacht taucht sie hervor, Fischer, die alsdann angeln, haben sie oft gesehen; ihr langes Haar fließt ihr bis auf die Fersen, und stets singt sie ihre traurigen Weisen. So wartet sie auf den jungen gnädigen Herrn, und nicht eher wird sie Ruhe finden, als bis sich ein reiner Jüngling aus Mitleid zu ihr ins Wasser stürzt. (163)

Der Stein an der Nicolaikapelle

An der Nicolaikapelle zu Hannover befand sich noch vor einigen Jahren ein in Sandstein ausgemeißeltes Denkmal, welches aus dem 16. Jahrhundert herrührt und zum Andenken an einen zu der Zeit verstorbenen Bürgermeister von Hannover aufgestellt war. Die auf dem Stein erhaben ausgemeißelte Szene stellte die Grablegung Christi dar, und das Bild war von solch wundersamer Schönheit, daß selbst aus weiter Ferne viele Leute kamen, um sich an dem Anblick des Prachtstücks zu erbauen und es laut als ein wahres Wunderwerk zu preisen. Die Sage geht nun, daß der Rat der Stadt den Künstler, welcher das Denkmal geschaffen, habe verhaften und ihm im Gefängnisse die Augen ausstechen lassen, und zwar sei diese schändliche und grausame Tat nur deshalb verübt worden, weil man befürchtet habe, der Bildhauer könne auch noch für andere Orte derartige Kunstwerke verfertigen und so die gute Stadt Hannover eines Unikums berauben. –

Nachdem rohe Buben aus Übermut eines Nachts das Bild an verschiedenen Stellen arg verstümmelt, hat man es vor ungefähr vier oder fünf Jahren abnehmen und in die Kapelle selbst bringen lassen, allwo Liebhaber und Kenner es sich mit Andacht beschauen können. (164)

Hannovers Spartaner

Vor etwa vierhundert Jahren lebte in Braunschweig ein Herzog, der hieß Heinrich der Ältere. Der zürnte den Bürgern der Stadt Hannover, weil sie den Hildesheimern in einem Krieg gegen seinen Vater geholfen hatten. Gern hätte er sie dafür bestraft. Das ging aber nicht so leicht; denn die Stadt Hannover war damals ringsum durch dicke Mauern und breite Gräben geschützt. Nur an einigen Stellen führten Tore hinein, die Tag und Nacht bewacht wurden. Auch an den Landstraßen in der nächsten Umgebung der Stadt lagen starke Warttürme, wie der Döhrener Turm und der Pferdeturm, und Wächter mußten von dort beständig ausschauen, ob kein Feind herannahte.

Weil es nun so schwer war, die Stadt zu erobern, so verfiel der Herzog auf eine List. In aller Stille sammelte er ein Heer von 800 Reitern und 3000 Mann Fußvolk und zog damit heimlich auf Hannover zu. Eine Anzahl Kriegsknechte hatte er auf großen, mit Leinen überspannten Frachtwagen versteckt. Sie sollten beim ersten Morgengrauen, sobald die Tore geöffnet würden, in die Stadt fahren, die Torwächter überfallen und dann den Herzog mit seiner Schar durch einen Büchsenschuß herbeirufen.

Am späten Abend kamen die Frachtwagen vor dem Döhrener Turm an. Aber den Wächtern erschien die Sache verdächtig, und sie wollten sie nicht durchlassen. Da schauten plötzlich bewaffnete Kriegsleute unter den Laken hervor und sprangen auf die Wächter zu. Die wehrten sich, so gut sie konnten, und zogen sich dann hinter die Mauern ihres Turmes zurück. Die Braunschweiger umzingelten den Turm, damit keiner der Wächter entfliehen könne. Diese aber schossen von oben auf die Feinde und gossen heißes Wasser auf sie herab. Da zogen sich die Braunschweiger in den Wald zurück. Doch bald darauf kamen sie wieder und schichteten einen hohen Haufen Reisig und Klafterholz rings um den Turm. Gegen Mitternacht ließ der Herzog den Holzstoß anzünden, und die sieben Wächter mußten elendiglich verbrennen.

Nun rückten die Braunschweiger weiter auf Hannover zu. Die Wagen fuhren bis vor das Tor, und die übrigen versteckten sich in den Gärten vor dem Ägidientor. Dort lag eine einsame Kapelle, in der zufällig ein hannoverscher Bürger, namens Kurt Borgentrike, übernachtete. Er war über Feld gewesen und hatte sich verspätet. Weil er nun bei der Heimkehr die Brücke schon hochgezogen und das Tor verschlossen fand, so hatte er in der Marienkapelle ein Nachtlager gesucht. Doch er schlief sehr unruhig, und gegen Morgen war es ihm, als ob er Stimmengewirr und Waffenge-

klirr vernähme. Er horchte; richtig, das Geräusch wiederholte sich. Vorsichtig schaute er hinaus. Da sah er im Schein des Mondes das Blinken der Helme und Rüstungen. Kein Zweifel: es war der Feind! Leise schlich er auf Umwegen dem nahen Tore zu, wo schon die feindlichen Frachtwagen hielten. »Um Gottes willen,« rief er, »laßt das Tor zu! Der Feind liegt vor der Stadt!« Dann lief er schnell den Stadtgraben entlang nach dem Steintor, um auch die dortigen Wächter zu warnen.
Grimmig schauten die Krieger unter dem Leinenverdeck hinter dem kühnen Warner her. Aber die Schildwacht vom Ägidientor hatte sogleich gemerkt, was unter dem Laken steckte. Sie legte die Hakenbüchse auf die Brustwehr und brannte einen Schuß auf die vorderen Wagen. Die Braunschweiger meinten, es sei das verabredete Zeichen, und sie eilten von allen Seiten herbei. Als sie aber an das Tor kamen, fanden sie es verschlossen,

Die Aegidienkirche in Hannover. Gezeichnet von G. Osterwald, in Stahl gestochen von J. Poppel. Aus: Das Königreich Hannover in malerischen Original-Ansichten. Darmstadt 1850

und sie wurden durch eine volle Ladung schweren Geschützes empfangen. Da zogen sie sich bald wieder in die Eilenriede zurück.
Herzog Heinrich aber ärgerte sich, daß ihm sein Plan mißglückt war. Noch sieben Wochen belagerte er die Stadt, um sie auszuhungern. Auch ließ er die Leine bei Ricklingen abdämmen, damit die Mühlen in Hannover stehenbleiben sollten. Aber die Leine hatte soviel Quellen, daß sie noch Wasser genug behielt. Als nun Herzog Heinrich sah, daß alles nichts nützte, zog er wieder ab.
Da freuten sich die Hannoveraner. Aber sie gedachten auch der sieben treuen Wächter, die für ihre Vaterstadt gestorben waren wie einst die tapferen Spartaner in Griechenland. Ihre Asche wurde eingesammelt und auf dem Friedhof neben der Marienkapelle beigesetzt. Über dem Grabe ward ein Denkstein errichtet, der später an einem Eckpfeiler der Ägidienkirche eingemauert worden ist. Dort sind noch die sieben Männer zu sehen, wie sie knien und ihre Hände erheben zu dem gekreuzigten Heiland. In der Mitte aber befindet sich das hannoversche Kleeblatt und die Inschrift:

»Gi riken un armen,
lat ju desen dot erbarmen!« (165)

Herzog Erich der Ältere von Calenberg

Von seiner entschiedenen Liebe zur Eintracht gab Erich im Jahre 1533 zu Hannover einen sprechenden Beweis. Dort waren in Folge der Einführung der Reformation bedenkliche Unruhen unter den Bürgern ausgebrochen, welche den Rat der Stadt veranlaßten, den Herzog um schleunige Verfügungen zu bitten. Herzog Erich eilte selbst nach Hannover. Da aber der Aufruhr immer größer wurde, rief er dem Rat zu: »Haltet mir das Geleit! Helft mir hinaus und seht zu, wie ihr die Bürger beruhigt!« Und als nun der Bürgermeister Schacht versicherte, der Herzog habe so gutes Geleit wie der Magistrat, erwiderte er: »Ihr habt Recht. Ihr wollt mir Geleit zusagen, und habt selbst keins!« Endlich schlug der älteste Worthalter Arensberg vor, es möge ins Stadtbuch geschrieben werden, daß Seine Fürstliche Gnaden die angefangene Religionsänderung weder geheißen noch verboten habe. Dies genehmigte der Herzog mit den treuherzigen Worten, »so man's nicht vorn einschreiben wolle, möge man es hinten einschreiben; es sei ihm gleich – er wolle nur Eintracht unter den Bürgern machen.« (166)

Ein Bürger von Hannover erbricht zwei Hündlein

Im Jahre 1580 hat sich in der Stadt Hannover ein seltzames, vnd vorhin vnerhörtes Wunder zugetragen: Ein Bürger daselbst Albrecht Hencke, seines Handtwercks ein Schneider, gieng eine lange raume Zeit vnd befand sich sehr vbel, das er auch sehr jämmerlich vnd vngestalt ward. Nun begab es sich eines Tages, das er an seine Haußfrawen begehret, sie sollte jhm süsse Milch zu essen geben, als die gessen, kam jhm mit züchten ein brechen an, vnd in dem er sich also engstet, vnd sehr hefftig mit züchten, speyet, hat man alsbald in den Vnflat, den er gebrochen, zween kleine weisse lebendige junge Hündelein, die noch blind waren, kriechen gesehen. Diese Hündelein wurden in einer irden Schüssel, in Sanct Georgen Kirchen gesetzet, das jedermann dahin gehen vnd sie besehen möchte. Doch lebten dieselben Hündelein nicht lange, sondern sturben bald dahin. Der Mann aber, ward nach der zeit immer besser gesund. Von diesem Hündelein, ob sie, und wie sie, auß des Mannes Leibe haben kommen mügen, oder ob sie der Satan, eben als sich der Mann gebrochen, vnter den Vnflat gemenget habe, davon lasse ich die Naturkündiger weiter disputiren, man sihet aber hieraus, wie der liebe Gott, große vnerhörte Wunder, für dem Tage seines letzten Gerichts hergehen lesset. (167)

Zur Wasserprobe verurteilt

Die Hannoversche Registratur liefert traurige Beispiele von dem Justizeifer, zu welchem durch den Aberglauben der Zeit auch unsere gutgesinnten Vorfahren sich hatten fortreißen lassen, unschuldige Menschen zu foltern und – lebendig zu verbrennen. So ward im Mai 1605 eine Frau, namens Straken, nachdem sie durch die Folter zum Geständnis eines Bündnisses mit dem Teufel nicht gebracht werden konnte, zur Wasserprobe verurteilt, weil der Richter – wie er selbst sagt – obgleich er auf diese Probe sonst nichts gebe, dennoch geglaubt habe, diesen Versuch anzustellen, weil dieses Verfahren der Ordnung der Natur gerade entgegen und über den menschlichen Verstand sei. Die Unglückliche ward nachts, mit gebundenen Händen und Füßen, hinter dem Windmühlen-Rondell auf den Stadtgraben geworfen und – tot wieder herausgezogen, wobei, wie der obrigkeitliche Bericht sagt: unten im Wasser ein heftiges Krachen und in der

Hannover von der Westseite. Holzschnitt vom Helmstedter »Dreiecksmeister«, um 1580

Luft ein lautes Schreien gehöret sei. Die geschriebene Chronik setzt hinzu: Der Nachrichter, M. Christoph, sei durch den Teufel oben auf einen Weidenbaum geschleudert. (168)

Der Räuber Hanebuth

Dieser Mensch, Jaspar oder Caspar Hanebuth, lebte, raubte und mordete in der nächsten Umgebung von Hannover während der letzten Hälfte des Dreißigjährigen Krieges.
Hanebuth geriet am 14. November 1652 daselbst in Haft, weil er eines Pferdediebstahls verdächtig war; verdächtig deswegen, weil er mit unverschämter Dreistigkeit dem Bestohlenen, Bürger Medefeld in Hannover, vorher gesagt hatte: »Morgen acht Uhr sollst du die Pferde nicht mehr besitzen.«
Hanebuth wurde fünfmal verhört, nach der damaligen Art des Criminal-

Verfahrens. Das zweite Verhör nahm seinen Anfang unter der Folter, und das vierte ward an dem Ort der Folter vorgenommen, woselbst zur Erhaltung des Respekts der Nachrichter mit den Torturinstrumenten zugegen war. Wie man denn damals, aus dem Verfahren gegen die unglücklichen Weiber, welche man Hexen nannte, schon längst gelernt hatte, in den Torturinstrumenten eine schnelle Hilfe zu finden.

Durch die Folter zum Geständnis gebracht, gestand er nicht allein den einen Diebstahl, weshalb er in Untersuchung geraten war, sondern bekannte, die Entwendung einiger Schafe, welche er seinem Bruder in Bothfeld gestohlen, nicht gerechnet, vierzehn Pferdediebstähle vor der hiesigen Stadt und den umliegenden Dörfern.

Danach gestand er, freiwillig und ohne Befragen oder Vorhalt, neunzehn Ermordungen; darunter die seiner Liebsten, namens Marie, die er habe gern abschaffen wollen und ihr geheißen, zurück zu bleiben, welches sie aber nicht gewollt. Darum habe er sie mit einem Schuß durch die Brust getötet und unbegraben liegen lassen. Auch habe er zur Zei des schwedischen Lagers bei Sarstedt einen Marketenderjungen auf der Bothfelder

Der Marktplatz in Hannover. Links die Marktkirche, hinten das Alte Rathaus. Stahlstich um 1850

Brücke durch den Kopf geschossen, daß er des Todes worden. Zwei Kumpane seien dabei gewesen und hätten sie drei Pferde, welche sie dem Jungen abgenommen, in Hannover verkauft; den Leichnam hätten sie etwas vom Wege in den Scheepgraben geworfen, wo ihn die Hunde verzehret. Hanebuth fügte noch die merkwürdigen Worte hinzu: bei dieser Handlung habe er gesungen »Greif an das Werk mit Freuden«.
Im letzten Verhör setzte Hanebuth unaufgefordert hinzu: er habe im Gefängnis genau nachgerechnet und wisse nicht, daß er mehr als die eingestandenen neunzehn Mordtaten begangen habe; er müsse sich ihrer schuldig bekennen und sie vor Gottes Gericht verantworten.
Die Juristenfakultät zu Helmstedt erkannte auf die Strafe des Rades, welche nach vorher abgehaltenem hochnotpeinlichen Halsgericht, unter der sogenannten Laube des Rauthauses, am 4. Februar 1653 neben dem steinernen Gericht vollzogen wurde. (169)

Die Prinzessin von Ahlden

Prinz Georg Ludwig, der Sohn des Kurfürsten von Hannover, führte am 28. November 1682 zu Celle eine Braut heim, die er trotz ihrer Liebenswürdigkeit nicht liebte: Sophia Dorothea, die Tochter des Herzogs Georg Wilhelm von Celle. Der Prinz sah seine Verheiratung als ein Opfer an, das er der Erbfolge zu bringen verpflichtet sei. Sophia Dorothea folgte dem Gatten wenige Tage nach der Feierlichkeit an den Hannoverschen Hof. Hier herrschte damals ein unerhörter und glänzenderer Luxus als irgendwo. Ungeheure Summen wurden zur Aufführung prächtiger Bauten, zur Unterhaltung zahlreicher Franzosen und Italiener, zur Bestreitung der ausgesuchtesten Feste, Opern und Ballette, auch zur Beschenkung beliebter Hofdamen verschwendet. Unter den Damen, welche am Hannoverschen Hofe galant verehrt wurden und durch ihre Intrigen großen Einfluß auf das Staatsleben ausübten, zeichneten sich besonders die Gräfin von Platen und die Frau von Wik aus. Jener wurde vom Kurfürsten, dieser vom Erbprinzen gehuldigt. Der Kurfürstin blieb die Leidenschaft ihres Gemahls keineswegs verborgen; doch hielt sie es für geraten, ihre Eifersucht nicht merken zu lassen. Namenlos unglücklich wurde dagegen Sophia Dorothea, als sie die Ursache der längst empfundenen Gleichgültigkeit ihres Gatten entdeckt hatte. Selbst die Geburt eines Sohnes Georg, im Jahre 1683, vermochte sie nicht zu trösten, da das Band der Ehe um nichts

inniger, die Miene des Erbprinzen um nichts freundlicher dadurch wurde. Hinzu kam, daß sie am Hannoverschen Hofe alle Heiterkeit und Leichtigkeit des väterlichen Hofes vermißte; hier herrschte strenge Etikette.
In solch trauriger Vereinsamung sah die Prinzessin einen Gespielen ihrer Jugend, den Grafen Phillipp Christoph von Königsmarck, wieder. Der Graf war mit der Prinzessin am Hofe zu Celle erzogen, hatte nachher Kriegsdienste in Morea genommen und war vor kurzem als Oberster der Leibwache zu Hannover angestellt. Mit unbefangenem Wohlwollen wandte sie sich diesem lieben alten Bekannten zu. Königsmarck, der liebenswürdigste Mann des Hofes, wurde indessen auch von der Platen bemerkt. Bald warf sie ihre Netze nach ihm aus, und niemand unterstützte sie mehr als die Kurfürstin, welche im Fall des Gelingens wieder in den ungeteilten Besitz ihres Gemahls zu kommen gedachte. Doch allmählich erkannte die Platen Königsmarcks Leidenschaft für Sophia Dorothea und den geringen Eindruck, den sie selbst auf ihn machte. Dann sann sie auf Rache. Es gelang ihr, das Verhältnis der Prinzessin zu Königsmarck zu verdächtigen, und der Erbprinz wurde gegen seine Gemahlin immer kühler. Zwei Monate lang sprach er kein Wort mit ihr. Als sie endlich Mut faßte und sein Cabinet betrat, um ihn flehentlich zu fragen, wodurch sie seine Gunst verscherzt habe, erwiderte er nur »Beruhigen Sie sich, Madame« und verließ das Cabinet. Völlig verstört traf Sophia Dorothea auf Königsmarck und ihr vertrautes Hoffräulein, denen sie im Drang sich mitzuteilen den Vorfall erzählte. Als Königsmarck ihr leidenschaftlich riet, an diesen Mann nicht mehr ihr Herz zu hängen, wies sie ihn zurecht: »Ich kann nicht dulden, daß Sie die Ehrfurcht außer Acht lassen, die Sie Georg Ludwig schuldig sind. Bedenken Sie, daß Er mein Gemahl ist.«
Aber Sophia Dorothea wurde für längere Zeit krank. Als sie dann eine Tochter gebar und diese Niederkunft ihr Leben bedrohte, zog sie, nachdem sie drei Monate das Zimmer gehütet, auf den Rat der Ärzte nach einem Lustschloß in der Nähe von Hannover.
Kaum hergestellt und in die Residenz zurückgekehrt, sah sie den Grafen Königsmarck mit dem Prinzen Carl, Georg Ludwigs Bruder, nach Ungarn ziehn, wo beide im Dienste des Kaisers gegen die Türken kämpfen sollten. Als dann ein Gerücht die Kunde verbreitete, Königsmarck sei an der Seite des im Gefecht gefallenen Prinzen gestorben, war sie ihres Schmerzes nicht mächtig und verriet durch ihre Klagen eine Leidenschaft, die sie sich selbst nicht eingestanden hatte, dem lauernden Hof. Aber Königsmarck kam wieder und das Unheil nahm seinen Lauf.
Georg Ludwig war gegen seine Gemahlin kaltsinniger und zurückhalten-

Wohnhaus des Philosophen Gottfried Wilhelm Leibniz in Hannover. Gezeichnet von G. Osterwald, in Stahl gestochen von E. Willmann. Aus: Das Königreich Hannover in malerischen Original-Ansichten. Darmstadt 1850 – Leibniz war jahrelanger Berater und Freund der Kurfürstin Sophie.

der als je, und diese faßte abermals den Entschluß, eine Erklärung von ihm zu fordern. Aber er gab sie nicht; als sie auf einer Antwort bestand, versuchte er sie aus dem Zimmer zu drängen. Sie widerstrebte noch. Da drängte er sie gegen die Wand, erfaßte sie bei der Kehle und hätte sie fast erwürgt.

Die Prinzessin, der Verzweiflung nahe, suchte jetzt Gelegenheit, ihren Eltern die ganze Tiefe ihres Unglücks zu enthüllen. Die Kurfürstin, ihrer Schwiegertochter durch verwandten Schmerz verbunden, erwirkte ihr die Erlaubnis nach Celle zu reisen. Hier angekommen, umfaßte sie unter Tränen ihres Vaters Knie. Als sie aber von Ehescheidung sprach, verfinsterte sich des Herzogs Gesicht und er erklärte bestimmt, nie einen Schritt zulassen zu wollen, der Schmach über sein Haus und sie selbst nach seinem Tod in eine prekäre Lage bringen müsse. Kein Flehen half; denn sein erster Minister Bernstorff hatte ihn bereits hinlänglich bearbeitet.

Die Verbindung der Lüneburg-Cellischen Lande mit dem Hannoverschen war das politische Bestreben dieses staatsklugen Mannes, und der Kurfürst Ernst August unterstützte ihn insgeheim. Von einer Ehescheidung Sophia Dorotheas befürchtete der Minister Veränderungen, die sein ganzes Vorhaben zunichte machen könnten. Also mußte die Prinzessin schweren Herzens nach Hannover zurückkehren.

Inzwischen war Graf Königsmarck schwach genug gewesen, sich die Liebesbezeugungen der von Platen dann und wann gefallen zu lassen. So konnte es nicht ausbleiben, daß auch die Platen mit Königsmarck ins Gerede kam. Sie fürchtete, dadurch gegen ihren Liebhaber, den Kurfürsten, bloßgestellt zu werden und trug dem Königsmarck ihre Tochter als Gemahlin an; allein sie fand kein Gehör und schwur ihm daraufhin glühende Rache.

Königsmarck reiste bald darauf in Familienangelegenheiten nach Dresden, an den Hof Königs August von Polen. Dort, bei einem Gelage, offenbarte er in der Hitze des Weinrausches die von der Platen erfahrene Gunst, ihre Ränke gegen die Prinzessin und deren tiefes Leid.

Ein in Ungnade gefallener hannoverscher Cavalier berichtete dies brieflich an die Platen, welche den Vorfall in einem für sie harmlosen, aber für Königsmarck und die Prinzessin höchst ungünstigen Licht bei Hof bekannt werden ließ.

Als jener nach Hannover zurückkehrte, stand er bald unter genauer Beobachtung. Zur gleichen Zeit entspann sich das gefährliche Geheimnis zwischen ihm und der Prinzessin: der Plan ihrer Entführung. Königsmarck schlug ihr eine Flucht nach Frankreich vor; Sophia Dorothea aber

wünschte, an den Hof Anton Ulrichs von Braunschweig-Wolfenbüttel geführt zu werden. Was sie an Kleinodien besaß, packte sie ein, für sonstige Geldmittel wollte Königsmarck sorgen und schon war der Termin der Flucht festgesetzt.
Aber im geheimen lauerte Verrat. Eines Abends fand sich der Graf auf schriftliche Einladung bei der Prinzessin ein und vernahm, daß sie nichts von einer Einladung wisse. Die Platen aber, welche die Hand der Prinzessin nachgebildet, berichtete dem Kurfürsten von dieser Zusammenkunft. Ihren Antrag, den Grafen arretieren zu lassen, genehmigte er zwar nicht; aber er beauftragte einen Anführer mit drei bewaffneten Leuten, ihr, die er übrigens für alles verantwortlich machte, auf das pünktlichste zu gehorchen.
Am 2. Juli 1694, während sich der Erbprinz in Berlin aufhielt, sollte die Flucht vonstatten gehen. Nachts zwei Uhr fand sich verabredungsgemäß Königsmarck zur letzten Beratung noch einmal bei ihr ein. Als er sich eben von ihr verabschiedet hatte, wurde er auf der Galerie des Schlosses im Finstern angegriffen. Hände wollten ihn fesseln, er leistete Widerstand und rief: «Verrat! Erschlagt mich, aber schont die Prinzessin, sie ist unschuldig!« Endlich faßt er seinen Degen, ein hitziger Kampf entbrannte; aber die Klinge zerbrach, er wurde übermannt, und von 19 Stichen verletzt lag Königsmarck am Boden. Bald darauf verschied er. Sein Leichnam wurde auf Befehl des Kurfürsten in ein heimliches Gemach geworfen, welches zunächst mit Kalk zugeschüttet, mit Tagesanbruch aber vermauert ward.

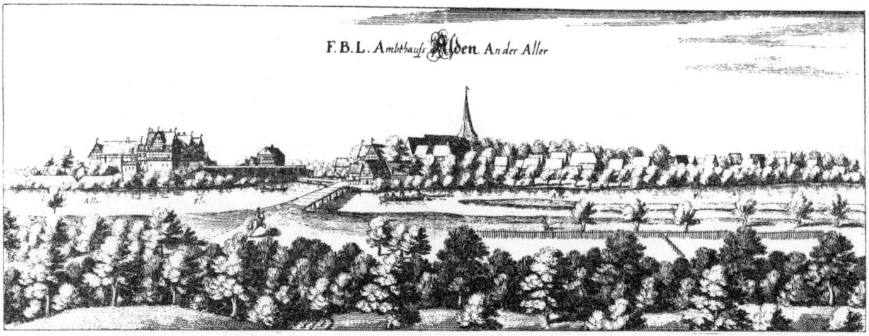

Ahlden an der Aller. Kupferstich von Matthaeus Merian aus: Topographia und Eigentliche Beschreibung der vornembsten Stäte, Schlösser . . . in denen Herzogthümern Braunschweig und Lüneburg. Frankfurt 1654

Das weitere Leben der Prinzessin verlief traurig genug. Gegen Sophia Dorothea wurde die Ehescheidung eingeleitet und bald darauf mit dem Bescheid vollzogen, daß dem Prinzen, nicht aber der Prinzessin das Recht der Wiedervermählung zustehe.
Sie selbst wurde auf Schloß Ahlden streng bewacht. Es war ihr nicht mehr vergönnt, ihre Kinder zu sehen. Alle ihre Briefe wurden kontrolliert, ja zum Teil nicht einmal befördert. An die dreiunddreißig Jahre verlebte die Prinzessin auf dem Schloß. Am 23. November 1726 beschloß sie, zweiundsechzig Jahre alt, ihr schmerzensreiches Leben. (170)

Der König ist tot

Ein gewisser Kavalier in Hannover ging bei hellem Tage unter einer Allee spazieren, und da er ungefähr seine Augen auf das Kurfürstliche Schloß richtete, sah er eine ganze Leichen-Prozession von demselben in tiefster Trauer herunterkommen. Er hörte zugleich alle Glocken in der ganzen Stadt läuten, worüber er sich nicht wenig verwunderte, und deswegen alsobald auf das Schloß zuging, um zu erfahren, was dieses für eine Leiche wäre, zumalen man von keinem Kranken gehört hatte. Da er sich nun bei einem und dem andern deswegen erkundigte, wurde er ausgelacht, weil kein einziger Mensch in der Stadt von einem Leichen-Begängnis oder Geläute etwas wissen wollte. Nachdem 6 Tage verflossen, lief die traurige Zeitung ein, daß der teure Georg, König von Groß-Britannien aus dem Hause Hannover, zur größten Bestürzung seiner Untertanen Todes verblichen. Daher zu vermuten ist, daß die dienstbaren Geister solchen hohen Trauer-Fall durch dieses Gesicht zu erkennen geben wollten. (171)

Anekdoten von König Georg II.

König Georg II. von England, Kurfürst von Hannover, erfuhr einst, daß ein Zeitungsredakteur bestraft werden sollte, weil er, um die Thronrede des Königs möglichst früh zu bringen, eine solche selbst fabriziert hatte. »Ich hoffe, daß der Mann sehr mild behandelt wird«, sagte der König zu Lord Mahon, »ich habe seine und meine Rede verglichen und finde, soviel ich davon verstehe, daß die seinige bei weitem die beste ist.«

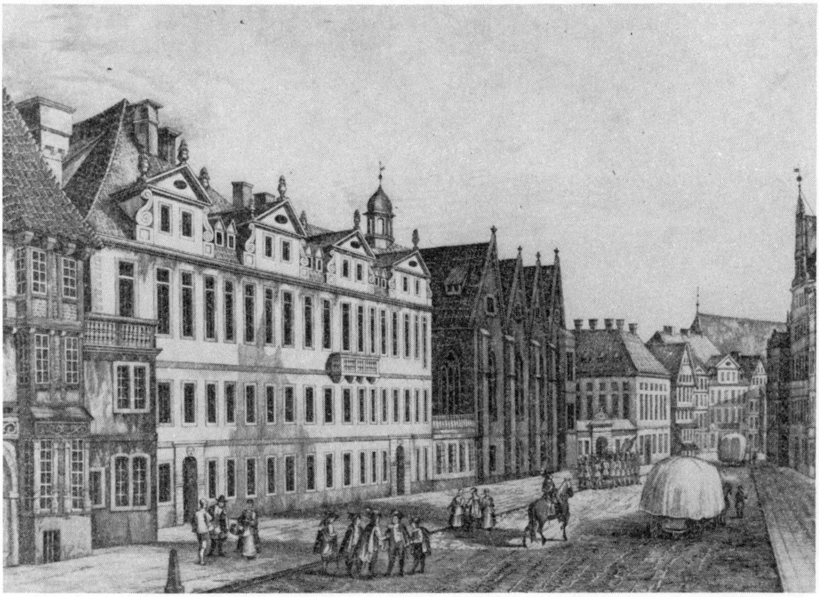

Das Leine-Schloß in Hannover, mit der ehemaligen Minoriten-Kirche. Stahlstich von W. Kretzschmer, um 1850

Einst fragte der König den Hannoverschen Gerichtspräsidenten von Wrisberg an öffentlicher Tafel: »Wie kommt's, Herr Präsident, daß ich alle meine Prozesse bei dem Oberappellationsgericht verliere?« Wrisberg antwortete unerschrocken: »Weil Euer Majestät allemal Unrecht haben.« (172)

Der versteinerte Junge

Ein böser Junge aus Hannover hielt sich gern in der Nähe der Rathaustreppe auf, und wenn die würdigen Ratsherren kamen, um über das Wohl der Stadt zu beraten, stellte er sich hin, streckte die Zunge aus und riß mit beiden Händen seinen ohnehin schon großen Mund weit auseinander. Alle Ermahnungen nutzten nichts. Da – eines Tages blieb sein Mund so stehen; er konnte die Zunge nicht wieder einziehen und die Hände nicht wieder daraus entfernen. Er wurde kälter und kälter und verwandelte sich schließlich in Stein. Das Gesicht aber nahmen die Maurer und setzten es zur Warnung für böse Buben in die Wand des Rathauses. (173)

So licht as dat Vigelinspelen geit dat nich

In Hannover an'n Friedrichswall liggt de »Masch«, dat is 'ne grote Wisch un wenn de tofraren is, so givt dat 'ne schöne Isbahn af, worup sik denn ok de Resedenzstädters veel Pläsir mit Strittschohlopen makt. Bi düsse Gelegenheit makt de olle Dühlmeyer sin »Bude« up, de ganz dicht an de Masch liggt, un langt de Lüd eer Strittschoh rut, de se em to'n Upbewahren geben hebbt; ok snallt he eer de Schoh an un lehrt se dat Lopen, dafför gifft't Groschens, mitünner veele Groschens! Woveel? Dat weet am besten sin Fru, de markt dat ümmer, wenn he fröh oder lat na Hus kummt – »dun« kummt he awer ümmer, dat weet se gewiß! – An eenen schönen Dag, as dat Pläsir up'n Is in vullen Gang weer, keem ok de berühmte Geigenspee-

Freudenbezeugungen für König Georg II. anläßlich seiner Krönung 1727 (Holzmarkt in Hannover). Stahlstich 1728

ler Joachim rut na de Masch, seeg sik de Sak an un kreeg toletzt Lust, dat Strittschohlopen to lehren. Dühlmeyer snallt em de Strittschoh an un bringt em en lütt End up't Is. »Nu, Herr Joachim«, seggt he darup, »nu lopen Se man to, awer driest un forsch! So swoer is't man nich.« Awer, awer, as nu Joachim »sin Seel kühn in de Höcht swingen wull« – pardautz do leeg he mit sinen »Allerwertesten« slank dal upt Is! »O Dühlmeyer!« reep do Joachim un krappelte sik langsam wedder in de Höcht, »so swoer heff ik mi awer doch de Sak nich vörstellt!« – »Ja, ja, Herr Joachim«, geef darup ganz drög Dühlmeyer to Antwort, »so licht as dat Vigelinspelen geit dat ok nich!« (174)

Der Brünings-Stein bei Linden

Noch zu Anfang des 19. Jahrhunderts fanden sich zwischen dem Calenberger Tor und der Ihme-Brücke unweit eines Bäckerhauses vor Linden bei Hannover die Überbleibsel eines in Gestalt eines Kruzifixes errichteten Steins, welcher unter dem Namen »Brünings-Stein« den Bewohnern von Linden bekannt war. An diesen Stein knüpft die Sage eine schauerliche Begebenheit.

Ein benachbarter Edler, Ritter vom Hause, hatte mit der adeligen, bekanntlich auch jetzt noch in Linden begüterten Familie von Alten bis dahin im besten Einvernehmen gelebt, welches zufällig auf einmal gestört wurde. Der Ritter vom Hause besaß nämlich einen Falken von ganz ungewöhnlicher Größe, der ihm auf der Jagd die trefflichsten Dienste leistete. Dieser Falke war dem Edlen vom Hause entflogen und wurde in dem Jagdbezirk des Herrn von Alten von einigen seiner Leute wieder aufgefangen.

Bekanntlich ist dieser Vogel mit sehr langen spitzen Krallen und mit einem dicken Schnabel versehen; als daher die Diener des Herrn von Alten sich seiner bemächtigen wollten, suchten sie ihn so zu fassen, daß sie ihn zuvor seiner Krallen beraubten. Der Falke sträubte sich indessen entsetzlich und verlor bei diesem Kampf einen Teil seines schönen Gefieders. Endlich erhaschten ihn die Diener und beraubten ihn seiner Sporen.

Da nun der Herr von Alten erfuhr, daß der eingefangene Falke dem Herrn vom Hause gehöre, so sandte er ihn seinem Eigentümer in dem Zustand zurück, wie er von seinen Leuten gebracht worden war. Der Ritter vom Hause geriet aber beim Anblick des Falken so sehr in Hitze, daß er dessen gefällige Übersendung mit beleidigenden Worten entgegnete, wodurch das freundliche Verhältnis beider Familien auf einmal unterbrochen wurde. Das Feuer der Zwietracht loderte schrecklich empor und hatte die traurigsten Folgen. Der Ritter vom Hause schwur beim Schwerte seiner Ahnen, diese grobe Beleidigung nicht ungerächt zu lassen. Der Edle von Alten ereiferte sich nicht minder und wußte dem Herrn vom Hause auf mancherlei Weise Abbruch zu tun. Er beraubte ihn seiner Zufuhr an Wein und Getreide, und eilte damit auf seine unzugängliche Feste Wilkenburg, welche von unübersteiglichen Mauern umschirmt war. Der Edle vom Hause war gleichfalls durch die Lage seiner Burg vor einem möglichen Überfalle seiner Gegner gesichert und konnte dem benachbarten Feind noch lange Trotz bieten.

Endlich machte der Herr von Alten seinem Gegner den Antrag, daß er sich auf offenem Felde stellen möge, um den Zwist durch Schwert und Lanze zu entscheiden. Der Ritter vom Hause erwiderte, er sei dazu jederzeit bereit; nur könne dies nicht sofort geschehen, weil jetzt gerade ihn dringende Geschäfte auf einige Tage nach Hannover riefen.

Von seinem Schmied zu Wilkenburg erfuhr der Edle von Alten, daß dem wirklich so sei und daß der Herr vom Hause gen Hannover ziehe, um bei einem seiner Verwandten Gevatter zu stehen. Sogleich erteilte der Wilkenburger Befehl zum Aufbruch und zog mit sieben bewaffneten Knappen nach Linden. Der Herr vom Hause hatte nicht geahnt, daß sein Feind ihn während seines Aufenthalts in Hannover zum Kampf auffordern werde. Zum Glück hatte er mit weiser Vorsicht seine bewaffnete Mannschaft zur Begleitung nach Hannover entboten, welche seiner bis zur Rückkehr harrte. Als nun Brüning von Alten ihm melden ließ, daß er ihn am Seifeld bei dem Kruge erwarte, da wähnte der Ritter vom Hause, ermuntert von den Freuden des Tauffestes, selbst eine Schar böser Geister werde seinem tapfern Arm nicht widerstehen können und mit Freuden entgegnete er, er werde zum Kampfe auf Leben und Tod an dem bezeichneten Ort sich sogleich einfinden.

Nicht schnell genug konnte der Knappe den mutigen Renner jetzt zäumen; in sausendem Galopp ging es der Walstatt zu, so daß die keuchenden Knappen kaum zu folgen vermochten.

Brüning von Alten hatte sich mit seiner Schar an eine Brücke gelehnt; dort stürmten die mutigen Ritter aufeinander. Lange schonte Brüning den erhitzten Feind, obschon sein eigenes Blut aus mancher Wunde floß. Das mächtige Gefühl der alten Freundschaft hatte ihm beinah den Arm gelähmt. Doch Ritterpflicht und gekränkte Ehre erheischten Genugtuung.

Der Neustädter Markt in Hannover. Gezeichnet von G. Osterwald, in Stahl gestochen von J. Poppel. Aus: Das Königreich Hannover in malerischen Original-Ansichten. Darmstadt 1850

Er schwang sein Schwert; da lag des Gegners Schild zersplittert am Boden. Er schwang es noch einmal mächtigen Armes, da stürzte Ritter vom Hause mit zerspaltenem Haupt dem Schilde nach.
Auf sein Schwert gestützt stand er über die Leiche des alten Freundes hingebückt da und seine Zähren fielen auf die Wunden, die er geschlagen hatte. Doch als er so stand, da gewahrten die streitenden Knappen den Fall des geliebten Herrn. Mit vereinter Wut stürzten sie auf den trauernden Mörder des Freundes. Er fiel und sank an die Seite des Erschlagenen. Verzweifelnd entflohen die übrigen Knappen des Edlen von Alten und das Schwert der Verfolger begleitete sie bis an die Ringmauer der Wilkenburg. Von den sieben streitbaren Männern erreichten nur drei die Feste, die übrigen wurden ein trauriges Opfer der erhitzten Wut. Von des Gegners Knappen blieben aber auch nur zwei übrig, welche die traurige Botschaft von dem Tode des Herrn heimbringen konnten.
Die Gemahlin Brünings von Alten stand seit mehreren Stunden mit sehnsuchtsvoller Erwartung an dem Fenster des Turmwärters. Schon von fern erblickte sie die fliehenden Knappen von den Siegern verfolgt und ahnte den traurigen Ausgang des Zweikampfs. Und als nun die traurige Kunde der Heimkehrenden ihre bangen Besorgnisse bestätigte, da verbreitete sich dichte Finsternis um ihre Augen und ohnmächtig sank sie in die Arme ihrer Begleiterin. Lange lag die unglückliche Frau, die seit ihrer Vermählung erst zwei Frühlinge zählte, besinnungslos, und als sie endlich aus der Betäubung erwachte, siehe da entwand sich laut schreiend ein neugeborenes Knäblein ihrem Schoß, und dieser Knabe ist es, von dem das uralte Geschlecht der Edlen von Alten fortgepflanzt wurde. Er war damals der einzige Sproß seines Stammes, von dessen Erhaltung mithin vieles abhing. Auf welche Art man den zarten Säugling gepflegt und erhalten habe, darüber ist man nicht ganz einig. Die Mehrheit der Stimmen geht dahin, daß man ihn in die Häute frisch geschlachteter Kälber und Schafe gewickelt habe, um ihn zu erwärmen, und dies hat viel für sich, weil bekannt ist, daß tierische Wärme auf den menschlichen Körper, besonders im Zustand der Schwäche, eine sehr heilsame Wirkung hervorbringt.
Am Platz der blutigen Szene ward der oben erwähnte Stein errichtet und einem dortigen Zinsmeier ein Erlaß an seinen Gefällen unter der Bedingung zuerkannt, daß er die etwaigen Beschädigungen des Brünings-Steins verhindern und die jährlichen Ausbesserungen übernehmen solle. Doch mit der Zeit zerfiel der Stein von der bildnerischen Kreuzgestalt in seine ursprüngliche rohe, und verwitterte allmählich ganz. (175)

Pastor Sackmann un dei Haarkleuwer

Vor ungefähr tweihundert Jahren do was in den Dörpe Limmer bi Hannauwer en Pastor mit Namen Jobst Sackmann. Tau der Tied was use leiwe ole plattdütsche Muttersprake as Amtssprake un as Kerken- un Schaulsprake al nich mehr begänge (gebräuchlich). Pastor Sackmann awer predige meist noch platt. Hei meine, sau verstünnen öhne sine Buren bäter un dei plattdütsche Sprake ginge denen, dei alle Dage platt mit'nander kören, bäter tau Harten as dat Hochdütsche. Hei wußte se awer ok tau packen mit sinen derben Wören, dei faken (oft) en betten wat groww utfällen. Sine Buren möchten öhne awer doch ganß geren lien un gingen flidig na'r Kerken. Awer ok in der Stadt un noch wierhen wören Sackmann sine Predigten kunnig, un sau kamm dat, datt ut Hannauwer faken Lüe na Limmer na'r Kerken gingen, datt sei Sackmann mal heuren wollen. Anthand (manchmal) gingen awer ok wecke ut der Stadt hen, datt se seck naher ower öhne lustig maken wollen; wenn Sackmann dat awer merke – un hei kenne sine Lüe –, denn tögen sau'ne Hanswöste jümmer den körtesten dabi.
Mal kamm taur Sommertied up einer Reise na Hessenland dei Keunig Friedrich I. von Sweden dör Hannauwer und heilt seck hier up. Ein Prükkenmaker, dei da wohne, sach taufällig den Swedenkeunige ähnlich un kamm up den Infall, as Swedenkeunig na Limmer na'r Kerken tau gahn. Wat denn aber Sackmann for Ogen maken wöre! Hei freue seck al in vorut up den Spaß, den olen ehrlichen Pastor mal taun besten tau hebben.
Dei Sönndag kamm. Fin upgeputzet, de Haare na'r niesten Mode krüllt (gekräuselt) un en Degen an der Site, feure dei Prückenmaker mit noch twei Frünnen, dei hei as sine Ministers utgaff, in 'ner Kutschen hen na Limmer, un sei stegen in 'n Krauge af. Hei speele seck da up as: Sühste meck woll? Hei leit den Kräuger merken, hei wöre de Keunig von Sweden un wolle Sackmann mal predigen hören; aber hei schöll't jo nemme seggen, datt dei Pastor dat nich vorher tau wetten krege. Dei Kräuger reip den Köster un vertelle dene dat, un dei ging flink na sinen Pastor un sä dene davon Bescheid. Sackmann awer sä: »I, Wiechmann, läuwet (glaubt) doch sauwat nich! Wat werd de Keunig von Sweden hier na meck komen! Gaht man hen un fanget in Gottes Namen an tau lüen!« Nu harre awer usen falschen Swedenkeunig in'n Krauge wer eseihn, dei'n kenne un ok von sinen Kneepen al eheurt harre, dei ging glik hen un vertelle den Pastor dat. »Sühst du woll«, sä Sackmann, »heww eck et nich edacht? Sau'n Apenswanß! No teuf man!« Nu ging hei in de Kerken.

Et dure nich lange, do keimen dei drei Städters, dei Prückenmaker mit stiwen Schritten un de Näse gewaltig hoch voran, un setten seck just der Kanßeln gegenower dal. Et was ok in der Gemeine al lutbarig (bekannt) eworen, datt de Keunig von Sweden öhre Kerken beseuken wolle. Darümme was dei Andacht nich sau, as dat süß de Fall was. De Lüe keken veel na den drei Kerels hen, un dat ärgere den olen Pastor openbar.
Hei harre for sine Predigt en Text ewählt, wo dat Woort »Beelzebub« in vorkamm, un verklare nu siner Gemeine dat Woort sau: »Beelzebub schall sau veel bedüen as »Fleigenkeunig«. Hei woll geren wat vorstellen, hei woll en Keunig oder woll gar en Gott sien un könn't doch nich; denn hei was tau dumm. Do hett'n use Herrgott taun Fleigenkeunig emaket, datt hei doch ok wat tau seggen härre, wenn ok man ower de Fleigen. Dat kummt meck just sau vor as dei Kerel, dei da vor meck sitt in dat blage Kleed un mit den Degen; dei meint, eck schölle läuwen, hei wöre de Keunig von Sweden, un et is doch man en Prückenmaker un Haarkleuwer ut der Stadt. Ja, du Apenswanß! Du Hasenfaut! Kik meck man an! En Fleigenkeunig magst du woll sien, awer kein Keunig von Sweden. Bist du hierher ekomen, datt du meck olen Mann for'n Narren hebben wutt? Denn härrst du man leiwer in'n Huse bliwen könnt, du dunnersche Haarkleuwer, du dumme Beelzebub du! Un nu, leiwen Kinder, will eck weer tau usen Texte owergahn!«
Harren dei Lüe, dei öhren brawen Prediger von Harten taugedahn wören, vorher ut Niegier den falschen Swedenkeunig annekeken, sau keken se öhne nu mit ganß andern Ogen an, un dei Haarkleuwer heilt et for't beste, seck sachte ut der Kerken tau drücken, noch eire dei Predigt tau Enne was. (176)

Der Exorzismus der Schweine

In einem Städtchen, das unter Chur-Hannöverschem Schutz steht, fiel vor nicht langer Zeit aus einer zahlreichen Herde ein Schwein. Man witterte eine Seuche und die weise Polizei des dortigen Rats fand es der gemeinen Wohlfahrt angemessen, dagegen die magische Gewalt eines benachbarten Bauern, der in seiner Gegend den Ruf eines Gaßners hatte, zu Hilfe zu rufen. Heinrich Schäfer aus Hilligsfeld, so hieß unser Zauberer, ward also mit vielen Ehrenbezeugungen dorthin geholt. Im Angesicht eines großen Teils der Bürgerschaft nahm er darauf seine Operation vor. Sie bestand

darin, daß er mit der Miene der Begeisterung die gemeine Trift langsam feierlich umkreiste, das Zeichen des Kreuzes zu drei verschiedenen Malen machte und dabei einige geheimnisvolle Worte hermurmelte. Er versicherte darauf die Bürgerschaft des Schutzes seiner Zauberkraft, und nun ging diese mit beruhigtem Herzen, er aber mit gespicktem Beutel nach Hause.
Allein zum Unglück hatte die höhere Obrigkeit andere Polizei-Grundsätze. Sie erfuhr es, ließ dem Schwarzkünstler sein zusammengeprelltes Geld wieder abnehmen, und es dem dort neuerlich errichteten Armen-Institut zuwenden – und nun wird es denn leider auch wohl nicht helfen. (177)

Michael Obentraut

Bei dem uralten, vordem Solessen genannten Kirchdorfe Seelze, einer Station an der Eisenbahn von Hannover nach Bremen, steht an der Straße von Hannover nach Wunstorf ein steinern Denkmal in Form einer Pyramide mit alter, unleserlich gewordener Schrift, das man in der Umgegend den Abendroth'schen Turm nennt. Nach der Sage sollen hier in der Schwedenzeit einmal zwei feindliche Generale aufeinandergestoßen sein und sich im Kampfe erschlagen haben; vor ihrem Tode hätten sie aber noch erkannt, daß sie Brüder seien, und da habe man denn zum Andenken an dieser Stelle das Denkmal aufgerichtet, und weil die Brüder Abendroth geheißen, nennt man's den Abendroth'schen Turm.
So weit die Sage. Forschen wir aber nach dem geschichtlichen Kern derselben, so gewinnen wir ein Resultat, welches für die Behauptung sämtlicher Sagenforscher: »daß fast jeder Sage ein historisches Faktum, das vom poetischen Sinn des Volkes immer weiter ausgeschmückt und sich auf diese Weise endlich zu dem, was man Sage nennt, gestaltet hat, zum Grunde liegt«, wohl einen der glänzendsten Beweise liefert. Es hat nämlich wirklich in der Gegend, wo das Denkmal steht, ein Gefecht stattgefunden, im Jahre 1625, und zwar ist es das einzige gewesen, welches während des Dreißigjährigen Krieges in der Nähe von Hannover geliefert worden. Auf der einen Seite stand Tilly mit den Kaiserlichen, auf der andern die Dänen mit dem Niedersächsischen Kreisheer, und das Gefecht fiel ungünstig für die letzteren aus; sie mußten sich zurückziehen, nachdem Herzog Friedrich von Sachsen-Altenburg und mit ihm der dänische General Obentraut im Kampfe gefallen. Dieser Obentraut ist aber vordem

Flugblatt auf die Erfolge der Schweden unter General Tilly im Dreißigjährigen Krieg. Kupferstich 1632

ein Freund und gar lieber Waffenbruder Tillys gewesen, bis der Glaube und der Krieg sie auseinandergeführt, und mit Tränen in den Augen soll noch am späten Abend nach der Schlacht Tilly am Lager des einst so teuren Freundes gesessen und dem Sterbenden die Augen zugedrückt haben. Der Platz, wo das Denkmal steht, ist derselbe, wo Obentraut gefallen, und die lateinische Inschrift daran lautet in der Übersetzung ungefähr folgendermaßen: *»Dem höchsten und besten Gott geweiht. – Dieses Denkmal dem unerschrockenen und vortrefflichsten Helden Herrn Ritter Joh. Mich. von Obentraut, Reiter-General Sr. Majestät des Königs Christian IV. von Dänemark, welcher hier am 25. October 1625 für Vaterland und Freiheit tapfer kämpfend fiel. – Die Brüder.«* Ob nun die Pyramide ihm von seinen Verwandten (Brüdern) oder von seinen Kriegskameraden zum Andenken gesetzt worden ist, darüber läßt uns die Inschrift im Zweifel, weil das daselbst angewandte F. F. (Fratres) ebensowohl »Brüder« als »Verwandte«, oder auch »Kameraden« bedeuten kann. – Die Umänderung des weniger bekannten Namens Obentraut in den geläufigeren Abendroth im Munde des Volkes erklärt sich leicht von selbst. (178)

Der gebannte Fuhrmann

An einem trüben Frühwintermorgen hielt einmal ein Fuhrmann, der mit vier Pferden vor seinem Karren von Hannover nach Bremen fahren wollte – damals gab's noch keine Eisenbahn –, vor Dannebels Krauge (Dammkrug) zwischen Neustadt und Frielingen, um einen »Lüttjen« als Herzstärkung zu trinken. Auf der Diele waren die Knechte und einige Tagelöhner beim Dreschen. Da sagte einer von diesen, der weit in der Welt umhergekommen war und allerlei geheime Künste verstand, zu den anderen, während der Fuhrmann in der Dönze saß: »Schall de mal wisse mit sin'n Wagen stahnblieben, dat de veier Päre den Wagen nich antein künnt?« Die anderen sagten nichts darauf, weil in dem Augenblick der Fuhrmann aus der Stube kam. Er trat zu seinen Pferden, nahm das Leit in die Hand und trieb sie an. Doch die Pferde bleiben stehen und können trotz aller guten Worte nicht von der Stelle. Da sieht der Fuhrmann, daß sie gebannt sind, und laut ruft er auf die Diele: »Bruder, laß los, oder ich schlage dich tot!« Und dann tritt er an die Gäule mit Hü und Hott von neuem an. Aber es geht noch nicht –, die Tiere stehen wie angewurzelt. Da nimmt er die Axt vom Wagen und schlägt vor der Deichsel in die Erde. Im selben Augenblick stürzt der Drescher auf der Diele tot zu Boden. Der Fuhrmann aber ist mit den Pferden, die nun den Wagen ziehen konnten, weitergefahren. (179)

Der Mohrenkönig im Meerbach

Im Bette des Meerbaches, in dem das Steinhuder Meer seinen Ab- und Ausfluß hat, liegt, so erzählt man sich in Rehburg und Winzlar, ein großer Held und Mohrenkönig begraben. Diesen Fürsten legten die Seinigen erst in einen goldenen Sarg, umgaben ihn dann mit einem silbernen und zuletzt mit einem zinnernen Kasten. Hunderte von Sklaven mußten den Meerbach ableiten und das Grab in dem nun trockengelegten Bette bereiten. Nach der Versenkung des Verstorbenen in die Tiefe wurde der Fluß wieder in sein natürliches Bett zurückgeführt und so die Grabstätte des Königs bedeckt. Die Sklaven, die die Arbeit verrichtetet hatten, wurden hingerichtet, damit sie die Stelle nie verraten könnten, und so ist der Ort, an dem der Mohrenfürst seine letzte Ruhestätte fand, bis heute noch nicht gefunden. (180)

Der heilige Rock im Kloster Loccum

Nur wenigen dürfte es bekannt sein, daß auch Loccum im Besitze eines heiligen Rockes ist. Im Dom zu Bremen soll sich früher, wie die Chronisten erzählen, der ungenähte Rock Christi befunden haben. Im Anfang des dreizehnten Jahrhunderts aber war daselbst eine streitige Erzbischofswahl, und derjenige Erzbischof, dem der klügste und mächtigste Papst, den je die katholische Kirche gehabt hat, Innocenz III., entgegen war, der dänische Prinz Waldemar, hielt sich durch kluge Benutzung der Zeitumstände, wobei er immer auf Seiten der Gegner des Papstes war, am längsten. Endlich aber, als Papst und Kaiser sich versöhnten und der Gegenkaiser Otto IV. sein Ansehen verloren hatte, mußte auch Waldemar das Erzbistum aufgeben. Er zog sich nach dem Kloster Loccum zurück, wo er ein einfacher Mönch wurde und in Ruhe starb. Er nahm aus dem Dom, außer anderen Reliquien, auch den ungenähten Rock Christi mit, der an einer Stelle der Loccumer Kirchenmauer eingemauert wurde, damit

Die Klosterkirche zu Loccum. Gezeichnet von G. Osterwald, in Stahl gestochen von J. Umbach. Darmstadt 1850

er nicht so leicht mitgenommen werden konnte, wie es in Bremen geschehen war. Der heilige Rock in Trier ist ja auch lange vermauert gewesen, möglich ist es, daß auch in Loccum die Reliquie noch einmal gefunden wird, doch wird wohl gar nicht danach gesucht werden. (181)

Die sieben Trappen

Dicht bei dem Dorf Benthe, im Fürstentum Calenberg, sieht man mitten im Felde sieben aufrechtstehende Steine. Damit hat es diese Bewandtnis.

Einmal kam ein Ackermann mit seinem Knecht des Wegs, sie hatten dies und jenes gesprochen, und wie sie an der Stelle waren, wo jetzt die sieben Steine stehn, sagte der Knecht zufällig, daß er noch ein gut Teil seines Lohnes zu fordern habe. Dessen wollte der Herr sich nicht bewußt sein, aber der Knecht behauptete es standhaft, und es war auch so. Da sagte der Ackermann: so soll der Teufel mich beim siebenten Schritt in die Erde schlagen, wo ich Euch Euren Lohn nicht redlich bis auf diese Stunde ausbezahlt habe. Der Knecht antwortete nichts weiter, beim siebenten Schritt aber erhob sich ein fürchterlich Krachen und Getöse, die Erde öffnete sich und verschlang den gottlosen Betrüger; schloß sich auch gleich wieder, daß der Knecht dreist darüber weggehen konnte.

Zum ewigen Andenken an diese Begebenheit sind die sieben Steine in die Erde gelegt, der Platz aber wird die sieben Trappen genannt. Die Gemeinde Benthe hat seitdem die Verpflichtung gehabt, für die Erhaltung der Trappen zu sorgen, wofür sie bis auf den heutigen Tag alljährlich von dem Amte Calenberg einen halben Scheffel Roggen erhält.

Noch jetzt sagen die Bauern, daß es nachts bei den Trappen spuke; daher denn auch bei Nachtzeit keiner gern vorübergeht. (182)

Böse Omen vor der Schlacht von Sievershausen

Ehe die Schlacht bei Sievershausen geschehen, sind viel Zeichen vnd Wunder vorher gangen, die sonder zweiffel auff diese Niderlage gedeutet haben. Denn im anfang dieses 1553. Jahrs, ist am 9. tag Januarij in der Nacht, ein grewlicher Sturmwind entstanden, der hat auff der Burg zu Berlin, Hertzogen Moritzens Steinern Bilde, den Kopff abgeworffen, so doch des

Keysers, vnd der andern Churfürsten Bildnis, die auch daselbst gestanden, sind vnversehret blieben. So ist auch Churfürsten Moritzens Harnisch, so auff des Abts zu Walckenrede Kemnade an der Wand hieng, vnterm Mittags Mahl herunter gefallen.

Die Hunde haben diß Jahr, sehr grewlich hin vnd wider geheulet, sich auch vnter einander zerrissen. Die Kinder auff den Strassen, machten ihn Fehnlein von Pappier vnd Tüchern, namen höltzerne Spiesse vnd Schwerter, rotteten sich, vnd zogen gegen einander, vnd schlugen sich, daß das Bluth hernach folget. Im Junio, kurtz für der Schlacht, hat man hin vnd wider auff den Blettern der Bewme, Item auff dem Kraut vnd Graß, auch auff den Dechern der Heuser, Blutstropfen gefunden. (183)

Petroleum-Bohrwerke bei Peine. Lithographie von Oelheim, nach einer Skizze von Alfred Schütze. Um 1860

Die Eule in Peine

In dem Stift Hildesheim liegt ein Städtlein, Peine genannt; daselbst hat sich vor langen Jahren, als die Leute noch nicht so klug und verschmitzt waren wie heute, eine seltsame und abenteuerliche Geschichte zugetragen.
Es war des Nachts von ungefähr eine von den großen Eulen, die man Schuhu nennt, in die Scheune eines Bürgers geraten, und aus Furcht vor den anderen Vögeln wagte sie sich bei Tage nicht aus ihrem Schlupfwinkel heraus. Als nun am Morgen der Knecht des Bürgers in die Scheune kam, um Stroh zu holen, wurde er des Vogels gewahr, erschrak heftig und lief eilends zu seinem Herrn, um ihm zu melden, was für ein seltsames Tier in der Scheune säße. Der Bürger ging sogleich mit in die Scheune; als er aber das greuliche Tier mit eigenen Augen sah, geriet er in nicht geringere Angst als der Knecht. Er lief, so schnell er konnte, und rief die ganze Nachbarschaft zu Hilfe.
Da entstand bald großer Lärm und viel Geschrei durch die ganze Stadt. Die Bürger eilten herbei mit Harnischen, Büchsen und Spießen, um das Untier umzubringen. Auch die Herren vom Rat und der Bürgermeister erschienen, als gelte es, gegen den Feind zu gehen. Selbst Weiber fanden sich vor der Scheune ein; die wies man aber fort, weil man fürchtete, schon der Schreck könne sie töten.
Es war aber einer unter der Bürgerschaft, ein großer und starker Mann, der sich schon in manchem Kriege durch Tapferkeit und Mannhaftigkeit hervorgetan hatte. Der schalt die anderen wegen ihrer Kleinmütigkeit und sprach: »Durch Ansehen wird das greuliche Tier nicht vertrieben; Ernst müssen wir gebrauchen und Hand anlegen. Aber ich sehe wohl, ihr seid alle zu Weibern geworden und keiner will den Fuchs beißen!« Er ließ sich also seinen Harnisch, Degen und langen Spieß bringen, dann legte er die Leiter an die Scheune, um allein hinaufzusteigen und zu sehen, was das Untier vermöchte. Sein Vorgehen wurde von den meisten gelobt, manche aber waren um ihn besorgt; darum empfahlen sie ihn dem lieben Ritter St. Georg, der den Drachen getötet, wünschten ihm Kraft und Überwindung und riefen ihm beim Hinaufsteigen zu, er solle männlich fechten.
Als er aber bald oben war und die Eule sah, daß er an sie wollte, blieb sie still sitzen; denn von der Menge des Volkes und dem Geschrei war sie verwirrt und wußte nicht, wo hinaus. Und so verdrehte sie die Augen, sträubte die Federn, sperrte die Flügel auf, gnappte mit dem Schnabel und ließ gar schrecklich ihre Stimme hören: »Schuhu, schuhu, schuhu!« Da riefen sie unten alle insgemein: »Stich, stich, stich!« Der mannliche Held

aber antwortete: »Wenn ihr hier ständet, wo ich stehe, würdet ihr nicht sagen: Stich, stich, stich!« Vor Ängsten wäre er bald von der Leiter gefallen, und er kam halb ohnmächtig unten wieder an. Danach wagte es keiner mehr, sich in die Gefahr zu begeben; denn sie glaubten alle, das Ungeheuer habe mit seinem Hauch ihren stärksten Krieger vergiftet.

Da es nun aber allen klar war, daß dieses giftige Untier getötet werden mußte, wenn nicht die ganze Stadt großen Schaden davon erleiden sollte, so wurde mancherlei beratschlagt, was hier zu tun sei. Endlich fand der Bürgermeister einen Ausweg und sprach: »Ihr seht, liebe Bürger, daß es eine gar wichtige Sache ist, da das Wohl der ganzen Gemeinde auf dem Spiele steht. Darum seh' ich's für das Beste an, daß wir aus gemeinsamem Säckel diese Scheune samt allem, was darin liegt an Getreide, Stroh und Heu, dem Eigentümer bezahlen, dafür aber das ganze Gebäude samt dem erschrecklichen Untier verbrennen. Denn es ist besser, dieser Mann baut eine neue Scheune, als daß wir alle in Sorgen leben müssen.«

Also ward die Scheune an allen vier Ecken angezündet und mit ihr die Eule jämmerlich verbrannt. Die Peiner aber müssen noch heutigentags das Gespött darum leiden, so sehr es sie auch verdrießt. Wer's nicht glauben will, der gehe nach Peine; doch hüte er sich, nach der Eule zu fragen! (184)

Flugblatt über eine Mäuseschlacht am 1. September 1675 auf der Brochdorfer Heide, nördlich von Hannover. Kupferstich

Die Lüneburger Heide

Die Riesensteine

Hin und her zerstreut in der Lüneburger Heide findet man große Steinblöcke, Riesensteine genannt. Manches Jahr haben sich die Gelehrten den Kopf darüber zerbrochen, wie solche wohl dahin gekommen, und haben es nicht ergrübelt. Ich weiß es, denn ein Schäfer in der Heide hat mir's erzählt; und du sollst es nun auch erfahren, denn ich will dir erzählen, was mir der Schäfer gesagt hat.

Vor vielen hundert Jahren hausten in der Lüneburger Heide, besonders in der Gegend zwischen Fallersleben, Gifhorn, Uelzen und Lüneburg, drei Riesen, die waren so groß wie Bäume; eine ausgerissene Tanne war ihr Spazierstock, und sie waren der Schrecken der ganzen Gegend und trieben mit den Menschen ihr Spiel, bald im Bösen, bald im Guten, wie es ihnen ihre Laune eben eingab. Besonders ging es, wenn sie hungrig waren, den Müllern und Bäckern schlecht: den Windmüllern packten sie in die Mühlenflügel, daß das Gewerk plötzlich stillestand; den Wassermüllern legten sie sich quer durch den Mühlengraben und dämmten mit ihren Leibern das Wasser ab, und nicht eher wurden beide die Plagegeister los, als bis sie all ihr Mehl verbacken ließen und das Brot den Riesen gaben. Ebenso schlecht erging es den Bäckern, wenn sie nicht gleich zum Geben bereit waren: die Riesen legten ihre zarten Hände auf die rauchenden Schornsteine und bliesen auch wohl von oben hinein, daß der arme Bäcker mit Frau und Kind aus seinem eigenen Hause flüchten mußte vor Qualm; und wenn er alsdann seinen Vorrat von Lebensmitteln herausgab, so verzehrten sie alles und zogen lachend von dannen. Den Fuhrleuten hingegen, oder vielmehr den Pferden, waren sie oft gefällig: wenn die armen Tiere ihre Karren mühsam durch die schlechten Sandwege schleppten und nicht mehr weiter konnten – so kam oft ein Riese herangeschritten, warf die Pferde samt dem Fuhrmann auf den Wagen und trug alles über die Sandschwellen bis auf bessern Boden.

So trieben sie ihr Wesen manches Jahr, bis sie endlich dieser Tändeleien überdrüssig wurden und hin und her sannen, ob sie nicht ein Werk beginnen könnten, welches ihnen auf längere Zeit Beschäftigung gewähre. Und richtig! sie fanden eins. Die Qual der Pferde, die ihnen im Grunde lieber waren als die Menschen, war ihnen schon lange zu Herzen gegangen, und sie sprachen untereinander: »Wir wollen mitten durch die Heide eine Heerstraße bauen, die ihresgleichen nicht haben soll auf Erden, und alle Fuhrleute, die dann noch ihre Pferde quälen, wollen wir auffressen!« Denn Menschenfleisch war ihnen ein Leckerbissen. Als sie nun aber beginnen wollten, da, da fehlte es ihnen an Steinen, und in der Nähe waren nirgends welche zu haben. Zwar hätten sie solche leicht vom Harzgebirge holen können, doch dahin wagten sie sich nicht; denn sie hatten den Hell-jäger erzürnt, der dort wohnte, und mit dem ist nicht zu spaßen! Nun aber wußten sie aus ihrer Jugendzeit, daß im Norden noch ein Land liege, wo es viele große Steine gebe; und so waren sie aus aller Verlegenheit. Denn war der Weg dahin auch noch so weit; was verschlug ihnen das? Alle vier Schritte eine Meile – das schafft schon was in einem Tage, und sie hatten noch dazu nicht im geringsten zu eilen. So schritten sie munter darauf los; aber, o weh! da kam ein großes Wasser! Doch auch hier wußten sie Rat: sie rissen große Eichen aus, machten Flöße davon und schifften rüstig durch das weite Weltmeer. Als sie in dem kalten Lande ankamen, das hinter der See in Mitternacht liegt, bröckelten sie Stücke von den Bergen so groß wie ein Haus und packten eins auf jede Schulter; zwei kleinere, so groß wie ein Backofen, steckte jeder in die Ohren, und so gingen und schifften sie zurück in die große Heide. Zuweilen freilich mußten sie tüchtig pusten, und dann flog der Sand vor ihnen her wie eine Wolke, was die Sandwehen in der Heide bezeugen bis auf den heutigen Tag; doch das machte sie nicht irre: sie schichteten in kurzer Zeit bei Uelzen große Haufen auf.

Da aber wurden sie auf unangenehme Weise gestört! Einst hatte nämlich während ihrer Abwesenheit ein Imker daselbst seinen Bienenzaun aufgeschlagen, und die flüchtigen Tierchen zerstreuten sich hin und her durch die blühende Heide und trugen Wachs und Honig ein. Die Riesen achteten anfänglich nicht weiter darauf und zertraten mit ihren großen Füßen manche Biene; endlich jedoch wurden die harmlosen Tierchen wütend und sannen auf Rache, und sie setzten sich den Riesen an die nackten Beine und zerstachen sie. Und als nun die Riesen nach ihnen schlugen und auf einmal viele totklappten mit ihren großen Händen; da holten die Bienen ihre Königin und begannen einen Kampf auf Leben und Tod: zu Tausenden fielen sie über die mächtigen Riesen her; und mochten diese auch Tausende zerquetschen, was fragte die Bienenkönigin danach! Immer neue Scharen summten herzu und bedeckten den Riesen Gesicht und Hände und Beine und zerstachen sie auf jämmerliche Weise. Da griffen diese zu ihren Steinen und warfen sie mit solcher Gewalt unter die Bienen, daß mancher häusertief in den Boden sank, andere hingegen auf der Oberfläche blieben, wo du sie noch jetzt finden kannst, zum Zeichen, daß es wahr ist, was ich sage. Und die Bienen wurden immer zorniger und jagten die Riesen in der ganzen Heide umher; und überallhin warfen diese die Steine nach ihnen. Endlich indes mußten die gefährlichen Riesen den kleinen Bienen das Feld räumen, und sie flüchteten sich ans Meer. Doch auch hier fanden sie keine Ruhe vor den erbosten Feindinnen: diese setzten sich in großen Schwärmen auf sie, und in größter Qual stürzten sich die drei Riesen ins Meer und ertranken. Die Siegerinnen kehrten heim und trugen Wachs und Honig wie vorher; sie wissen es aber bis zu dieser Stunde noch recht gut, daß ihr Stachel wehe tut, deshalb darfst du sie nicht necken. Und die großen Steine kannst du auch noch sehen, wenn du in die Heide kommst, und der »Heidjer« nimmt und zersprengt sie, baut seine neuen Häuser darauf und nennt sie Riesensteine, was sie auch sind, wie du nun selber weißt. (185)

Der Kiepenkerl und der Teufel

Ein uralter tief ausgefahrener Weg führt von Tostedt her quer durch die Nordheide, vorbei am Scheinberg und Falkenberg bei Neugraben, dann durchs Moor zur Elbe nach Moorburg. Dieser Weg wurde in früheren Jahrhunderten allgemein viel von Eier- und Hühneraufkäufern benutzt, die ihre Ware nach Hamburg zum Verkauf brachten; daher heißt er heute noch im Volksmunde »Küken- oder Heunerstieg.« Diesen Weg benutzte eines Tages ein sogenannter »Kiepenkerl«. Beim Erhandeln seines Federviehes und der Eier war es sehr spät geworden, so daß er erst gegen Mitternacht bei hellem Mondenschein durch die Neugrabener Heide am Falkenberg vorbeikam. Der Mann wollte von Moorburg aus mit dem Schiff nach Hamburg fahren, um dort am anderen Morgen seine Eier zu verkaufen. Unterwegs rauchte er seine kurze Pfeife, die ihm ausging. Da er kein Feuerzeug bei sich führte, so wollte es das Glück, daß er, als er am Falkenberg vorbeikam, glühende Kohlen am Wege liegen sah. »Halt!« dachte er, »da haben gestern die Schäfer ein Feuer gehabt. Das trifft sich gut. Hier kann ich endlich meine Pfeife wieder anstecken. Das trifft sich ja prächtig!« Er klopft also seine Pfeife aus, stopft sie aufs neue mit Tabak

und bückt sich, eine Kohle aufzunehmen. Kaum hat er diese erfaßt, so bekommt er einen heftigen Schlag in den Nacken, so daß er zur Erde taumelte. »Wat schall so'n Unsinn!« ruft der erschrockene Mann aus und dreht sich um; aber kein Mensch ist zu sehen.
Er wundert sich nicht schlecht und geht bald seines Weges weiter durchs Moor nach der Elbe zu. Als er auf dem Schiff seine Pfeife ausklopft, fallen mehrere blinkende Goldstücke heraus. Ganz erstaunt hebt er sie auf und beschaut sie nach allen Seiten hin. Er ist starr vor Verwunderung und grübelt ständig über seinen ihm in den Schoß gefallenen Schatz nach. Da fällt ihm das Kohlenfeuer am Falkenberg ein. Er hat in seiner Jugendzeit oft die Geschichte von den Schätzen gehört, die der Teufel dort bewachen soll. Schnell bringt der Kiepenkerl am andern Morgen in Hamburg seine Eier und Hühner auf den Markt und eilt wieder heim, um möglichst rasch nach dem Falkenberg zu kommen. Hofft er doch, dort weitere Schätze zu finden. Das Feuer ist zwar erloschen. Der Mann rührt mit seinem Stock in der Asche, und richtig findet er noch einige Goldstücke. Es waren Schätze des Teufels, die dieser beim gestrigen Mondenschein an die Oberwelt gebracht und sich an ihrem Glanz ergötzt hatte. In der Eile hatte er einige Stücke vergessen, die nun dem glücklichen Händler in die Hände fielen. Der machte mit dem Gold sein Glück, kaufte sich eine Hofstelle und brauchte von jetzt ab nicht mehr den sauren und fraglichen Weg durch die Heide anzutreten. (186)

Der Runenstein vor Jesteburg

Man erzählt, daß ein Waldwärter in den Lohbergen eine wunderschöne Tochter gehabt habe, die in einen Offizier, der dort einquartiert war, verliebt gewesen. Der Waldhüter glaubte aber, der Soldat wolle seine Tochter nur verführen; er schickte sie deshalb nach Hamburg in den Dienst beim Bürgermeister. Dort faßte ein alter Gerichtsdiener eine tiefe Zuneigung zu dem Mädchen. Seine Anträge wurden aber abgelehnt. Aus Gram erschoß sich der Beamte und das Mädchen wurde als die Schuldige betrachtet. Man glaubte, das Waldwärterkind sei eine Hexe. Es wurde als solche angeklagt, auf die Folterbank gespannt, und unter schrecklichen Qualen gestand die Schuldlose, daß sie beim Hexenstein in den Lohbergen bei Seppensen sich dem Teufel verschrieben habe. Die Folge des Geständnisses war, daß das Mädchen öffentlich verbrannt wurde. So geschehen in der Hansestadt Hamburg im Jahre 1661. (187)

Der Sand in Lüneburg. Gezeichnet von C. A. Lill, in Stahl gestochen von E. Höfer. Aus: Das Königreich Hannover in malerischen Original-Ansichten. Darmstadt 1850

Der letzte Tzarenhusen

Aus dem Geschlechte Tzarenhusen saß im 16. Jahrhundert einer auf der Burg Bockum unfern Amelinghausen. Von dort aus trieb er ein wildes Leben, und vor allem waren es die Handelsleute, denen er auf ihrem Wege durch die Heide auflauerte und ihre Waren stahl. In Amelinghausen gab es schon damals einen Markt, auf dem die Krämer der Kirchspielorte der ganzen umliegenden Heide ihre Waren einkauften. Dort war auch der Höker von Munster, um für seinen Laden einzukaufen; der hatte einen schlimmen Rückweg, denn von Amelinghausen nach Munster mußte er die Raubkammer durchqueren, den noch jetzt so genannten großen Wald, der allen raublustigen Leuten ein gutes Versteck gewährte. Als der Höker sich in Amelinghausen gut versorgt hatte, raunte ihm ein Freund ins Ohr: »Höker, wahre die, Tzarenhusen ist hier und hät sehen, dat du wat koft häst.« Und der Höker lud seine Donnerbüsse, ohne die er nie mit seinem Einspänner von Amelinghausen nach Hause fuhr, und nahm aus seinem Bostdok (Brusttuch) einen silbernen Knopf und lud den mit hinein, denn: »dat Ding treppt«. So gerüstet trat er ziemlich spät abends den Rückweg nach Munster an, seine Waren auf dem Wagen neben sich. Und als er an die Raubkammer kam, nicht fern von der Burg Bockum, da sprangen Tzarenhusen und sein Knecht aus dem Dickicht und fielen den Pferden in die Zügel. Der Höker aber war rasch; er ergriff seine Donnerbüsse und schoß auf Tzarenhusen, der silberne Knopf drang Tzarenhusen ins Herz, und er lag tot vor den Pferden. Sein Knecht aber rief: »O Tzarenhusen, o Tzarenhusen, wat will nu use Mutter seggen!« und damit entlief er und meldete der alten Mutter auf Burg Bockum, wie es ihrem Sohne ergangen. Das war der letzte Tzarenhusen, und ein steinernes Kreuz am Wege nahe bei der Raubkammer, das keinen Namen trägt, zeigt noch jetzt, wo und wie der letzte Tzarenhusen geendet hat. (188)

Cäsar erbaut Lüneburg

Als Julius Cäsar mit mächtigem Heere die Heide durchzog, erblickte er einst auf einem Nachtmarsch im Mondenlicht den weißen Felsen des Kalkberges. Der Anblick des steilen, blendendhellen Felsens mitten in der nächtlichen Ebene erschütterte den römischen Feldherrn so, daß er beschloß, ihn seiner heimischen Mondgöttin Luna zu weihen; er errichtete

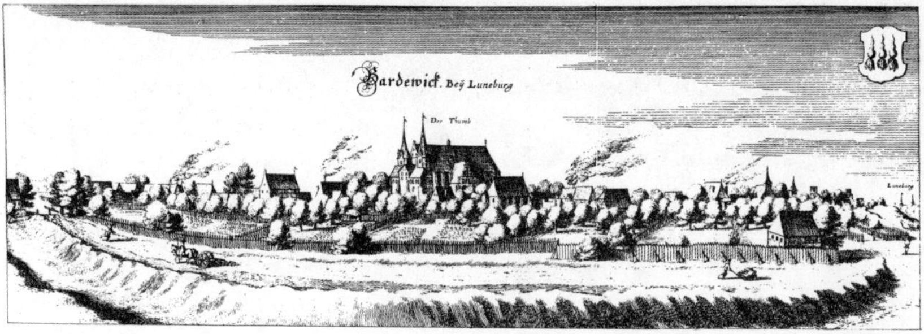

Der Dom von Bardowick. Kupferstich von Matthaeus Merian aus: Topographia und Eigentliche Beschreibung der vornembsten Stäte, Schlösser . . in denen Herzogthümern Braunschweig und Lüneburg. Frankfurt 1654.

auf seinem Gipfel einen Tempel mit dem goldenen Bilde der Mondgöttin, der dort oben jahrhundertelang stand, bis ihn zu des großen Karls Zeiten der Mönch Egisthes zerstörte. Auch eine Burg erbaute Cäsar auf dem Berge, die er Lunaburg nannte; nach ihr hat heute noch die Stadt Lüneburg ihren Namen. (189)

Im Zorn erschaffen

Einmal vor langen, langen Jahren versagte die ansehnliche und reiche Stadt Bardowick an der Ilmenau ihrem rechtmäßigen Herrn, Heinrich dem Löwen, den Einzug und hielt ihm zum Schimpf einen nackten Spiegel über die Mauer der Stadt. Das ergrimmte den Herzog, und drei Tage nacheinander ließ er die Stadt stürmen, bis er sie am Tage Simon Judä in seine Gewalt bekam. Da ließ er alles niedermachen und die ganze Stadt in einen Steinhaufen verwandeln, so daß nur wenig Zeichen von ihr übrig blieben. Einige lebend gebliebene Bürger ließen sich darauf bei einer kleinen Feste nieder, und dort erlaubte ihnen der Herzog im folgenden Jahr, von den Trümmern Bardowicks eine andere Stadt zu erbauen. Das taten sie denn auch und nannten ihre neue Stadt und Feste anfangs Molsdorf und späterhin Lüneburg. Und so heißt sie noch. (190)

Die Lüneburger Salzsau

In den ersten Jahrhunderten unserer Zeitrechnung hat sich einmal eine Sau in einer Quelle bei Lüneburg gewälzt. Viele Stunden später bemerkte man, wie an ihren Borsten viel Salz klebte; so wurde man auf den Salzreichtum der Quelle aufmerksam. Die Knochen der Salzsau, der Lüneburg einen großen Teil seines Wohlstandes verdankt, werden noch heute in einem Glaskasten des Rathauses aufbewahrt. (191)

Das Lüneburger Blutbad

Im Jahre 1371 brach Magnus II. von Braunschweig zu einem Gewaltstreich gegen Lüneburg auf. Siebenhundert kühne und stark bewaffnete Mannen versammelten sich zu Celle. Von dort ging es nach Lüneburg und in dunkler Nacht überstiegen sie heimlich die Mauern der Stadt. Der Winzenburgische Poltergeist Hödeken soll auf hohem Turme und mit ängstli-

Die Saline in Lüneburg. Gezeichnet von C. A. Lill, in Stahl gestochen von F. Foltz. Aus: Das Königreich Hannover in malerischen Original-Ansichten. Darmstadt 1850

chem Geschrei dem Klettern zugeschaut, Mann für Mann gezählt und zuletzt frohlockend ausgerufen haben: »Sie sind nun alle hinüber!« Seit langer Zeit hatten Bürgermeister und Hauptleute zum ersten Male in dieser verhängnisvollen Nacht den Bürgern gestattet, die Wachtposten zu verlassen und zu ruhen. Daher blieben die Feinde eine Zeitlang unbemerkt und erst als sie die Mauern bereits überstiegen hatten, weckte der Klang ihrer Waffen die Bewohner aus dem tiefen ersten Schlaf. Zuerst erschienen die Bürgermeister auf dem Platz mit bewaffneter Hand und wehrten dadurch allem Verdacht eines Einverständnisses mit den Braunschweigern. Demselben Verdachte zu begegnen, versammelten sich unmittelbar darauf die Bürger auf dem Markt. Alle waffenfähigen Männer fochten bald mutig an der Seite der Bürgermeister. Schon färbte das Blut zahlloser Bürger die Erde, schon lagen drei Bürgermeister röchelnd auf dem Kampfplatz, da ersuchte Ulrich von Weißenburg durch das Signal einer schmetternden Trompete die Braunschweiger um eine Unterredung. Sie wurde bewilligt. »Die Stadt ist Euer« – so etwa redete er zu den feindlichen Rittern – »unsere Leute, unter ihnen unsere Edelsten, liegen tot zu Euren Füßen. Wir können uns nicht weiter verteidigen: drum wollen wir dem Kampf ein Ende machen, das Rathaus Euch öffnen und die Schlüssel der Tore ausliefern. Verschont nur das arme Volk. Ich will es bewegen, sich ohne Blutvergießen zu ergeben.« So aber redete er, um für seine Mitbürger Zeit zur Rüstung zu gewinnen. Als demnach die Feinde auf dem Marktplatz Frieden hielten und des Bescheides harrten, ordnete Weißenburg die Bewaffnung der Bürger und beschwichtigte dann und wann die ungeduldigen Feinde mit der Nachricht, daß der Bescheid bald zu ihnen gelangen werde. Das wirksamste Mittel zu deren Befriedigung aber bestand darin, daß er die in den Ratskellern reichhaltig vorhandenen Weinfässer ihnen preisgab zum hastigen Trunk, mit welchem nicht wenige Feindeshaß und Besonnenheit hinunterspülten.

Nachdem die Seinen vollkommen gerüstet waren, zog ihnen Weißenburg voran und beschied die Feinde, daß die Bürgerschaft nicht zu bewegen gewesen sei sich zu ergeben, vielmehr ihre Freiheit bis auf den letzten Blutstropfen zu verteidigen beschlossen habe. »Gut; aber dann stirb zuerst«, erwiderten die Feinde und warfen sich im heftigen Zorn auf ihn. In tapferer Gegenwehr versetzte er mit seinem Streithammer noch einem der Braunschweiger den Todesstoß; im Augenblick darauf war er aber ihren zahlreichen Hieben bereits erlegen. Todesmutig kämpften die Lüneburger nun, und die Feinde wurden zum Weichen gebracht. Freudengeschrei und Beifallsjubel der Weiber von Fenstern und Giebeln herab, stärkte zu neuer Kampfeslust. Die Feinde zogen sich in die Bäckerstraße, die bald von ihrem Blut, das hier reichlicher als selbst vorher auf dem Markte vergossen ward, überflutet wurde. »Sonderlich« – so sagt der Chronist – »hat sich hier ein Bäcker wohl gehalten, welcher mit seiner Hand über dreißig von den Feinden niedergeschlagen, er ist aber endlich auch umgekommen und auf St. Johannis Kirchhof begraben; auf seinem Grabstein sind so viel Striche gezeichnet als er umbrachte. Es ist auch sein Bildnis an seinem Hause, in Stein gehauen, aufgerichtet, in der einen Hand ein Schwert, in der andern eine Lanze haltend, mit der Nebenschrift: Pugna pro patria (d. i. Kämpfe für's Vaterland). Es soll auch zu seinem Andenken die Bäkkerstraße von ihm den Namen haben, so in die große und kleine eingeteilt ist.«

Selbst die Frauen halfen die Feinde morden, indem sie aus den oberen Gemächern der Häuser Steine auf ihre Köpfe schleuderten. Noch einmal rafften sich die Braunschweiger auf, nachdem sie, aus der engen Gasse auf einen freien Platz gedrängt, freier atmeten. Kaum aber hatten sie hier begonnen sich zu neuem Kampfe zu sammeln, als frische Truppen sich über sie ergossen. Flucht war jetzt der einzige Gedanke der Braunschweiger. Sie eilten durch eine enge Gasse dem Tor und den Mauern zu in der Hoffnung, sie zu überspringen. Doch auf dem Weg dahin wurden die meisten von den Schwertern der Lüneburger niedergemetzelt; das dritte Blutbad war ärger als die beiden ersten.

Noch heute bewahren das Andanken an das Lüneburger Blutbad die rote Mauer – über welche Feinde sich retten wollten –, die rote Straße – durch welche die Flucht führte – und das rote Tor, aus welchem sie zu entrinnen hofften. (192)

Der Esel vom Kloster Lüne

Im Kloster Lüne hielt man einen Esel, der jeden Morgen mit Roggen und Weizen zur Abtsmühle in Lüneburg pilgern mußte, um das Brotkorn dort mahlen zu lassen. Am 30. April 1372 hatte der Treiber mit seinem Esel bis in den Nachmittag warten müssen, und als er spät zurückkehrte, sah er das Kloster in Flammen. Alle Vorräte gingen verloren, nur das Mehl nicht, welches der Esel auf dem Rücken trug, den man nach der Katastrophe grasend auf einer Wiese an der Ilmenau fand, als ob ihn das Feuer nichts angehe. Von dem Mehl, das er trug, konnten die Nonnen das erste Brot wieder

Das Kaufhaus in Lüneburg. Gezeichnet von C. A. Lill, in Stahl gestochen von F. Foltz. Aus: Das Königreich Hannover in malerischen Original-Ansichten. Darmstadt 1850

backen, und an der Stelle, wo man den Esel grasend antraf, wurde später das neue Kloster errichtet. Dem strömten von allen Seiten, von Fürsten, geistlichen und weltlichen Herren in Lüneburg so viele Unterstützungen zu, daß es bald reicher wurde, als es je zuvor gewesen. Als die Nonnen aber infolgedessen übermütig wurden und ihrem Klosteresel silberne Hufe machen ließen, kam der von seinem nächsten Mühlengang nicht mehr zurück; der Übermut der Klosterjungfrauen wurde bekannt, und die Geschenke hörten auf. Um das Andenken an diese Ereignisse der Nachwelt aufzubewahren, ließen die Nonnen den Esel mit dem silbernen Huf auf Glas malen und in ein Fenster des Kreuzganges setzen. (193)

Hiddes Acker

Vor vielen hundert Jahren kam ein junger Friese namens Hiddo Kauchen zum Fürsten von Braunschweig, bei ihm Dienst zu tun. Der Herzog, dem seine Gestalt und sein Betragen gefielen, nahm ihn an und setzte ihn zu einem Holzgrafen über seine Wälder und Gebüsche. Als nun Hiddo einmal den Wald durchritt, fand er da einen alten Löwen, den er erschlug; die vier Jungen nahm er aber mit und gab sie dem Herzog mit den Worten: »Gnädiger Herr, im Wald begegnete mir ein Wolf mit vier Jungen. Den alten habe ich totgeschlagen, der Jungen aber mich erbarmt. Die schenke ich Euch lebendig.« Als der Herzog die jungen Löwen sah, merkte er, daß der Friese früher keinen Löwen gesehen hatte, staunte über seinen Mut und schlug ihn zur Anerkennung seiner männlichen Tat zum Ritter; außerdem schenkte er ihm so viel Land an der Elbe, daß er ein ritterliches Leben führen konnte. Da ließ sich Hiddo denn nieder, erbaute sich eine Burg und nannte seinen Besitz Hiddes Acker. Daraus ist denn später Hitzacker geworden, und so heißt der Ort heute noch. (194)

Die Zwerge von Hitzacker

Es ist eine alte Sage, welche alte Leute von ihren Großeltern und diese wieder von ihren Vorfahren gehört haben, daß vor Zeiten in den Bergen um Hitzacker und besonders in dem Schloßberg kleine unterirdische Leute als Zwerge sich aufgehalten haben, welche sich zwar sehr selten se-

hen lassen, doch aber gegen die Einwohner dieses Orts sehr guttätig sich erwiesen und mit ihrem Hausgerät bei Hochzeiten und andern dergleichen feierlichen Handlungen an die Hand gegangen.
Insonderheit wird von ihnen erzählt, daß sie den Bürgern, wenn sie brauen wollten, auf ihr Begehren eine Braupfanne geliehen und hätte man in solchen Fällen nur einen Dienstboten oder Kind nach dem Berge geschickt, welche jene unsichtbaren Einwohner im Namen dessen, so dieser Willfahrung bedürftig gewesen, einen Gruß vermeldet mit der Bitte, die gedachte

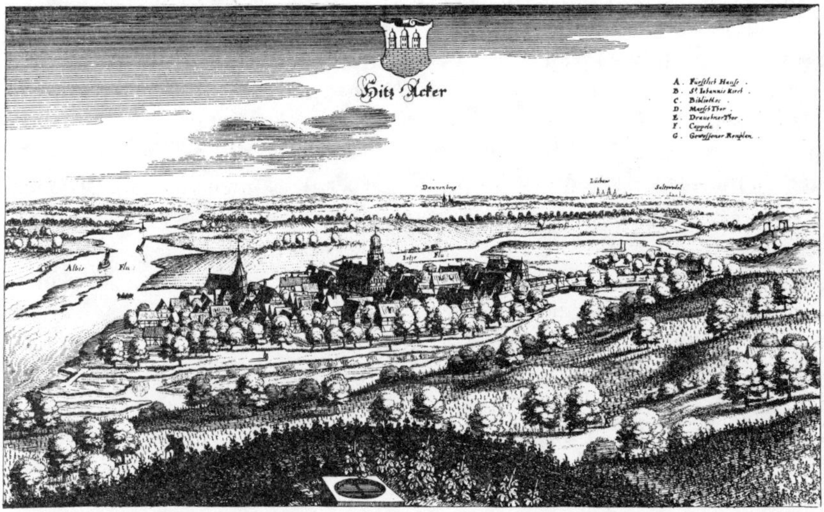

Hitzacker an der Elbe. Kupferstich von Matthaeus Merian 1654

Pfanne oder anders Hausgerät auf ein paar Tage zu leihen. Hierauf nun sei der Bote wieder zurückgegangen, und hat man des folgenden Morgens oder bald hernach das Verlangte am Berge stehend gefunden.
Wenn man nun solches gebraucht, hat man es wieder an die vorige Stelle gebracht, auch einen Krug frisch Bier mit einem frischen Brot darein gesetzt, nebst einer Danksagung im Namen des Hauswirts und der Wirtin. Die unterirdischen Zwerge haben dann solches geliehene Geschirr wieder in den Berg genommen, jedoch ganz unvermerkt, so daß kein Mensch erfahren können, wie es damit zugegangen.
Als einstmalen ein Handwerksbursche vorübergegangen, hat er die

Pfanne nebst Bier und Brot allda, ehe die Zwerge sie abgeholt, gefunden, und weil er vor Hunger und Durst ganz ermattet, sich daran erquickt; hat sich dann aber sehr undankbar und unverschämt gezeigt und die Pfanne ganz verunreinigt, weshalb denn auch nach der Zeit man die Pfanne nicht mehr wie vormals gefunden, sondern bemerkt hat, daß den Bürgern vielmehr Schaden zugefügt und ihnen von den Unterirdischen das Bier in den Kellern ausgeschöpft wurde.

Sonst sollen sie auch den ungetauften Kindern sehr nachgestanden sein und dieselben zum öftern vertauscht haben. So berichtet man von dem lange verstorbenen Bürgermeister Johann Schultze, man habe, als seine Mutter mit ihm in den Wochen gelegen, wahrgenommen, daß in der Nacht ein ganzes Heer kleiner Leute ins Haus gekommen, sich um den Feuerherd gesetzt, Feuer angeschlagen und angezündet, und dabei ein kleines Kindlein gewärmt, welches sie gedacht umzutauschen. Als aber die Mutter darüber aufgewacht und eben das Kraut Orant in der Wiegen gehabt, hätten sie deren Kind nicht mit fortbringen können, sondern fallen lassen, wovon es auch ein Zeichen an dem einen Augbrauen behalten. (195)

Die goldene Wiege

Vom Weinberg bei Hitzacker geht ein altes Gerücht, daß darin eine goldne Wiege, so noch von den unterirdischen Zwergen zurückgelassen, sich befinde. Sie ist alle Johannis-Nacht zwischen zwölf und ein Uhr in der Nacht am Berge zu sehen, sobald aber ein Mensch das geringste Wort dabei spricht, versinkt sie alsobald wieder mit dem darin liegenden Schatz, und ein großer schwarzer Hund sitzt darauf mit hellfunkelnden feurigen Augen.

Einstmals hatten sich zwei Kameraden besprochen, die Wiege ganz in der Stille, ohne einen Laut, fortzuholen; sie sind aber durch das Blendwerk des Teufels, da solcher einen Galgen über ihnen aufgerichtet und sie darin zu hängen gedräuet, dran verhindert worden. Denn da sie vor Angst um Hilfe gerufen haben, ist die Wiege sofort wieder versunken. (196)

Fritz von der Bergen

Auf einer alten Feste, eine Stunde von Dannenberg, hauste einst Fritz von der Bergen, der Schrecken der Umgegend, besonders der Reisenden; denn selten entkam einer seinen raublustigen Gesellen. Oft wurde ihm nachgestellt, wenn man glaubte, daß er seine Burg verlassen habe; aber um seine Verfolger zu täuschen, hatte er den Pferden die Hufeisen verkehrt untergeschlagen. Einst erfuhr er von seinen Kundschaftern, daß ein stattlicher Zug durch den nahe bei seiner Burg befindlichen Wald ziehe. Er eilte mit seinen Mannen, den Zug zu überfallen, brach unverhofft aus dem Walde hervor und griff den Zug an. Da erkannte er in dem Anführer seinen Fürsten und Gebieter, der, durch die vielen Beschwerden über den von der Bergen veranlaßt, den Zug insgeheim unternommen hatte, um sich von dessen Tun und Treiben selbst zu überzeugen. Fritz fiel seinem Landesherrn zu Füßen und bat um Gnade, allein er wurde gefangengenommen und mußte sein Leben kümmerlich im Gefängnis beschließen. Nie sah er seine Burgfeste wieder; sie wurde geschleift und nebst allem Zubehör eingezogen. Die Besitzung wurde hernach eine Domäne, das Amt Gümse, welches im vorigen Jahrhundert zu dem Amt Dannenberg kam. Die Burgverließe werden noch gezeigt und sind jetzt die Kellerräume der Wohnung eines Landbesitzers im Dorfe Gümse.

Die Sage geht, daß Fritz von der Bergen auf schwarzem Rosse, von seinen Mannen umgeben, nachts nach dem Hofe seiner ehemaligen Feste sprengt; wenn er wieder zurückreitet, so begleitet ihn ein Wagen, von vier schwarzen Rappen mit feuersprühenden Augen gezogen, auf welchem Menschen mit abgeschnittenen Kehlen liegen. (197)

Dannenberg an der Jeetzel. Kupferstich von Matthaeus Merian 1654

Die Gräfin mit dem Eberzahn

Es lebte einst eine Gräfin von Lüchow; einige bezeichnen als solche bestimmt Anna von Nassen, welche mit einem entstellenden Auswuchs, einem sogenannten Eberzahn behaftet gewesen ist. Sie habe nun in die Lande ausrufen lassen, daß sie den Mann ehelichen werde, der mit einem gleichen entstellenden Attribut abnormer Unschönheit begabt sei. Nach langem Harren habe sich endlich ein Edelmann mit dem geforderten Eberzahn zur Brautschau gestellt, und da er sonst einen hübschen Körperwuchs und hohe Mannesschönheit gezeigt, sei die Gräfin wirklich in Liebe zu ihm entbrannt. Lange mit sich kämpfend, habe sie es doch nicht über sich gewinnen können, ein so entstelltes Paar sich fortpflanzen zu lassen, und Befehl zur Enthauptung des Freiers erteilt. Aus dem Kopf habe man dann den Eberzahn auf einem Ambosse herausgeschlagen.
Über dem Portale der alten Burg zu Lüchow nämlich befand sich vor dem großen Brande von 1811, der das Schloß größtenteils zerstörte, ein in Sandstein gehauenes Bild. Die Darstellung zeigte eine Schmiedeesse und einen Amboß, auf welchem ein Schmiedegeselle, einen Totenkopf in der Zange haltend, beschäftigt ist, diesen zu verarbeiten. Solcher Arbeit schaut eine Dame, welcher ein langer Eberzahn aus dem Kiefer ragt, zu. Unter dem Bilde standen die Worte:

Wer die Tugend hat bezwungen,
der fürchtet nicht der Bösen Zungen.

Andere Erzähler sagen, die erwähnte Gräfin wäre durchaus nicht unschön, sondern im Gegenteil ein Muster der Schönheit gewesen, und habe nur den schönsten der Männer ins Ehebett nehmen wollen. Auf solche Kunde sei alsbald ein Schmiedegeselle gekommen, der in seiner Eitelkeit geglaubt, den Ansprüchen der Gräfin zu genügen. Diese, darüber empört, habe ihn enthaupten und seinen Kopf wie ein Stück Schmiedearbeit auf dem Amboß behandeln lassen. Über solchen Frevel sei Gottes Strafgericht nicht ausgeblieben. Der Gräfin seien die Zähne immer länger gewachsen, bis sie die Gestalt von Hauern, von Eberzähnen gehabt haben. Nach ihrem Tode aber hat sie als schwarzer Hund nächtlich im Gebiete der Burg umgehen müssen, und hat die in ihren Bereich gekommenen sterblichen Wesen mit Zaubermacht bis zum ersten Frührot oder Hahnenschrei fest an die Stelle gebannt. (198)

Das Jammerholz

Zwei Stunden von Dannenberg liegt das Dorf Jamel, zu dem Gräflich Groteschen Gut Breese gehörig, das seinen Namen von dem Wald erhalten hat, der dort in grauer Vorzeit gelegen, und das Jammerholz genannt ward.

In diesem Walde haben, einer alten Volkssage nach, die Wenden ihre bejahrten, zur Arbeit nicht mehr fähigen Eltern erschlagen. Eines Tages, als diese grausame Tat an einem schneeweißen Greise, der gebunden und jammernd an der Erde lag, vollführt werden sollte, kam eine Herzogin von Celle des Weges gezogen, und hörte den Klageruf. Sie drang in das Gebüsch und sah den Alten und neben ihm etliche junge, kräftige Männer, mit rauhen Fellen bedeckt. Sie sprachen, als die Herzogin fragte, weshalb der Greis so kläglich jammere: das sei ihr alter Vater, der nicht mehr zum Leben tauge; deshalb auch wollten sie ihn zu Tode schlagen. Die Herzogin vermahnte die Männer, von ihrem grausamen, unnatürlichen Vorhaben abzustehen; die aber sprachen wieder: Was soll ein Mensch auf der Welt, der sich und allen andern nur Last und Schaden bringt? Seht Ihr den Rost an dieser Axt? Das ist von seines Vaters Blut, den er selbst auch einst erschlagen. Und so werden unsere Söhne, wofern wir zu hohen Jahren kommen, dermaleinst uns wieder töten. Die Herzogin ließ den Söhnen Geld geben, davon sie ihren Vater erhalten sollten. Sie nahmen's und sagten: solange das Geld ausreiche, so lange könne der Alte noch leben. (199)

Nicasius und die Ratten

Am Tage Nicasii – wird sein am 14. Dezember – schreibt der Wende an alle Räume, wohin keine Ratten kommen sollen, stillschweigend den Namen Nicasius mit drei Kreuzen darunter. Nun bleiben sicher alle Ratten da weg, denn sie haben eine heilige Ehrfurcht vor dem heiligen Nicasius. Mir hat ein Wende in Dannenberg das Ding probiert – mit Bleifeder, ganz klein – und doch hatten die Ratten Respekt; sie blieben da weg – ich meinte, weil ich nichts Eßbares mehr da verwahrte, der gute Wende aber lächelte über meinen Irrwahn – er wußte es besser. (200)

Der Brautstein

Auf der Kolborner Heide, unfern dem Städtchen Lüchow, ragt ein rotbesprengter Granit etwa vier Fuß über den Boden hervor. Davon erzählt die Sage:

Ein Ritter und eine adlige Jungfrau liebten sich herzlich. Eines Abends saßen sie traurig auf einem Felsenstein im Birkenwald auf der Heide: denn sie sollten nun Abschied nehmen, weil der Ritter in den Krieg zog. Er fragte die Braut, ob sie ihm auch treu verbleibe, und er sie, wenn er heimkehren sollte, nicht in den Armen eines fremden Buhlen finde. Das schmerzte die Braut, sie vermaß sich teuer und schwur, ehe solle der Fels sich von seiner Stelle rücken und sie verfolgen und lebendig in der Gruft bedecken, ehe sie dem Geliebten die Treue brechen werde.

Sie hat ihm aber dennoch die Treue gebrochen, und wie sie gesagt ist geschehen. Denn als sie mit dem Buhlen auf dem Stein gesessen, hat der Stein sich plötzlich geregt, hat sich riesengroß aus der Erde gehoben, und die Falsche, die vergeblich vor ihm geflohen, hinabgedrängt in die aufgerissene Erde. Ihr Blut hatte den Fels und die kleinen weißen Blumen der Heide gerötet.

Wie der Ritter nun heimkam und sah, daß der Fels aufrecht stand und daß blutrote Adern über seine graue Fläche liefen, und daß auch die Heide mit roten Blümlein bedeckt war, da ahnte ihm wohl, was geschehen sei. Er schlug heftig mit seinem Schwert an den Stein, und siehe: ein roter Blutstrahl sprang daraus und ein banger Klageton erscholl aus der Tiefe. Und so oft er den Stein mit seinem Schwerte schlug, so oft vergoß der Stein sein Blut und tönte der Wehlaut aus der Erde. Da erkannte der Ritter, daß er betrogen sei, nahm noch einen Strauß von der roten Heide zum Angedenken an seine traurige Liebe mit, und trieb dann sein Roß wieder hinaus in neue Kämpfe.

Der Stein wird der Brautstein genannt; Brauttreue heißt die rote Heide.
(201)

Das Hagelbier

Im Wendland östlich von Uelzen herrscht in einigen Dörfern die Sitte, an einem bestimmten Tag des Sommers ein sogenanntes Hagelbier zu feiern. Es ist nämlich einmal an diesem Tag das ganze Getreide verhagelt und

seitdem hat man es für unrecht gehalten, an demselben zu arbeiten, und ist dies Hagelbier aufgekommen.
Zur Zeit, als die Franzosen im Lande waren, sind die Leute in einem der Dörfer zusammengekommen, um zu beraten, ob das Hagelbier gehalten werden solle oder nicht, und die Mehrzahl der Jüngeren hat dafür gestimmt, daß man es in so schwerer Zeit einstellen solle; aber da ist ein alter Wende aufgetreten und hat gesagt: »Nee, Lüde, dat is laft Beer, dat dörb nich afbröcht waren«, und da ist es denn auch das mal gehalten worden und so geschieht es noch. (202)

Die Gründung des Hospitals St. Viti in Uelzen

In der Heiligen-Geist-Kapelle in Uelzen befindet sich in einem Fenster, das früher die Kapelle von St. Viti zierte, das Wappen des Propstes Rupertus von Sackesel, der 1412 das Hospital gründete. An das Fenster knüpft sich eine Sage. Ein reicher Uelzener Kaufmann belud einen Esel mit einem zum Bau eines Hospitals bestimmten Sack voll Geld. Das Hospital sollte da, wo der Esel stillstehen würde, gebaut werden, was dann auch geschah. Da die Feststellung des Platzes am Tage St. Viti geschehen war, wurde das Hospital nach diesem Heiligen benannt. (203)

Kaiser Lothars Geburtsort

Kaiser Lothar ist in einem Dorf der Lüneburger Heide, namens Lutterloh, das nur aus zwei Höfen besteht und von ihm den Namen erhalten hat, geboren worden. In diesem befand sich nämlich seine Mutter gerade auf der Durchreise, und da es keine Kirche hat, ist man danach mit dem neugeborenen Kinde nach Gerhaus gegangen, wo sich eine kleine Kapelle befand, in welcher es getauft worden ist. Hier hat man den Taufstein noch lange Jahre gezeigt und unversehrt erhalten, jetzt aber befindet sich diese Kapelle im Besitz des Bauern Lühring, der sie zu wirtschaftlichen Zwecken benutzt und namentlich soll der Taufstein dazu dienen, das Geschirr darin abzuwaschen.
Dem Besitzer des Hofes übrigens, auf dem Kaiser Lothar geboren wurde, hat derselbe nachher sein Gut als freies Lehen gegeben; als der Bauer aber

einmal mit seinem Nachbarn auf dem andern Hofe in Streit geraten, hat dieser, um ihn zu kränken, gesagt: »Du kannst jo nich mal dinen Könick betalen« und da hat er den Kaiser gebeten ihm seine Freiheiten wieder zu nehmen, was der auch getan hat und so ist's denn geblieben bis auf diesen Tag. (204)

Das Hellhaus in Ostenholz

Früher hat man in den Gegenden zwischen Weser und Elbe noch oft den Helljäger durch die Luft ziehen hören, und zwar besonders in der Zeit zwischen Weihnachten und Großneujahr; man hat dann besonders dafür gesorgt, daß am Christabend nach Sonnenuntergang das Haus geschlossen und namentlich das große Tor an der Diele zugemacht war, und selten wagte es einer noch nach Sonnenuntergang hinauszugehn.

In Ostenholz bei Fallingbostel steht ein Haus, das nennt man ringsum in der Gegend das Hellhaus; da hatten sie mal am Christabend nach Sonnenuntergang die Tore zu schließen vergessen, und als nun der Helljäger drüber fortzog, lief einer seiner Hunde hinein, und legte sich unter die Bank am Herd und war durch nichts fortzubringen. Hier hat er ein ganzes Jahr gelegen und hat nichts gefressen; nur alle Morgen hat er die Asche vom Herde abgeleckt. Als aber das Jahr um gewesen und die Zwölften wieder da waren, da hat man, als der Helljäger wieder vorüberzog, das Tor aufgemacht und der hat den Hund wieder mitgenommen.

Da wo jetzt das Hellhaus in Ostenholz steht, hat vor langen Jahren einer gewohnt, dessen Sohn ist mit andern am heiligen Christabend auf einer großen Jagd gewesen; da hat er ein Reh verfolgt und gesagt, wenn er das schießen täte, so wolle er ewig alle Christabend jagen. Da hat er's denn auch geschossen, aber er hat auch nach seinem Tode alle Christabend jagen müssen und das ist der Helljäger, und das Haus, in dem er bei seinen Lebzeiten gewohnt, ist das Hellhaus. Wenn nun aber der Christabend herangekommen und der Helljäger umgezogen ist, hat der Wirt des Hellhauses jedesmal eine Kuh hinauslassen müssen und die ist, sobald sie nur draußen war, verschwunden gewesen; welche Kuh das aber jedesmal sein mußte, hat man schon vorher ganz genau wissen können, denn wenn es so um den Michaelis- oder Martinstag gekommen, hat sich die Kuh, welche an der Reihe war, zusehends vernommen und ist endlich bis zum Christabend die fetteste im ganzen Stall geworden. Das hat man denn so die ersten vier oder fünf Jahre nach dem Tode des Wirtsohnes gehalten, und hat jedesmal am Christabend die Kuh hinausgelassen, aber endlich ist es ihnen doch zu lästig geworden und sie haben es nicht mehr tun wollen. Als nun der Helljäger am Christabend des nächsten Jahres wieder vorbeigekommen, haben sie das Haus fest zugemacht; aber da ist ein Lärmen und Toben um es herum entstanden, das ist fürchterlich gewesen, die Hunde des Helljägers sind heulend und schnuppernd um und um gelaufen, und die Kuh, welche an der Reihe war, ist im Stall wie rasend geworden, und hat sich mit den Vorderfüßen hoch aufgerichtet und ist die Staken hinaufgesprungen, und soviel man sie auch geschlagen, es hat alles nichts geholfen, sie hat sich nicht zur Ruhe begeben wollen. Da haben's die Leute im Hause nicht länger aushalten können, haben das Tier los und das Tor aufgemacht und gesagt: »Na so lauf in Dreiteufels Namen!« und da ist sie sogleich fortgewesen; aber seit der Zeit ist auch der Helljäger nicht wieder gekommen. (205)

Der Paterbusch bei Visselhövede

Als sich längst die Herzen der Bewohner von Visselhövede dem Katholizismus abgeneigt zeigten und der evangelischen Lehre zuwandten, hielt doch ein katholischer Pater auf seinem Posten aus, bis man mit Gewalt einen lutherischen Geistlichen in die Kirche führte und den Katholiken hinaustrieb. Wie er ging und stand, in seinem Priestergewand, stieß er die Drohung aus, daß er dem Bischof zu Verden die Freveltat mitteilen wolle, damit dieser als Richter in der Sache auftrete. Bischof Christoph aber war streng katholisch; er hatte erst kurz vorher den Bremer Prediger Bornemacher von St. Remberti wegen seines Übertrittes zum Luthertum auf dem Lögenstein von Verden hinrichten lassen. Mit Recht fürchteten die Leute von Visselhövede seine Rache. Sie eilten dem Pater nach und holten ihn in einem kleinen Gehölz am Wege nach Jeddingen wieder ein. Da er allen Versuchen, ihn zurückzuhalten, widerstand, erschlugen ihn die Aufgeregten und verscharrten ihn in jenem Gehölz, das seit jener Zeit der »Paterbusch« genannt wird. Seine blutigen Gewänder aber wurden zurückgebracht und dann zum Andenken in dem Kirchenschrank aufbewahrt. (206)

Konrad von Hasselhorst

Die Hünenburg ist in einer tiefen Schlucht mitten in der Heide, etwa eine Stunde von Hermannsburg, gelegen. Es sind nun etwa tausend Jahre her, da ist auf diesem Platze eine gewaltige Schlacht gekämpft zwischen den Christen und Heiden. Kaiser Otto der Große war auf einer Heerfahrt aus Deutschland nach Italien gezogen und hatte dem Herzog Hermann Billung von Sachsen dieses Land übergeben, es zu beschützen und zu regieren. Die heidnischen Wenden, welche jenseits der Elbe wohnten und sich auch schon diesseits des Flusses ausgebreitet hatten, wollten die Abwesenheit des Kaisers benutzen, die christlichen Sachsen aus ihrem Lande zu jagen oder zu vernichten. Räubernd und plündernd drangen sie in unsere Heimat ein, verbrannten die Kirchen, töteten die Priester und schleppten die Gefangenen als Sklaven mit sich. Herzog Hermann befand sich gerade im Bremischen, wo er die seeräuberischen Normannen vertrieben hatte. Da traf ihn die Schreckensnachricht. Eiligst sammelte er seine Kriegsleute, um sein Land zu erretten. Denn die Wenden waren bereits über Lüneburg, Uelzen bis in diese Heide vorgedrungen und hatten alles mit Feuer und Schwert zerstört, auch die Hermannsburger Kirche. Hier in diesem Grunde hatten sie – etwa fünfzigtausend Mann stark – eine Lagerburg mit Graben und Schanzen aufgeschlagen. Da rückte (im August 945) Herzog Hermann über die nördliche Höhe von Siddernhausen und Dohnsen heran. Als er die große Schar von Wenden vor sich sah, mit seinen zehntausend Kriegern, sprach er zu seinen Getreuen: »Kämpfen müssen wir! Ob Gott uns den Sieg gibt, müssen wir ihm anheimstellen.«

Da tritt der Ritter von Hasselhorst, genannt der wackere Kunrat, vor ihn und sagt zu ihm: »Laß uns eine Gottesprobe machen! Ich will hingehen und einen der Feinde zum Zweikampf herausfordern.« Herzog Hermann gibt die Erlaubnis. Der Ritter, dem in einiger Entfernung hundert Mann folgen, reitet allein in die Schlucht und fordert Mistewoi, den Anführer der Wenden, auf, ihm einen von seinen Leuten zum Zweikampf entgegenzusenden. Da tritt Zwentibold, ein Wende von riesenhafter Größe, hervor, mit einer Drachenhaut bekleidet und einen Kettenpanzer darüber, an seinem Helm das schwarze Bild seines Gottes Zernebok. Hinter ihm folgen gleichfalls hundert Mann zur Beobachtung. Der christliche Ritter ruft Gott im Gebet an, und dann sprengen die beiden mit eingelegter Lanze aufeinander los. Nachdem die Lanzen beim ersten Stoß zersplittert sind, geht es mit dem Schwert Mann gegen Mann. Plötzlich kommt ein Pfeil von den Wenden geflogen und tötet des Sachsen Roß. Aber als der Wende auf den Ritter heransprengt und ihn von oben niederhauen will, da rafft sich der wackere Kunrat auf und stößt jenem das Schwert unter die Achsel, daß er tot vom Pferde stürzt. Der Sieg scheint gewonnen. Aber nun sprengen jene hundert Wenden auf den deutschen Ritter los. Als das seine Gefolgsmannen sehen, da sind sie auch nicht faul und eilen ihm zu Hilfe, die Heere auf beiden Seiten nach, und bald ist der Kampf allgemein. Mit der größten Erbitterung und Tapferkeit wird gefochten bis an den Abend. Aber die Christen drangen siegreich immer weiter vor und vertrieben die Wenden. (207)

Die klugen Bürger von Soltau

Vor nun bald 400 Jahren lebte einer der vormaligen Herzöge von Lüneburg, Heinrich der Mittlere genannt, in Unfrieden mit dem Herzog Erich von Braunschweig. Dieser fiel mit seinen Leuten ins Lüneburgische ein

Schafzucht und Jägerei. Holzschnitt aus: Vergilius, Opera. Straßburg 1502

und brannte und sengte alles nieder, wo er hinkam. Zuletzt kam er auch nach Uelzen und wollte von da über Soltau ins Stift Verden hinein, da der Bischof daselbst sein Freund war und Heinrich von Lüneburg höllisch mit seinen Leuten hinter ihm hergebraust kam.

Die Leute in Soltau waren in großer Angst, da sie vernahmen, daß der grausame Herzog Erich herankomme, und der Rauch von brennenden Dörfern ihnen sein Nahen verkündete. Sie dachten nämlich, es werde ihrer Stadt ebenso ergehen, wenn der Herzog mit seinem Heere käme, und sie könnten ihn doch nicht abwehren.

Nun waren aber einige wackere Soltauer Bürger da, welche nicht so traurige Gedanken hegten und meinten, sie könnten durch List den ganzen Haufen der Braunschweiger davonjagen. Sie nahmen also ein großes Laken, banden es an eine lange Stange, dazu drei Musketen, die einzigen im ganzen Ort, und einen großen Kessel und machten sich damit frühmorgens auf den Weg nach Uelzen, wo der Harbersche Sandberg sich durch die Heide hinzieht. Auf diesen Berg stellten sie sich und warteten auf die Braunschweiger, deren ersten Leute sie auch bald gewahr wurden. Dann ließen sie ihr großes Laken im Winde wehen und schossen mit den Musketen in einem fort und machten dabei mit ihrem Kessel einen schrecklichen Lärm.

Als die Braunschweiger die große Fahne sahen und den Lärm hörten, erschraken sie und meinten, daß das ganze Lüneburger Heer hinter dem Berge wäre und gegen sie heranziehe. Sie kehrten also eilig um und machten lieber einen Umweg ums Moor über Hötzingen nach dem Verdenschen zu. Auf diese Weise gewann aber Herzog Heinrich Zeit, mit seinen Lüneburgern heranzukommen und die Braunschweiger beim Wieh, zwei Stunden von Soltau, ganz nahe an der Stiftsgrenze, zu überfallen und zusammenzuhauen, so daß ihr ganzes Heer zugrundeging und sich zerstreute. Herzog Erich aber ward gefangen genommen und nach Soltau gebracht.

So kam es, daß die klugen und tapfern Soltauer Bürger nicht nur ihre Stadt retteten, sondern auch daß Herzog Heinrich die Braunschweiger erwischte und schlug, ehe sie ins Verdensche kamen, wo sie sicher gewesen wären, weil Heinrich das fremde Gebiet nicht betreten durfte. (208)

Der Heidenhof bei Soltau

En Kerken hett dar bi'n Heienhoff stahn, dar hew ick woll ins vor lange Jahrn mal von vertellen hört. Dat is awer all lange, lange her, to 'ne Tid, as de Heienhoff dar noch gar nich stünn, und allens man brake Heide weer. Dar wahn in Dittmern 'n riken, riken Buurn, de harrn Wäswark noch grötter as Meyer up'n Stibshoorn (Stübeckshorn), un 'n junge, dralle Froo harr he sik nahmen, so moje und schön, datt 'r en schönere in'n ganzen Lümbörgschen nich to finnen wör. Nu wör dat up'n Sönndagmorn in'r Sommerstid, so um Jakobsdag rüm, da weer de Buur mit Pärd und Wagen na Soltau tiert, na 'r Kerken. Sin lüttje Froo wör dittmal in'n Huse bläben, un as se nu allens to'n Mittag rüst harr un dachte, dat ehr Mann woll kamen könn, dar güng se ut'n Huse, üm em en Flaag intomöte to gahn. Se güng un güng un keem up de Heide. De leeg so still un klar, wie se ehr noch nich ins vörkamen wör. Datt wör, as wenn de roden Heideblomen ok Sönndag fiern. De Leerken weern ok still; de harrn ehr Morgenleed all sungen. De Immern fiern likerwiese; kort, dar weer keen Lud up'r Heide, und de junge Froo meende, se konn de Engels dar baben singen hören. Aber heet weer dat ok, keen Togwind weer in den Braam und in de Machannelbüsch to spör'n. De lüttje Froo kiek un kiek in de Heide nut na Soltau nöwer; awer keen Mann, keen Pärd un Wagen wör to sehn. Se plück sick to'n Tidverdrief Heidebloomen un leep in ehre Dralligkeit von eenen Busch na'n annern. So wör se bald in de Gegend kamen, wo nu de Heienhoff liggt, un da öwermannde se de Mödigkeit. Dar stünn en groten Machannel, un in den Machannel dar klatter en Brummelbeerbusch mit sin hakigen Twiegen henup. Dat geww doch en bäten Schutz vör de heeten Sünnenstrahlen; dar woll se sick en Ogenblick dalsetten un verhaalen. Man ut den lüttjen Ogenblick wörr en groten, un immer noch seet se dar, dach' an den schönen Sönndag – an ehren Mann, dö nu bald kamen möß – an ehr lüttjet hübschet Kind to hus in'r Weegen – un denn sleep se in. Wo lange se slapen harr, dat wüß se nich; man ehr wör dat so, as harr ehr liese, liese eener üm den Arm faat't un drückte ehr. Se däh de Ogen up und kreeg en Schreck, dat se schier verlaamde. Uem ehren Arm leeg wie son vergollt Armband en Adder (Otter, Kreuzotter), de mit de spitzigen Tungen spälde un den blanken Kopp up ehren Arm hen un her glieden leet, as söch se de beste Stäe, üm to stäken. De lüttje Froo kreeg en Dodesschreck, un in ehre Angst dä se dat Löffnis, dat se en christlich Wark dohn woll, wenn use Herrgott ehr düttmal noch an'n Lewen leet. Denn füll se in Ahnmacht un bleew stif as 'n Steenbild sitten. Un dat wör ehr Glück – dat giftige Deert güng weg, so as 't kamen wör. As se upwaakte, da harr ehr wedder een üm den Arm und Hals faat't, dat wör ehr Mann, de eben mit sinen Wagen von Soltau trüggkamen weer un ehr to sinen Schreck wie dood an'n Weeg funnen harr. Wo wör de Froo glücklich, un erst ehr Mann, de se leew harr as sinen Oogappel. Wat sin Froo in ehre Todesangst verspraken harr, dat hewwt de beiden holen. De rike Buur boode de lüttje Kerken to'n Heienhoff, un de Kerken hett dar lange stahn, bät se ok toleßt bofällig worrn un afbraken is. Dat is awer ok woll lange, lange Tied her; awer so väl is gewiß, datt dat siet düsse Tied in de ganze Heidmark keen Addern mehr giwt. (209)

Hermann Billung

In der Umgebung des freien Sattelhofes Stübeckshorn, zwei Stunden von Soltau, hat sich unter den Landleuten folgende Sage erhalten, die angeblich einer geschriebenen Chronik des Hofes entnommen ist. Kaiser Otto der Große befindet sich einst auf der Reise nach Soltau. Er fährt über den Hof zu Stübeckshorn und will seinen Weg quer über das benachbarte Feld nehmen. Hier hütet aber Hermann, der junge Sohn des Meiers, die Schafe und wie er die Absicht des Kaisers bemerkt, stellt er sich mit seinem Hirtenstock, an welchem ein kleines Beil befestigt ist, den Pferden entgegen und droht, beim Weiterfahren sofort mit seinem Beil einzuhauen. Diese Keckheit des Knaben gefällt dem Kaiser. Er nimmt ihn mit sich an den Hof, macht ihn zum Edelmann und nennt ihn – Hermann Billung (Beil = Biel, Bill). Das ist der wahre Ursprung des berühmten Geschlechts. Hermann Billung nahm zu in allen Tugenden, bewies sich rechtschaffen und fromm, so daß alle Leute ihn liebgewannen. Da befahl ihm Kaiser Otto seine Kinder, daß er sie auferzöge. Danach setzte er ihn zum Richter über ein besonderes Land. Er regierte und richtete so recht, daß alle Leute ihn fürchteten. Da der Kaiser ausziehen mußte gen Rom und Italien, befahl er diesem Hermann das Land zu Sachsen. Fünf Jahre blieb der Kaiser aus und Hermann regierte zu jedermanns Freuden. Als Otto wiederkam, der Graf gestorben und sein Land an den Kaiser gefallen war, da beschloß er in seinem Rat, daß er Hermann von Stübeckshorn zum Herzog an Gero's Stelle machen wollte. Also gab ihm Otto zum Wappen einen blauen Löwen in einem goldenen Feld; Herzog Hermann wohnte in Lüneburg und der Kaiser gab ihm das Land an der Elbe. (210)

Der kluge Gemeindediener von Jeversen

Von den klugen Bauern in Jeversen bei Winsen a. d. Aller erzählt man sich im Winsener Kirchspiele dieselben lustigen und drolligen Schwabenstreiche, wie man sie den Schildbürgern, Schöppenstedtern, Rehburgern, Jühndern, Bramelern usw. in die Schuhe schiebt. Den drolligsten dieser Streiche will ich hier mitteilen, muß aber im voraus meine lieben Freunde in Jeversen bitten, mir mein Ausplaudern nicht übelnehmen zu wollen, sondern lieber tüchtig mitzulachen, wenn ihnen die Heldentat ihres schon seit vielleicht Jahrhunderten selig entschlafenen Gemeindedieners zu Ohren kommt. Also es war einmal in Jeversen ein Gemeindediener und der war von seinem Vorsteher beauftragt worden, in einem wohlverschlossenen Kasten die Gemeinde-Gefälle und Abgaben nach dem Amte zu Winsen zu tragen, natürlich mit Bitte um Quittung. Den Schlüssel zu dem Kasten hatte ihm sein Vorsteher schon vorher fürsorglich in seine große Westentasche gesteckt, und so trabte denn unser Freund wohlgemut auf sein Ziel, das liebe Winsen mit seinem weithin sichtbaren Kirchturm los. Auf der Mitte des Weges jedoch – es war ein schöner Frühlingsmorgen – hört er auf einmal den Kuckuck rufen, aber so schwach und in so weiten Zwischenräumen, daß es den klugen Gemeindediener dauert, und er, um das Kuckucks-Gerufe in gehörigen Schwung zu bringen, auf einen Baum steigt und von da aus dem Kuckuck bei seiner interessanten Beschäftigung hilft, d. h. aus Leibeskräften tüchtig »Kuckuck!« mitruft. Geht aber derweil unten am Baum ein fremder Wandersmann vorüber, der sieht da den Kasten liegen, nimmt ihn auf und will damit forteilen. Oben im Baum der Gemeindediener sieht das mit an, läßt ihn auch ruhig gehen, nur ruft er ihm hohnlachend nach: »Lop du man henn, den Slöttel (Schlüssel) hebb ik jo bi mi!« (211)

Hinzelmann auf Hudemühlen

Im Lüneburger Land auf dem Schlosse Hudemühlen über der Aller begann man im Jahre 1584 zuerst einen Poltergeist zu spüren, der seine Anwesenheit durch allerlei Pochen und Lärmen kund gab; dabei aber ließ er es nicht lange bewenden, sondern er begann zu reden und zu sprechen, erst mit dem Gesinde, dann auch mit dem Schloßherrn, endlich auch mit fremden Gästen, was im Anfang allen gar graulich vorkam, unverhofft

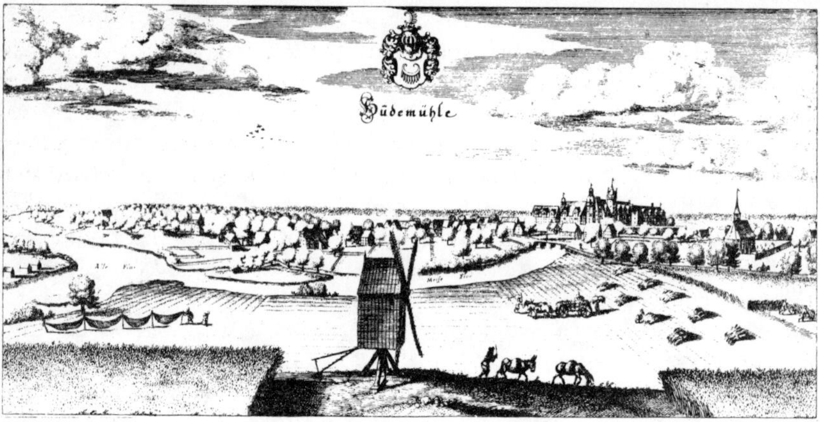

Hudemühlen an der Aller. Kupferstich von Matthaeus Merian 1654

eine Stimme bei sich im Zimmer oder in der Küche vernehmlich reden zu hören und doch keinen Redenden zu erblicken. Da aber diese Stimme fein war wie die eines Kindes, da der Spukgeist niemand beleidigte, oft lachte, Kurzweil trieb, auch sang, so wurden die Schloßgenossen allmählich an ihn gewöhnt, so daß sie sich nicht mehr fürchteten und an ihn die Frage wagten, wer und woher er sei, wie er heiße, was er gerade auf Hudemühlen zu schaffen habe. Darauf erwiderte er, daß er vom böhmischen Gebirge komme, dort sei seine Gesellschaft, die wolle ihn nicht leiden, deshalb sei er ausgewandert, bis sich seine Sachen in der Heimat besserten. Er heiße Hinzelmann, auch Lüring, und habe eine Frau, die heiße Hille Bingels, von der er jetzt getrennt lebe. Einst werde er sich auch sichtbar zeigen, jetzt passe es ihm noch nicht.
Das war nun dem Schloßherrn und dem Gesinde auf Hudemühlen verwunderlich anzuhören, mit so einem seltsamen Gesellen zusammen zu leben, der nicht daran dachte, seinen Abzug bald zu nehmen, und da dachte der Schloßherr, du willst ihm aus dem Wege gehen und nach Hannover ziehen. Ließ also den Reisewagen zurichten und fuhr nach Hannover zu. Auf der stillen, öden, menschenleeren Strecke zwischen Essel und Sprockhof sahen Kutscher und Diener fort und fort eine kleine weiße Flaumfeder neben dem Wagen herfliegen, und wußten gar nicht, wie das zuging, daß diese Feder den Wagen begleitete. Als nun der Schloßherr eine Nacht in Hannover zugebracht hatte, war seine goldne Halskette fort. Er beschuldigte die Leute im Hause, der Wirt aber verlangte Beweis oder Genugtu-

ung. Tief verstimmt darüber saß der Schloßherr auf seinem Zimmer, da fragte es neben ihm: Warum bist du traurig? Wohl wegen der Kette, so dir fehlt? – Wie? Du bist hier, Hinzelmann? Wo ist die Kette? – Sahst du nicht die weiße Feder, die neben deinem Wagen flog? – fragte der Geist. – Das war ich, und ich folgte dir zu deinem Besten! Die Kette hast du gestern abend selbst unter dein Hauptkissen gelegt. – Und siehe, es befand sich also. Dem Schloßherrn war zwar lieb, daß die Kette wieder da war, aber daß Hinzelmann da war, das war ihm nicht im mindesten lieb, und er beschloß, wieder auf Schloß Hudemühlen zurückzureisen, da er dem Kobold nicht entgehen konnte. Auf dem Schlosse Hudemühlen nun verwaltete Hinzelmann den Küchendienst in musterhafter Weise; er spülte auf, kehrte, scheuerte, putzte, mahnte Knechte und Mägde zum Fleiße an, teilte wohl auch nötigenfalls Schellen aus, pflegte auch die Rosse, wusch, kämmte, striegelte sie, daß sie zunahmen und glatt und glänzend aussahen, wie die Aale. Hinzelmann war gern fröhlich mit den Fröhlichen, sang Reimverschen und Scherzlieder, neckte gern, doch ohne Tücke, und hatte wohl seine Freude daran, wenn das Gesinde aneinandergeriet, hetzte auch wohl ein wenig zu, und ließ die Schläge, die es dann gegenseitig setzte, bis zu roten Striemen und blauen Flecken gedeihen, aber nicht weiter, daß Gesundheit und Leben nicht litten. Wenn die Gäste einander in die Haare gerieten und vom Leder ziehen wollten, konnten sie die Degen nicht aus den Scheiden bringen, oder es fand sich kein tödliches Gewehr, weil der Hinzelmann alles versteckt hatte. Einen Edelmann, der sich vermaß, den Hinzelmann mit Hilfe einiger Bewaffneten auszutreiben, foppte der Geist weidlich, und schreckte ihn dann in Gestalt einer großen Schlange. Als aber gar ein Teufelsbanner kam, der ihn mit Formeln wegplappern wollte, so riß ihm der Geist das Beschwörungs-Buch in hundert Fetzen, warf diese im ganzen Zimmer herum, und kratzte den Banner blutrünstig, gleich als sei er eine böse Katze.

Dem weiblichen Geschlecht war Hinzelmann sehr gewogen und sehr freundlich und umgänglich mit demselben. Besonders erfreuten sich die Schloßfräulein Anna und Katharine seiner Gunst; er unterhielt sich gern mit ihnen, begleitete sie, wenn sie über Land fuhren, als Flaumfeder, ja er schlief zu ihren Füßen auf ihrem Deckbett. Es war aber diese Neigung des Geistes für die beiden Jungfrauen von äußerst lästiger Art, denn er verscheuchte ihnen alle Freier und es ist dahin gekommen, daß sie beide ledig geblieben und ein hohes Alter erreicht haben. Hinzelmann warnte manchen vor Unglück und Schaden, so einen tapferen Obersten, der zum Besuche nach Hudemühlen kam und ein großer Jagdfreund war. Derselbe rüstete sich zu einer Jagd, als Hinzelmann sich vernehmen ließ: Thomas, siehe dich im Schießen vor, sonst trifft dich ein Unglück. Der Oberst achtete der Warnung weiter nicht, aber bei der ersten Jagd zersprang ihm beim Abdrücken auf ein Wild die Büchse, und schlug ihm den Daumen weg.

Da der Schloßherr wiederholt in Hinzelmann drang, sich ihm doch einmal zu zeigen, oder sich mindestens anfühlen zu lassen, gab auf langes Drängen und Bitten Hinzelmann endlich nach, und sagte: siehe, da ist meine Hand. – Da fühlte der Schloßherr hin, und es war ihm, als fühle er die Finger einer kleinen Kinderhand, aber kalt, und blitzschnell zog der Geist sie zurück. Als nun der Herr auch bat, ihm sein Gesicht befühlen zu dürfen, und Hinzelmann es zugab, so tastete der Herr an einen kleinen kalten Schädel, der ihm fleischlos zu sein schien, ehe er aber deutlich fühlen konnte, war der Schädel zurückgezogen.

So ungern und so wenig Hinzelmann sich Erwachsenen zeigte, und dann meist schrecklich, so gern gesellte er sich sichtbarlich als ein schönes Kind unter Kinder, spielte mit ihnen, hatte gelbes Lockenhaar bis über die Schultern hängen und ein rotes Sammetröcklein an. Wenn aber Erwachsene seiner gewahr wurden, schwand er sogleich aus dem Kinderkreis. Als der Geist vier Jahre lang auf Hudemühlen zugebracht, schied er freiwillig und verehrte noch vor dem Scheiden dem Schloßherrn dreierlei Andenken, das war ein kleines Kreuz von Seide geflochten, fingerslang, inwendig hohl, und gab geschüttelt einen Klang von sich, dann ein sehr kunstvoll geflochtener Strohhut und endlich ein lederner Handschuh mit Perlenstikkerei in wunderbaren Figuren. So lange diese Stücke in guter Verwahrung beisammen blieben, solle des Hauses Geschlecht blühen und wachsen, würden sie aber mißachtet und verzettelt, so würde das Gegenteil stattfinden. Diese Stücke sind hernach im Besitz der beiden alten Fräulein Anna und Katharine geblieben, und von ihnen bis zu ihrem Tode gar hehr gehalten, und nur selten gezeigt worden, dann fielen sie an ihren Bruder, der sie überlebte, zurück, kamen auf dessen einzige Tochter, die sich vermählte und sind dann wahrscheinlich verstreut worden. Hinzelmann schied im Jahre 1588 von Hudemühlen, und soll hernach in Eystrup, in der Grafschaft Hoya, seinen Aufenthalt genommen haben. (212)

Das Bild im Rathaus zu Celle

Im Rathaus der Stadt Celle in der Provinz Hannover befindet sich ein in Öl auf Holz gemaltes Christusbildnis, das die Unterschrift trägt: Ihr sollt nicht falsch schweren bei meinem Namen und entheiligen den Namen Deines Gottes, denn ich bin der Herr. Levitic: 19. An. 1606. – Über dieses Bild berichtet ein in der Celler Kirchen-Bibliothek aufbewahrtes Schriftstück folgende merkwürdige Geschichte: Es hat im Jahr 1684 zu Celle auf dem Rathaus nachfolgender sehr merkwürdiger Fall sich begeben. Als der dortige Rat bei dem Echterding (Gerichtsverhandlung) den Groß-Voigt und andere vornehme Gäste der Gewohnheit nach tractiret und einer unter denselben (den man wegen seiner sonst guten erudition und vornehmen Standes halber zu nennen Bedenken trägt) sich einiger lächerlicher Reden über den christlichen Glauben vernehmen lassen und derselbe deswegen von einem anwesenden Stadt-Prediger correctioniret und ermahnet, davon still zu schweigen und den umstehenden Dienern keine ferneren Ärgernisse zu geben, unter anderen auch scherzweise zu ihm gesagt: Er solle bedenken, daß der Salvator (welches ein in einem Rahmen von 3 Fuß hoch gefaßtes und gerade hinter ihm an der Wand mit Nägeln angeheftetes Bildnis Christi, die Weltkugel mit einem Kreuze in der Hand haltend, gewesen) hinter ihm stünde und alles angehört, was er geredet. Er aber habe geantwortet: Er schere sich viel um den Sakramentischen Salvater. Hat's sich zugetragen, daß eben zu der Zeit in dem Moment, da besagter Mann solche lästerlichen Reden geführet, obenerwähntes Bild herunter und platt auf seinen Kopf, so er zum guten Glück mit dem Hut bedekket, gefallen, worauf derselbe ganz still geworden, und solcher unbedachten Reden halber einige Reue geschienen. Dieses habe ich, Bürgermeister Tiedemann, nebst allen anwesenden Gästen und Dienern, wovon noch verschiedene im Leben, selbst angehöret und gesehen. (213)

Der Gefangene im Celler Schloß

Vom Schlosse zu Celle führt ein unterirdischer Gang nach dem Kloster Wienhausen. Von diesem Gang wird folgende Sage erzählt: In früheren Zeiten, als noch Herzöge zu Celle regierten, hatten sie einstmals einen Gefangenen ins Burgverließ stecken lassen, er wurde denn auch wegen getaner Missetaten zum Tode verurteilt. Als nun der Tag der Hinrichtung nahe kam, da appellierte er an den Herzog und sagte: »Ach, laßt mich doch leben, ich will auch alles tun, was Ihr von mir wünschen und verlangen mögt!« Da wurde der Herzog gerührt und ließ dem Gefangenen sagen: »Wohlan, du sollst begnadigt sein unter der Bedingung, daß du von hier aus in dem unterirdischen Gang nach Wienhausen gehst; kommst du dort richtig an, so sei dir dein Leben geschenkt!« Des war der Gefangene zufrieden und der Fürst ließ ihm eine Glocke auf den Rücken binden und eine Trommel in die Hand geben, und so mußte er fortmaschieren und die Trommel tüchtig rühren! Oben über dem Gang ging aber ein Ritter, der mußte hören, ob der Gefangene auch weiter ginge und trommele; das Trommeln konnte der auch eine gute Weile vernehmen. Als der Ritter jedoch an die Aller kam, da vernahm er einen lauten Schrei aus dem Gang, – und niemand hat nachher wieder etwas von dem Gefangenen gesehen noch gehört. (214)

Die Schatzjungfrau von Celle

Auf dem halbzerfallenen Wall der alten Burg Celle läßt sich in Mondscheinnächten eine weiße Jungfrau sehen, die geht händeringend auf und ab, und nur den, der auf sie zugeht, winkt sie zu sich heran; es hat aber noch niemand den Mut gehabt, mit ihr zu gehen, obgleich man meint, durch sie in den Besitz eines Schatzes gelangen zu können. Von der Hebung dieses Schatzes hängt ihre Erlösung ab.
Ein alter Schäfer hat eines Mittags auf dem Walle ein totes Pferd liegen sehen, das war mit goldenen Hufeisen beschlagen. Hätte er nun gleich seine Mütze oder sein Messer oder irgendeinen andern ihm gehörigen Gegenstand auf den Kadaver geworfen, hätte er sich in pures Gold verwandelt, und er wäre ein steinreicher Mann geworden. Aber er hatte Furcht und ging vorüber, und als er nach einiger Zeit wiederkam, um das Versäumte gutzumachen, war das Pferd verschwunden.
Einige Venetianer, die zur Zeit des letzten Herzogs von Celle dort arbeiteten, waren geschickter im Schatzheben. Sie fanden bei ihren Grabungen im Wall eine goldene Wiege, mit der sie schleunigst die Rückreise in ihre Heimat antraten. Dem Fuhrmann, der die schwere Last in finsterer Nacht von Burg nach Celle schaffte, schenkten sie ein Bein von der Wiege als Fuhrlohn, der war Zeit seines Lebens ein reicher Mann. (215)

Marktplatz und Rathaus in Celle. Gezeichnet von J. F. Lange, in Stahl gestochen von J. Riegel. Aus: Das Königreich Hannover in malerischen Original-Ansichten. Darmstadt 1850

Stechinelli von Wieckenberg

Herzog Georg Wilhelm von Celle war in seiner Jugend ein lebenslustiger fröhlicher Herr, der die Jagden und Feuerwerke, die Bälle, Konzerte und andere Belustigungen am üppigen Hof von Versailles den einförmigen kalten Vergnügungen seiner Residenz bei weitem vorzog und lieber an dem Theater zu Mailand und auf dem Karneval zu Venedig sich ergötzte, als im unfreundlichen Norden auf die trockenen Mahnungen seiner Räte hörte. Auf einer seiner Reisen befand er sich zu Venedig, als auf einem Spaziergang ein zerlumpter Bettelknabe, Francisco Maria Capellini Stechinelli, ihn um ein Almosen anflehte. In froher Laune warf der Herzog dem Knaben ein Goldstück zu. Bestürzt über die Freigebigkeit reichte ihm der das Gold zurück, indem er sagte, der Herr werde sich geirrt haben, das sei kein Geschenk für einen Bettler: »Ist es Dir zuviel?« antwortete Georg Wilhelm lächelnd, »so wechsele es und gib mir das Übrige heraus.« Der Knabe sprang davon und der Herzog setzte, ohne weiter an den Vorfall zu denken, seinen Weg fort. Plötzlich hörte er in weiter Entfernung hinter sich rufen. Er sah sich um und erblickte den Bettelknaben, der außer Atem hinter ihm hergeeilt war und treuherzig die gewechselte Münze darbot.

Erstaunt über die ungewöhnliche Ehrlichkeit des Knaben schenkte der Herzog diesem nicht allein das gewechselte Geld, sondern versprach ihm während seiner Anwesenheit in Venedig für ihn sorgen zu wollen. Oft sah der Herzog nach dem Bettelknaben, der bald Gelegenheit hatte, seinem Wohltäter sich dankbar zu zeigen. Zwei venetianische zurückgekommene Bürger nämlich hatten den Anschlag gemacht, den Herzog zu berauben und zu ermorden. Der Bettlerknabe hatte hiervon gehört und meldete es dem Herzog, welcher so der ihm drohenden Gefahr entging. Georg Wilhelm, hierdurch noch mehr auf den Knaben aufmerksam gemacht, ließ ihm Livree reichen, nahm ihn mit nach Deutschland, ließ ihn hier unterrichten und schickte ihn später auf die Universität. Danach nahm er ihn in seine Dienste, erteilte ihm, der sich stets als treuer redlicher Diener zeigte, vielfache Gnadenbezeigungen, belehnte ihn mit dem Generalpostamt, ernannte ihn zum Drosten und vermittelte, daß er am 11. Juni 1688 von dem Kaiser Leopold als Freiherr Stechinelli von Wieckenberg in den Adelstand erhoben wurde.

So treffliche Eigenschaften auch der Günstling besaß, so geschah es doch oft, daß er später vom Hochmut ergriffen wurde und dann nicht allein den Untertanen Georg Wilhelms trotzig entgegentrat, sondern auch nicht selten die dem Herzog schuldige Ehrfurcht außer Acht ließ. Bei einer solchen Gelegenheit ließ Georg Wilhelm einst das sorgfältig aufbewahrte Bettlergewand Stechinellis in ein Nebenzimmer bringen, öffnete die Tür dorthin, zeigte ruhig auf die Lumpen und fragte den bestürzten Stechinelli, ob er sie kenne. Erschüttert fiel dieser dem Herzog zu Füßen, flehete um Gnade und mißbrauchte sie, als ihm Verzeihung wurde, fortan nicht wieder. (216)

De letzte Herzog von Celle

Et sind nu all mehr as tweihundert Jahre her, da lewe in Celle de letzte Herzog von Lüneburg-Celle, dei heet Georg Wilhelm. Dei harre de Gewohnheit an sick, dat hei mit sinen Lüden noch jümmer plattdütsch snak-

Das königliche Schloß in Celle. Gezeichnet von G. Osterwald, in Stahl gestochen von E. Willmann. Aus: Das Königreich Hannover in malerischen Original-Ansichten. Darmstadt 1850

ken dä. As se öm mal fragt hefft, worüm hei nich hochdütsch anfangen wull mit jüm to spreken, sä hei: »Ick kann jüm plattdütsch veel beter tau verstahn geven, wo leiv ick se he heff, un wenn ick mal groff wern mutt, geiht dat plattdütsch veel duller.«

Düsse Herzog dräup in de Hei'e, dor bi Esche rum, mal einen Schaper, dei öm vertellt, dat hei man sau wenig verdeine. De Herzog sä: »Kannst du denn nich nebenbi noch en beten verdeinen? Du must anfangen tau doktern, dat schall am meisten Geld bringen. Süh mal, am sichersten is, du makst dick von Talg un Swinfett einige Salven; in einige Gläser deist du Öllig, in annere Wallmanschet Teer; as Plaster nimmst du Adderhut, as Krankentee verschiedene Krüter tosamengemischt. Tauirst geihst du von sülmst to de Kranken in de Hüser, smerst jüm mit de Salv in, wo't jüm weih deit, un deist sau, as wenn du ok bespreken künnst. Kannst dorbi henmormeln: Helpt et nich, so schad't ok nich; must blos tauseihn, dat man dick nich versteiht.« De Schaper säe, hei wolle sick dat överleggen, un de Herzog, de öfter en Schelm was, lache sick einen ünnerwegs, as he över Garßen na Hus henfäure. – Düt wör im Jahre 1675.

Sesuntwintig Jahr naher wör de Herzog mal swer krank, un alle Doktors in Celle können öm nich helpen. Hei harre ein Geswür in'n Liev. Do leit sine Fru, Herzogin Lenore, heimlich ut de Gegend von Esche den klauken Doktor herkomen, von dem man sick vertelle, dat he fräuher Schaper wesen wör. Irst woll de Schaperdoktor gor nich rin; hei dachte, de Herzog kenne öm noch. Tauletzt wage hei et doch. De Herzog aber kenne öm nich mehr; he lag, as wenn he all benah dot wör. De Herzogin wies öm nu de Stäe, wo dat Geswür in'n Lieve satt, un ging rut. Ganz drieste güng de Minsche nu dorbi, smer von de Salve up un rieve den Herzog feste in un brumme dorbi in den Bart: »Helpt et nich, so schad't ok nich!« Irst harr de Herzog gor nich henhört. As de Doktor aber ümmer rascher rieven un ümmer duller brummen dä, markt de Herzog, dat de Doktor plattdütsch sprickt, un versteiht et ok balle un erinnert sick, dat he bi Esche up'r Hei'e düssen Minschen sülmst besnackt had, dat Doktorn antofangen. Un nu mut de Herzog doch so furchtbar lachen, dat he irst gor nich wedder uphören kann; sin ganze Körper schüttert sick. Dorbi is denn dat Geswür open braken, un de Herzog was all den annern Dag up'r Beterung. In'n por Weken könn he all wedder up'e Jagd gahn. Veer Jahr had he noch levt un mit sinen Schaperdoktor noch öfter vergnäugt snackt. (217)

Eulenspiegel und der Herzog von Lüneburg

In Celle im Lüneburger Land verübte Eulenspiegel manche Büberei, so daß ihm schließlich der Herzog von Lüneburg das Land verbot und bekanntgab, wo man ihn in seinem Lande finde, da solle man ihn fangen und kurzerhand henken. Eulenspiegel mied aber das Land trotzdem nicht; wenn ihn der Weg dorthin führte, so ritt oder ging er ruhig hindurch. Nun begab es sich auch einmal, daß er durch das Lüneburger Land hindurchrei-

Eulenspiegel und der Herzog von Lüneburg. Holzschnitt aus Fischart, Eulenspiegel Reimensweiß. Frankfurt 1573

ten wollte, da begegnete er dem Herzog, und als er sah, daß es der Herzog war, dachte er bei sich: »Ist's nun einmal der Herzog, so nützt dir keine Flucht mehr, denn du wirst von den Gäulen überholt und vom Pferde gestochen, und schließlich kommt der Herzog voller Zorn und henkt dich an einen Baum.« So überlegte er nicht lange, stieg vom Pferd, schnitt ihm den Bauch auf, tat die Eingeweide heraus und stellte sich in den Rumpf. Als sich nun der Herzog ihm näherte, sprachen die Leute seines Gefolges zu ihm: »Seht, Herr, dort steht Eulenspiegel in einem Pferdefell!« Da ritt der Fürst an ihn heran und sprach: »Bist du doch wieder da? Was tust du in dem Aas da? Weißt du nicht, daß ich dir mein Land verboten habe, und, wenn man dich darin findet, ich dich an einen Baum hängen lassen wolle?« Eulenspiegel antwortete: »Gnädigster Herr und Fürst, ich hoffe, Ihr wollt mir mein Leben schenken; so Böses habe ich doch nicht getan, das Henkens wert wäre!« Der Herzog sprach zu ihm: »Komm her zu mir und sag mir deine Unschuld! Und was hast du damit im Sinne, daß du in so einem Pferdefell stehst?« Eulenspiegel kam hervor und antwortete: »Gnädiger und hochgeborener Fürst! Ich fürchte Eure Ungnade und habe große Angst vor Euch. Aber ich habe mein Lebtag gehört, daß jedermann in seinen vier Pfählen Frieden haben soll.« Da mußte der Herzog lachen und sprach: »Willst du nun wohl aus meinem Lande bleiben?« Eulenspiegel sprach: »Gnädiger Herr, wie Euer fürstlich Gnaden will.« Der Herzog ritt weiter und rief ihm zu: »Bleib, wo du bist!« Da sprang Eulenspiegel eilends aus dem Pferd und redete es an und sprach: »Hab Dank, mein liebes Pferd, du hast mir davongeholfen und mir mein Leben gerettet! Und hast mir noch dazu wieder einen gnädigen Herrn gemacht! Lieg nur hier; es ist besser, daß dich die Raben fressen, denn daß sie's mir angetan hätten!« Und lief zu Fuß davon. (218)

Der Rammelsburger Kuttenzins

Die Rammelsburger Bauern waren gehalten, sich alljährlich an einem bestimmten Tage punkt elf Uhr nachts am Celler Tor einzufinden und ihr Erscheinen durch den Ruf anzuzeigen: „Wir bringen den Thomaspfennig, den Kuttenzins.“ Darauf, sobald die Glocke ausgeschlagen hatte, wurde ihnen geöffnet, und nun ging es unter gleichem Geschrei zur Amtsstube, wo der Amtmann das Geld in Empfang nahm, quittierte und sie mit kleinen Geschenken entließ. Das alles ging sehr eilig, denn noch vor Mitternacht mußten die Bauern wieder vor dem Tor, der Amtmann aber mit dem Gelde auf der Post sein, um es, unbekannt wohin, zu senden. Andernfalls kostete jeder Pfennig eine Tonne neue Heringe als Brüche. Über den Ursprung dieses Brauches wird folgendes berichtet: Die Rammelsburger Bauern hätten einst die dortigen Mönche nächtlicherweise mit ihren Weibern und Töchtern überrascht und kurzerhand erschlagen. Als dann die

Sache in Celle zur Sprache und Klage kam, wurden sie zur alljährlichen Ablieferung »eines alten kleinen kursächsischen Pfennigs in derselbigen Nacht« verurteilt. So geschah es wenigstens noch im Jahre 1785. (219)

Bergteer in der Lüneburger Heide

Ein Cellescher Arzt, Taube, gab im Jahre 1766 seine »Beiträge zur Naturkunde des Hertzogthums Celle« heraus. In denselben beschreibt er unter anderem auch die Teerquellen in Wietze. Sie sind mindestens schon seit 1670 im Betrieb, denn noch heute sind im Besitze der Familie Wallmann die alten Zettel von damals, in denen einem Wallmann die Entrichtung einer Abgabe von der »Teergrube« bezeugt wird. ... Bei den Gruben in Steinförde erfuhr ich noch, wie die zuerst erwähnten Wallmannschen Teerlöcher gefunden sein sollen. Ein Vorfahr der W. hatte einmal vergessen, vor der Ausfuhr auf den Acker seine Ochsen zu tränken, und als er so um die Frühstückszeit hinter dem Wagen saß und ruhig schmauste, wurde der eine Ochse unruhig und wühlte mit seinen Hörnern in der Erde. Als er so eine große Heidebult hochwarf, quoll an der Stelle, wo er sie losgerissen, Wasser und Teer hervor. Schon am Nachmittag grub man an der Stelle nach und die Teergrube war entdeckt.
Der Bergteer, der sich im Celleschen findet, und welcher zu Steinförde und Wietze im Amte Winsen an der Aller und auch in andern Gegenden gegraben wird, ist ein sehr einträgliches Naturprodukt. Es ist von rötlich schwarzbrauner Farbe, und hat alle Eigenschaften des eigentlichen Bergöls. Es herrscht hierbei ein besonderer Aberglaube. Die Eigentümer fürchten nämlich, daß die Teerquellen versiegen werden, sobald man den Preis erhöht. (220)

Hier geiht et regas

Oft hört man in der Celler Gegend, wenn etwas der Reihe nach gehen soll, z. B. beim Kartenspiel, das Wort: »Hier geiht et regas, seggt de Ohlen-Celler Köster, da jog hei de Hunne ut'n Klocktorn.« Diesem Sprichwort liegt folgende Sage zugrunde:
Als einst ein Herzog von Celle eine Treibjagd bei Altencelle abhielt, lief

Kloster Wienhausen. Kupferstich von Matthaeus Merian 1654

ein von den Hunden verfolgter Hase in das nahe Dorf. Da ihm die Hunde dicht auf den Fersen waren, und er sich nicht anders retten konnte, lief er in die offenstehende Tür des Kirchturms und in diesem die Treppe hinauf, verfolgt von den Hunden, welche ihn oben auf dem Turm erreichten und ihn dort zerrissen. Der Küster, welcher sich gerade im Turme befand, war wütend über diese Störung des kirchlichen Friedens. Er jagte die Hunde mit Stockschlägen gegen die Schallöcher des Turmes und ließ sie nacheinander dort hinunterspringen. Als nun der größte Hund durch einen Sprung über die anderen weg sich der Schläge entziehen wollte, trieb ihn der Küster mit dem Ausruf zurück: »Hier geiht et regas! Immer regas!« (221)

Die Entstehung des Klosters Wienhausen

Das Kloster Wienhausen verdankt seine Entstehung der Pfalzgräfin Anna von Meißen, welche die Gemahlin war vom Pfalzgrafen Heinrich, dem ältesten Sohne Heinrichs des Löwen. Ursprünglich ist das Kloster in Nienhagen, einem Pfarrdorf an der Fuse, in der Nähe des Dörfchens Burg, angelegt gewesen. Als aber die ungesunde Luft und die durch die sumpfige Gegend erzeugten vielen Schlangen und sonstiges Ungeziefer den Aufenthalt unmöglich machten, da hat die edle Stifterin Gott angefleht und ihn gebeten, er möge ihr doch einen anderen und besseren Ort für ihr Kloster anzeigen. In einer Vision hat sie denn auch darauf die mit Dornen und Bäumen bewachsene Gegend des jetzigen Wienhausen erschaut, welche dem Edlen Berthold von Woldesburg gehörte. Auch war am anderen Morgen, als die Pfalzgräfin sich auf den Weg machen wollte, den Ort und den Platz für ihr Kloster zu suchen, nicht allein der Pfad dahin mit frischem Schnee bedeckt, sondern auf dem neuen Klosterplatz lag ebenfalls der blanke Schnee, und so konnte denn die fromme Stifterin nicht mehr im Irrtum darüber sein, wo der Neubau aufzuführen. Anfänglich ist jedoch Berthold von Woldesburg nicht geneigt gewesen, den Platz abzutreten, als ihm aber Pfalzgräfin Anna den in warmer Sommernacht darauf gefallenen Schnee gezeigt und an demselben Tag ihn zwei auf seinem Hause sitzende schneeweiße Tauben zur Nachgiebigkeit ermahnt, da hat er endlich das Wunder laut gepriesen, und sein Eigentum gern und willig zu dem frommen Zweck hergegeben. Das neue Kloster ward Wygenhausen geheißen, und zwar von den damals in dortiger Gegend zahlreichen Weihen oder Wygen, – und aus Wygenhausen ist später der Name Wienhausen entstanden. (222)

Werwölfe in der Heide

In Lachendorf hatte ein Bauer einen Knecht; der lag mit einem andern Knecht auf der Wiese hinterm Busch, und sie hielten Mittagsruhe. Da schlief der zweite Knecht beinahe ein, aber er blinzelte doch mit den Augen und sah, wie der andre Knecht einen ledernen Gürtel umtat und sich in einen Werwolf verwandelte, darauf fortlief, ein junges Füllen, das unten auf der Wiese graste, anfiel und fraß mit Haut und Haar. Wie er nun zurückkam, legte er sich neben den andern Knecht, der noch tat, als wenn er schliefe. Wie die Zeit um war, standen sie beide auf und mähten bis es Abend war. Darauf gingen sie zusammen nach Lachendorf, und unterwegs sagte der eine Knecht zum Werwolf: ich möchte mich doch nicht an lebendigem Pferde satt fressen. – Das hättest du draußen nicht sagen sollen, es wäre dir übel ergangen, sagte der Werwolfsknecht. Ein andermal stand der Knecht wieder von der Mittagsruhe auf, tat seinen Gürtel um und lief davon, aber da verfolgten ihn die Knechte, hetzten die Hunde auf ihn und schlugen ihn tot, weil er ein Werwolf war.

Die Menschen verwandeln sich in Werwölfe, indem sie einen Gürtel umlegen, und dann stehlen sie den Leuten allerlei. Den Knechten, die Korn auf dem Rücken tragen, nehmen sie das Korn ab. Ruft man einen Werwolf bei seinem menschlichen Namen, wenn man ihn nämlich weiß, so muß er so lange laufen, bis er umkommt. (223)

De Schimmel up de Momar-Brügge

De Schossee von Knäsebeck nah'm Wahremholte is sehr belewt, un et is vel Wankent da von Holt- un annern Fuhrwark – dat heet bi Tage. Denn bi Nacht mag da mannig eener nich recht wat to dauhn hebben – von wegen den Schimmel! Dat is nämlich eene gruselige Gegend. De Strate geiht dichte bi Vorhog dörch eenen dicken, düstern Wald, de Momar-Busch geheeten, un da is eene Brügge, de Momar-Brügge, de äwer eene brune, düstere Moor-Becke föhrt, un da uppe sitt in hellen Nächten, wenn de Mahn upp'n Brügge schient, een witter Schimmel. Un wer da lang kummt, den huckt de Schimmel up, un he mot den Schimmel dragen bet an de Grenze von'n Momar-Busch. Da is den Schimmel sin Macht to Enne. Awer wat besopene Minschen sind, de huckt he am lewsten up.
So vertellt de ollen Lüe – de Jungen willt ja an nicks mehr glöwen. Aber ick heww doch mehr as eenen kennt, von den et in Dörpe heet, dat he den Schimmel dragen hat. Awer as dat so is, wen't passiert is, de swiggt still, un de Lüe könnt vel snaken.
Ick heww een Schaulmester-Fründ, un de meent, dat bi düsse Geschichte eene ole heidnische Göttersage to Grunne liggt von eenen Watergott in Gestalt von een witten Schimmel mit een Rad in'n Schwanz; ick glöw' aber, dat dat een ganz gewöhnlicher Huckup is, as se öm nu in Pott-Hilmsen dat schöne Denkmal sett't hebben to'r Warnung vör de Stehle-Deew's. (224)

De Kinnerboom

Et is eene gottverlatene Gegend da an'n Kerkweg von Boitzenhagen nah Knäsebeck, awer et is schön, da to gahn an den Heidberg entlang mit de velen Machandeln un de olen, verkröppelten Fuhren. So geiht dat 'ne

Stunner twee immer dörch en Busch, un ick heww min Lewdag da keenen Minschen seihn as fun an en olen Stukenförster oder een Bickbeeren-Wiw. Un da is een Krüzweg mitten in'n Holte, wo et afgeiht nah de böbbersten Dörper un an den Krüzweg steiht een Ekboom, an den sine Telgen vele, vele bunte Bänner hängt, ole un nige, un dit is de Kinnerboom! Hier hewwt nu mal in olen Tiden de Boitzenhäger up'n Wege to'r Kinddöpe halt makt, um up de Gäste un Vaddern ut Ehra to töwen. Un weil dat kalt was, hewwt se erst alleen un nahsten mit de Ehr'schen to hoope bannig eenen nommen un, as se toletzt in Knäsebeck in de Kerke vor de Döpe staht, hewwt se keen Kind bi sick, dat hewwt se an'n Krüzweg vergetten! Un as nu en ritender Bote trügge jagt is, hat he dat Kind in'n deipen Snei unnern Ekboom rauhig slapen funnen, un bi öm hat een grotmächtiger Wulf setten!

So ward de Sak' vertellt, un to'n Andenken von düsse Geschichte mot bet hütigen Dags jede Brutwagen da anhollen, un dat Brutpaar mot stillswiegend von links nah rechts dreemal um de Eke rümmer gahn, wobi de Brut Win oder Sluck an den Boom geten mot. Un dann ward een Band an eenen Telgen bunnen, un et geiht wieer nah'e Kerke.

Wat min Schaulmester-Fründ is, de seggt – un ditt mal wird he wol Recht hebben –, dat de Boom een heidnisches Heiligdoom is von de Göttin Frigg, de bi de olen Dütschen de Göttin von de Hochtiden un dat Kinnerkregen west is, un dat up düsse Ort de frommen Boitzenhäger Burn bi jede Hochtid de ole Heidengöttin een Opfer bringt. Awer ick sall et nich nahseggen, meent he; süs künn de Herr Pastor de Sake verbeien, un dat wir Schade drum, meent he. (225)

Der Pickelstein

In der Heide, östlich vom Dorfe Boitzenhagen, im Amte Knesebeck, liegt auf einem Hügel ein großer Stein, unter dem Namen Pickel- oder Bickelstein bekannt. Nach dem Volksglauben haben ihn die Hünen vom Klibesberge dahin geworfen. Er hat sich durch seine eigne Schwere tief in die Erde gesenkt. An der einen Seite des Steins sieht man deutlich sieben Kreuze, an der andern, beinahe auf der Höhe, einen tiefen Eindruck in Form eines Hufeisens. Die Heide wird nach dem Steine die Pickelsteiner Heide genannt, und alte Landleute erzählen folgendes davon.

Im Dreißigjährigen Kriege lagerte ein schwedisches Heer auf der Heide.

Ihr Anführer wollte nach mehrtägigen Mühen und Beschwerden bei dem großen Steine sich durch Schlaf erholen und gebot deshalb, daß niemand, bei Todesstrafe, ihn wecken solle. Als nun während seines Schlafens der Feind heranrückte, wagten die Krieger nicht ihres Führers Gebot zu verletzen; sie warfen deshalb seinen Lieblingshund auf ihn, den er, erwachend, denn auch sofort tötete. Nachdem er nun auf seinem Pferde die Stellung des heranrückenden Feindes übersehen, sprach er: So wenig mein Roß seinen Huf in diesen Stein schlagen und so wenig mein Schwert diesen Stein spalten wird, so wenig werde ich heute siegen. Alsogleich bäumte sich sein Pferd, schlug mit dem Vorderhuf in den Stein, daß die Spur davon haften blieb. Darauf hieb er noch mit seinem Schwert die sieben Kreuze in den Stein, erwartete dann mit Zuversicht den Feind und besiegte ihn glücklich.
Die alten Bauern sagen auch, vor Zeiten habe man bei diesem Stein Gericht gehalten. (226)

Allegorie des Krieges, »dess unbarmhertzigen abscheulichen Thiers, welches in wenig Jahren den grösten Theil Teutschlandes verderbet«. Kupferstich um 1630

Die Wolfsburg

Unweit der kleinen braunschweigischen Stadt Vorsfelde liegt die dem Grafen Schulenburg gehörige altertümliche Wolfsburg, die ist so alt, daß sie zu einer Zeit gebaut wurde, wo der Himpten Roggen noch acht Pfennige kostete, und zwar hat sie ein Schäfer gebaut. Der trieb nämlich mal mit seiner Herde über die Heide dahin, da begann sein Hund auf einmal gewaltig in der Erde zu kratzen, und scharrte bald ein Paar Goldstücke hervor; da grub der Schäfer weiter nach und fand eine ganze Braupfanne voll Gold. Davon hat er das Schloß gebaut und zum Andenken sieht man ihn noch am Nordgiebel des Schlosses mit seinem Stabe abgebildet. (227)

Der Geist des Herrn von Bartensleven

Vor alter Zeit wohnte auf der Wolfsburg, Wulseburg nennt man sie in der Gegend, ein Herr von Bartensleven, der war ein gar grausamer Mann. So war er auch einst in den Krieg gezogen und nahm eine Stadt ein, und da wütete er so, daß er sogar die Kinder in der Wiege ermordete und eins davon mit seinem Spieß durchbohrte, es zur Erde warf und rief: »Da liege du, bis dich die Würmer fressen.« Aber solche Unmenschlichkeit ist ihm übel bekommen, denn kaum war er aus dem Kriege heimgekehrt, so haben die Würmer begonnen ihn bei lebendigem Leibe aufzufressen, so daß er jämmerlich hat umkommen müssen. Wie aber sein Ende herangenaht, da ist er in sich gegangen und hat zur Buße seiner Sünden noch eine Stiftung gemacht, daß alle Jahr am Johannistag die Armen der ganzen Umgegend, Hirten und solcher Leute mehr, reichliche Spenden erhalten sollten, und das geschieht noch bis auf diesen Tag. Zwar war einmal ein Verwalter, der gerne das Geld, weil es so viel war, für sich selbst behalten hätte und es darum, als der Tag herannahte, nicht auszahlte, aber dem ist es schlecht bekommen. Denn kaum saß er am Mittag bei Tische, so erhob sich auf einmal ein fürchterliches Gepolter und Türwerfen und kam ins Zimmer, packte den Verwalter und warf ihn bald in diese, bald in jene Ecke, bis es endlich verschwand. Das ist der Geist des Herrn von Bartensleven gewesen, und es ist keinem Verwalter wieder eingefallen, das Geld zurückzubehalten. (228)

Stade und das Land zwischen Elbe und Weser

Heriward

Es war im Jahre 994 nach unseres Herrn Geburt. Da drangen die Normannen unter den Heerführern Swen Gabelbart und Olaf Trygwason wildverwegen in zwei großen Heerhaufen ins Innere Niedersachsens vor. Der eine Haufen zog die Elbe hinauf, der andere die Weser. Bald flammten die Strohdächer der Elbanwohner auf und verbreiteten weithin Furcht und Entsetzen. Es war am Vorabend St. Johannis des Täufers. In aller Hast rafften die drei Grafen von Stade die sächsische Landwehr zusammen und warfen sich den Seeräubern entgegen. Umsonst! Der Sturm der Wikinger fegte sie hinweg. Graf Udo von Stade sank mit speerdurchbohrter Brust zu Boden; seine Brüder Siegfried und Heinrich wurden gefangen. Im ganzen Lande wurden Beisteuern zu dem ungeheuren Lösegeld gesammelt, das die Normannen für die Freilassung der beiden Grafen forderten. Inzwischen gelang es Graf Heinrich, durch Stellung von Geiseln, die Freiheit zu erlangen. Graf Siegfried aber entkam auf verwegener Flucht. Da schlugen die Normannen den zurückgebliebenen Gefangenen, darunter vielen Rittern, Nase, Ohren und Hände ab. Endlich ereilte sie die verdiente Strafe; Herzog Bernhard von Sachsen und Markgraf Siegfried von Stade jagten mit einem Heer den Räubern nach, holten sie an der Elbmündung ein und ließen sie ihren ehrlichen Zorn fühlen, daß die Elbe sich rötete von ihrem Blut.

Währenddessen war der andere Heerhaufen der Normannen plündernd weseraufwärts gefahren und schon bis zur Lesum vorgedrungen. Sie hatten es besonders auf eine Plünderung Bremens abgesehen. Da sie sich aber allein zu schwach fühlten, die Stadt zu nehmen, wollten sie sich mit dem Elbhaufen vereinigen, der nach ihrer Verabredung von Stade her quer durch den Wigmodigau ziehen und ihnen in der Bremer Gegend die Hand reichen sollte.

In den Sümpfen der Lesumniederung fanden die Piraten sich nicht zu-

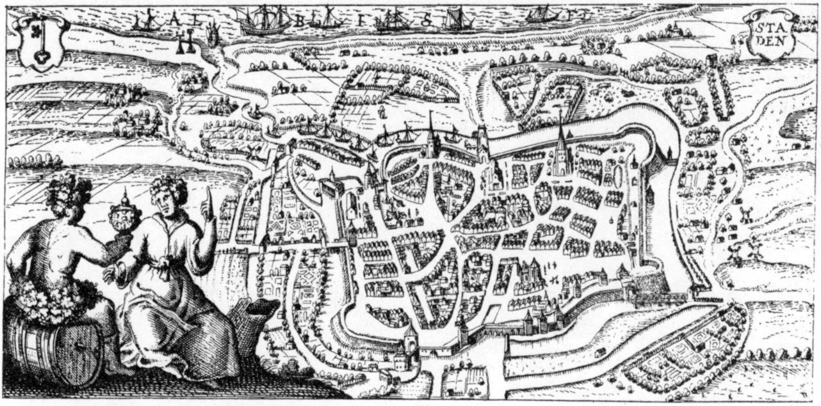

Stade an der Elbe. Kupferstich aus: Daniel Meisner, Politisches Schatzkästlein. 2. Buch, 3. Teil. Frankfurt 1629

recht. Sie hatten sich eines sächsischen Ritters, namens Heriward, bemächtigt; den zwangen sie, ihnen den Weg zu zeigen. Er wußte, mit den Normannen war nicht zu spaßen. Ihr Schwert war scharf und ihre Hand grausam. Diente er ihnen nicht nach ihrem Gefallen, so konnte er eines furchtbaren Todes gewiß sein. Aber er wußte auch, daß der Graf von Lesmona von seiner Burg am Lesumufer aus den Zug der Wikinger gesehen haben mußte; er wußte, daß er in aller Eile seine Streiter zusammenrufen und den Normannen nachschleichen würde. Er gedachte der vielen vernichteten Dörfer, der ausgeraubten, gemordeten und weggeschleppten Stammesgenossen, und sein Plan war gemacht. Aber er ließ sich nichts anmerken und ging harmlos plaudernd in der ersten Reihe der Normannen. Er erzählte, so gut er sich verständigen konnte, von seinen Jagdabenteuern, ermunterte seine Begleiter, von ihren Kriegsfahrten zu erzählen und sparte nicht mit Worten der Bewunderung. So zogen die Normannen dahin und spähten aus, ob nicht von der Elbe her die Brüder ihnen entgegenkämen, nicht ahnend, daß deren Leiber längst die Raben gefressen hatten.

Halbwegs zwischen Bremen und Stade, an dem Wege, der von dem Kloster Zeven nach Bremer-Lehe führt, liegt noch heute der Ort Glinstedt. Unfern davon erstreckt sich zwischen Oste und Hamme das Glinster Moor, auch Glindes-Moor genannt, weit ins Land hinein. Das hatte Heriward den Normannen zur Grabstätte ausgewählt. So führte er ihr Heer

auf dem einzigen Weg, den nur die Eingesessenen kannten, in die unwegsamen Gründe und Sümpfe des Moores. Dumpf klang der Schritt der Krieger auf dem weichen, federnden Boden. Es war totenstill. Die Dämmerung senkte sich auf das Moor und das dahinschreitende Heer.
Da gellte ein Kriegsruf durch die Nacht. Fackeln leuchteten auf; Speere und Schwerter funkelten in ihrem Schein. Und hinten, in der Ferne, antwortete der gleiche Ruf, erklang Schwerterklang und Kampfgetümmel. Da merkten die Normannen: die Feinde haben uns umzingelt und zu den Seiten droht das Moor mit seiner weglosen Tiefe.
Heriward riß dem nächsten seiner Begleiter das Schwert aus der Hand. Er wollte sich nicht erschlagen lassen. Doch wie die Tiger stürzten sich die Normannen auf den Führer, der ihnen den Weg gezeigt, und mit seinem Blut rötete er den Boden des Glinster Moores. Über die Leiche Heriwards hinweg aber stürmten die Rächer, warfen die Normannen mit furchtbarer Gewalt zurück, und was ihren Schwertern entkam, fand in den braunen Wassern des Moores sein Grab. Wohl 20000 Normannen sollen damals ihr Leben gelassen haben.
Noch nach hundert Jahren wurden im Niedersachsenland Lieder gesungen zum Preise des tapferen Heriward, der seine Stammesgenossen von der Geißel der Normannen befreit hatte. (229)

Das Petermännchen von Stade

Dem Fremden, der durch Stades Straßen geht, fallen oft Männer in einer alten Amtstracht auf: sie tragen auf dem Kopf einen schwarzen Dreispitz, über den Schultern einen weiß eingefaßten schwarzen Umhang, sie gehen in kurzen schwarzen Kniehosen und schwarzen Schuhen mit silbernen Schnallen. Es sind die Brauerknechte; sie haben das Recht, die Toten zu Grabe zu tragen. Ihr Gildehaus »Knechthausen« – erbaut 1603 – liegt in der Bungenstraße. Dort feiern sie Fastnacht und die Aufnahme der neuen »Knechte«; da tagen sie auf der Diele, dem »Rosenort«, der einst mit roten Ziegeln gepflastert war; sie trinken seit alters Eierbier aus Zinnkrügen; der Äldermann liest – auf der Tonne stehend – die alten Satzungen vor, und an der Wand wird das Holzbildnis der heiligen Gertrud verhüllt, sie mag oder soll das tolle Treiben nicht sehen. In der Woche der Fastnacht aber wird das »Petermännchen«, auch Peter Männken genannt, eine holzge-

Der Fischmarkt in Stade. Gezeichnet von C. A. Lill, in Stahl gestochen von E. Höfer. Aus: Das Königreich Hannover in malerischen Original-Ansichten. Darmstadt 1850

schnitzte Figur, mit einem Fichtenkranz geschmückt zur Giebelluke hinausgehängt.
Wie entstand der alte Brauch? Die Sage berichtet: Um das Jahr 1600 herrschte in der Stadt Stade ungewohnt reges Leben. Die englischen Tuchhändler hatten ihren Stapel auf dem Kontinent nach Stade verlegt, dazu waren die Wallonen gekommen; die Preise für Wohnräume, für Häuser stiegen und stiegen.
Da trugen die Ratten die Pest in die Stadt. Selbst Bürgermeister und Ratsherren wurden dahingerafft; es gab wohl keine Familie, die nicht der schwarze Tod heimsuchte. Niemand wagte mehr, die Toten in die Pestkuhle zu schaffen – aus Furcht angesteckt zu werden. Da bat die Jungfer Gertrud, eines Braumeisters Tochter, ihren Liebsten, den Brauerknecht Peter Männken, doch zu helfen, und der Vater versprach dem Gesellen die Hand seiner Tochter. Peter hatte Mut und überredete andere Brauerknechte, mit anzupacken. Die Toten wurden begraben. Die Seuche wich. Peter Männken erhielt seine Gertrud zur Frau und die Brauerknechte für immer das Recht, die Toten der Stadt zu Grabe zu tragen. (230)

Das Stader Glockenspiel

In der alten Hansestadt Stade war es Brauch, daß am Morgen vom Turm der St.-Cosmae-Kirche ein Glockenspiel ertönte und die Melodie des Liedes: »Üb immer Treu und Redlichkeit« weithin durch die Straßen klang.
Eine Sage erzählt, wie die Stadt zu dem Glockenspiel kam. Einst waren Frauen in das damals noch wilde Stader Moor gegangen, um Kronsbeeren zu sammeln. Im Eifer des Pflückens merkten sie nicht, wie nahe schon die Dunkelheit war, und wie Nebel sich über das Moor legte. Sie wußten nicht mehr wohin, und baten den lieben Gott um Hilfe und gelobten ein gutes Werk zu tun. Da hörten sie plötzlich das Geläut der Stader Kirchen. Sie gingen nun in der Richtung, aus der das Geläut kam, und erreichten glücklich die Stadt. Zum Dank für ihre Rettung stifteten sie der St.-Cosmae-Kirche das Glockenspiel. (231)

Vom Franzosenbaum in Stade

Dort, wo in Stade der Friedhof des alten St.-Jürgen-Klosters steil abfällt, an der Ecke zur Stockhausstraße, wächst eine Esche auf dem steinigen Hang. Es ist ein merkwürdiger Baum, bei dem viele, die vorübergehen, stehen bleiben. Wie mit einer vielfingrigen Hand klammert er sich mit seinen Wurzeln zwischen die Steine ins Erdreich. Von dem Baum geht eine Erzählung: Es war im deutschen Einigungskrieg. Frankreich war geschlagen, in Deutschland herrschte Siegesjubel. Französische Kriegsgefangene verrichteten in Stade mancherlei Arbeit. So hatten sie auch Bäume um den alten Klosterhof zu pflanzen. Ein Gefangener setzte die Esche mit der Baumkrone in die Erde; er wollte sagen: Deutschlands Bäume wachsen nicht in den Himmel. So die Sage. Der Baum aber wuchs auf verquere Weise doch an. (232)

Die schwedische Diekwacht

Vor dreihundert Jahren war der König von Schweden Herzog vom Lande Bremen-Verden. Da saß in Hollern auf dem Brockhof ein hoher schwedischer Beamter; er hatte über 400 Morgen Land, aber um die Pflege des Deiches kümmerte er sich nicht.

Da erhielt er vom Deichrichter in Twielenfleth eine Auflage, aber er lehnte sie ab: »Das Bauerngericht geht mich nichts an; ich unterstehe dem Hofgericht in Stade. Der Deich vor meinem Land ist mein Eigentum; kein Deichrichter hat hier die Schau zu halten.« Als nun der Termin der Vorschau angezeigt war, stellte der Herr vom Brock eine schwedische Schildwache auf seinen Deich, sie versperrte der Vorschau den Weg.

Dann war Hauptschau. Die Bauern von Twielenfleth ritten hoch zu Roß und kamen so zum Bröker Deich; wieder wollte eine Wache den weiteren Weg sperren – aber der Deichrichter ließ vor den Gewehren halten und sprach zu den Soldaten: »Jungs, macht keine Dummheiten. Ihr begeht hier Deichfrevel, dem Deichfrevler aber wird nach altem Recht die rechte Hand abgeschlagen; die Strafe ist sofort zu vollstrecken.« Da stutzten die Wachleute. Und ehe sie sich's versahen, gab der Deichrichter das Kommando: »Vorwärts!« Die Bauern ritten los, und die Soldaten flogen rechts und links vom Deich und ließen die Gewehre liegen.

Der »sassige Vogt« aber erklärte: »Die Gewehre sind Strandgut; sie gehö-

ren der höchsten Herrschaft.« Er ließ sie auf einem Wagen nach Jork fahren zu dem Gräfen. Der Gräfe aber – ein Twielenflether Jung – lachte: »Das hat der Deichrichter recht gemacht, ich werde es nach Stade berichten.«
So wahrte man in Twielenfleth Deichrecht und Deichpflicht. (233)

Die Kehdinger wollen den Zehnten nicht zahlen

Auf welche Art und Weise die Edelleute ursprünglich ins Land Kehdingen gekommen, das haben die Verfasser der ältesten Bremischen Chroniken nicht unangezeigt gelassen.
Die Kehdinger waren fast ebenso wie die Wurster gesinnt. Sie behaupte-

Stade vom Schiffertor aus gesehen. Gezeichnet von C. A. Lill, in Stahl gestochen von J. Poppel. Aus: Das Königreich Hannover in malerischen Original-Ansichten. Darmstadt 1850

ten, ein freies, niemandem unterwürfiges Volk zu sein. Ja, ihre Vermessenheit ging so weit, daß ihnen auch das geistliche Joch ihres ordentlichen Landesherrn unerträglich war. Insonderheit aber wollten sie sich zu der Entrichtung der Zehnten nicht bequemen. Solches verdroß die Bremischen Erzbischöfe sehr; keinen unter ihnen aber mehr als den Erzbischof Giselbert. Er sann immer auf Mittel und Wege, sie zu Paaren zu treiben. Weil er aber seiner Macht und der offenbaren Gewalt nicht traute, indem er sich wohl vorstellte, daß die Wurster ihnen alsbald zu Hilfe eilen würden, so griff er die Sache mit List an. Er schrieb im Jahr 1300 ein Turnierspiel zu Stade aus.

Wie nun der Adel aus diesem und den benachbarten Ländern sich mit seinen Knechten und Dienern häufig in Stade versammelt hatte, an den ritterlichen Übungen mit teilzunehmen, so versprach er (der Erzbischof), das Land Kehdingen unter sie auszuteilen, wenn sie ihm helfen wollten, die unruhigen und aufrührerischen Einwohner zu überwinden. Und da sie sich dazu anheischig machten, so führte er sie unvermutet ins Land Kehdingen, erschlug, was ihm vorkam, brannte das Land aus und schenkte es denen, die diesen Heereszug mit ihm getan hatten. Kein Wunder also, daß das Land Kehdingen ungleich mehr Edelleute als ein anderer Distrikt dieses Landes in sich wohnen hat; doch sind derer in den vorigen Zeiten noch weit mehr gewesen. Sintemal mehr als die Hälfte adliger Höfe nach und nach in der Hausleute Hände, aus denen eben keine Erlösung zu erwarten sein dürfte, geraten sind (Hausleute waren Dorfbewohner mit eigenem Haus aber nur geringem Landbesitz, so daß sie Lohnarbeit auf dem Herrenhof annehmen mußten). (234)

Wie die Sachsen das Land Hadeln gewannen

Im Hadelner Land wohnten vor urdenklichen Zeiten Thüringer. Als nun eines Tages Schiffe mit sächsischen Männern kamen, gab es heftige Kämpfe; schließlich wurde aber ein Vertrag abgeschlossen, der den Sachsen freies Ein- und Verkaufsrecht zubilligte, aber ihnen auferlegte, sich alles Plünderns, Mordens und Raubens zu enthalten. Dieses Bündnis galt lange Zeit.

Nun geschah es einmal, daß ein junger Sachse von den Schiffen das Land betrat, der über und über mit Gold behangen war. Ein Thüringer, der ihm begegnete, fragte ihn, was er mit all dem Gold anfangen wolle, und erfuhr,

daß der Sachse es verkaufen wolle, gleich, um welchen Preis, denn er sei am Verhungern. Da bot ihm der Thüringer zum Hohn Staub an, aber der Sachse ging auf den Vorschlag ein, ließ sich die Taschen mit der lockern Erde füllen, gab dafür sein Gold her, und beide gingen zufrieden zu den Ihren.
Der Thüringer wurde von seinen Landsleuten um des erlaubten Betruges willen sehr gelobt; den Sachsen hielten die Seinen für irrsinnig und lachten ihn aus. Er aber ging wieder an Land, hieß sie ihm folgen und streute die eingetauschte Erde dünn auf die Äcker, sie so rechtmäßig für einen Lagerplatz in Besitz nehmend. Die Thüringer wollten diese Landnahme nicht billigen; als sie aber hörten, daß die Sachsen im Recht waren, wurden sie zornig, stürmten unbesonnen ins sächsische Lager und wurden vernichtend geschlagen. Nun wollten sie verhandeln, und es wurde auch ein Termin verabredet; als aber die Sachsen merkten, daß sie unbewaffnet zur Verhandlung kamen, stürzten sie sich auf sie und erschlugen alle mit ihren Kampfmessern. Seit der Zeit herrschen die Sachsen im Lande Hadeln. (235)

Der Name von Bederkesa

In der Gegend von Bederkesa haben sich vor alter Zeit zuerst drei Edelleute niedergelassen, die haben jeder eine Burg gebaut und zwar zu Flögeln, Holzerberg und Bederkesa, und als sie nachher zusammengekommen sind, hat jeder die Lage der seinigen gerühmt, der aber, welcher sich zu Bederkesa niedergelassen, hat, als die beiden andern ausgesprochen, gesagt: »ik hev bêter kêst« und davon hat der Ort den Namen Bederkesa erhalten. (236)

Der Adler im Bauernwappen

Im Lande Wursten haben viele Bauern noch ihr eigenes Wappen, das in seinem einen Feld den deutschen Reichsadler zeigt. Mit dem Wappen hat es diese Bewandtnis:
Als Kaiser Friedrich der Rotbart seinen Zug nach Rom unternahm, gesellten sich einige junge Friesen zu seinem Heer, die mitziehen und unter sei-

nem Banner mitkämpfen wollten. Alle taten sich hervor, und keiner im ganzen Heer war tapferer als sie; so kamen sie bald in des Kaisers Leibwache. Nun brach in Rom eine Verschwörung gegen Rotbarts Leben aus, und es wäre ihm schlimm ergangen, hätten ihn nicht die Friesen gerettet, ihnen allein verdankte er sein Leben. Da wollte er sie alle zu Rittern schlagen. Sie aber, stolz auf ihr freies Friesentum, lehnten das ab, denn sie dünkten sich höher als die Ritter in Rang und Ruhm; als jene ihre Lehen erst vom Kaiser erhielten, hatten sie ihr freies Land dem Meere schon abgetrotzt. Dem Kaiser gefiel dieser Stolz, und weil er die Friesen ehren wollte, verlieh er ihnen den Reichsadler zum Gedächtnis daran, wie wakker sie mitgekämpft hatten zu des Reiches Ehre. (237)

Der Kampf der Wurster gegen den Erzbischof

Im Lande Wursten konnte der Erzbischof niemals festen Fuß fassen. Und rühret solches ohne Zweifel daher, daß die Wurster, als geborene Friesen, sehr eifrig über ihre Freiheit wachten und sich dem Bremischen Erzbischof nie völlig unterwerfen, folglich auch nicht gestatten wollten, daß die anderen in ihrem Land oder an seinen Grenzen Schlösser und Festungen, welche bald auch ihre besonderen Burgmänner würden erhalten haben, anlegen dürften.
Zwar ließ Erzbischof Johann von Schlamsdorf sich's 1408 einfallen, eine Festung, welche die Stinteburg genannt wurde, vor dem Lande Wursten, bei Geestendorf im Vielande, anzulegen. Allein es widersetzte sich nicht nur der Rat zu Bremen solchem Bau, sondern es vereinigten sich auch die Wurster mit den Bremern und rissen das Aufgebaute mit Gewalt wieder nieder. Der Erzbischof Christoph hatte 1517 zwar einen großen Sieg über die Wurster erhalten und sie sehr entkräftet und gedemütigt. Er zweifelte daher keineswegs, daß es ihm nicht glücken sollte, eine Festung, vermittels der er die Wurster desto leichter im Zaum halten könnte, anzulegen und zu erhalten. Er errichtete sie dann zu Weddewarden im Kirchspiel Imsum und gab ihr den Namen des Morgensterns. Im Jahr 1519 aber rebellierten die Wurster wider den Erzbischof und schlugen dessen Abgeordnete tot und brachten den Herzog Magnus von Lauenburg dahin, daß er sich ihrer annehmen und den Morgenstern der Erde gleich machen mußte. (238)

Dr. Faust im Lande Wursten

Zu Cappel im Lande Wursten wohnte einst eine reiche Familie Fouws; sie stellte Kirchengeschworene und Erbgesessene. Im Wappen führte sie eine Faust, wie es auf ihrem Grabstein in Cappel zu sehen ist. Noch jetzt gibt es ein Faustsches und Fustsches Stipendium zur Unterstützung von Studenten aus dem Lande Wursten; es ist gesichert durch die Einkünfte eines Hofes im Kirchspiel Dorum.

Mit dem Namen dieser Familie hat sich die alte Sage von Dr. Faust verbunden. Auch der Wurster Fowes oder Faust soll mit dem Teufel einen Bund geschlossen und ihm seine Seele verschrieben haben. Auch er unterzeichnete den Vertrag mit seinem Blut. Der Teufel verpflichtete sich, ihm zu verschaffen, was Fowes entbehrte, ihm zu jeder Jahreszeit, im Sommer wie Winter, die süßesten Kirschen in einer Fülle zu liefern, wie er sie wünsche; ihm – wenn er ausfahre – vor seinem Gespann eine feste, gepflasterte

Die Fischerfamilie. Gezeichnet von H. Ritter, in Stahl gestochen von Ch. Hoffmeister. 1852

Straße zu bereiten; hinter ihm möge sie wieder in Klei und Sumpf und Pfützen zerfließen. Zudem versprach der Teufel viel Geld und Gut. Als nun für Faust die Stunde des Sterbens kam, trat der Teufel in die Stube. Da soll Faust sich gewehrt und es einen schweren Kampf gegeben haben. Aber schließlich fuhr Satan durch ein Loch in der Wand mit ihm ab. Dort war lange ein blutiger Fleck, der Zeuge des heftigen Kampfes. Wohl wurde er frisch geweißt, aber immer wieder wurde das Blut sichtbar. Das Haus, in dem Faust wohnte und der Teufel ihn holte, wird noch heute auf einer Wurt in Cappel gezeigt. (239)

Vorbrand

Ein formulierter Aberglaube findet sich im Lande Wursten. Man sieht zuweilen aus einem Gebäude dicken Rauch aufsteigen und das Haus in Flammen zusammensinken, worauf die dahinterliegenden Gegenstände deutlich gesehn werden können. Aber nach einigen Stunden ist die ganze Erscheinung spurlos verschwunden, und das Ganze ist ein Vorspuk, welcher bedeutet, entweder daß Vater oder Mutter des Hauses bald sterben, oder daß das Haus bald abbrennt. Eilt man nämlich auf das scheinbar brennende Haus zu, und die Mauern fühlen sich warm an, so bedeutet es Brand; kalt, so bedeutet es Tod. Im letzten Falle muß man beachten, wo das scheinbar brennende Strohdach zuerst zur Erde niederschießt: geschieht dies an der Vorderseite des Hauses, so stirbt binnen Jahr und Tag der Hausherr; geschieht's dagegen an der Hinterseite, so stirbt binnen derselben Frist die Hausfrau. (240)

Der Graue Hingst bei Meyenburg

In der Garlstedter Heide liegt auf dem Schwarzen Berge, am Wege von Meyenburg nach Brundorf, ein gewaltiger Schnatstein, der Graue Hingst. Als Karl der Große das Sachsenland unterwarf und Willehad das Kreuz predigte, hatte der in der Nähe wohnende Bauer sich verschworen, daß er eher mit seinem Roß zu Stein werden wolle, als daß der neue Glaube auf seinen Hof käme. Im letzten Sachsenaufstand gegen Karl jedoch war er

verschollen und seine Tochter, das einzige Kind und Erbin auf dem Hofe, heiratete schließlich einen Christen.
Nach Jahren erst kam der Alte zurück. Als er vor seinem Hofe hielt, erkannte er das Kreuz an ihm. Da wandte er seinen Gaul, gab diesem die Sporen, daß er mit einem mächtigen Sprung über den Sumpf vor dem Tore setzte. Am anderen Ufer sank er zu Boden, der Reiter aber war verschwunden. Am Morgen jedoch fand man dort, wo der Gaul zusammengesunken war, den riesigen grauen Stein, der heute als Grauer Hingst noch auf dem Platze liegt. (241)

Das Moorgespenst

Eine Mutter hatte sich an einem kalten Tage mit ihren zwei Kindern in das Teufelsmoor verirrt. Als es Abend wurde und ihre Angst wuchs, sah sie fern ein Licht aus einem Hause schimmern. Ihre Hoffnung stieg, sie fand das Haus. Als sie aber um Aufnahme für die Nacht bat und um etwas Brot für sich und ihre Kinder, wurde sie vor der Tür abgewiesen. So ging es ihr Haus bei Haus. »Wir haben selbst nichts«, war die Antwort. Und so mußte sie wieder in die dunkle Nacht hinaus und rief den Fluch des Himmels über die hartherzigen Menschen. Schließlich sank sie entkräftet auf einem Moordamm nieder und schlief mit ihren Kindern ein. Man fand alle drei erfroren auf.
Und seit der Zeit spukt sie als Moorgespenst durch die Abende und Nächte. Wenn die Dämmerung naht und der Nebel aufsteigt, da sieht man aus den Nebeln eine große graue Gestalt sich erheben: das Moorweib. Es schwebt über die Landschaft und über die Siedlungen, bald vom Winde hochgehoben, bald auf eine Siedlung niederfallend. Und wo seine Nebelhand sich auf ein Haus legt, da kommt bald der Tod und holt sich ein Kind. Das ist der Fluch, der auf dem Moore ruht. So glauben und erzählen die Moorbauern. (242).

Die Moorbraut

Durch das Teufelsmoor führte einst kaum ein Weg. An feuchten und kalten Tagen verhüllte dichter Nebel Baum und Strauch, Weg und Steg. In lautloser Stille klang jedes Geräusch den Menschen geheimnisvoll und schauerlich ins Ohr. Im Herbst überschwemmte die Hamme das Land,

wühlten Stürme die Gewässer auf. Wolken flogen in gespenstischen Fetzen am Himmel dahin. In den langen Winternächten knarrte es unheimlich in den Eisflächen. Kein Wunder, daß bei den Moorbauern viele Geschichten und Sagen von Unglück und Tod umgingen, daß man in Nacht und Nebel die Stimmen der Toten zu hören glaubte.
Da war einmal ein junger Moorbauer, der hatte ein Mädchen lieb, und die Hochzeit ward angesetzt. Am Tag vorher lud er sein Schiff noch voll Torf und fuhr los, ihn in der Stadt zu verkaufen; er brauchte Geld für die Hochzeit. Es war schon spät im Herbst; die Wasser der Hamme bildeten einen See. Die Fahrt war schwer, zumal noch ein Sturm heraufgezogen war. Am nächsten Tag erwartete die Braut den Verlobten zurück; es wurde Abend, die Nacht kam. Das Mädchen stand nahe der Hamme und wartete angstvoll. Da sah sie, wie der Kahn mit Wind und Wogen kämpfte – und dann plötzlich zerbrach. Ihr Verlobter kehrte nicht zurück. Schwermut befiel das Mädchen. An dunklen Sturmtagen lief sie Jahr für Jahr zur Hamme, und wenn man sie fragte, was sie wolle, so rief sie: »Mien Brögam kummt jo van Dag; he hett mi ropen.«
Und eines Tages, als wieder einmal dichter Nebel auf Land und Wasser lag, da lief die Moorbraut hinaus und in die Fluten – immer tiefer, und die Wasser behielten sie. Aber die Seele fand keine Ruhe. In dunklen Nebeltagen hört man ihre klagende Stimme, die nach dem verlorenen Bräutigam ruft. (243)

Propst Dietrich von Zeven

Bischof Dietrich von Lübeck, ein Freund des Kaisers Rotbart, war zugleich Propst von Zeven; er weilte gern in dem Kloster. Es lag im Sprengel des Erzbischofs Hartwich von Bremen, eines Parteigängers Heinrichs des Löwen. Der wollte den Gegner aus Zeven vertreiben. Seine Reisigen machten sich über das Kloster her. Hinter seinen Mauern hatten viele Bauern ihr Hab und Gut und ihr Vieh geborgen. Propst Dietrich las gerade die Messe, da kam ein Bauer ins Gotteshaus und klagte, daß ihnen Vieh und Korn von den Kriegern Hartwichs geraubt sei. Dietrich legte seine heiligen Meßgewänder ab und folgte dem Bauern; sie erreichten auch die plündernden Scharen. Dietrich ergriff ein Rind bei den Hörnern und hielt es fest und wich nicht vom Platze. Klar schauten seine Augen die Gegner an, als er die Rückgabe der Kühe für seine Leute forderte. Da erhob sich kein Arm gegen den greisen Mann. Die Krieger waren betroffen von seinem Mut und der Sorge für die Seinen und gaben die Beute frei. (244)

Frecher Schwur

Zwei Dörfer im Amte Zeven haben in uralten Zeiten einen schweren Prozeß wegen der Grenzen ihres Gemeinwesens miteinander gehabt. Dem einen Dorf wird der Beweis durch einen Eid zuerkannt. Das Dorf soll auf dem strittigen Platze selbst schwören, es stehe auf seinem eigenen Sand und unter seinem eigenen Laub (die strittige Gegend ist nämlich mit Holz bewachsen gewesen). Die Deputierten, welche gewählt sind, um den Eid zu leisten, füllen sich vorher in ihrem Dorf die Schuhe mit Sand an und stopfen ihre Hüte mit Laub aus, schwören dann frech darauf los und haben den Prozeß für immer gewonnen. Nachher hat es aber fortwährend an diesem Orte greulich gespukt. Es sind feurige Kutschen darauf herumgefahren mit schrecklichen Gestalten. Die Kutscher haben mit den Peitschen geklatscht, so daß das Feuer herausgeflogen ist wie Blitze. (245)

Der Kamm der Äbtissin Pelila

Dem Kloster Heeslingen stand Pelila als Äbtissin vor. Sie hatte zwei Brüder, beide recht angesehen, aber während Friedrich treu und zuverlässig für den minderjährigen Grafen von Stade die Vormundschaft führte, war Ulrich ein arger Raufdegen, der auf Händel und Kampf ausging.
Eines Morgens kam Pelila aus ihrer Badekammer, sie hatte aber ihren schönen Kamm dort liegen lassen. So rief sie ihrer Dienerin zu: »Geh in die Badestube und hole mir den Kamm, den ich dort vergaß.« Alsbald kam sie zurück – ohne den Kamm, schneeweiß im Gesicht: »O Herrin, im Badegemach steht euer Bruder Ulrich, und ein Neger kämmt ihm mit euerm Kamm das Haar.« Streng verwies ihr Pelila solche Worte: »Wie kannst du so etwas Sündhaftes und Unsinniges reden. Geh und hol den Kamm!« Die Dienerin ging und kehrte nicht wieder. Man fand sie tot in der Badestube. Zur gleichen Stunde fiel der Äbtissin Bruder Ulrich irgendwo im Kampf. Das erfuhr die Äbtissin von einem Knecht des Bruders, der heimkehrte. So berichtet Abt Albert von Stade. (246)

Fischfang im Stadtgraben. Kupferstich von Matthaeus Merian, um 1650

Der wunderbare Fischfänger

Der Probst Olricus von Buxtehude (1245) hatte einen Diener Geverhardus, der nach Belieben in den Strudel des Flusses Eschede hinabstieg, so daß er nicht mehr gesehen wurde. Wenn er dann nach einer langen Stunde zurückkehrte, brachte er große Fische mit sich, fast drei Hände lang, einen in jeder Hand und einen dritten im Mund. Oft sprang er aus dem Badezimmer heraus ins Wasser und brachte seinem Herrn Fische in die Stube mit. (247)

Warum die Buxtehuder Post nicht mehr nach Sittensen fährt

Als die Post eines Abends den Thörenwald passiert hatte und in der Gegend von Lengenbostel und Freetz angekommen war, tauchte neben dem Wagen ein unheimlicher, schwarz gekleideter Mann auf. Schwarz schien auch sein Gesicht zu sein. Schweigend schwang er sich zum Postknecht auf den Bock. In demselben Augenblick konnten die Pferde den Wagen nicht mehr von der Stelle bewegen. Sie waren über und über mit Schaum bedeckt, schnoben angstvoll und legten sich vergeblich mit ihrem ganzen Gewicht in die Sielen. Der Kutscher hatte das Gefühl, daß kein anderer als der Teufel neben ihm sitze. Er ergriff sein Horn und blies: »Allein Gott in der Höh' sei Ehr'!« Aber dieses Lied erwies sich nicht als kräftig genug. Da blies der Postknecht: »Ein' feste Burg ist unser Gott!« Schweigend, wenn auch zögernd, räumte nun der Unheimliche den Sitz, und sofort kam das Gefährt vorwärts. In Sittensen erzählte der Postknecht, noch an allen Gliedern zitternd, sein Erlebnis und weigerte sich, fernerhin die Post von Buxtehude nach Sittensen zu fahren. Schließlich ließ er sich überreden, noch einmal in Begleitung die Fahrt zu unternehmen. Das nächste Mal fuhren von Buxtehude einige beherzte Männer mit im Wagen. Zwischen Lengenbostel und Freetz wiederholte sich die Begebenheit genau so; wieder wich der Finstere erst dem kräftigen Lied »Ein' feste Burg ist unser Gott!« – Der Postknecht legte den Dienst nieder, und da niemand seine Stelle übernehmen wollte, ging die Post ein. (248)

Das Raubnest auf dem Falkenberg

Auf halbem Wege zwischen Buxtehude und Harburg, unweit der Chaussee, steht ein Berg, der Falkenberg genannt. Oben auf diesem Berg befindet sich eine kahle Lichtung im Gehölz und in dieser eine tiefe Höhlung in den Berg hinein, von der folgende Sage geht.

Vor alten Zeiten thronte auf dem Falkenberg eine stattliche Burg. Hohe und feste Ringmauern umgaben sie, breite tiefe Gräben waren rings darum gezogen und machten sie zu einer gewaltigen und unbezwingbaren Feste. Die hohen Türme und Zinnen der Burg waren weithin dem Wanderer sichtbar und zeugten von der Macht und dem Glanz des Burgherrn, Ritters Bodo von Falkenberg. Dieser war ein starker und gewaltiger Mann, in seiner Jugend in allen Rittertugenden erzogen. Doch als sein Vater gestorben und Bodo Besitzer der Burg geworden war, kam er in lockere Gesellschaft, alle guten Eigenschaften, die ihn zu einem berühmten Recken hätten machen können, wurden in ihm erstickt, und er ergab sich dem Raubhandwerk. Wehe dem Wanderer, der ahnungslos vorbeiging, wehe dem reisenden Kaufmann, der Geschäfte halber an der Burg vorbeiziehen

Harburg von der Schloßbrücke aus gesehen. Gezeichnet von C. A. Lill, in Stahl gestochen von F. Foltz. Aus: Das Königreich Hannover in malerischen Original-Ansichten. Darmstadt 1850

mußte! Schon von ferne wurden die nichts Ahnenden vom Turmwart erspäht, und nicht lange währte es, und aus dem Hinterhalt brach der Raubritter mit seinen Raubgesellen. Von allen Seiten umringt, mußten die Kaufleute zusehen, wie ihnen das kostbare Gut geraubt wurde, und nicht nur das: sie wurden obendrein unter Hohngelächter des Raubritters ins Burgverlies geworfen und unter schnöder Behandlung so lange gefangen gehalten, bis ein Lösegeld von ihnen entrichtet war.

Immer aufs neue hörte man von ferneren Raubtaten, von den reichen Schätzen, die der Ritter allmählich an sich gerafft hatte und in der Burg aufspeicherte; Unwillen und Murren erhob sich in der Bevölkerung über sein schändliches Tun und Treiben. Doch der Ritter hohnlachte ihrer Klagen, mit bewaffneter Hand brachte er die Widerspenstigen und Murrenden zur Ruhe. Von Tag zu Tag wurde er gewalttätiger und übermütiger, trotzte er Gott und den Menschen. Auf seiner Burg verpraßte er die geraubten Schätze, und durch immer neue Raubtaten sorgte er dafür, daß ihm seine Reichtümer nicht ausgingen. Festliche Gelage hielt er auf der Burg mit seinen Gästen, die an dem tollen Treiben Gefallen fanden. Turniere, Wettkämpfe und andere ritterliche Übungen wurden mit ungeheurer Pracht gefeiert. Als Zeichen seines Reichtums ließ er einen großen Kasten anfertigen, da hinein tat er alle geraubten Edelsteine, Gold und Silber.

So trieb er es Jahre lang fort, bis Gott ein strafendes Gericht über ihn hielt und des Ritters Macht ein Ende machte. Ein üppiges Gelage wurde gerade abgehalten, als ein furchtbares Wetter sich erhob und ein Blitzstrahl in die Burg fuhr, den Ritter erschlug, die Feste von Grund aus zerstörte und sie dem Erdboden gleichmachte. Nur die schwere Geldtruhe wurde verschont. Vermöge ihrer Schwere senkte sie sich in den Berg und hinterließ oben an der Stelle, wo sie niedersank, eine tiefe Höhlung. (249)

Die weiße Dame im Schlosse zu Harburg

Früher führte ein gemauerter unterirdischer Gang von der alten Harreburgk nach der herzoglichen Domäne »Kanzlershof«. Diesen beschritt einst eine im Schlosse zu Besuch weilende Fürstentochter, um den von ihr geliebten Ritterssohn auf Kanzlershof zu besuchen. Als der Junker von Harburg, dessen Herz ebenfalls in Liebe zu dieser Prinzessin entbrannt war, davon hörte, ließ er sie aus Zorn über seine verschmähte Liebe lebendig im Schlosse einmauern.
Einer anderen Erzählung nach hatte es die hübsche Jungfrau zwei Brüdern, Söhnen des Herzogs von Harburg, angetan. Beide, von heißer Liebe für die schöne Prinzessin erfüllt, gestanden ihr fast zu gleicher Zeit ihre tiefe Zuneigung und baten um ihre Hand zum Ehebund. Lange Zeit schwankte das Fürstenkind, seine Entscheidung zu treffen. Schließlich schenkte es dem jüngeren Prinzen Herz und Hand. Darob entbrannte in des Älteren Herz ein furchtbarer Zorn. Er ersann eine grausame Rache: Als sein Bruder eines Tages auf die Jagd geritten war, ließ er die Prinzessin durch gedungene Knechte ergreifen und in einem versteckten Raum des großen Schlosses lebendig einmauern.
Entsetzliches Wehklagen erhob der Geliebte, als er am selben Abend bei der Heimkehr sein Kleinod nicht vorfand. Er irrte im Schlosse und im Park umher, rief seiner Liebsten Namen, aber keine Antwort. Nirgends war sie zu sehen noch zu hören. Später begab er sich auf Reisen, um fern von der Stätte seines so jäh entronnenen Glücks den Rest seines Lebens zu verbringen, während sein grausamer Bruder in der Burg ein fröhliches Dasein führte.

Soweit die beiden Sagen. Veranlaßt sind sie jedenfalls durch ein in der im Jahre 1813 durch die Franzosen niedergebrannten Schloßkapelle befindli-

Die Schloßstraße in Harburg. Gezeichnet von C. A. Lill, in Stahl gestochen von G. Rudolf. Aus: Das Königreich Hannover in malerischen Original-Ansichten. Darmstadt 1850

ches Steinbildnis. In dessen Mittelpunkt stand eine Jungfrau; vor ihr knieten zwei Jünglinge, jeder von ihnen ihr einen Lorbeerkranz darreichend. In welche Zeit und aus welchem Anlaß dies Standbild eingesetzt ist, läßt sich nicht mehr ermitteln.
Zu Beginn des 19. Jahrhunderts veranlaßte die Sage von der eingemauerten Jungfrau, die Jahrhunderte hindurch als weiße Dame erschienen war und deren Wehklagen man noch heute im Schlosse hören soll, den Feldmarschall von Spörcken dazu, eine zugemauerte Tür, hinter der sich das Zimmer befinden sollte, in dem jene Prinzessin ein trauriges Ende gefunden hatte, aufzubrechen.
Merkwürdigerweise fand man dort wirklich einen kleinen Raum mit Resten eines vermoderten Tisches. Auf demselben stand ein alter messingner Tranleuchter und auf der Erde lagen einige Knochenreste, deren Eigenart nicht mehr zu erkennen war. Dieser schaurige Fund gab damals Veranlassung, jene Sagen von neuem aufzufrischen. Jetzt aber, da das Schloß gänzlich wiedererrichtet ist und nichts mehr von seinem burgartigen Aussehen trägt, denkt niemand mehr an jene traurigen Lebensschicksale der Prinzessin und ihres Geliebten. (250)

De Stünn is da

In der Nähe von Rotenburg waren einmal Leute auf dem Felde mit der Ernte beschäftigt, da hörten sie aus einem nahen Teich eine Stimme, die rief laut und vernehmlich: »De Stünn is da un de Keerel noch nich!« Im selben Augenblick sahen sie auch von fern einen Reiter dahergesprengt kommen, der lenkte sein Pferd grade auf den Teich zu, soviel sie ihm auch winkten und zuriefen, daß er zurückbleiben solle. Jetzt sprengte er grade hinein, und bald kam auch das Pferd wieder hervor, aber der Reiter war verschwunden und kam nicht wieder zum Vorschein. (251)

Oldenburg und Emsland

Oldejohanns

Einst war Oldenburg von einem feindlichen Heer bedroht, das von Bremen oder Wildeshausen heranzog. Der Graf hatte keine Streitmacht, die er dem Feind mit Erfolg entgegenstellen konnte, und rief in seiner Not Oldejohanns zu Hilfe. Der war ein einfacher Bauer aus Wahnbek, aber er konnte mehr als Brot essen. – Oldejohanns kam, stieg auf den Festungswall und spähte nach dem Feind. »Se sünd in de Osenbarge«, sagte er und ließ drei Kanonen zu sich heranbringen und laden. Dann richtete er die erste Kanone, feuerte ab und schoß dem voranreitenden Kommandeur den Säbel aus der Hand. Aber Oldejohanns sah, daß die Feinde nur noch schneller heranzogen. Da richtete er die zweite Kanone, schoß ab, und die Kugel riß dem Kommandeur den Knopf vom Sattel und den Steigbügel von dem rechten Fuße weg. Oldejohanns lauschte und hörte den Anführer rufen: »Holt! So lange as de Kunstabel in Oldenborg is, kann ick de Stadt nich krygen, rechtsum-kehrt – marsch!« – »Dat is jo Glück«, rief ihnen Oldejohanns nach, »weren jy nu nonnich gahn, so schull van jo ganze Rege ok kyn Gebeen up de Föte bläben hebben!« (252)

Das Oldenburger Horn

Im Jahr 990 beherrschte Graf Otto das Land. Weil er als guter Jäger große Lust am Jagen hatte, begab er sich einst mit seinen Dienern ins Barneführer Holz; die hitzige Verfolgung eines Rehes führte ihn weg von den Dienern in die Osenberge. Erschöpft von der Hitze und dem eiligen Ritt hielt er mit seinem weißen Pferd auf dem Osenberg und sah sich nach seinen Hunden um. »Ach Gott, wer nun einen kühlenden Trunk hätte!« rief er aus. Da tat sich der Osenberg auf, und heraus trat eine schöne Jungfrau, wohl geschmückt, mit köstlichen Kleidern angetan, die schönen Haare über die Achseln geteilt und oben mit einem Kranz bedeckt, und bot dem

Grafen ein silbernes, reich und künstlich verziertes Trinkhorn: der Graf wolle daraus trinken, sich zu erquicken. Als der Graf das Trinkhorn genommen und den Trank betrachtet, gefiel ihm der nicht, und er weigerte der Jungfrau, ihn zu trinken. Die Jungfrau aber erwiderte: »Mein lieber Graf, trinket nur auf meinen Glauben, und es wird euch nicht gereuen. Trinket ihr aus diesem Horn, so wird es euch und eurem ganzen Geschlecht wohlgehn, und das Land wird gedeihen und blühen. Glaubt ihr mir aber nicht und trinket nicht daraus, so wird euer Geschlecht durch Streit und Uneinigkeit zerfallen.« Der Graf gab auf solche Rede nicht acht, und da er sich nicht entschließen konnte zu trinken, schwang er das Horn hinter sich und goß es aus, wobei einige Tropfen auf des Pferdes Rücken fielen, dessen Haare sie sogleich verbrannten. Als die Jungfrau dies gesehen, begehrte sie ihr Horn zurück, aber der Graf gab seinem Pferd die Sporen und eilte fort. Ein Blick, den er hinter sich warf, zeigte ihm, wie die Jungfrau durch eine Kluft wieder in den Berg hinein ging. Das Horn nahm er mit sich nach Oldenburg, wo es lange aufbewahrt wurde, bis es nach Anton Günthers, des letzten Grafen, Tode nach Kopenhagen kam. (253)

Graf Christian der Kreuzfahrer

Als Kaiser Friedrich Barbarossa auf der Kreuzfahrt zum Heiligen Land im Jahre 1190 ums Leben gekommen und auch der junge Herzog Friedrich von Schwaben vor Akkon gestorben war, verloren viele Kreuzfahrer den Mut und begaben sich auf den Heimweg. Auch Graf Christian von Oldenburg kehrte nach Deutschland zurück, ohne Jerusalem gesehen zu haben. Aber er brachte aus dem Heiligen Land goldene und silberne Kreuze mit, geschmückt mit Teilen von wundertätigen Reliquien.
Unter unbeschreiblichen Mühen und Gefahren legte Graf Christian den langen Weg durch den Balkan zurück und war endlich in seiner Heimat angelangt. Nur noch eine halbe Tagesreise von seiner eigenen Burg entfernt, die zwischen Hatten und Sandhatten lag, übernachtete er in dem Ort Bergedorf bei Ganderkesee in einem Bauernhaus. Hier wurde er von den Rittern von Hatten, von Döhlen und von Sannum im Schlaf meuchlings ermordet; wie man sagt, mit Vorwissen seines Bruders, Graf Moritz von Oldenburg, der allein regieren wollte. Die Mordtat geschah in Siemens Haus nahe der Schule. Die Täter wurden verfolgt und zum Teil gefangen. Sie mußten sich einem Gottesurteil unterwerfen und zum Beweis ihrer

Unschuld barfüßig über zwölf glühende Pflugscharen schreiten. Da sie hierbei nicht unverletzt blieben, wurden sie für schuldig erkannt und zur Strafe für ihre Missetat gerädert. Wie es heißt, erlangten die entkommenen Übeltäter vom Erzbischof von Bremen die Vergebung ihrer Sünde, dafür mußten sie aber die St.-Margarethenkapelle zu Bergedorf stiften oder zum Bau der Kirche in Hatten beitragen.

An dem Burgwall bei Sandhatten war lange Zeit ein offener Graben, die Wellen genannt. Hier ist es nicht ganz geheuer. Oftmals hat man nächtens zwischen 11 und 12 Uhr einen schwarzen Hund mit einer rasselnden Kette am Hals herumlaufen sehen, vor dem sich alle Vorbeigehenden sehr erschrocken haben. Auch hat man ein weißes Gespenst mit lautem Gestöhn über den Hatter Esch schleichen sehen. Das ist Graf Christian, der im Grabe keine Ruhe finden kann.

Graf Moritz gründete zusammen mit seiner Mutter Kunigunde für das Seelenheil des ermordeten Christian ein Nonnenstift in Bergedorf. Später übernahmen Zisterziensermönche dies Kloster und verlegten es nach Hude. (254)

Die Schlacht bei Hemmingstedt 1500. Holzschnitt aus: Hermann Hamelmann, Oldenburgisch Chronicon. Oldenburg 1599

Frät se up!

Die alten Grafen von Oldenburg hatten mit ihren Edelleuten, namentlich den Ammerschen, viel zu schaffen, da nicht wenige darunter wohl begütert waren und, wenn sie sich zusammentaten, den Grafen wohl Widerpart bieten konnten. Einst bei der Tafel des Grafen Johann, des Vaters von Anton Günther, kam die Rede darauf, wie man die Macht der Edelleute am besten brechen könne. Der eine riet dies, der andere riet das, allein nichts wollte recht fangen. Da sprach des Grafen Hofnarr zu seinem Herrn: »Du dumme Kärl, weestu der kin Rath to?« Der Graf fragte entgegen: »Weest du't?« Worauf der Narr erwiderte: »Mak't dermit as mitn Puunhahn, frät se up.« Die Rede wurde belacht, und der Ratgeber wie ein Narr abgefertigt. Allein der Graf ließ sich die Sache durch den Kopf gehen, besprach sie weiter mit seinem Narren und begann alsdann nach dessen Rat zu verfahren. Er lud die Edelleute haufenweise zu Gaste, gab ihnen Jagden und Bankette und bewirtete sie auf das reichlichste. Die Edelleute luden zum Gegenbesuch ein, und als Johann mit zahlreicher Dienerschaft, mit Pferden und Hunden bei einem nach dem andern einzog, wollten sie es ihm an Glanz und Fülle der Bewirtung gleich tun, und jeder Folgende suchte darin seinen Vorgänger zu übertreffen. So zog der Graf die Reihe herum, und wenn er damit fertig war, gab er wiederum ein großes Gastgebot. Es mag ein lustiges Leben gewesen sein damals in der Oldenburger Grafschaft, aber den Edelleuten ging der Atem dabei aus. Die Einkünfte reichten nicht hin, den Aufwand zu bestreiten, die Junker gerieten in Schulden, und ein großer Teil mußte seine ererbten Güter verkaufen, ein anderer sank zu dem gewöhnlichen Bauernstand herab. Der Graf hatte sie in der Tat aufgefressen. (255)

Der Schloßfluch

Als Graf Anton Günther das Schloß zu Oldenburg erbaute, wollten die Mauern nicht stehen bleiben. Da nahmen die Mauerleute einer Mutter, die mit ihrem Kind vorüberging, das Kind fort und mauerten es lebendig ein. Von der Zeit an blieb der Bau stehen. Die Mutter aber sprach einen Fluch über das Schloß aus, daß bis zum fünften Gliede kein Kind, das in dem Schlosse geboren werde, seine Mutter kennenlernen solle.
Nach anderen gilt der Fluch für alle Zeiten und ist ausgesprochen von dem

Fräulein von Ungnad, der Geliebten des Grafen Anton Günther, als sie der Graf verstieß und ihr zugleich ihren Sohn, den nachmaligen Grafen von Aldenburg, nahm. – Der Fluch kann gelöst werden, wenn einmal eine neu vermählte Landesfürstin mit einem Gespann von sechs Schimmeln, dem ein Vorreiter auf einem Schimmel beigegeben ist, eingeholt wird. Als im Jahre 1852 der jetzige Großherzog seine Gemahlin heimführte, waren daher die nötigen Schimmel, der Sicherheit wegen sogar neun, bereitgehalten. Indes ganz kurz vor dem Einzug wurde erst der eine, dann ein zweiter und endlich auch ein dritter krank und unbrauchbar, so daß die Einholung zuletzt doch mit dunklen Pferden geschehen mußte. (256)

Graf Anton Günther von Oldenburg

Graf Anton Günther von Oldenburg ist ein für sein Land sehr tätiger Herr gewesen, der auch zuerst die Pferdezucht im Oldenburgischen so in die Höhe gebracht hat, daß die Oldenburger auf allen Märkten weit und breit die besten Pferde gehabt haben. Aber zu dem Zweck hat er auch keine Kosten gescheut und hat sich einen prächtigen Hengst aus Persia kommen lassen, dessen Mähne sechs und der Schweif neun Fuß lang waren, so daß man beide stets, damit sie nicht kotig wurden, säuberlich aufwickeln mußte.

Den Bürgern in der Stadt Oldenburg hat er viele Freiheiten verliehen und manchem für Dienste, die er ihm geleistet, volle Abgabenfreiheit gewährt und diese Freiheit ist noch bis auf diesen Tag bei vielen Häusern. Aber auch auf dem platten Land hat er dasselbe getan, und so hat er zum Beispiel siebenundzwanzig Zwischenahner Bauern das ganze Zwischenahner Meer für 1 Thaler 27 Grote, die jeder von ihnen jährlich zahlen muß, verpachtet. Alljährlich hat er auch zweimal in Zwischenahn Gerichtstag gehalten und dies ist auf dem Hofe des Bauers Hemptje geschehen, der davon bis heute Abgabenfreiheit hat. Außer diesem Hemptje hat er noch zwei Beisitzer des Gerichts gehabt, deren einer in Ellerndorf, der andere in Quernstedt seinen Wohnsitz hatte, und mit diesen hat er sämtliche Streitigkeiten an den zwei Tagen im Jahr geschlichtet, während man jetzt kaum mit drei Gerichtstagen in der Woche auskommt. (257)

Der Kranich

Graf Anton Günther war ein großer Liebhaber von Pferden und zog und hielt eine solche Menge derselben, daß er den Beinamen »des heiligen Römischen Reiches Stallmeister« erhielt. Das berühmteste seiner Pferde war der Kranich, ein apfelgrauer Hengst, dessen Mähne sieben, dessen Schweif neun Ellen lang war. Den Kranich aber hat der Graf nicht selbst gezogen, sondern zum Geschenk erhalten. Anton Günther bemühte sich im Dreißigjährigen Kriege, zwischen dem Könige von Dänemark, der sein Vetter war, und dem Kaiser von Deutschland den Frieden wieder herzustellen, und war deshalb öfters zwischen beiden Höfen auf Reisen. Auf einer die-

Graf Anton Günther von Oldenburg (1583–1667) auf seinem Kranich. Kupferstich aus: G. A. v. Halem, Geschichte des Herzogthums Oldenburg. Oldenburg 1794/96

ser Reisen kam er mit seinem Diener im Holsteinischen in ein Dorf, wo nur ein schlechtes Wirtshaus war, in welchem er kein gutes Nachtquartier finden konnte. Da sagte ihm der Wirt: es sei wohl ein Ausweg da, denn in der Nähe sei ein halbverfallenes Schloß, in welchem ein wohl erhaltenes und eingerichtetes Zimmer sei, aber er könne nicht dazu raten, denn es solle in dem Schlosse nicht geheuer sein. Anton Günther war froh, als er dieses hörte, und kümmerte sich um die Warnung des Wirts nicht. Er ließ sich Feuerzeug, Speise und Trank geben und verfügte sich mit seinem Diener in das Schloß, wo er auch bald in ein gutes Zimmer gelangte. Er ließ ein Feuer anmachen und setzte sich mit seinem Diener an einen Tisch. Währen die beiden zusammen saßen und eine Flasche Wein austranken, wurde an die Tür geklopft. Anton Günther rief, wie es seine Gewohnheit war: »Herein, wer einen Kopf hat!« Da erschien eine feurige Gestalt und schritt auf den Tisch zu. Anton Günther aber sprang auf, zog seinen Degen, drang auf die Gestalt ein und trieb sie zur Tür hinaus. Bei der Verfolgung versetzte er der Gestalt mit dem Degen einen Hieb, da entfuhr der Gestalt ein Schmerzenslaut. Daran erkannte der Graf, daß es ein Mensch sei, den er vor sich habe. Er verfolgte die Gestalt, die immer vor ihm herlief, bis in den Keller des Schlosses. Hier aber umringten ihn mit einem Male sechs bis sieben Männer und wollten ihn töten. Der Graf sprach: »Es ist wahr, ich bin in eurer Gewalt, aber bedenkt wohl, was ihr tut, denn ich bin der Graf Anton Günther von Oldenburg, und mein Tod wird nicht ungerächt bleiben. Man weiß, wo ich bin, und wenn ich nicht zurückkehre, wird man das Schloß umzingeln und keinen Stein auf dem andern lassen.« Er konnte aber recht wohl merken, daß er unter eine Bande von Falschmünzern geraten war, die in dem Keller ihre Werkstätte aufgeschlagen hatten. Die Männer traten zusammen und flüsterten miteinander. Endlich sagte einer zu ihm, wenn er versprechen wolle, sie nicht zu verraten und kein Wort laut werden zu lassen von dem, was er im Keller gesehen, so wollten sie ihn freigeben. Anton Günther versprach es und ward entlassen.

Geraume Zeit nachher saß der Graf, welcher schon lange Zeit von seiner Reise nach Wien zurückgekehrt war, auf seinem Schlosse zu Oldenburg, als jemand an die Tür klopfte. Anton Günther rief sein gewohntes Wort »Herein, wer einen Kopf hat!« und herein trat ein wohlgekleideter Mann und sprach: »An diesem Wort erkenne ich, Herr, daß ihr der Rechte seid. Ihr habt auf jenem Schlosse in Holstein versprochen, kein Wort zu verraten von dem, was ihr dort gesehen und gehört, und ihr habt euer Wort gehalten. Jetzt ist das Schweigen nicht mehr nötig, denn das Werk, an welchem dort gearbeitet wurde, ist vollendet. Aber zur Anerkennung eurer Treue, und weil man, so weit die menschliche Zunge geht, euch als den besten Kenner der Pferde rühmt, so ist für euch in dem Blauen Haus ein edles Pferd eingestellt, das ihr dort abholen möget.« Nach diesen Worten verbeugte sich der Fremde und entfernte sich. Graf Anton Günther schickte zum Blauen Haus, das dazumal ein Zoll- und Wirtshaus am Ende des äußeren Dammes war, da stand dort der Kranich, welcher nachmals so weltberühmt geworden ist und den der Graf beim Einzuge seiner Braut ritt, als er sich mit der Prinzessin Sophia von Holstein vermählte. (258)

Oliver Cromwell und die Oldenburger Pferde

Anton Günther, welcher seine schönen Pferde häufig an andere Potentaten verschenkte und damit mehr ausrichtete als durch die schönsten Worte seiner Gesandten, machte einmal auch dem Protektor von England Oliver Cromwell ein Geschenk von sechs schönen Hengsten. Cromwells Oberstallmeister mußte deshalb eigens nach Oldenburg kommen, um die Pferde in Empfang zu nehmen und nach London zu geleiten. Als der Oberstallmeister mit den Hengsten in London angelangt war und dies dem Protektor meldete, sagte er »Herr, fahrt nicht mit den Pferden; der Kerl muß der Teufel sein, so hat er mich angeblickt, als er mir die Pferde übergab.« Aber Cromwell achtete des nicht und ließ die Pferde alsbald anspannen. Der Oberstallmeister fuhr und hatte gewaltige Not mit den Tieren, so wild waren sie und strebten dem Führer aus der Macht zu kommen. Endlich wollte Cromwell selbst fahren. »Herr«, sprach der Oberstallmeister, »ihr könnt die ganze Welt regieren, aber nicht des Teufels Pferde!« Aber Cromwell bestand auf seinem Willen und übernahm, grade als der Wagen sich auf einem abschüssigen Wege befand, die Zügel. Kaum spürten die Pferde den Wechsel, so gingen sie durch, und der Protektor kam in die größte Gefahr, bis es endlich dem Oberstallmeister gelang, die Zügel wieder zu erfassen und mit aller Anstrengung seiner Kräfte die Pferde wieder in seine Gewalt zu bringen. (259)

Der sichergestellte Braten

An Anton Günthers Hofe ging es sehr einfach her, und die Umgangssprache war die plattdeutsche. Einst bei Tafel kam es vor, daß ein Braten beim Zerschneiden der Schüssel entglitt und unter den Tisch fiel, wo eben ein großer Hund lag. »Ah, ah«, rief einer der Gäste, »paßt up, dat em de grote Hund nich kriggt!« »Dat schall he woll laten«, antwortete ein anderer, »ick heww der all längst 'n Fot up.« (260)

Zuviel Lärm

Früher gehörte Osternburg mit zur Oldenburger Kirche. Aber den Grafen Anton Günther verdroß das Geklapper der Holzschuhe, mit denen die

Die Oldenburger im Krieg. Holzschnitt aus: Hermann Hamelmann, Oldenburgisch Chronicon. Oldenburg 1599

Osternburger, lauter kleine Handwerker und Torfbauern, zum Gottesdienst kamen; er wollte es zuletzt nicht mehr hören und baute den Osternburgern eine eigene Kirche. (261)

Gegenseitiger Respekt

Als Anton Günther einmal, wie er oft tat, nach dem Jader Vorwerk fuhr, begegnete ihm ein Bauer auf einem schwer beladenen Wagen mit Holz, welches er in der Stadt verkaufen wollte. Als der Bauer ihn erkannte, fuhr er grade in einer recht tiefen Heidspur. Das hinderte ihn aber nicht auszuweichen, und er quälte sich trotz der schweren Ladung heraus, um den Respekt vor dem gnädigen Herrn ja nicht zu verletzen. Abends begegneten sich die beiden Wagen wieder; der Bauer war sein Holz losgeworden, und der Graf wollte wieder nach Oldenburg. Sowie der Graf den Bauern von heute morgen erkannte, rief er dem Kutscher zu, daß er vor ihm ausweichen solle. Da wollte der Kutscher nicht recht daran, meinte, jetzt sei es doch weniger angebracht als am Morgen, da nun des Bauern Wagen ledig und der Weg hier auch eben und fest sei. »Doch!« rief Graf Anton Günther; »diesen Morgen hatte er das Fuder Holz wohl auf dem Wagen, aber jetzt hat er noch schwerer geladen, jetzt hat er's im Kopf!« (262)

Opfert dem Wächter

Früher bestand in der Stadt unter dem Namen Opfer- und Wächtergeld eine Abgabe, die Bürger mit bürgerlicher Nahrung im Betrage von 12 Grote Gold für das volle Haus bezahlen mußten. Die Abgabe ist 1840 aufgehoben; von ihrer Entstehung aber erzählt man sich folgendes. In uralten Zeiten hielt die Stadt auf einem der Türme einen Wächter, welcher allnächtlich wachen und bei dem Ausbruch eines Feuers und sonstigen Gefahren blasen mußte. Die Vergütung für seine Mühen sammelte er sich selbst in den Häusern, indem er hineinrief: »Opfert dem Wächter!« Die Abgabe wurde beibehalten und erhielt von jenem Ausruf ihren Namen. (263)

Die Abgabe

Der Ratsdiener der Stadt bezog von den Bauern zu Wehnen und Ofen, welche Dörfer nicht zur Stadtgemeinde gehören, eine Anzahl Getreidehocken, zum Wert von reichlich 10 Talern. Früher nämlich wurden sämtliche Stadttore nachts geschlossen und auch gegen Sperrgeld nicht geöffnet. Daher ließen sich die Bauern, wenn sie sich bei Trunk und Spiel in der Stadt verspätet hatten, von dem Ratsdiener heimlich die Nebenpforte öffnen, welche von dem Heiligengeist-Wall nach der Haarenschanze führte – wo jetzt die Fußgängerbrücke zwischen Wall und Katharinenstraße liegt. Aus Dankbarkeit sagte ihm der und jener eine Hocke Korn zu, und aus der freiwilligen Gabe wurde im Laufe der Zeit eine Pflicht.
Eine andere Sage berichtet: Zum Bau der großen Wassermühle in Oldenburg hatten die Hausleute aus Rastede und Umgebung Holz geschenkt,

Die Stadt Oldenburg von den Stauwiesen aus. Stahlstich um 1850 (nach Zeichnung von I. H. Sander)

und als später an der Mühle eine große Reparatur nötig wurde, gab man jenen zu verstehen, daß eine zweite Holzlieferung sehr angenehm sein werde. Die Bauern waren auch bereit, und es wurde ein Tag festgesetzt, an welchem jeder einen Baum herfahren solle. Am Morgen des Tages setzte sich der ganze Zug gleichzeitig in Bewegung; nur ein Bauer, der alte Stratje, hatte noch nicht alles in Ordnung und mußte daher allein hinterherfahren. Als er bei Wetjen Hause zu Nadorst anlangte, kamen ihm die andern schon entgegen, lachten ihn aus und sprachen: »Du wullt god wat krigen, dat du so lat kummst.« – »Hebbt se denn wat seggt?« fragte Stratje. »Nä, dat nich, man se hebbt et anschräwen.« – »Jü, Witte!« kommandierte Stratje, ließ die Peitsche um den Kopf gehen, wandte um und nahm seinen Baum wieder mit nach Hause. Die Oldenburger machten später aus der freiwilligen Gabe eine Abgabe, die in neuester Zeit von den Pflichtigen hat abgelöst werden müssen. Nur Stratjen Haus, das nicht mit angeschrieben war, ist allezeit von der Last befreit geblieben. (264)

Graf Friedrichs Kampf mit dem Löwen

In Rastede, wo er 1059 eine Kirche erbaut, lebte Graf Huno von Oldenburg mit seiner Gemahlin Willa und seinem Sohn Friedrich. Er war ein sehr frommer Mann. Als Kaiser Heinrich IV. einen großen Fürstentag in der Stadt Goslar hielt, säumte Hugo, weil er Gott und frommen Werken oblag, dahinzugehen. Da verleumdeten ihn falsche Ohrenbläser und klagten ihn des Aufruhrs gegen das Reich an; der Kaiser aber verurteilte ihn zum Gottesurteil durch den Kampf, und kämpfen sollte er mit einem ungeheuern, grausamen Löwen. Huno begab sich mit Friedrich, seinem jungen Sohn, in des Kaisers Hof; Friedrich wagte mit dem Tier zu fechten. Vater und Sohn flehten Gottes Beistand an und gelobten, ein reiches Kloster zu stiften, wenn ihnen der Sieg zufiele. Friedrich ließ einen Strohmann zimmern und gleich einem Menschen bewaffnen; den warf er listig dem Löwen vor, schreckte ihn und gewann unverletzt den Sieg. Der Kaiser umarmte den Helden, schenkte ihm Gürtel und Ring und belohnte ihn mit vielen Gütern im Reich. (265)

Graf Friedrich kämpft gegen den Löwen. Kupferstich aus: Hermann Hamelmann, Oldenburgisch Chronicon. Oldenburg 1599

Bloß kein Warmbier mehr

Der Junker von Bilski auf Gut Horn war eines Abends zu Kruge gegangen, als eine seiner Mägde ihm die Nachricht brachte, daß seine Frau eines Söhnchens genesen sei. Der Junker schickte die Magd heim und sagte »dat is god, pläge mine Fro god un kahk är 'n Warmbeer.« Nicht lange, so kam die Magd wieder und meldete, daß die Frau noch einen Sohn geboren habe. Der Junker sagte »dat is god, kahk mine Fro 'n Warmbeer.« Wie aber die Magd nochmals kam und meldete, daß die Frau ihm einen dritten Sohn geboren habe, da sprach der Junker »dem mutt 'n Ende makt wärden, kahke jo kin Warmbeer mehr.« (266)

Das Zwischenahner Meer

Der Teufel ist einmal den Oldenburgern gram gewesen und hat deshalb einen ungeheuern Busch ausgerissen und die Stadt damit zudecken wollen. Er ist aber noch nicht am Ziel gewesen, da hört er schon den Hahn zum ersten Male krähen; da hat er einen Teil des Busches niederfallen lassen und hat sich geeilt vorwärts zu kommen, aber gar bald hört er schon den zweiten und danach sogleich auch den dritten Hahnenruf, und da muß er seine ganze Last ins Moor fallen lassen, und da liegen die beiden Büsche noch heute; es ist nämlich der große und kleine Wildenloh bei Oldenburg. An dem Ort aber, wo der Teufel den Busch ausgerissen, ist ein großer See entstanden und das ist das Zwischenahner Meer.
Eine andere Sage erzählt: Mitten im Zwischenahner Meer soll ehedem eine Insel gewesen sein, auf welcher ein Schloß gestanden hat. Noch kann man bei stillem Wetter auf dem Grunde des Wassers die Mauern des versunkenen Schlosses erblicken. Es sind in dem Meere sehr viele Fische, und jeder Monat hat seine eigene Art. (267)

Ick mutt erst mal mien Sophie fragen

Einmal ritt Anton Günther über das Land eines leibeigenen Meiers zur Helle im Kirchspiel Zwischenahn, den er längst persönlich kannte, und den er wegen seiner Redlichkeit und guten Wirtschaft wert hielt. Der Mann, welcher grade pflügte und ein Paar vorzüglich schöner blaubunter Ochsen vor dem Pfluge hatte, begrüßte den Grafen freundlich. »Guten Tag, Jacob!« rief ihm der Graf zu, »du hast da ein schönes Gespann Ochsen; gib mir die Ochsen, ich will dich dafür frei geben.« Jacob war nicht schnell mit der Annahme bei der Hand. »Euer Gnaden«, sagte er und kratzte sich hinter den Ohren, »ich muß erst meine Frau fragen.« Am folgenden Morgen erschien Jacob mit den beiden Ochsen zu Oldenburg und eilte zu dem Grafen: »Gnädiger Herr, meine Frau ist damit zufrieden, die Ochsen stehen zu Befehl; lassen Sie nur den Freibrief schreiben.« – »Jacob«, erwiderte der Graf bedenklich, »ich habe auch meine Frau gefragt, aus dem Handel kann nichts werden.«
Ein anderer Gewährsmann berichtet, daß der Bauer doch ein etwas einfältiger Mensch war. Seine Frau, die viel klüger war als er, machte ihm denn zu Hause klar, wie töricht er gewesen sei, bei diesem Handel lange zu

überlegen. Sie sagte ihm, er müsse gleich morgen in aller Frühe aufs Schloß und dem Grafen die Ochsen bringen. Da hat er sich am andern Morgen aufgemacht, ist aufs Schloß gekommen und hat zu dem Grafen gesagt: »Mien Sophie hät säd ik skall 't men don.« Graf Anton Günther aber hat sich hinter dem Ohr gekratzt und gesagt: »Un mien Sophie hät säd ik skall 't men laten!« (268)

Der Tausch

Der letzte katholische Priester zu Westerstede war bei seinen Pfarrkindern sehr beliebt, und als er nach der Reformation von seiner Stelle gedrängt wurde, um einem lutherischen Prediger Platz zu machen, erbot sich die Dorfschaft Hollwege, ihn bis an sein seliges Ende zu verpflegen. Der alte Priester hielt sich indes ausnehmend frisch und gesund. Den Hollwegern, welche auf seinen baldigen Tod mochten gerechnet haben, wurde allmählich die Zeit lang, und da die Kosten immer kein Ende nahmen, ließen sie endlich den Greis durch einen gedungenen Strolch erschlagen. Damit die Tat nicht ruchbar werde, mußte der Leichnam heimlich weggeschafft werden. Die Hollweger trugen ihn daher in dunkler Nacht zum Dorf hinaus. Wie sie aber bei dem Hause eines Schusters vorbeikamen, klopften sie den Schuster aus dem Bette und bestellten für »Oll Heer«, der zufällig bei ihnen sei, ein Paar Schuhe, er könne gleich das Maß nehmen. Der Schuster öffnete das Fenster, und die da draußen hoben den Leichnam auf die Fensterbank, setzten ihn dorthin und stellten ihm, damit er nicht umfalle, einige Stützen unter, dann schlichen sie davon.
Bald war der Schuster fertig und sagte dies dem Oll Heer, der sein Bein noch immer ausgestreckt hielt; aber er bekam keine Antwort. Der Schuster sprach zum zweiten Male und lauter; aber keine Antwort erfolgte. Als auch die dritte Anrede vergeblich blieb, lief dem Schuster die Galle über; zornig stieß er den Leichnam aus dem Fenster und rief: »Meinst du, daß ich deinetwegen die ganze Nacht das Fenster offenhalten soll?« und machte das Fenster zu. Der Leichnam fiel schwer nieder und blieb still liegen. Da ward es dem Schuster ängstlich, und als er nach einer Weile zusah und den steifen Leichnam fand, glaubte er, daß infolge seines Stoßes Oll Heer das Genick gebrochen habe. Nun war er in großer Not. Er beratschlagte mit seiner Frau, und es ward für gut befunden, daß der Leichnam noch in selbiger Nacht beiseite geschafft werde. So nahm denn der Schu-

ster den Toten auf die Schulter und trug ihn ins Lengener Moor, um ihn dort in einen Torfspitt zu versenken. Als er seinem Ziel nahe war, kamen ihm zwei Männer entgegen mit Speck, den sie in derselben Nacht gestohlen hatten. Wie diese in der Stille der Nacht auf dem wilden Moor einen Mann kommen sahen, der einen Mann auf der Schulter trug, hielten sie es für Spuk, warfen den Speck fort und machten, daß sie davonkamen. Der Schuster aber verrichtete das Werk, das ihn hergeführt hatte, nahm dann den Speck zu sich und ging damit nach Hause. Als ihn dort seine Frau fragte, wie er den alten Herren losgeworden sei, erwiderte er: »Den habe ich für zwei Seiten Speck umgetauscht«, und legte ihr den Speck auf den Tisch. (269)

Der Gang an den Sarg

Im Dorfe Dreibergen bei Zwischenahn in Oldenburg sitzen abends vier Dorfbewohner beim Glas Bier beisammen. Man unterhält sich über allerhand Spuk und ähnliches. Einer rühmt sich seiner besonderen Furchtlosigkeit nächtlichen Gespenstern gegenüber. Seine Kumpane wollen ihn auf die Probe stellen und schließen folgende Wette mit ihm ab: Er soll in derselben Nacht über den Kirchhof in die Dorfkirche gehen in das Chorgewölbe, in welchem am Tage vor der Beerdigung die Toten des Kirchspiels aufgebahrt werden und wo auch in dieser Nacht ein Sarg mit einem Toten steht. Als Zeichen seiner Anwesenheit soll er einen Nagel in den Sarg schlagen. Der Furchtlose macht sich auf den Weg; je näher er aber seinem Ziele kommt, desto mehr steigt die Angst in ihm. Zitternd tastet er sich in der Dunkelheit über den Friedhof, durch die Kirche, bis er vor dem Sarg steht. Schon halb wieder abgewandt, schlägt er eilig mit zitternden Händen den Nagel in das Holz desselben. Dann treibt es ihn fort von dem Ort des Schreckens. Wie er sich aber zum Gehen anschicken will, da gewahrt er zu seinem Schrecken, daß ihn von hinten jemand festhält. – Seine Freunde warten Stunde auf Stunde vergeblich auf seine Rückkehr. Schließlich machen sie sich auf den Weg, ihn zu suchen. Sie finden ihn leblos neben dem Sarg liegen. Der Saum seines Rockschoßes ist am Sarg festgenagelt. (270)

Der Busch bei Neuenburg

Nahe bei Neuenburg wohnte eine Wittfrau, die war stark verschuldet, und man wollte sie Schulden halber von ihrer Stelle vertreiben. Da bat sie, man möge ihr noch eine Aussaat und eine Ernte gestatten, und als man ihr die Bitte gewährte, besäte sie ihr ganzes Land mit Eicheln, die so rasch und reichlich wuchsen, daß sie mit der Mast und dem sparsam geschlagenen Holze alle Schulden bezahlen konnte. Dieses Land ist der Busch bei Neuenburg, welcher das Haferland heißt, aber mit schönen Eichen bestanden ist. (271)

Burg Delmenhorst

Südlich von der Stadt Delmenhorst liegt die Stelle der alten Burg Delmenhorst, von der Delme umflossen und außerdem durch künstliche Gräben geschützt. Von dieser Burg soll ehemals ein unterirdischer Gang nach Schlutter, wo auch eine Burg gestanden hat, geführt haben. Burg und Grafschaft Delmenhorst waren von jeher bei der Grafschaft Oldenburg gewesen, bis Graf Gerhard der Mutige sie an den Bischof von Münster verlor. Öfter hatten die Oldenburger, bald mit Beschwerden und Klagen, bald mit Gewalt sie wieder zu erlangen versucht, aber immer vergeblich, und die Münsterschen prahlten, eher würden Schiffe über den Osenberg gehen, ehe die Oldenburger das Haus Delmenhorst wieder gewönnen. Aber im Jahre 1547 hat Graf Anton von Oldenburg es doch wieder gewonnen. Ganz heimlich rüstete er eine starke Mannschaft aus und zog mit ihr über die Osenberge nach Delmenhorst. Auf Wagen führte er lederne Schiffe mit sich, die über hölzerne Rippen gespannt waren. Leise und unbemerkt ließen sie die Schiffe auf die Burggräben und erreichten in ihnen den Wall, sägten die Palisaden und die Pfeiler, an welchen die Zugbrücke hing, durch und drangen in die Festung ein, ehe die Schildwache noch Lärm gemacht hatte. Zwar hatte die Wache das Sägen an den Pfählen und Balken wohl gehört, aber sie hatte des nicht geachtet. Denn schon zu wiederholten Malen vorher hatte die Wache des Nachts eine Säge in gleicher Weise gehen hören, und jedesmal wenn sie zusah, war nichts da. Darum sagte sie auch diesmal »sage man, wat du wullt, ick hebbe di all lang hört«. So ward Delmenhorst eingenommen und ist seitdem auch immer bei dem oldenburgischen Hause geblieben. (272)

Die Kirche von Ganderkesee

Eine Gräfin von Delmenhorst übergab auf ihrem Sterbebett ihren drei Töchtern zehn Diamanten, davon waren neun ganz gleich, der zehnte aber sehr groß und wie ein Auge gestaltet. Sie bat dabei die Töchter, sich wegen der Steine untereinander zu einigen; sie selbst wolle die Teilung nicht vornehmen, damit es nicht scheine, als wolle sie eine bevorzugen. Die Töchter in ihrem großen Schmerz über den bevorstehenden Verlust ihrer Mutter gelobten, daß die Steine keinen Zwist unter sie bringen sollten, und jede war sogar bereit, sogleich den großen Diamanten den anderen zu überlassen. Die Gräfin starb nun in Frieden. Lange Zeit wurde der Diamanten nicht erwähnt. Endlich aber wünschten die Töchter doch, ein Andenken von der Verstorbenen zu führen, und gingen an die Teilung. Die neun

Die Oldenburger erobern Burg Delmenhorst zurück (1547). Holzschnitt aus: Hermann Hamelmann, Oldenburgisch Chronicon. Oldenburg 1599

gleichen Steine waren bald verteilt, aber auf den großen Stein, den früher keine haben wollte, erhob nun jede Anspruch. Die älteste machte ihr Alter geltend, die zweite: sie führe der Mutter Namen, die dritte: sie sei der Mutter Liebling gewesen. Die Schwestern, bisher ein Herz und eine Seele, gerieten in große Uneinigkeit, und alle Bemühungen des Vaters, den Frieden wieder herzustellen, blieben fruchtlos. Da nahm ihnen der Vater den großen Diamanten weg und sagte, daß ihn nun keine besitzen solle. Aber auch hierdurch kam kein Friede, denn jede von ihnen warf nun den anderen vor, daß sie von ihnen um ihr Recht betrogen sei. Seit aber die Töchter das Gelübde ihrer Einigkeit so vergessen hatten, erschien allnächtlich der Geist der Verstorbenen wehklagend unter den Fenstern des Grafen. Der bekümmerte Graf wußte kein Mittel, seinen Töchtern die Eintracht und seiner verstorbenen Gemahlin ihre Ruhe wiederzugeben, bis endlich ein alter Pilger, der bei ihm einkehrte, ihm den Rat gab, den Diamanten in eine Kirche zu vermauern, die Kirche aber da zu bauen, wo ein Gänserich, den er vom Schlosse aus fliegen lasse, sich setzen würde. Der Graf befolgte den Rat und baute die Kirche zu Ganderkesee, welche den Diamanten noch in einer ihrer Mauern birgt. Seitdem war der Streit der Töchter vorbei, und die Mutter konnte ruhig in ihrem Grabe bleiben. (273)

Kloster Hude

In dem Garten des Herrn von Witzleben zu Hude befinden sich die Ruinen eines schönen Mönchsklosters, die ihrer Schönheit wegen von Bremen und Oldenburg aus viel besucht werden. Das Kloster soll so groß gewesen sein, daß dreihundert Mönche darin wohnen konnten. Jetzt sieht man nur noch die freilich immer noch bedeutenden Trümmer der Klosterkirche, wild von einer üppigen Pflanzenwelt durchwachsen, und die Kirchspielskirche, die aber den Mönchen als Waschhaus und Speicher gedient haben soll. Die Mönche, die dort gehaust haben, sind längst vermodert und haben kaum eine Spur von sich hinterlassen, doch sieht man noch manchmal des Nachts die Gestalt eines Mönchs unter einer der Fensterwölbungen stehen und Geld zählen, aber niemand weiß zu sagen, was sie eigentlich aus ihrer Grabesruhe heraus und nach oben treibt.

Eine andere Sage berichtet: Als das Kloster Hude gebaut wurde, sammelten sieben Mönche sieben Jahre lang weit und breit milde Gaben. Zum

Dank wurden im Klostergarten ihre steinernen Bildnisse aufgerichtet, die noch lange standen, nachdem das Kloster selbst zerstört war. Den Mörtel zu dem Bau mischte man, um ihn desto haltbarer zu machen, mit süßer Milch, die man zwei Meilen weit im Umkreise herbeibrachte. Der Tagelohn der Arbeiter betrug drei Grote oder einen Scheffel Rocken. Unter den Türmen des Klosters war einer so hoch, daß er den Schiffen auf der See zum Zeichen diente und bei der Zerstörung bis nach dem östlichen Ende des Baumhofes fiel. Das Kloster ist durch einen Bischof von Münster zerstört worden. Die Mönche besaßen nämlich ein oder zwei so künstlich abgerichtete Pferde, daß sie die ohne Führer nach verschiedenen Orten hin und her laufen lassen konnten, und die vorzüglich dazu gebraucht wurden, dem Abt, wenn er in der Stadt war, dies und jenes zu überbringen. An diesen Tieren nun fand der Bischof ein besonderes Gefallen und bat die Eigentümer, sie ihm abzutreten. Als die Mönche sich dessen weigerten, forderte er es strenge; aber auch dies fruchtete nicht. Der Bischof sandte nun Gewaltboten; aber diese wurden von den Mönchen durch köstliche Bewirtung aufgehalten oder ins Verließ geworfen und wohl gar getötet. Da ergrimmte der Bischof und schickte seinen Drosten Wilke Steding, um die Übeltäter zu züchtigen. Dieser nahm das Kloster ein und verwüstete

Die Ruinen des Klosters Hude. Kupferstich von Daniel Chodowiecki, aus: G. A. v. Halem, Geschichte des Herzogthums Oldenburg. Oldenburg 1794/96

es; aber die Mönche fing er nicht, denn diese waren alle durch einen unterirdischen Gang entflohen und hatten ihre Zuflucht in dem damals noch mit Wald bedeckten Nordenholzer Moor genommen, wo auch die Krieger, die man ihnen nachsandte, ihrer nicht habhaft werden konnten. (274)

Wildeshausen

Visbek soll schon in heidnischen Zeiten bestanden haben, wovon auch noch die vielen alten Gräber mit Aschenkrügen in der Umgegend zeugen. Die Stadt Wildeshausen war noch nicht erbaut, vielmehr war jene Gegend noch wüst und waldig und voll Wild. Deshalb gingen die Männer von Visbek gerne dort jagen und bauten sich dort Jagdhütten und kleine Blockhäuser, die ihnen bei schlechtem Wetter Schutz boten. Wenn sie nun von Visbek aus auf Jagd gingen, sagten sie: »Wie willt na de wilden Hüsen.« Schließlich blieben einige Visbeker in den Jagdhütten an der Hunte wohnen, und daher entstand der Name Wilshusen oder Wildeshausen.
Neben den Jägern ließen sich an der Hunte auch Fischer nieder. Als sie hörten, daß man in der Weser noch mehr Fische fangen könne als in der Hunte bei Wildeshausen, machten sie oft eine Tagesreise bis zur Weser. Schließlich wurde ihnen das Hin- und Herreisen allzu lästig und sie bauten sich an der Weser Fischerhütten von Bram oder Ginster. Allmählich fanden sie es bequemer, dort dauernd wohnen zu bleiben als hin und her zu wandern. Die Siedlung der Wildeshauser Fischer an der Weser behielt den Namen bi de Brämen, und daraus ist später Bremen geworden.
Am östlichen Rande von Wildeshausen ließ der mächtigste Mann im Lerigau und in Engern, Herzog Wittekind, einen hohen Berg von Sand aufwerfen. Dort erbaute er sich eine Burg, die den Übergang über die Hunte bewachte, und dort hat er des öfteren seinen Wohnsitz gehabt. Die Burg steht nicht mehr, aber der alte Burgberg heißt noch der Wittekindsberg. Graf Waltbert, ein Enkel des Herzogs, stiftete die Alexanderkirche, in der die Reliquien des hl. Alexander aufbewahrt wurden. (275)

In Stein verwandelt

In der Ahlhorner Heide, eine kleine halbe Stunde von der Aumühle, finden sich eine Menge Hünensteine beieinander. Vornan stehen vier große Steine, dann folgen in zwei langen Reihen vielleicht siebzig kleinere. Man

nennt sie die Visbeker Braut. Etwa dreiviertel Stunden davon, bei Engelmanns Bäke, findet sich eine ähnliche, aber noch größere Steingruppe, welche der Bräutigam genannt wird. Einst, so heißt es, sollte ein Mädchen aus Großenkneten (Heinefeld) von ihren Eltern gezwungen werden, eines reichen Bauern aus Visbek Sohn zu heiraten, da sie ihn doch nicht liebte. Als nun die Braut mit ihrem Brautgefolge zur Hochzeit nach Visbek zog und den Turm der Visbeker Kirche erblickte, da betete sie, daß der liebe Gott sie lieber in Stein verwandeln möge, als daß sie zu der verhaßten Ehe gezwungen werde. Und so geschah es. Sowohl die Braut mit ihrem Gefolge als auch der Bräutigam, der ihr von Visbek entgegenkam, mit dem seinigen stehen in Stein verwandelt da.
Häufig wird auch erzählt, die Braut habe einen andern Jüngling geliebt, sei auch wiedergeliebt worden, aber der Vater habe seine Werbung wegen seiner Armut zurückgewiesen. Als der Brautzug nun über die Heide zog, begegnete ihm der abgewiesene Freier und sprach nochmals den Vater an. Aber dieser erwiderte

Sie soll nicht werden dein,
und wenn ihr auch werdet zu Stein!

Alsbald verwandelten sich alle Personen in beiden Zügen in Steine. (276)

Wat liggt hier woll unner?

In der Nähe des Bräutigams lag ehedem ein sehr großer platter Stein, welcher auf einem Keller zu liegen schien und eine alte Inschrift trug:

O Wunner, o Wunner,
wat liggt hier woll unner?

Lange hatte der Stein so dagelegen, und niemand hatte gewagt oder die Kraft gehabt, ihn aufzuheben, obwohl es hieß, daß große Schätze darunter lägen. Endlich taten sich alle jungen Burschen der Nachbarschaft zusammen und brachten es mit Hilfe von Stangen, Daumkraften und anderem Geräte fertig, daß sie den Stein umkehrten. Da stand denn auf der anderen Seite des Steines:

Et weer ok doch mal Tied,
dat ick keem up de annere Sied.

Und weiter fanden sie nichts. (277)

Tilly in Wardenburg

Auf dem Wardenburger Esch ist eine Vertiefung, die Tillys Pferdetränke heißt, und eine andere Stelle wird Danzmester genannt. Ein hoher Sandberg heißt der Tillyhügel. Diese Bezeichnungen gehen auf den General Tilly zurück, der während des Dreißigjährigen Krieges mit einem großen Heer von Cloppenburg heranrückte und in die Grafschaft Oldenburg einmarschieren wollte. Kurz vor Oldenburg schlug er im Huntetal ein Zeltlager auf, das mit Wagen umstellt und gegen Angriffe abgeschirmt wurde.

In dieser Warteburg besuchte Graf Anton Günther von Oldenburg den General und überzeugte ihn, daß Oldenburg ein Land voll Moor und Sumpf sei, wo des Kaisers schöne Armee unweigerlich steckenbleiben und zugrundegehen werde. Um Tilly den Rückzug schmackhafter zu machen, schenkte der Graf ihm einige edle Pferde, und endlich zog Tilly in Richtung auf Huntlosen und Wildeshausen wieder ab. Etlichen Troßknechten und Weibern gefiel es in dem Ort so gut, daß sie zurückblieben und seßhaft wurden. Man sagt, daß sie besonders handwerkliche und künstlerische Fähigkeiten entwickelten, vor allem als Stuckarbeiter. Allmählich vermischten sie sich mit den Einheimischen, und daher kommt es, daß man in weitem Umkreis um Wardenburg ziemlich viele Leute mit dunkelbraunen Augen und dunklem Haar trifft. Sie werden im Volksmund »Tilysche« genannt und gelten als besonders kluge Köpfe. (278)

Wie Vechta zu Münster kam

Nach dem Tode des letzten Grafen Otto von Ravensberg lebte dessen Witwe Sophia mit ihrer Tochter Jutta auf der Burg zu Vechta. Jutta war nicht schön, aber reich, und ihr Reichtum zog manche Bewerber um ihre Hand herbei. Unter diesen zeigte sich auch der junge Graf Konrad von Diepholz. Dem war es aber wohl mehr um die gute Tafel, als um Juttas Hand zu tun, und da Jutta gerade ihm den Vorzug gab, spottete er hinter ihrem Rücken über ihren Mangel an Schönheit und ihre Leichtgläubigkeit. Dies wurde den Frauen hinterbracht. Da stellte ihn eines Tages Gräfin Sophia zur Rede, und als er zwar seine Liebe beteuerte, aber gegen eine baldige Hochzeit allerlei Ausflüchte vorbrachte, führte ihn die Gräfin in ein Zimmer, das war schwarz behangen, und in der Mitte lag ein Sandhau-

fen, daneben standen ein Priester, ein Scharfrichter und einige bewaffnete Knechte. Der Priester mußte Konrad zum Tode vorbereiten, worauf der Scharfrichter ihm den Kopf abhieb.
Vater und Bruder des Enthaupteten sammelten ein Heer, um ihn zu rächen. Gräfin Sophia wandte sich an ihre Lehensleute und Burgmänner, und da diese wegen der Untat wenig zur Hilfe geneigt waren, bot sie ihre Grafschaft dem Bischof zu Osnabrück an. Der aber fürchtete die Macht der Grafen von Diepholz und schlug das Anerbieten aus. Da sagte die Gräfin: »Will Peter nicht, Paul wird schon wollen!« und wandte sich an den Bischof von Münster, der ihr Schutz gewährte und dafür die Grafschaft erhielt. (279)

Der Snatgang

In früheren Jahren war im Amte Vechta die Gewohnheit, einmal im Jahr die Grenzen der Marken zu begehen, und man nannte diesen Rundgang Snatgang. Das gab für einige Bauernschaften eine besondere Festlichkeit. Eine Tonne Bier und Weißbrot und Kuchen wurde mit rund gefahren, auch die kleinen Jungen aus dem Dorf mitgenommen. Bei jedem Grenzzeichen – Kreuzkuhle – wurde Halt gemacht, Bier getrunken und Kuchen und Weißbrot unter die Jungen verteilt. Sobald aber die Jungen ihre Geschenke erhalten hatten, liefen sie fort, denn wer eingeholt wurde, bekam Schläge. Dies wiederholte man bei jeder Kreuzkuhle. Es geschah aber, damit die Jungen später, wenn es etwa zu einem Grenzstreit käme, die Kreuzkuhlen fest im Gedächtnis hätten und sagen könnten »hier an dieser Stelle habe ich Kuchen und Schläge bekommen«. In anderen Bauernschaften wurde Bier und Musik mitgenommen und bei jeder Kreuzkuhle ein Feuer angemacht, getrunken und getanzt; die Kohlen aber wurden zuletzt in die Grube geworfen. Als daher vor einigen Jahren Streit um eine Markengrenze war, weil die Kreuzkuhlen nicht sicher aufzufinden waren, sagte ein alter Mann, sie sollten an den zweifelhaften Stellen nachgraben; wenn es die rechten seien, müßten Holzkohlen darin liegen. Wieder in einer andern Bauernschaft gingen die jungen Leute gleichfalls mit; bei der ersten Kreuzkuhle wurde getrunken, und dann mußten zwei von den Jungen nach der nächsten Kreuzkuhle laufen; wer zuerst kam, erhielt ein Geschenk; traf einer aber die Kuhle nicht in gerader Richtung, so wurde er doppelt gestraft und obendrein ausgelacht. Abends aber wurde getanzt.

Tags vor dem Snatgang mußte in einigen Bauernschaften einer durch das Dorf laufen und vor jedem Hause rufen, »morgen werd Snat gahn!« Wurde er dabei gestört, oder begegnete ihm ein altes Weib, oder ein Hase lief über den Weg, so mußte er gleich wieder um und rufen »morgen werd nin Snat gahn!« und er mußte die Ansage so oft wiederholen, bis sie glücklich ablief. (280)

Das Kirchenspiel Goldenstedt

Als der junge Graf Rudolf von Diepholz auf Abenteuer auszog, kam er an den Hof des Königs von Schweden, wo er unerkannt als Küchenjunge sich verdang, bald aber zu des Königs Kämmerer sich aufschwang. Als er einst bei Verfolgung eines Hirsches sich im Walde verirrt hatte, traf er eine wunderschöne Jungfrau an, die ihm einen kostbaren mit Edelsteinen verzierten Ring schenkte und ihn auf den rechten Weg geleitete. Als er nun einst bei dem König Wache hatte und dieser den glänzenden Stein bemerkte, mußte er ihm seine Herkunft, und wie er zu dem Ring gekommen, entdecken. Da gab der König dem Jüngling, den er schon vorher lieb gewonnen, seine Tochter Marina zur Gemahlin und eine andere dem Prinzen Primislaus in Pommern, der sich schon länger um sie beworben hatte. Beider Beilager wurde zu Nicoden an einem Tage gefeiert, und Rudolf kehrte mit seiner Gemahlin und mit großen Schätzen in seine Heimat zurück. Seine Untertanen empfingen ihn an der Grenze des Kirchspiels Goldenstedt, wo die Brücke über die Hunte führt. Die Gräfin warf hier eine Menge Goldmünzen unter das Volk, und von dieser Zeit an führt die Brücke den Namen Goldene Brücke, wie das ganze Kirchspiel und der Kirchort den Namen Goldenstedt. (281)

Königsbänke

Im Kirchspiel Goldenstedt in der Laher Heide ist eine Stelle, welche den Namen Königsbänke führt. Dort soll früher einmal im Jahre das Münstersche Gericht gehalten worden sein, welches Münster von dem Grafen von Diepholz streitig gemacht wurde. Wenn nun das Gericht gehalten werden sollte, wurde von der Münsterschen Behörde ein Mann, welcher dort gut

Bescheid wußte, nach Drebber geschickt und mußte, wenn die Leute aus der Kirche kamen, mit lauter Stimme rufen: »Donnerdag werd dat Münstersche Gericht holen!« Dann lief er aus allen Kräften fort. Entkam er glücklich, so war die Münstersche Gerichtsbarkeit auf ein Jahr gesichert, und der Graf von Diepholz mußte alle seine Gerechtsame über die streitigen Dörfer auf ein Jahr aufgeben. Aber selten glückte es, denn gewöhnlich wurden, wenn die Zeit herankam, viele auf die Lauer gestellt, und sobald er rief, stürmten sie von allen Seiten auf ihn zu, und konnten sie ihn ergreifen, so bekam er Schläge und wurde ins Gefängnis geworfen, aus welchem ihn die Münsterschen wieder loskaufen mußten. Und dann hatte Diepholz ein Jahr lang Gerichtsbarkeit und Gerechtsame. Um das gefährliche Amt, in Drebber das Gericht auszurufen, meldeten sich jedes Jahr genug, denn wenn es glückte, so gab es eine große Belohnung und Abgabenfreiheit auf ein Jahr. (282)

Sprengepyl

Oberst Sprengepyl zu Vechta war im Dreißigjährigen Kriege ein kaiserlicher Parteigänger und fügte den Feinden vielen Schaden zu. Das konnte er um so leichter, als er die schwarze Kunst verstand, mit deren Hilfe er sich und seine Reiter in beliebige Gegenstände verwandelte, so daß die verfolgenden Feinde ihn nimmer aufzufinden vermochten. Als ihm einst eine übermächtige Schar auf den Fersen war, verwandelte er sich und seine Leute in Gesträuche, und die Schweden, welche beim Verluste der feindlichen Spur Halt machten, schlugen ihr Wasser an den Büschen ab. Als die Schweden abgezogen waren, nahmen Sprengepyl und seine Leute wieder ihre rechte Gestalt an, mußten aber freilich ihre Stiefel ausziehen und das Wasser ausschütten.
Nach geschlossenem Frieden lebte Oberst Sprengepyl in Saus und Braus von den eroberten Schätzen auf seinem Gut Falkenrott bei Vechta, als der Teufel nach abgelaufener Frist seinen Lohn verlangte und ihn aus einer zahlreichen Gesellschaft entführte.
Seitdem geht sein Geist als großer schwarzer Kettenhund mit Augen groß und glühend wie Kohlenschüsseln, eine rasselnde Kette um den Hals, des Nachts in Vechta auf der Straße um. Als Vechta noch Münstersche Besatzung hatte, machte sich der Geist ein Vergnügen daraus, die in ihren Schilderhäusern eingeschlafenen Wachen zu wecken, indem er ihnen die Vor-

derpfoten auf die Brust setzte, oder mit Rüben die offengelassenen Tore zu verriegeln, die dann des Morgens die Schweine wieder öffneten. Hatte er in Vechta nicht genug zu tun, so erstreckte er seine Streifen wohl auf eine Stunde des Weges und weiter in die Nachbarschaft hinein. Doch scheint er seit längerer Zeit kein Vergnügen daran zu finden, denn man hört nur noch selten von ihm. (283)

Friesoythe

Es gibt drei Örter des Namens Oythe, das eine liegt bei Vechta und heißt schlechtweg Oythe, die andern beiden liegen dicht beieinander und heißen Oldenoythe und Friesoythe, d. h. Frischoythe oder Friesisch Oythe, weil es nach Friesland zu liegt. Da nun diese Örter grade da liegen, wo früher das Münstersche sich in das Arembergische und Oldenburgsche hineinzog und ringsum große Moore sind, so waren sie stets von Räubern heimgesucht, die, wenn sie verfolgt wurden, sich bald auf das eine, bald auf das andere Gebiet zurückzogen. Hier ist es denn auch gewesen, wo die letzten heidnischen Häuptlinge ihr Wesen getrieben und wo sie sie endlich unterbekommen haben. Einer derselben nämlich, der Graf von Mansfeld, kam von Ostfriesland heruntergezogen, wo er lange gehaust, und warf sich auf Oldenoythe, wo seine Soldaten plünderten und das Vieh forttrieben. Da schickten die Oldenoyther hinein nach Friesoythe und scharten sich auch selber zusammen; darauf kamen sie von der einen und die Friesoyther von der andern Seite und drängten die Mansfeldschen nach der Lohe zu, wo sie denn alle niedergemacht wurden oder auf der Flucht im Fluß umkamen. Das Feld, wo dies geschehen, heißt noch bis heute das Mansfeldsche und die Friesoyther haben zum Lohn für ihre Tat freie Fischerei und Jagd bekommen. (284)

Ein sachter Land

Die Saterländer sollen aus Westfriesland stammen. Vor vielen Jahren, in ganz uralten Zeiten, sollen dort nämlich drei Familien gewesen sein, die wollten sich von ihrer Obrigkeit keine Gesetze vorschreiben lassen. Die Einwohner von Westfriesland wandten sich gegen sie, und nun waren da andere drei Familien, nämlich Block, Awik oder Auk und Kerkhoff, die wollten mit den einen so wenig zu tun haben wie mit den anderen. »Laßt uns aufpacken«, sagten sie, »und sehen, ob wir nicht finden ein sachter Land.« Also zogen sie von dort weg und kamen in ein Land, das war noch ganz unbewohnt und niemand hatte etwas darüber zu sagen. Da sagten sie »dies Land ist viel sachter, hier wollen wir bleiben.« Und davon hat das Land den Namen Sagterland bekommen. Andere sagen, die große Wasserflut von 1277 habe die drei Familien aus Westfriesland vertrieben. Auch nachdem sie ausgewandert waren und ihre neuen Wohnsitze im Saterlande aufgeschlagen hatten, behielten sie einiges Wiesenland am Dollart, und davon zogen sie die 4½ Tonnen Butter, welche die Saterländer lange Zeit anstatt aller sonstigen Abgaben an die Grafen von Tecklenburg liefern mußten. – Auk setzte sich in Scharrel, Block in Ramsloh und Kerkhoff in Utende oder Strücklingen und bauten sich große Steinhäuser, von denen das eine in Scharrel hinter Awiks Haus gestanden hat. Auch ist ein Haus in Scharrel, das heißt Borgmanns Haus und ist vordem ein Steinhaus gewesen und mit Gräben umgeben, und wer in diesem Hause wohnt, heißt jedesmal Borgmann. Die Blocks und Kerkhoffs wohnten gleichfalls in Steinhäusern. Als die drei Familien im Saterland ankamen, war bei jeder eine Frau in besonders hohem Ansehen, die hießen Gerdeltje, Romje und Strukje, und danach sind die drei saterschen Kirchspiele genannt, denn bei den Saterländern heißen diese Scheddel, Romelße und Strukelje. Alle Saterländer stammen von diesen drei Familien ab. (285)

Die Mansfelder in Scharrel

Als die Mansfelder in Ostfriesland waren, machten sie manchmal einen Ausfall nach dem Saterland, und wenn sie sonst nichts fanden, was des Mitnehmens wert war, schleppten sie wohl Männer weg, von denen sie vermuteten, daß sie Geld im Hause hätten, und schrieben dann, wieviel es kosten müsse, daß sie wieder loskämen; sonst mußten sie sitzen und erhielten noch alle Tage Schläge dazu. In solcher Art kamen auch einst zwei Mansfelder nach Scharrel in Meyers Haus, das damals das einzige Wirtshaus war, und es saß grade der ganze Feuerherd voll von Leuten, die ihr Bier dort tranken. Als die Gäste die Soldaten kommen sahen, schlichen sie sich alle einzeln, einer nach dem andern, aus dem Hause fort und ließen Meyers Hinrich mit seiner Frau allein bei den Mansfeldern im Hause.

Das Rathaus mit der Delftbrücke in Emden. Gezeichnet von L. Rohbock, in Stahl gestochen von J. Poppel. Aus: Das Königreich Hannover in malerischen Original-Ansichten. Darmstadt 1850

Nun hatten die Mansfelder auch Durst und tranken Bier aus zinnernen Kannen, die oben etwas enger waren als unten und damals Klippen hießen. Meyers hatten damals gutes Bier, darum saßen die Mansfelder länger und tranken mehr Bier als sonst wohl, und die Frau fand Zeit, jedesmal, wenn sie in den Verschlag ging, wo das Bierfaß lag und wo auch die Mansfelder ihre Gewehre hingestellt hatten, einen Stein von einem Gewehrschlosse abzuschrauben, und rief dies ihrem Mann auf satersch zu »ik sgruwe elke mal wann ik bjor halje, un stän von 't ror, wäs man nit bong.« Als sie die Steine herunter hatte, sagte sie »Hinnerk, ik hebbe se der o (ab)!« Nun sollte es auf den Abzug gehen, und einer von den Mansfeldern trank Hinrich noch einmal zu und sprach »Prost, Hinrich! Trink noch ein Viertel aus der Klippe, wir müssen jetzt aufbrechen, und dann mach dich bereit mitzugehen.« Hinrich trank noch einmal tüchtig und schlug mit der Klippe den einen links, den andern rechts, daß die beiden neben ihm zur Erde stürzten. Die Soldaten sprangen wieder auf und griffen nach den Gewehren, aber klick, klick! machte es, und kein Schuß wollte heraus. Derweil griff Hinrich einen der Dreschflegel, die in der Nähe hingen, sprang vor die Soldaten und rief »der erste, der sich rührt, ist des Todes!« Als die Soldaten merkten, daß sie nichts gegen ihn ausrichten konnten, hielten sie Ruhe, und es blieb ihnen nichts übrig, als sich gefangen zu geben. Als die Scharreler Gäste, die sich weggeschlichen hatten, durchs Fenster sahen, daß Hinrich der Mansfelder Meister war, kamen sie auch und wollten ihm helfen, aber Hinrich schalt sie tüchtig aus und sprach »ihr bangen Teufel, nun kommt ihr, da ich keiner Hilfe mehr bedarf; das macht mir nicht mehr aus als ein Haar auf dem Kopf, oder ich schlage euch ineinander wie alt Eisen; aber doch, ihr könnt mir noch helfen, wir binden ihnen Hände und Füße zusammen, und dann sollen sie zum Gerichte nach Cloppenburg gebracht werden.« Und das taten sie. Was aber aus den Mansfeldern geworden ist, weiß man nicht. Einige sagen, sie seien geköpft, andere, sie hätten die Richter bestochen, die sie laufen ließen. (286)

Der Untergang der Stedinger

Die Stedinger Kriege, welche im Jahre 1234 mit einer völligen, fast vernichtenden Niederlage der Stedinger endeten, waren durch die Gewalttätigkeiten und den Übermut der Adeligen und Priester hervorgerufen worden. Besonders hatte ein Vorfall die Stedinger zum Aufruhr gereizt. Die Frau eines angesehenen Stedingers ging nämlich im Jahre 1204 am Tage vor Ostern in der Berner Kirche zur Beichte und gab dem Priester als Beichtgeld eine Münze, welche denselben zu gering dünkte. Als sie am anderen Tag mit den übrigen das Abendmahl feiern wollte, reichte ihr der Priester in seinem törichten Mute statt der Oblate eben jene Münze, einen Silberpfennig. Die Frau nahm sie in größter Demut mit geschlossenen Augen hin und glaubte den wahren Leib Gottes empfangen zu haben; wie sie aber im Munde die Härte des Empfangenen verspürte, ward sie von höchster Trauer ergriffen, denn sie meinte nicht anders, als daß ihre eigene Sünde Schuld daran sei, daß sie das Abendmahl nicht genießen könne. Sie behielt das Empfangene im Mund, eilte nach Hause, nahm ein weißes, reines Leinentuch und ließ das Empfangene hineinfallen. Da zeigte sich denn, daß es jener Pfennig war. Ihr Ehemann, der die Bekümmernis seiner Frau sah, erfuhr von ihr, was vorgefallen, und ward von Unwillen ergriffen. Er eilte zu den Vorgesetzten des Priesters und brachte bei diesen seine Beschwerde vor, aber er ward schnöde zurückgewiesen. Da verband er sich mit seinen Freunden und Verwandten und erschlug den Priester an einem Sonntag, als derselbe eben den Altar verlassen hatte, und zwar da, wo jetzt südlich der Kirche das sogenannte Kinderhaus angebaut ist. Einige behaupten, daß Bolke von Bardenfleth, der nachher in dem Kampfe eine bedeutende Rolle spielte, dieser Stedinger gewesen sei. (287)

Elsfleth

Nachdem die Stedinger im Jahre 1234 bei Altenesch geschlagen worden, reizten die Flüchtlinge die westlicher wohnenden Friesen zum Kampfe gegen die Oldenburger auf. Aber die Friesen wurden in wiederholten Feldzügen in ihre Grenzen zurückgedrängt und wußten sich zuletzt nicht anders mehr zu helfen, als daß sie ihre Siele zerbrachen und das Land mit Rauben und Brennen verwüsteten. Sieben Jahre lag das Land unbebaut und unbewohnt, und in der Kirche zu Elsfleth nährten Wölfe und andere Tiere ihre Jungen wie in einer Wüste. (288)

Wer ist dir bei den Haaren gewesen

Im Stedingerland diente ein Knecht, der die Gabe hatte, Vorspuk zu sehen. Wenn ein Todesfall bevorstand, mußte er aus dem Bett und auf die Diele gehen, wo dann der Sarg stand, und jedesmal starb der, welchen er gesehen, in Jahresfrist. Als es ihn einmal wieder auf die Diele trieb, sah er den Sarg, aber den Toten, der darin lag, kannte er nicht. »Warte«, dachte er, »ich will dich schon wieder kennen, wenn ich dich antreffe«, nahm ein Messer und schnitt dem Toten über der Stirn einen Büschel Haar ab. Als sie am nächsten Morgen beim Trinken saßen, sagte die große Magd zum Knecht: »Du, wer ist dir bei den Haaren gewesen?« Der Knecht erschrak und sah, daß er selbst der Tote gewesen sei, dem er das Haar abgeschnitten. Er kündigte sofort den Dienst, denn der Tote muß in dem Hause sterben, wo er gesehen, und verdang sich anderswo. Aber nach einiger Zeit fühlte er eine große Sehnsucht nach seiner alten Herrschaft und machte sich, da er sich ganz wohl fühlte, auf, um dieselbe zu besuchen. Wie er aber im Hause war, starb er. (289)

Böser Blick

Ein Mann zu Oldenbrok-Altendorf war mit dem bösen Blick behaftet; er durfte nicht sein eigenes Vieh ansehen, oder er mußte es zweimal tun. Einst hatte er eine neue Magd bekommen. Als diese am Sonntagnachmittag die Kühe in der Weide melken wollte, sah sie alle wie tot da liegen. Sie eilte nach Hause in die Stube, wo eben Besuch war, und gab solches der Herrschaft kund. Da sagte die Hausfrau zu ihrem Mann: »Vader, büst du in de Kohweide wäsen, denn gah glieks wedder hen un kiek de Koi an, anners kann die Därn nich melken.« (290)

De ole Sliske

Ein Zimmermann schoß eines Abends im Mondenschein einen Hasen von seinem Kohl weg und verbarg ihn aus Furcht, als Wilddieb entdeckt zu werden, in einer Alkoven-Bettstelle, wo er ihn mit zusammengebundenen Hinterläufen aufhing und gegen Kälte verwahrte. Am andern Abend ging er mit seinem Gesellen abermals auf den Anstand. Da erschienen mit einem Male fünf Hasen, und einer von ihnen richtete sich auf, wies mit der einen Vorderpfote auf den Zimmermann und sprach zu seinen Gefährten: »Dat is de aische Jäger, de güstern Abend use ole Sliske dod schaten hett!« Meister und Gesell rannten fort; der Meister eilte zum Alkoven, nahm den inzwischen steif gewordenen Hasen, entfesselte ihm die Hinterläufe und ging mit ihm ins Freie. Hier legte er das Tier mit dem Bauch auf die Erde, klopfte es dreimal leise mit dem Ladstock auf den Rücken und sprach jedesmal dazu: »Büst du de ole Sliske?« Mit dem dritten Male wurde der Hase wieder lebendig und lief davon. (291)

Dat is mien Kopp

In Golzwarden bei Brake saßen einst spät abends Zecher im Wirtshaus. Da kam die Rede auf Gespenster, und einer meinte, er fürchte sich nicht vor den Toten. Zuletzt wettete er, daß er in der Mitternachtsstunde auf den Kirchhof gehen und einen Totenkopf aus dem Leichenhause holen wolle. Er ging auch hin und griff unter den Knochen herum, bis er einen Totenkopf fand. »Den hebb ick funnen«, sagte er für sich. Da antwortete eine Stimme »dat is *mien* Kopp«.« Er warf ihn fort, suchte und fand einen zweiten und sagte »da hebb ick wedder een.« Gleich erklang es »dat is mien Vader sin Kopp.« Der Mann warf den Kopf fort und suchte den dritten. »Da hebb ick den drüdden«, rief er, als er wieder einen gefunden hatte. Da erklang es zum dritten Male »dat is mien Grotvader sien Kopp.« – »Und wenn he den Deuwel sine Grotmoder tohört, so nehm ick'n doch mit«, rief er und eilte mit dem Kopf davon, aber Angst hatte er doch, und als er bei seinen Genossen ankam, war er in Schweiß gebadet. (292)

Rasenmeer

In einer der großen Sturmfluten, die unsere Küste von Zeit zu Zeit verwüsten, waren die Deiche Jeverlands an vielen Stellen durchbrochen, am breitesten und tiefsten in der Nähe des Kirchdorfs Wiarden, das damals noch näher an der See lag als jetzt, wo sich das alte Wangerland mit einem breiten Saum fruchtbarer Groden umgürtet hat. Zwar war das Meer schon in seinen alten Stand zurückgewichen, aber täglich rollte die Flut wieder über das Land hin und zerstörte die schwachen Werke, die von den Bewohnern aufgerichtet wurden. Die einzelnen Spaten voll Erde, die eine Menschenhand bewegte, konnten nicht widerstehen; wenn nicht ganze Wagen voll Erde auf einmal in die Lücke gebracht werden konnten, durfte man nicht hoffen, den Deich wieder herzustellen. Aber niemand wagte es, mit einem Wagen in die brausende Flut hineinzufahren, deren Tiefe man nicht kannte, und die nach der Höhe der Wogen zu urteilen unergründlich schien. Da versprach man demjenigen, welcher zuerst mit einer Ladung Erde durch das Wasser fahren würde, alles Land, das in der Nähe des Deichbruchs lag. Lange ging niemand ein auf das lockende Gebot, bis endlich ein junger Bursche auf einen bereit stehenden Wagen sprang und kühn die Pferde in die Flut trieb. Voll Erstaunen rief das Volk »de rasenden Mähren!« und gab das Leben des Burschen wie der Tiere auf, aber mutig strebte das Gespann vorwärts und erreichte das jenseitige Ufer. Nun war der erste Schritt getan, andere folgten nach, und bald erhob sich der Deich in alter Höhe. Das Land, welches man dem Burschen versprochen hatte, wurde in ein Gut vereinigt und heißt bis auf den heutigen Tag Rasenmeer. (293)

Emden an der Ems. Gezeichnet von L. Rohbock, in Stahl gestochen von J. Riegel. Aus: Das Königreich Hannover in malerischen Original-Ansichten. Darmstadt 1850

Der Walrider

Ein Schiffer aus Barßel hatte im Winter sein Schiff im Hafen von Emden verankert und seinen Steuermann zur Bewachung darauf gelassen. Als der Schiffer einmal wieder nach dem Rechten sah, fand er das Fahrzeug nicht mehr ganz auf derselben Stelle; darum verbarg er sich ohne Wissen des Steuermanns auf dem Schiff, um zu sehen, was dieser damit anfange. In der Nacht wurden die Anker gelichtet, und fort ging's in sausender Eile. Gegen Mitternacht legte das Schiff an, und der Steuermann stieg aus und entfernte sich. Jetzt kam auch der Schiffer aus seinem Versteck hervor und sah sich um, aber alles war ihm unbekannt und fremd. Da nahm er sein Messer, schnitt einige Stäbe ab, die am Ufer standen und nahm sie mit sich in sein Versteck zurück. Nicht lange nachher erschien auch der Steuermann wieder, und in ebenso sausender Eile wie zuvor ging die Fahrt zurück. Unterwegs erhielt das Schiff einmal einen tüchtigen Stoß, ohne indes weiter aufgehalten zu werden. Am anderen Morgen fragte der Schiffer den Steuermann, was er denn über Nacht gemacht und wo er gewesen. Der Steuermann tat, als ob er von nichts wisse. Da holte der Schiffer die Stäbe hervor, die er in der Nacht an der fremden Küste geschnitten, und siehe da, es war spanisches Rohr. Da beichtete der Steuermann und sagte, er sei ein Walrider und müsse seinem Schicksal folgen. Auch fragte er den Schiffer, ob er den Stoß des Schiffes auf der Rückfahrt wohl wahrgenommen. Er habe auf der Luftfahrt ein wenig zu niedrig gehalten, und das Schiff habe sich an einem Kirchturm gestoßen. (294)

Der Alte Fritz in Emden

Der Alte Fritz hat einmal in Emden nach dem Rechten sehen wollen, schließlich hatte er die Stadt zum Freihafen erklärt (1751); und die Emder haben ihn als ihren höchsten Landesherrn gebührend empfangen. Es lag gerade an der Reede ein großes Kauffahrteischiff vor Anker, das sollte er besichtigen. Er bestieg am Ratsdelft eine Segeljacht, aber es wehte ein steifer Nordwest herüber, so daß die Sluup nur langsam vorwärts kam. Auf einmal hieß es »Ree«, das Boot legte sich auf die andere Seite und schlug einen neuen Kurs ein. Nach einer Weile rief der Kapitän wieder »Ree«, und so kreuzte die Sluup langsam gegen den Wind. Der König achtete genau darauf, wie und wann die Matrosen an den Segeln und Schooten

(Leinen) herumhantierten, und plötzlich rief er: »Ree!« Aber es war zur unrechten Zeit. – »Stop!« rief der Käpten, »de Sluup beholt sien Streck.« Zum Alten Fritz gewandt, sprach er: »Min Heer, Ji möten still wesen, hier heb ik Ree to seggen, dat Seilen verstaat Ji nich! – So Jungens: Ree!« Und gehorsam drehte die Sluup sich wieder auf die andere Seite. Der Alte Fritz schmunzelte nur und gab dem Schiffer für seine Freimütigkeit ein blankes Goldstück. (295)

Das Kreuz von Bentheim

Im Schlosse zu Bentheim steht ein altes Holzkreuz, welches ehemals unten im Ort gestanden; mit dem hat es diese Bewandtnis: Einer der alten Grafen von Bentheim hatte nämlich einmal von seinem Schlosse herunter zum Zeitvertreib mit Pfeilen geschossen und hatte so einen Mann aus Bentheim getötet; da ist er von der Feme verurteilt worden, ein Kreuz an die Stätte zu setzen, damit er sich immer an diese Tat erinnere, wenn er vorbeikomme, und sie bereue. Als das Kreuz in späteren Jahren umgefallen ist, hat man es auf das Schloß gebracht, wo es noch jetzt bewahrt wird. (296)

Das Schloß zu Bentheim

Auf dem Schlosse zu Bentheim zeigt man eine Art Küche, das soll zur heidnischen Zeit eine Opferstätte gewesen sein, auf der man Menschen geopfert; das Bild des Götzen, schon sehr verwittert, wird noch gezeigt; es ist aus Sandstein in halb erhabener Arbeit und zeigt einen Reiter, in dessen einer Hand in früherer Zeit noch ein Stein sichtbar gewesen sein soll.
Eine andere Sage berichtet: Am Fuße des Schlosses Bentheim stehen einige sonderbare Felsen. Einer von ihnen ist oben flach, wie ein aufrechtstehender runder Pfahl; er wird Teufelsohrkissen genannt, weil der Teufel einmal darauf geschlafen habe. Die Spuren seines Ohres drückten sich in den Stein und sind noch sichtbar.
Und eine dritte Sage erzählt:Im südöstlichen Turm des Schlosses zu Bentheim soll sich ein heimliches Gericht der Feme befinden; hier mußte der Verurteilte auf eine Versenkung treten, die ihn einer Figur in die Arme warf, welche mit tausend Messern von allen Seiten seinen Körper zerschnitt. (297)

Schloß Bentheim von der Westseite. Gezeichnet von L. Rohbock, in Stahl gestochen von L. Thümling. Aus: Das Königreich Hannover in malerischen Original-Ansichten. Darmstadt 1850

Osnabrück und Umgebung

Graf Tecklenburg bezwingt Osnabrück

Der Graf von Tecklenburg war in einer der vielen Fehden des Mittelalters als Kirchenvoigt mit mannigfachen Rechten über die Stadt Osnabrück gesetzt. Unter anderm mußten sich auch die Fleischer von ihm ihre Taxe setzen lassen. Ein kleiner buckliger Kerl, der auf einem Esel ritt, brachte die Taxe jeden Morgen nach der Stadt, aber oft zu spät, daß die Fleischer, die nicht eher verkaufen durften, ihr Fleisch nicht mehr loswerden konnten. Da drohten sie ihm, und nahmen ihn, als er nicht folgen wollte, zerhackten ihn, legten die Stücke in zwei Tragkörbe, und jagten damit den Esel nach Tecklenburg zurück. Da ergrimmte der Graf gewaltig und drohte die Stadt zu verderben, die dann demütig um Gnade bat, welche ihr unter dieser Bedingung zugestanden wurde: Die Stadt sollte binnen Jahresfrist erstens ein paar Scheffel Wivelinghöfer (kleine Silbermünzen, genannt nach dem Bischof Wewelinghofen), zweitens blaue Windhunde und drittens Rosenschüsse ohne Dornen einliefern. Die Räte und Bürgermeister von Osnabrück schickten nun durch alle Welt und konnten doch die letzten zwei Stücke nicht finden. Darauf beschlossen sie endlich in der Ratsversammlung: erstens weiße Windhunde in blauen Zimmern zu halten und durch blaue Wärter füttern zu lassen; zweitens drei Rosenstöcke in knappen gläsernen Röhren zu ziehen. Diese List gelang und die Stadt blieb wirklich von weiterem Unheil verschont. (298)

Das Femgericht

Im Gertrudenberg war ein Sitzungssaal der geheimen Feme; der Eingang dazu war an dem sogenannten Gertrudenberger Loch. Hier stand eine Wache und ließ keinen Unberufenen hinein, nur wer die Merkworte wußte, fand Einlaß. Kamen nun die Mitglieder der Feme, dann wurden sie mit den Worten angeredet: »Was sucht ihr hier bei Nacht? Ohn' Wort kein

Osnabrück. Kupferstich aus: Daniel Meisner, Politisches Schatzkästlein. 1. Buch, 5. Teil. Frankfurt 1625

Einlaß; Tür und Riegel sind gut bewacht.« Die Antwort lautete: »Ick grüet Ju, leve Mann! Wat fangt se hie an?« Dann sagte die Wache: »Allet Glück kehre in, wo de freyen Scheppen syn« und darauf sagten alle zusammen: »Strick, Stein, Gras, grein, de hemlicke Fem.« Erst dann wurde die Tür geöffnet, und man gelangte in einen dunklen Gang. Dieser zog sich weithin in vielen Windungen und war so schmal und niedrig, daß ein Mann nicht aufrecht hindurch gehen konnte. Unter der Kirche des Gertrudenklosters war eine eiserne Pforte; neben ihr lag ein schwerer Holzhammer. Die Mitglieder der Feme schlugen mit ihm dreimal an die Tür, und nach Abgabe eines Erkennungszeichens wurden sie eingelassen. Sie betraten darauf eine Felsenhöhle, in deren Mitte ein steinerner Tisch stand. Auf diesem lag eine Pergamentrolle mit vielen Siegeln, über der drei Schwerter gekreuzt waren, und auf diesen stand ein Totenschädel. Um den Tisch waren steinerne Sitze gereiht. Hier wurden nun zu mitternächtlicher Stunde die Femgerichte abgehalten. (299)

Hexenfolter

Als in Deutschland die unseligen Hexenprozesse in Blüte standen, hatte man in Osnabrück eine besonders grausame Marter für die unglücklichen als Hexen angesehenen Frauen ersonnen. Auf dem Grunde einer brunnenartigen Vertiefung im Bocksturm hatte man Schwerter mit der Spitze nach oben aufgepflanzt, über die Versenkung war eine Falltür gelegt. Die Hexen ließ man nun hungern; dann hängte man über der Falltür Fleisch auf, und wenn die Unglücklichen sich gierig darauf stürzten, fielen sie in die Tiefe, wo sie von den Messern zerfleischt wurden. (300)

Der Schatz im Brunnen der Holterburg

Die Holterburg liegt in Osnabrück; nur noch einige Mauerreste ragen dort empor, wo früher die Burg stand. Im Burghof war ein Brunnen. In diesem Brunnen soll ein Schatz liegen, ein goldener Tisch mit diamantener Platte, viele, viele tausend Taler wert. Einst lebte dort eine weise Frau, die wußte ein Sprüchlein, damit konnte man den Zauber lösen und den Schatz gewinnen. Eines Tages nun nahm sie sich zwei starke Leute mit und versprach ihnen, den Gewinn mit ihnen zu teilen, wenn sie ihr behilflich sein wollten, den kostbaren Tisch aus dem Brunnen zu holen. Sie waren es zufrieden; denn wer möchte nicht gern schnell reich werden? Unterwegs aber schärfte das Weib den Leuten ein, daß sie am Brunnen kein Wort sprechen sollten, sonst sei alle Mühe vergebens. Als sie nun dort angekommen waren, sprach die Alte ihr Sprüchlein, die Männer ließen lange Stricke mit eisernen Haken in die Tiefe hinab, und bald fühlten sie, daß sie etwas gefaßt hatten. Sie zogen und zogen – und siehe da, der Tisch war schon am Rande des Brunnens, und die Platte, die aus einem einzigen Diamanten bestand, leuchtete wie die Sonne. Von dem Glanz geblendet, rief der eine Mann aus: »O Jesus Maria!« In demselben Augenblick fiel der Schatz wieder donnernd in die Tiefe und liegt noch heute dort. Das Weib war vor Schreck gestorben, und auf das Sprüchlein konnte sich niemand mehr besinnen. (301)

Ossenbrügge

Zu den ersten Häusern der Ansiedlung, aus der später sich die Stadt Osnabrück entwickelte, gehörte auch ein sächsischer Bauernhof am linken Haseufer. Bei diesem war eine Brücke über die Hase gebaut, über die man die Ochsen von dem einen Ufer zum anderen trieb. Diese Brücke erhielt den Namen Ossenbrügge (Ochsenbrücke), und nach ihr wurde auch die Stadt so benannt. Im Plattdeutschen heißt sie noch jetzt Ossenbrügge. (302)

Das Piewit-Läuten

Bischof Piewit (Wiho) von Osnabrück, der gegen Ende des 11. Jahrhunderts lebte, hatte einst auf der Jagd sein Gefolge aus den Augen verloren und sich im Walde verirrt. Nach vielen vergeblichen Versuchen, sich durch das dichte Unterholz durchzuarbeiten und wieder zu den Seinen zu kommen, sank er ermüdet und ermattet nieder. Schon war auch die Nacht hereingebrochen, und er gab jede Hoffnung auf Rettung auf und empfahl in frommem Gebete seine Seele dem Herrn. Doch horch, plötzlich drangen die Klänge eines Klosterglöckleins an sein Ohr; es wurde um Mitternacht zur Hora geläutet. Der Bischof ging dem Schall nach und fand in dem Kloster Rettung und Unterkunft. Aus Dankbarkeit stiftete er im Osnabrücker Lande ein Geläute, das von Allerheiligen bis Lichtmeß jeden Samstagabend eine Stunde dauert. (303)

Das fürstbischöfliche Schloß in Osnabrück. Gezeichnet von L. Rohbock, in Stahl gestochen von E. Höfer. Aus: Das Königreich Hannover in malerischen Original-Ansichten. Darmstadt 1850

Die Karlssteine im Hone

Dreiviertel Stunden von Osnabrück entfernt befindet sich im Hone, an der Chaussee nach Bramsche, ein grau und ehrwürdig zum Wanderer niederblickendes, gewaltiges Steindenkmal. Es sind die Karlssteine, die ihren Namen vom Kaiser Karl dem Großen haben. Es sind drei ungeheure Granitblöcke, von denen jeder auf vier Steinunterlagen ruht. Sie befinden sich auf einem an der Chaussee sich erhebenden Hügel, zu dem ein Fußpfad hinaufführt, in einer Waldschlucht, die durch den Piesberg und den Hasterberg gebildet wird. Die mittleren Decksteine sind geborsten und nach innen eingesunken. Man erzählt folgendes:

Einst, als der große Frankenkaiser mit dem Herzog Wieck oder Wittekind jagen ging, kamen beide mit ihrem Jagdgefolge auch zu den großen Opfersteinen im Hone. Vergebens versuchte Karl den Sachsenfürsten zu bewegen, seinen Göttern abzuschwören. Streng und düster wies Wittekind das Ansinnen des Kaisers von sich. Als dieser aber nicht nachließ, den Herzog zu drängen, das Christentum anzunehmen, rief der Sachsenfürst endlich, auf die Steine zeigend: »Nun wohl denn, wenn du mit der Haselgerte, die du in der Hand hältst, den Opferstein zerschlägst, will ich an die Macht deines Gottes glauben.« Da drückte Karl seinem Rosse, das sich vor dem großen Granitblock scheute, die goldenen Sporen in die Weichen, erhob voll Vertrauen auf den Beistand seines Gottes die Gerte und schlug damit auf den Stein, und siehe, derselbe ward in drei Stücke zersprengt. Da erkannte Wittekind, daß der Christengott stärker sei als die Götter der Sachsen; er ließ sich zu Belm, unweit Osnabrück, taufen, und Karl war sein Pate.

Nach andern zog Karl in den Hon, um die Opfersteine zu zerstören. Es wollte ihm aber nicht gelingen, da die Steine dem Eisen wie auch dem Feuer widerstanden. Schon wollte er von seinem Vorhaben abstehen, als ihn sieben Brüder, die in seinem Heer dienten, auf die Hilfe Gottes hinwiesen. Sie bauten den Opfersteinen gegenüber einen Altar und flehten zu Gott, daß er ihrem König beistehen möge. Voll Verzweiflung, daß ihm seine Absicht nicht gelang, schlug Karl mit einer Pappelgerte auf den Opferstein, indem er ausrief: »Gleich unmöglich ist es, diesen Stein und die harten Nacken der Sachsen zu brechen!« Kaum aber hatte er die Worte gesprochen, da zersprang der Stein in drei Stücke. Um den Altar der sieben Brüder wurden aber zum Gedächtnis an diesen Beweis der göttlichen Macht sieben Buchen gepflanzt.

Den Karlssteinen gegenüber, an der andern Seite der Osnabrück–Bram-

Marktplatz mit Rathaus und Marienkirche in Osnabrück. Gezeichnet von L. Rohbock, in Stahl gestochen von J. Richter. Aus: Das Königreich Hannover in malerischen Original-Ansichten. Darmstadt 1850

scher Chaussee, befindet sich jetzt ein steinernes Kreuz mit der Inschrift: »Hoc loco Caroli magni temporibus primam in hac regione missam cellebratam esse antiquitus traditum est.« Hier ist also die Stelle, wo der Altar der sieben Brüder gestanden hat. Statt der früheren Buchen ist das Kreuz von zehn neuen Buchen umgeben, der von diesen eingeschlossene Platz heißt im Volksmund »Tonteggenböken« (zu den zehn Buchen).
Nach einer dritten Sage soll Karl der Große am Opferstein im Hone Wittekind im Zweikampf besiegt haben. (304)

Räuber Herment

Im Osnabrückschen trieb vor etwa hundert Jahren ein Räuber Herment sein Wesen, der durch die Furcht, welche er mit seinen Grausamkeiten den Leuten einflößte, sich vor Verrat und Nachstellungen zu schützen wußte und die einzelnen Bauern nach Willkür brandschatzte. So war einst ein Junge allein zu Hause, und die Türen des Hauses waren sorgfältig verschlossen. Da sieht er, wie durch die Klappe am Pferdestall ein rauher Kopf und dann ein Mann kommt, der sich neben den Jungen ans Feuer setzt, aber nach einiger Zeit sich wieder entfernt. Der Junge erzählt dem nach Hause kommenden Vater, was geschehen sei, und dieser geht gleich auf den Boden, füllt ein Paar Säcke mit Korn, legt sie auf ein Pferd und bringt sie dem Räuber, dessen Aufenthaltsort allen wohl bekannt war. Der Räuber wünscht dem Bauern Glück zu seinem klugen Einfall und versichert ihm, daß er dadurch sein Leben und sein Haus gerettet habe.
Endlich wird der Räuber gefangen und verurteilt, obgleich er nichts bekennt. Auf dem Schaffott macht der Henker einen kleinen Einschnitt in Herments Kopfhaut und gießt siedendes Öl hinein, da fährt der Böse, der ihn besessen hatte, in Form eines blauen Dunstes aus, und der Räuber sagt: So, nun könne er bekennen! Gesteht auch reuig alle seine Untaten und wird gerichtet. (305)

Kloster Rulle

Zu Haste (damals Harste) befand sich vor alters ein Nonnenkloster, das der allerseligsten Jungfrau gewidmet war. Durch eine Feuersbrunst wurde es jedoch gänzlich zerstört und sollte an derselben Stelle, wo es gestanden, wieder aufgebaut werden. Eines Morgens fand man aber, daß das ganze

Bauholz weiter ins Nettetal gerollt war. Man holte es wieder, aber der Vorgang wiederholte sich mehrere Male. Da glaubte man, daß es ein Fingerzeig Gottes sei, dem die Stelle in Haste nicht angenehm wäre. Daher baute man jetzt das Kloster an dem Ort, wo man die fortgerollten Balken gefunden hatte und nannte nach dem Rollen die Stelle Rulle. Am Feste Mariä Geburt des Jahres 1247, unter dem Probst Konrad und der Äbtissin Mechtilde, wurde das Kloster verlegt.
Eine andere Sage erzählt, daß diese Verlegung nicht durch eine Feuersbrunst herbeigeführt wurde, sondern auf Anraten des Schutzherrn, der in einen Krieg verwickelt wurde und daher den Klosterfrauen geraten habe, zu ihrer größeren Sicherheit das Kloster auf den Haster Berg zu verlegen. Von hier sei dann das Bauholz, wie oben geschildert, nach dem jetzigen Rulle fortgerollt. (306)

Die Bergmännchen in Iburg

In Iburg haben sich früher viele Bergmännchen aufgehalten, die haben dort bei einem Bauern besonders einen Schimmel gefüttert, der ist stets viel besser imstande gewesen als die andern Pferde und oft hat man eine Stimme rufen hören: »noch 'ne matte förn witten!« Auf den Spinnrädern dieses Bauern hat auch nie der Flachs gefehlt und sein Brot ist immer viel schöner gewesen als das anderer Leute. Weil nun niemand gewußt, woher das kam, hat mal ein Knecht beschlossen, dahinterzukommen, hat sich über Nacht versteckt und da gesehen, wie eine Menge kleiner Bergmännchen in ganz zerlumpten Kleidern hervorgekommen sind. Da hat er alles dem Bauern erzählt und der hat sogleich ganz neue Kleider hingelegt, welche auch am andern Morgen fort waren; aber seitdem sind auch die Bergmännchen nicht wiedergekommen. (307)

Der Bauer im Violenbach

Potthof war ein Bauer zu Dielingdorf bei Melle, der sehr gierig nach Reichtum war und darum betrog, wo er nur konnte. Nach seinem Tode ging er wieder, und weil er besonders im Kornhandel betrogen hatte, hörte man ihn jede Nacht auf seinem Boden unaufhörlich Getreide messen. Man vernahm ganz deutlich in stiller Mitternacht das Schürfen, Füllen und Anschlagen des Scheffels. Um den unruhigen Geist zur Ruhe zu bringen, ließ

Die Iburg von Rott aus gesehen. Gezeichnet von L. Rohbock, in Stahl gestochen von J. Poppel. Aus: Das Königreich Hannover in malerischen Original-Ansichten. Darmstadt 1850

der Anerbe vom Potthofe einen Dominikaner von Osnabrück kommen, der den alten Bauer in den benachbarten Violenbach bannte und ihm zur Sühne seiner Sünden auferlegte, mit einem bodenlosen Eimer den Violenbach auszuschöpfen. Viele Bauernmädchen, die im Zwielicht Wasser aus dem Bache schöpften, behaupten, den Geist gesehen zu haben, wie er am Ufer auf einem umgestülpten Eimer saß, um sich von seiner Arbeit zu erholen. (308)

De Drake

Bremme to Lechtingen arbeetet es up synen Feilde. Do kümmt en Drake annefluogen, bührt em up un flügt met em wiit üöber Land un Water. An't leste, as he buoben en graut Water is, segt de Drake: »Bremme, siegne di!« Do segt Bremme: »Nei, dat doe ick nich!« Do segt de Drake wier: »Bremme, siegne di!« »Ick doe et nu nich«, segt Bremme. Do segt de Drake ton drüdden Maule: »Bremme, siegne di!« Do segt Bremme: »Ick hebbe et di oll tweemaul segt, ick doe et nich!« Denn wenn he sick siegened hädde, harre de Drake em fallen lauten droft, un Bremme wör in dat graute Water fallen un gewisse verdrunken. Drümme döh he et nich, un de Drake, as he seige, dat Bremme enen sturen Kopp hadde, moste em wier hen bringen, woer he em kriegen harre un konne em nicks Lees andohn. (309)

Der böse Geist Alke

In einem der beiden großen Erdlöcher des Giersfeldes bei Osnabrück hat ein gottloser Mann gewohnt, der mit Haus und Hof vom Boden verschlungen ist. Seitdem ist es in dem Bach nicht geheuer, und es steigt zu Zeiten, namentlich, wenn man ihn ruft, »der böse Geist Alke« daraus hervor. Er zeigt sich in der Gestalt eines feurigen Rades, das, namentlich wenn man um Mitternacht den Geist ruft, aus der Tiefe heraufrasselt, an den Abhängen des Erdfalls emporrollt und dann über das ganze Giersfeld dahinschweift, den Rufer verfolgend.

Einer der alten ehemaligen Grumfelds nun hat wirklich einmal das Abenteuer mit dem Alke und seinem feurigen Rad bestanden. Er saß einst mit seinen Zechbrüdern, gleichfalls wohlhabenden niedermünsterschen Bauern, beim Biere zusammen. Sie sprachen von ihren Rindern und Pferden und renommierten namentlich mit ihren Reitpferden und deren Hurtigkeit. Grumfeld behauptete, er habe den besten Läufer, der es sogar mit Alkes feurigem Rade aufnehmen könne. Die Bauern hielten dagegen und boten neun Pfund Silber, daß er es nicht bestehen würde. Er aber nahm die Wette an und bereitete sich vor. Er sattelte seinen Schimmel und ritt mit ihm zunächst einmal am hellen Tage zur Alkenkuhle, zeigte ihm den Weg und die ganze Gelegenheit und Gestalt des Ortes und machte ihm deutlich, worauf es ankäme.

Das kluge Tier, das alles begriff, kam mit ihm in schnellem Laufe nach Hause zurück, und da wies ihm Grumfeld auch noch die große Haustür, die er bei dem Ritt in der Nacht offenhalten wollte, und die sie bei der Verfolgung aufnehmen sollte. Dann pflegte und hätschelte er sein Pferd den ganzen Tag über und gab ihm das Beste, was er hatte, zu fressen und zu trinken. Er selber aber betete am Abend dreimal in heiliger Andacht, zum Vater, Sohn und heiligen Geiste, daß sie ihm seine Sünden vergeben, seine Seele bewahren und ihn retten wollten aus dieser Gefährlichkeit.

Als so Mitternacht herbeigekommen war, ritt er, allein auf Gottes Hilfe

vertrauend, hin zur Alkenkuhle. Indem er hier bis an den Rand des finstern Loches heranritt, wandte er seinen Blick zum Himmel und zu den leuchtenden Sternen oben im Norden. Sein Schimmel stand wie eine Bildsäule mit der Schnauze zur Kuhle gewandt und rührte kein Glied. Da auf einmal erklangen rings um das Giersfeld herum mit dumpfen Tönen die Glocken, und es schlug zwölf Uhr zuerst in Steffen, dann in Merzen und zuletzt in Alfhausen. Mit dem letzten Schlage von Alfhausen erhob Grumfeld seine Stimme und laut, daß es über die ganze Heide hinschallte, rief er: »Alke komm! Gehst du mit?« Alsbald hörte man es in der Tiefe der Kuhle rumoren, und eine greuliche Stimme, die aus der Mitte der Erde zu kommen schien, antwortete: »Warte nur! Den einen Schuh habe ich bereits an, und der andere rückt schon von selber herbei! Da bin ich! Und will dich bald packen!« Augenblicks wandte der Bauer sein Pferd und gab ihm die Sporen, und wie ein Pfeil vom Bogen fliegt, so ging nun durch die Nacht und über die Heide die höllische Jagd von der Alkenkuhle nach Grumfelds Hause. Der tapfere Grumfeld auf seinem klugen Schimmel mit fliegender Mähne voran, und Alke auf seinem flammenden und funkensprühenden Rade hinterdrein.
Jener hatte anfänglich einen guten Vorsprung voraus, doch minderte sich dieser mit jedem Satze, und das feurige Rad kam ihm näher und näher auf die Hacken, indem es dabei immer größer anwuchs und über die Gesträuche und Graben hinwegsetzte, so daß Grumfeld und sein Pferd, wenn sie sich umgeblickt hätten, wohl vor Schreck gestorben wären. Aber sie hatten nun schon die weitgeöffnete Haustür in Sicht, aus der das trauliche Herdfeuer ihnen entgegenblickte. Dies gab dem Schimmel neue Kraft, und mit einem letzten und verzweifelten Sprunge setzte er durch die große Tür mitten auf die Tenne hin. Hier an des Hauses Feuerstelle dankte Grumfeld seinem Schöpfer, daß er sich seiner väterlich angenommen habe und gelobte ihm, daß er von jetzt an seinen Gott nie wieder versuchen wolle. Er dankte aber auch seinem getreuen Schimmel, der ihm so freundlich beigestanden hatte, streichelte ihn und brachte ihn in den Stall.
Das feurige Rad war dicht hinter seinen Hufen her auf der Hausschwelle angestoßen und war dort zurückgeprallt. Als ein Wahrzeichen und zur Erinnerung an das Abenteuer sah man dort am andern Morgen einen verkohlten Flecken zum Beweise, daß Grumfeld nicht bloß geträumt habe, und derselbe wurde noch lange nachher, nachdem der Bauer seine, wenn auch nicht ehrlich, doch im Schweiße seines Angesichts gewonnenen neun Pfund Silbers eingestrichen hatte, von den Leuten besehen und bewundert. (310)

Literatur

Alpers 1954	Paul Alpers, Märchen, Sage und Volkslied in Niedersachsen. Celle 1954 (Schweiger & Pick)
Alpers/Breling 1949	Paul Alpers und Georg Breling, Celler Sagen aus Stadt und Land. 2. Aufl. Celle 1949 (Joseph Giesel)
Asche 1901	Th. Asche, Sagen von Goslar. Goslar 1901 (Julius Brumby)
Bünting 1586	Heinrich Bünting, Braunschweigische und Lüneburgische Chronica. Magdeburg 1586 (Paul Donat in Verlegung Ambrosius Kirchners)
Burde-Schneidewind 1973	Gisela Burde-Schneidewind, Historische Volkssagen zwischen Elbe und Niederrhein. 2., verbesserte Aufl. (EA 1969). Berlin-Ost 1973 (Akademie)
Colshorn 1854	Carl und Theodor Colshorn, Märchen und Sagen. Hannover 1854 (Carl Rümpler). Nachdruck Hildesheim 1975 (Georg Olms)
Erich 1655	Samuel Erich, Exodus Hamelensis: Das ist der Hämelischen Kinder Außgang. Hannover 1655 (Georg Friedr. Grimm)
Ey 1862	August Ey, Harzmärchenbuch oder Sagen und Märchen aus dem Oberharze. Stade 1862 (Fr. Steudel). Nachdruck Hildesheim 1971 (Georg Olms)
Grässe 1867/71	Johann Georg Theodor Grässe, Sagenbuch des Preußischen Staates. 2 Bde. Glogau 1867 und 1871 (Carl Flemming)
Grimm 1816/18	Brüder Grimm, Deutsche Sagen. 2 Bde. Berlin 1816/18 (Nicolai). Nachdruck der 3. Auflage (1891) Darmstadt 1959 (Wissenschaftliche Buchgesellschaft)
Günther 1893	Friedrich Günther, Aus dem Sagenschatz der Harzlande. Hannover-Linden u. Leipzig 1893 (Manz & Lange)
Hamelmann 1599	Hermann Hamelmann, Oldenburgisch Chronicon. Oldenburg 1599. Neuausgabe durch Gustav Rüthning u. d. T. Oldenburgische Chronik. Oldenburg 1940 (Oldenburgische Geschichtsquellen Bd. 1)
Harrys 1840	Herrman Harrys, Volkssagen, Märchen und Legenden Niedersachsens. 2 Abt. in 1 Bd. Celle 1840 (E. H. C. Schulze)
Henniger/Harten 1913	K. Henniger und J. von Harten, Fünfzig Sagen und Schwänke aus Niedersachsen. Hildesheim u. Leipzig 1913 (August Lax)
Kahlo 1925	Gerhard Kahlo, Niedersächsische Sagen, Teil 1: Provinz Sachsen, Braunschweig und Anhalt. Leipzig-Gohlis 1925 (Hermann Eichblatt)

Kuhn/Schwartz 1848	Adalbert Kuhn und Wilhelm Schwartz, Norddeutsche Sagen, Märchen und Gebräuche. Leipzig 1848 (F. A. Brockhaus). Nachdruck Hildesheim 1972 (Georg Olms)
Lübbing 1928	Hermann Lübbing, Friesische Sagen. Jena 1928 (Diederichs)
Lübbing 1968	Hermann Lübbing, Oldenburgische Sagen. Oldenburg 1968 (Heinz Holzberg)
Mackensen 1925	Lutz Mackensen, Niedersächsiche Sagen, Teil 2: Hannover – Oldenburg. Leipzig-Gohlis 1925 (Hermann Eichblatt)
Peuckert 1964/72	Will-Erich Peuckert, Niedersächsische Sagen. 5 Bde. Göttingen 1964–1972 (Otto Schwartz & Co.)
Pröhle 1854	Heinrich Pröhle, Harzsagen. Leipzig 1854 (Avenarius & Mendelssohn). Neu herausgegeben und kommentiert von Will-Erich Peuckert. Göttingen 1957 (Otto Schwartz & Co.)
Pröhle 1856	Heinrich Pröhle, Unterharzische Sagen. Aschersleben 1856 (Oskar Fokke)
Schambach/Müller 1854	Georg Schambach und Wilhelm Müller, Niedersächsische Sagen und Märchen. Göttingen 1854 (Vandenhoeck & Ruprecht). Neu hrsg. von Will-Erich Peuckert. Stuttgart 1948 (W. Kohlhammer)
Seifart 1889	Karl Seifart, Sagen, Märchen, Schwänke und Gebräuche aus Stadt und Stift Hildesheim. Hildesheim 1889
Sieber 1928	Friedrich Sieber, Harzland-Sagen. Jena 1928 (Diederichs)
Sittig 1924	Karl Sittig, Sagen des südhannoverschen Berglandes. Hann. Münden 1924 (W. Klugkist). Nachdruck Hann.- Münden 1976 (Ludwig Dörfler)
Strackerjan 1867	Ludwig Strackerjan, Aberglaube und Sagen aus dem Herzogthum Oldenburg. 2 Bde. Oldenburg 1867 (Gerhard Stalling) Nachdruck Leer 1972 (Schuster)
Voges 1895	Th. Voges, Sagen aus dem Lande Braunschweig. Braunschweig 1895 (Benno Goeritz)
Weichelt 1878	Hermann Weichelt, Hannoversche Geschichten und Sagen. 4 Bde. Norden (Diedr. Soltau's)
Wohltmann 1959	Hans Wohltmann, Sagen aus dem Lande zwischen Niederelbe und Niederweser. Bd. 1. Stade 1959 (Stader Geschichts- und Heimatverein). – Bd. II erschien ebda. 1963
Wolfersdorf 1968	Peter Wolfersdorf, Die niedersächsichen Berggeistsagen. Göttingen 1968 (Otto Schwartz & Co.)
Wrasmann 1908	Adolf Wrasmann, Die Sagen der Heimat. Sagenschatz des Regierungsbezirks Osnabrück. Osnabrück 1908 (G. Pillmeyer's Buchh. J. Jonscher) 3. Aufl. Osnabrück 1967 (Th. Wenner)
Zobel 1936	Franz Zobel, Die Sagen des Landkreises Goslar. Goslar 1936 (Kreisausschuß für Volkstum und Heimat)

Quellennachweis

Die vorangestellten Ziffern beziehen sich auf die Texte in ihrer Reihenfolge. Bei dem jeweiligen Sagentext wird die entsprechende Nummer am Schluß (in Klammern) aufgeführt.

[1] Ey 1862, S. 33–35. Vgl. Harrys 1840, Abt. 2, S. 34ff.
[2] Kuhn/Schwartz 1848, S. 197–199. Vgl. Ey 1862, S. 40ff.
[3] Pröhle 1854, S. 63–64
[4] Harrys 1840, Abt. 2, S. 2–3. Vgl. Kuhn/Schwartz 1848, S. 194f. Siehe auch Sieber 1928, S. 297ff.
[5] Kuhn/Schwartz 1848, S. 180–182 (s. a. S. 156f., 236ff.). Vgl. Schambach/Müller 1854, S. 70ff.; Asche 1901, S. 44ff. Siehe auch Helga Meier, Hackelberg. Göttingen 1954 (phil. Diss.)
[6] Kuhn/Schwartz 1848, S. 232
[7] Pröhle 1854, S. 202–203
[8] Kuhn/Schwartz 1848, S. 200–201
[9] Pröhle 1854, S. 198. Vgl. Schambach/Müller 1854, S. 75f.
[10] Ey 1862, S. 24–26. Siehe auch Harrys 1840, Abt. 2, S. 17, 25ff.
[11] Ey 1862, S. 185–188
[12] Ey 1862, S. 13–15
[13] Kuhn/Schwartz 1848, S. 189
[14] Sieber 1928, S. 64–65 und Ey 1862, S. 204–206
[15] Kuhn/Schwartz 1848, S. 187–188
[16] Kuhn/Schwartz 1848, S. 188
[17] Pröhle 1854, S. 84–86
[18] Ey 1862, S. 141–144
[19] Ey 1862, S. 147–149
[20] Ey 1862, S. 32–33
[21] Pröhle 1854, S. 132
[22] Pröhle 1854, S. 136–137
[23] Pröhle 1856, S. 128–130
[24] Günther 1893, S. 28–29. Vgl. Harrys 1840, Abt. 2, S. 56ff.
[25] Pröhle 1854, S. 164–165
[26] Ey 1862, S. 206–208
[27] Pröhle 1854, S. 149–150
[28] Pröhle 1854, S. 140
[29] Kuhn/Schwartz 1848, S. 192–194
[30] Kuhn/Schwartz 1848, S. 190–192
[31] Pröhle 1854, S. 16–18. Vgl. Kuhn/Schwartz 1848, S. 186; Asche 1901, S. 12ff.
[32] Harrys 1840, Abt. 2, S. 66–68
[33] Pröhle 1854, S. 20–22. Vgl. Asche 1901, S. 25ff.
[34] Harrys 1840, Abt. 2, S. 70–71. Vgl. Asche 1901, S. 43f.
[35] Pröhle 1854, S. 29–30. Vgl. Asche 1901, S. 19f.

[36] Pröhle 1854, S. 30–32
[37] Ey 1862, S. 16–18
[38] Ey 1862, S. 16–18
[39] Sieber 1928, S. 265–266 und Joh. Praetorius, Blockes Berges Verrichtung (1668), S. 42. Siehe auch W.-E. Peuckert u. K. H. Bertau, Der Blocksberg (Zs. für dt. Philologie, 75. Jg. 1956, S. 347ff.)
[40] Günther 1893, S. 241
[41] Ey 1862, S. 46–48
[42] Pröhle 1856, S. 117
[43] Kuhn/Schwartz 1848, S. 179
[44] Kuhn/Schwartz 1848, S. 169
[45] Kuhn/Schwartz 1848, S. 168–169
[46] Kuhn/Schwartz 1848, S. 170
[47] Kuhn/Schwartz 1848, S. 176–179
[48] Peuckert 1964/72, Bd. 1, S. 411 (nach Friedrich Freudenthal in: Niedersachsen, 27. Jg. 1921, S. 137)
[49] Schambach/Müller 1854, S. 25. Vgl. Nr. 73 und Nr. 107
[50] Alpers 1954, S. 56. Vgl. Harrys 1840, Abt. 2, S. 20
[51] Müller/Schambach 1854, S. 241–242
[52] Sittig 1924, S. 66
[53] Sittig 1924, S. 70
[54] Rudolf Eckart, Südhannoversches Sagenbuch. Leipzig o. J. S. 85. – Nach Peuckert 1964/72, Bd. 2, S. 128–129
[55] Weichelt 1878, Bd. 1, S. 82–84
[56] Schambach/Müller 1854, S. 29
[57] Harrys 1840, Abt. 2, S. 15–16
[58] Harrys 1840, Abt. 1, S. 1–5. Nach Peuckert eine der wenigen Sagen – neben den Nrn. 39–42 und 114 –, die man als niedersächsisches »Eigentum« bezeichnen kann; siehe Vorwort zu Peuckert 1964/72, Bd. 1, S. XII
[59] Mackensen 1925, S. 174 (nach Weichelt) und Schambach/Müller 1854, S. 3–4
[60] Schambach/Müller 1854, S. 4–6
[61] Schambach/Müller 1854, S. 149
[62] Mackensen 1925, S. 226 (nach Adalbert Kuhn, Sagen aus Westfalen, Leipzig 1848, Nr. 373)
[63] Schambach/Müller 1854, S. 7–8. Vgl. Weichelt 1878, Bd. 2, S. 82
[64] Harrys 1840, Abt. 1, S. 26–28
[65] Schambach/Müller 1854, S. 15
[66] Schambach/Müller 1854, S. 176–177
[67] Schambach/Müller 1854, S. 132–133
[68] Schambach/Müller 1854, S. 238–239
[69] Kuhn/Schwartz 1848, S. 234
[70] Schambach/Müller 1854, S. 236
[71] Kahlo 1925, S. 103–104
[72] Weichelt 1878, Bd. 4, S. 177
[73] Schambach/Müller 1854, S. 24. Vgl. Nr. 49 und Nr. 107
[74] Schambach/Müller 1854, S. 1–2. Vgl. Weichelt 1878, Bd. 1, S. 80f.
[75] Schambach/Müller 1854, S. 190–191

76 Kuhn/Schwartz 1848, S. 234–235
77 Harrys 1840, Abt. 1, S. 28–30
78 Mackensen 1925, S. 217 (nach Hannoverland Jg. 1907, S. 141)
79 Hermann Duensing, 40 Sagen und Spukgestalten aus dem Südhannoverschen Bergland (Northeimer Heimatblätter 1960, Heft 2, S. 7–8), Vgl. Schambach/Müller 1854, S. 22f.
80 Schambach/Müller 1854, S. 35–36
81 Voges 1895, S. 311–312. Vgl. Weichelt 1878, Bd. 1, S. 204f.
82 Voges 1895, S. 336–337
83 Seifart 1889, S. 58–59 und Weichelt 1878, Bd. 4, S. 36–37 (s. a. S. 30–35)
84 F. Meissel, Sagen und Geschichten aus dem Kreise Hameln und dessen nächster Umgebung. Hameln 1924. S. 22
85 Erste Version: Bünting 1586, S. 479. Zweite Version: Erich 1655, S. 17–18. Dritte Version: Grimm 1816/18, Nr. 244. Siehe auch Heinrich Spanuth, Der Rattenfänger v. Hameln, 1951; Hans Dobertin, Wohin zogen die Hämelschen Kinder?, 1955
86 Mackensen 1925, S. 77 (nach Weddigen-Hartmann, Der Sagenschatz Westfalens, Minden 1884, S. 72). Vgl. Adalbert Kuhn, Sagen aus Westfalen, Leipzig 1848, S. 231f.
87 Kuhn/Schwartz 1848, S. 241 und Weichelt 1878, Bd. 2, S. 115. Vgl. Harrys 1840, Abt. 1, S. 67
88 Kuhn/Schwartz 1848, S. 242–243. Vgl. Nr. 120
89 F. Meissel, Sagen und Geschichten aus dem Kreise Hameln und dessen nächster Umgebung. Hameln 1924. S. 67
90 Kuhn/Schwartz 1848, S. 245
91 Henniger/Harten 1913, S. 143
92 Peuckert 1964/72, Bd. 1, S. 402 (nach Schaumburger Heimatkalender 12. Jg. 1940, S. 51)
93 Mackensen 1925, S. 114–115 (nach W. Busch, Ut ôler Welt S. 137)
94 Mackensen 1925, S. 127–128 (nach Korrespondenzblatt für niederdeutsche Sprachforschung, 22. Jg. 1901, S. 11)
95 Mackensen 1925, S. 227 und 221 (nach Weddigen-Hartmann, Der Sagenschatz Westfalens, Minden 1884, S. 381 und 380)
96 Weichelt 1878, Bd. 1, S. 36–37
97 Hamelmann 1599, S. 21. Vgl. Mackensen 1925, S. 68f.
98 Mackensen 1925, S. 130 (nach Korrespondenzblatt für niederdeutsche Sprachforschung, 22. Jg. 1901, S. 10)
99 Mackensen 1925, S. 167 (nach A. Freudenthal, Heidefahrten (1892)[1], S. 222)
100 Harrys 1840, Abt. 1, S. 77
101 Peuckert 1964/72, Bd. 1, S. 132
102 Mackensen 1925, S. 272 (nach F. Sundermann, Der Upstalsboom Bd. 1, Aurich 1922, S. 96f.)
103 Wohltmann 1959, S. 188–189
104 Karl Wehrhan, Die deutschen Sagen des Mittelalters. München 1920. Nr. 42
105 Harrys 1840, Abt. 1, S. 71–72. Vgl. Grässe 1867/71, Bd. 2, S. 889
106 Harrys 1840, Abt. 1, S. 72
107 Schambach/Müller 1854, S. 18–21. Vgl. Weichelt 1878, Bd. 3, S. 120ff.
108 Schambach/Müller 1854, S. 26
109 Harrys 1840, Abt. 1, S. 2
110 Seifart 1889, S. 92
111 Schambach/Müller 1854, S. 26

[112] Schambach/Müller 1854, S. 233
[113] Schambach/Müller 1854, S. 181–182
[114] Schambach/Müller 1854, S. 156–158
[115] Grässe 1867/71, Bd. 2, S. 892. Vgl. Weichelt 1878, Bd. 4, S. 136
[116] Weichelt 1878, Bd. 2, S. 89–90
[117] Schambach/Müller 1854, S. 62
[118] Kuhn/Schwartz 1848, S. 249–250. Vgl. Harrys 1840, Abt. 1, S. 85ff. und Schambach/Müller 1854, S. 47ff.
[119] Kuhn/Schwartz 1848, S. 247
[120] Schambach/Müller 1854, S. 117. Vgl. Nr. 88
[121] Kuhn/Schwartz 1848, S. 251 und 252
[122] Heinrich Pröhle, Deutsche Sagen. Berlin 1879. Bd. 1, S. 162–163
[123] Schambach/Müller 1854, S. 25–26
[124] Schambach/Müller 1854, S. 9–10. Vgl. Weichelt 1878, Bd. 4, S. 120ff.
[125] Mackensen 1925, S. 44 (nach Hannoverland 2. Jg. 1908, S. 272f.)
[126] Schambach/Müller 1854, S. 25–26
[127] Schambach/Müller 1854, S. 58–59. Vgl. Nr. 191
[128] Schambach/Müller 1854, S. 8
[129] Kuhn/Schwartz 1848, S. 145–146. Vgl. Weichelt 1878, Bd. 1, S. 113ff. Siehe auch Karl Hoppe, Die Sage von Heinrich dem Löwen, 1952
[130] Colshorn 1854, S. 212–219. Vgl. Weichelt 1878, Bd. 4, S. 178ff.
[131] Bünting 1586, S. 211
[132] Kahlo 1925, S. 91 (nach Haenselmann, Abt Berthold Meiers Legenden und Geschichten des Klosters St. Aegidien zu Braunschweig, Wolfenbüttel 1900)
[133] Zimmerische Chronik, hrsg. H. Decker-Hauff. Darmstadt 1964. Bd. 2, S. 187 (geschrieben 1564/66 von Graf Froben Christoph von Zimmern)
[134] Peuckert 1964/72, Bd. 3, S. 48 (nach Saxonia 1714, S. 308f.)
[135] Harrys 1840, Abt. 1, S. 62–63
[136] Wilhelm Görges, Vaterländische Geschichten und Denkwürdigkeiten ... der Lande Braunschweig und Hannover. Braunschweig 1843/45, S. 164–166
[137] Zobel 1936, S. 63
[138] Kahlo 1925, S. 197. Vgl. Till Eulenspiegel, hrsg. Richard Benz (nach der Ausgabe 1515), Jena 1912, XIX. Historie
[139] Colshorn 1854, S. 39–40
[140] Harrys 1840, Abt. 1, S. 39
[141] Voges 1895, S. 40–41
[142] Voges 1895, S. 289–290
[143] Voges 1895, S. 309–311
[144] Voges 1895, S. 94–95
[145] Voges 1895, S. 187
[146] Voges 1895, S. 291
[147] Voges 1895, S. 93–94
[148] Voges 1895, S. 6
[149] Kuhn/Schwartz 1848, S. 140
[150] Voges 1895, S. 191–192
[151] Voges 1895, S. 193–194
[152] Kuhn/Schwarz 1848, S. 145. Vgl. Voges 1895, S. 287

[153] Kuhn/Schwartz 1848, S. 147 (siehe auch S. 148ff.). Vgl. Kahlo 1925, S. 193ff.
[154] Voges 1895, S. 198–200
[155] Voges 1895, S. 196–197
[156] Voges 1895, S. 227–228
[157] Kahlo 1925, S. 95
[158] Peuckert 1964/72, Bd. 1. S. 155 (nach Th. Windus in: Niedersachsen, 23. Jg. 1917, S. 8)
[159] Mackensen 1925, S. 16–18 (nach Franz Zobel aus Salzgitter)
[160] Zobel 1936, S. 98 (nach Bünting)
[161] Kuhn/Schwartz 1848, S. 188–189
[162] Voges 1895, S. 297–298
[163] Colshorn 1854, S. 166
[164] Weichelt 1878, Bd. 4, S. 46–47
[165] Henniger/Harten 1913, S. 43–45
[166] Weichelt 1878, Bd. 2, S. 17–18
[167] Bünting 1586, S. 548–549
[168] Peuckert 1964/72, Bd. 2, S. 245–246)nach Hannoversches Magazin 1817, 19. Stück)
[169] Nach Hannoversches Magazin 1817, 1. Stück: Caspar Hanebuth, ein Beitrag zur Geschichte und Charakteristik der Stadt Hannover, um die Zeit der letzten Hälfte des dreißigjährigen Krieges. Aus Originalacten dargestellt vom Hofgerichtsassessor und Bürgermeister (Christian Philipp) Iffland
[170] Gekürzte Fassung nach Weichelt 1878, Bd. 1, S. 3–20
[171] Peuckert 1964/72, Bd. 1, S. 353–354 (nach Otto v. Graben zum Stein, Unterredungen vom Reiche der Geister 3, 1740, S. 286)
[172] Weichelt 1878, Bd. 4, S. 76
[173] Mackensen 1925, S. 187 (nach Hannoverland, 8. Jg. 1914, S. 113)
[174] Weichelt 1878, Bd. 4, S. 77
[175] Weichelt 1878, Bd. 1, S. 72–75
[176] Henniger/Harten 1913, S. 50–53. Siehe auch: Plattdütsche Predigten von Jobst Sackmann, weiland Pastor to Limmer bi Hannover 1680 bis 1718. Leipzig 1912 (Insel-Bücherei Bd. 18)
[177] Peuckert 1964/72, Bd. 2, S. 76 (nach Jacobi und Kraut, Annalen 1787, 2, S. 163 f.)
[178] Weichelt 1878, Bd. 2, S. 46–47
[179] Mackensen 1925, S. 104–105 (nach H. W. Ottens im Hannöverschen Tageblatt vom 8. 1. 1922)
[180] Mackensen 1925, S. 166 (nach J. G. Kohl, Nordwestdeutsche Skizzen I (1864), S. 86f.
[181] Peuckert 1964/72, Bd. 1, S. 141–142 (nach Niedersachsen, 4. Jg. 1898, S. 272)
[182] Harrys 1840, Abt. 1, S. 31–32. Vgl. Kuhn/Schwartz 1848, S. 253f.; Weichelt 1878, Bd. 1, S. 116f.
[183] Bünting 1586, S. 328
[184] Mackensen 1925, S. 232–234 (nach Niedersachsens Sagenborn[4], Nr. 79)
[185] Colshorn 1854, S. 136–139
[186] Mackensen 1925, S. 116–117 (nach Th. Benecke aus Harburg)
[187] Peuckert 1964/72, Bd. 2, S. 282–283 (nach Th. Benecke aus Harburg; Hannoverland 3. Jg. 1909, S. 179)
[188] Zs. des historischen Vereins für Niedersachsen, Jg. 1854, S. 166–167. Vgl. Burde-Schneidewind 1973, S. 218ff.
[189] Mackensen 1925, S. 224 (nach A. Freudenthal, Heidefahrten (1892)[1], S. 13

190 Mackensen 1925, S. 167–168 (nach Lothar, Volkssagen und Märchen, S. 101f.). Vgl. Weichelt 1878, Bd. 1, S. 227ff.
191 Mackensen 1925, S. 168 (nach A. Freudenthal, Heidefahrten (1892)[1], S. 18). Vgl. Weichelt 1878, Bd. 1, S. 97f.
192 Weichelt 1878, Bd. 1, S. 182–185
193 Mackensen 1925, S. 152 (nach A. Freudenthal, Heidefahrten (1892)[1], S. 51). Vgl. Weichelt 1878, Bd. 1, S. 98
194 Mackensen 1925, S. 223 (nach Eggerik Beninga, Ostfriesische Chronik). Vgl. Weichelt 1878, Bd. 4, S. 184f.
195 Harrys 1840, Abt. 1, S. 20–23. Vgl. Weichelt 1878, Bd. 1, S. 232f.
196 Harrys 1840, Abt. 1, S. 23–24
197 Harrys 1840, Abt. 1, S. 83–85
198 Peuckert 1964/72, Bd. 1, S. 8 (nach der Festschrift »Das hannoversche Wendland«, Lüchow 1862, S. 78f.)
199 Harrys 1840, Abt. 1, S. 87–88
200 Peuckert 1964/72, Bd. 1, S. 102–103 (nach Archiv des historischen Vereins für Niedersachsen, Jg. 1850, S. 362)
201 Harrys 1840, Abt. 1, S. 60–61. Vgl. Kuhn/Schwartz 1848, S. 269
202 Kuhn/Schwartz 1848, S. 267–268
203 Peuckert 1964/72, Bd. 1, S. 174 (nach E. Reinstorf, Das Lüneburger Land in der Geschichte und Sage, Verden a. d. Aller 1925, S. 157)
204 Kuhn/Schwartz 1848, S. 266–267
205 Kuhn/Schwartz 1848, S. 275. Vgl. Weichelt 1878, Bd. 3, S. 37f.
206 Mackensen 1925, S. 172 (nach A. Freudenthal, Heidefahrten (1906)[2], S. 70)
207 Alpers/Breling 1949, S. 55–56 (nach L. Harms. Goldene Äpfel in silbernen Schalen, S. 120f.)
208 Henniger/Harten 1913, S. 60
209 Peuckert 1964/72, Bd. 1, S. 185–186 (nach A. Freudenthal, Heidefahrten (1906)[2], S. 37ff.
210 Weichelt 1878, Bd. 3, S. 66–67. Vgl. Henniger/Harten 1913, S. 56f.
211 Weichelt 1878, Bd. 3, S. 36–37
212 Gekürzte Fassung nach Weichelt 1878, Bd. 1, S. 26–31 (siehe auch Bd. 3, S. 222f.)
213 Alpers/Breling 1949, S. 90–91 (nach Zs. Niedersachsen, 5. Jg. 1899, S. 175f.)
214 Weichelt 1878, Bd. 3, S. 119–120
215 Weichelt 1878, Bd. 4, S. 27–28
216 Weichelt 1878, Bd. 1, S. 187–189. Vgl. Alpers/Breling 1949, S. 65ff.
217 Henniger/Harten 1913, S. 55–56
218 Mackensen 1925, S. 234–235 (s. a. S. 236ff.). Vgl. Till Eulenspiegel, hrsg. Richard Benz (nach der Ausgabe 1515), Jena 1912, XXV. Historie
219 Mackensen 1925, S. 210 (nach Hannoverland, 3. Jg. 1909, S. 238)
220 Peuckert 1964/72, Bd. 1, S. 57–58 (nach H. Dehning in: Niedersachsen, 8. Jg. 1902, S. 53 und Hannoversches Magazin 1814, S. 1259 u. 1261)
221 Alpers/Breling 1949, S. 100 (nach Hannoverland, 3. Jg. 1909). Vgl. Weichelt 1878, Bd. 1, S. 95f.
222 Weichelt 1878, Bd. 4, S. 141–142. Vgl. Alpers/Breling 1949, S. 50f.
223 Harrys 1840, Abt. 1, S. 43–45. Vgl. Mackensen 1925, S. 50ff.
224 Mackensen 1925, S. 58 (nach Hannoverland, 8. Jg. 1914, S. 178f.)

[225] Mackensen 1925, S. 230–231 (nach Hannoverland, 8. Jg. 1914, S. 179)
[226] Harrys 1840, Abt. 1, S. 67–69
[227] Kuhn/Schwartz 1848, S. 122–123
[228] Kuhn/Schwartz 1848, S. 123–124. Vgl. Voges 1895, S. 107f.
[229] Henniger/Harten 1913, S. 74–77
[230] Wohltmann 1959, S. 89
[231] Wohltmann 1959, S. 90
[232] Wohltmann 1959, S. 90–91
[233] Wohltmann 1959, S. 105–106
[234] Johann Hinrich Pratje, Altes und Neues aus den Herzogthümern Bremen und Verde. Stade 1769. S. 250–252
[235] Mackensen 1925, S. 169 (nach Widukind von Corvey)
[236] Kuhn/Schwartz 1848, S. 273–274
[237] Mackensen 1925, S. 227 (nach H. Allmers, Marschenbuch, S. 216)
[238] Johann Hinrich Pratje, Altes und Neues aus den Herzogthümern Bremen und Verde. Stade 1769. S. 249–250
[239] Wohltmann 1959, S. 69–70. Weichelt 1878, Bd. 1, S. 180f.
[240] Friedrich Köster, Alterthümer, Geschichten und Sagen der Herzogthümer Bremen und Verden. Stade 1856. S. 207
[241] Wohltmann 1959, S. 37. Vgl. Peuckert 1964/72, Bd. 1, S. 221
[242] Wohltmann 1959, S. 44
[243] Wohltmann 1959, S. 46–47
[244] Wohltmann 1959, S. 142–143
[245] Weichelt 1878, Bd. 1, S. 182
[246] Wohltmann 1959, S. 143
[247] Friedrich von der Leyen, Deutsches Sagenbuch Bd. III/2 (1920), S. 90
[248] Wohltmann 1959, S. 96–97
[249] Weichelt 1878, Bd. 3, S. 113–115. Vgl. Burde-Schneidewind 1973, S. 20f.
[250] Mackensen 1925, S. 188–189 (nach Th. Benecke aus Harburg)
[251] Kuhn/Schwartz 1848, S. 271
[252] Strackerjan 1867, Bd. 1, S. 281 (s.a. S. 280)
[253] Strackerjan 1867, Bd. 1, S. 400–401. Vgl. Kuhn/Schwartz 1848, S. 280f.
[254] Lübbing 1968, S. 20
[255] Strackerjan 1867, Bd. 2, S. 270–271 (s.a. S. 150). Vgl. Lübbing 1968, S. 63f.
[256] Strackerjan 1867, Bd. 1, S. 112–113
[257] Kuhn/Schwartz 1848, S. 278–279
[258] Strackerjan 1867, Bd. 2, S. 272–273. Vgl. Lübbing 1968, S. 55ff.
[259] Strackerjan 1867, Bd. 2, S. 273–274
[260] Strackerjan 1867, Bd. 2, S. 278
[261] Strackerjan 1867, Bd. 2, S. 159
[262] Strackerjan 1867, Bd. 2, S. 274
[263] Strackerjan 1867, Bd. 2, S. 148–149
[264] Strackerjan 1867, Bd. 2, S. 148, 160 und 161
[265] Grimm 1816/18, Nr. 548. Vgl. Mackensen 1925, S. 211; Lübbing 1968, S. 5ff.
[266] Strackerjan 1867, Bd. 2, S. 164
[267] Kuhn/Schwartz 1848, S. 291 und Strackerjan 1867, Bd. 2, S. 170
[268] Kuhn/Schwartz 1848, S. 279–280 und Strackerjan 1867, Bd. 2, S. 277–278.

269 Strackerjan 1867, Bd. 2, S. 174–175
270 Mackensen 1925, S. 46 (nach cand. med. vet. Entjer aus Obhusener Hamrich)
271 Strackerjan 1867, Bd. 2, S. 182
272 Strackerjan 1867, Bd. 2, S. 187–188
273 Strackerjan 1867, Bd. 1, S. 165–166 (s. a. S. 189)
274 Strackerjan 1867, Bd. 2, S. 192 und 192–193
275 Strackerjan 1867, Bd. 2, S. 200 und Lübbing 1968, S. 192
276 Strackerjan 1867, Bd. 2, S. 201–202
277 Strackerjan 1867, Bd. 2, S. 202
278 Lübbing 1968, S. 221–222
279 Weichelt 1878, Bd. 4, S. 166–167. Vgl. Lübbing 1968, S. 26ff.
280 Strackerjan 1867, Bd. 2, S. 206
281 Strackerjan 1867, Bd. 2, S. 208–209
282 Strackerjan 1867, Bd. 2, S. 209
283 Strackerjan 1867, Bd. 1, S. 280 und Mackensen 1925, S. 32 (nach Mitteilungen des historischen Vereins für Osnabrück III, S. 39f.). Siehe auch Strackerjan 1867, Bd. 1, S. 183f.
284 Kuhn/Schwartz 1848, S. 282–283
285 Strackerjan 1867, Bd. 2, S. 224
286 Strackerjan 1867, Bd. 2, S. 226–227
287 Strackerjan 1867, Bd. 2, S. 235–236. Vgl. Henniger/Harten 1913, S. 71f.
288 Strackerjan 1867, Bd. 2, S. 239
289 Strackerjan 1867, Bd. 1, S. 148
290 Strackerjan 1867, Bd. 2, S. 116–117
291 Strackerjan 1867, Bd. 1, S. 336–337
292 Strackerjan 1867, Bd. 1, S. 157
293 Strackerjan 1867, Bd. 2, S. 266–267
294 Strackerjan 1867, Bd. 1, S. 382. Siehe auch Peuckert 1964/72, Bd. 3, S. 524ff.
295 Lübbing 1928, S. 91 (nach C. Hinrichs aus Emden)
296 Mackensen 1925, S. 212 (nach A. Kuhn, Sagen aus Westfalen, Leipzig 1848, Nr. 113)
297 Mackensen 1925, S. 99 (nach Adalbert Kuhn, Sagen aus Westfalen, Leipzig 1848, Nr. 112); ebda. S. 126 (nach Grimm 1816/18 Nr. 192); ebda. S. 212 (nach Adalbert Kuhn, Sagen aus Westfalen, Nr. 115)
298 Harrys 1840, Abt. 1, S. 80–81. Vgl. Burde-Schneidewind 1973, S. 225
299 Wrasmann 1908, S. 28
300 Wrasmann 1908, S. 28–29
301 Mackensen 1925, S. 147 (nach Niedersachsen, 4. Jg. 1898, S. 382)
302 Wrasmann 1908, S. 25
303 Wrasmann 1908, S. 27
304 Mackensen 1925, S. 177–178. Vgl. Weichelt 1878, Bd. 1, S. 203ff.
305 Strackerjan 1867, Bd. 1, S. 253
306 Wrasmann 1908, S. 30–31. Vgl. Mackensen 1925, S. 150 (nach Mitteilungen des historischen Vereins zu Osnabrück, 1. Jg. 1848, S. 268)
307 Kuhn/Schwartz 1848, S. 312
308 Mackensen 1925, S. 33 (nach Weddigen-Hartmann, Der Sagenschatz Westfalens, Minden 1884, S. 328f.)
309 Mackensen 1925, S. 64 (nach Firmenich, Germaniens Völkerstamm I, S. 246)
310 Mackensen 1925, S. 39–41 (nach J. G. Kohl, Nordwestdt. Skizzen I 1864, S. 228ff.)

Ortsregister

Bekannte Sagengestalten